IDIOMAS LAROUSSE

INGLÉS
Practicar

Usted puede adquirir esta obra en dos versiones:
- *Estuche*, con tres casetes y libro
- *Libro*, únicamente

Director editorial para América Latina
Aarón Alboukrek

Editor adjunto
Luis Ignacio de la Peña

Revisión de pruebas
Ma. de Jesús Hilario

Composición tipográfica
Ricardo Viesca

IDIOMAS LAROUSSE / Practicar

© Langues pour tous - Pocket

"D. R." © MM, por Ediciones Larousse S. A. de C. V.
Dinamarca núm. 81, México 06600, D. F.

SEGUNDA EDICIÓN — 1ª reimpresión

ISBN 2-266-09152-2 (Langues pour tous)
ISBN 970-22-0168-3 (Ediciones Larousse)

Impreso en México — Printed in Mexico

IDIOMAS LAROUSSE

INGLÉS
Practicar

por

Michel Marcheteau
Agregado de Inglés

Michel Savio
*Jefe del Servicio de Idiomas
y de la Comunicación en la
Escuela Superior de Electricidad*

Jean-Pierre Berman
*Asistente de la Universidad
de París IV, La Sorbona*

Lynn Hammer-Merle
B. A., M. A. New York University

Con la colaboración de

Stephen McWilliams
B. A. Boulder, Colorado

Lucrecia Orensanz
México

LAROUSSE

Av. Diagonal 407 Bis-10   Dinamarca 81   21 Rue du Montparnasse   Valentín Gómez 3530
08008 Barcelona   México 06600, D. F.   75298 París Cedex 06   1191 Buenos Aires

CONTENTS/CONTENIDO

4

Traveling in the USA · *De viaje por Estados Unidos*

0 PRESENTACIÓN

■ El nuevo **Inglés - Practicar** presenta, con la ayuda de 40 diálogos, 40 situaciones de la vida cotidiana en Estados Unidos, divididas en dos bloques:

Lecc. 01-20: **In the city** · *En la ciudad*

21-40: **Travelling in the USA** · *De viaje por Estados Unidos*

■ **Inglés - Practicar** está dirigido a:
- quienes ya conocen las bases del inglés y quieren perfeccionar su conocimiento lingüístico (vocabulario, gramática, pronunciación)
- quienes viajan por Estados Unidos o tienen que usar el inglés como medio de comunicación.

■ Cada una de las 40 lecciones de **Inglés - Practicar** está formada por ocho secciones:
1. **Título, diálogo** y **pronunciación**.
2. **Traducción** del diálogo.
3. **Observaciones** (gramática, vocabulario).
4. **Diferencias** entre **el inglés estadounidense** y **el británico**.
5. **Entorno**: textos ilustrativos traducidos.
6. **Ejercicios de traducción** en forma de **frases modelo** que retoman expresiones del contexto elegido.
7. **Vocabulario**: repaso de la lección + lista complementaria.
8. **Civilización y vida cotidiana**: textos (traducidos).

Estas 40 lecciones se complementan con:
- Un **léxico bilingüe** inglés/español, español/inglés.
- Un **glosario** de **términos, hechos** y **nociones** útiles para entender mejor el inglés de Estados Unidos.
- Una **lista de páginas de Internet**.
- Un **índice analítico** de los **temas tratados** (vocabulario, civilización)

■ **Consejos de utilización**:
1. Lea el diálogo con la ayuda de la traducción.
2. Estudie las **observaciones**.
3. Estudie las secciones 4 y 5.
4. Practique la **traducción al inglés**, con la ayuda de la sección 6.
5. Pruebe su vocabulario con la sección 7 (pronunciando la respuesta).
   NOTA: Utilice los índices para verificar o buscar algún punto que le interese o le cause problemas.

6

▦ ⊙ VERSIÓN SONORA

■ El paquete **Inglés - Practicar** incluye una grabación en sonido digital en dos versiones: 3 casetes y 2 discos compactos.

■ En cada uno de ellos encontrará:
  • Todos los **diálogos** que tienen los símbolos ▦ ⊙.
  • Una selección de las **frases modelo** (sección 6) que tienen los símbolos ▦ ⊙ y una línea gruesa gris ‖ en el margen izquierdo.

■ **La versión en casete** le permitirá trabajar en su casa y mientras viaja (en automóvil, metro, tren, etc.).

Esta versión incluye una **selección de los diálogos** que tienen la línea gruesa gris |, así como espacios en blanco para que usted repita y practique la **expresión oral**.

■ **La versión en disco compacto** le permite escuchar con gran comodidad y facilita la ubicación de las lecciones y el acceso a las secciones que quiera volver a escuchar. Esto le ofrece una buena oportunidad de practicar la **comprensión oral**.

■ **Consejos**
  • Al principio, siga la grabación con la ayuda de su libro.
  • Después, poco a poco, esfuércese por repetir y entender sin el libro.

■ **Pronunciación**
  • Para representar la pronunciación de las palabras se han usado ciertos símbolos puestos entre corchetes [ ]. Estos símbolos están basados en los de la *Asociación Fonética Internacional* (A. F. I.) aunque fueron adaptados para que fueran más comprensibles.
  • Para poder obtener todo el provecho de estos símbolos, es necesario tener siempre en mente los siguientes puntos:

■ 1) <u>Toda letra o símbolo debe pronunciarse</u> y tiene un valor constante. Por ejemplo, **contract** se pronuncia [**ka:n**trækt] y tanto la [k] como la [t] finales deben pronunciarse.

■ 2) <u>Las vocales del inglés pueden tener una duración corta o larga.</u> Las largas se representan seguidas de dos puntos [:]. Por ejemplo, la [i:] de **seat** [si:t] es más larga que la [i] de **sit** [sit].

■ 3) <u>Los diptongos (vocales dobles) típicos del inglés se representan con los símbolos [ai], [au], [ei], [əu], [oi] y cada una de las letras debe pronunciarse.</u> Por ejemplo:

my	[mai]	(se pronuncia como la *ai* de *fraile*)
house	[haus]	(se pronuncia como la *au* de *cautela*)
pay	[pei]	(se pronuncia como la *ei* de *aceite*)
show	[sheu]	(se pronuncia como una *o* breve seguida de una *u*)
boy	[boi]	(se pronuncia como la *oi* de *hoy*)

■ 4) <u>Algunas consonantes se pronuncian distinto aunque se escriban igual:</u>

[ð] corresponde al sonido **th** de **this, the, that**. Se pronuncia como la *d* de *hada*.
[θ] corresponde al sonido **th** de **think**. Se pronuncia como una *s* del español, pero colocando la lengua entre los dientes.

■ 5) <u>El símbolo [ŋ] indica la pronunciación del grupo de consonantes **ng**,</u> similar al de la *n* de *lengua*.

■ 6) <u>En inglés estadounidense siempre debe pronunciarse la **r** que aparece después de una vocal larga o al final de una palabra.</u> En cambio, en el inglés promedio de Inglaterra esta **r** es casi imperceptible.

■ 7) <u>Las letras en negritas indican que el acento tónico de la palabra recae sobre esa sílaba.</u>

■ *Observación*: en inglés, el acento tónico es parte integral del significado de una palabra:

a) cambiar de lugar el acento conlleva un cambio de sentido. Por ej.: **to record** [ri**ko:rd**], *grabar*; **a record** [**rek**ərd], *un disco; un registro*.
b) por consiguiente, al hablar es necesario hacer una clara distinción entre las sílabas acentuadas y aquéllas que no lo están.

Vocales breves o cortas

A.F.I.	I.P.	Ej. español	Ej. inglés
ɪ	i	mil	sit
æ	æ	entre *a* y *e*	flat
ɔ	o	no	corn
ʊ	u	bufón	book
e	e	mete	let
ʌ	ɐ	entre *e* y *a*	but
ə	ə	similar a la *e* de cafecito	a

Vocales largas

A.F.I.	I.P.	Ej. español	Ej. inglés
i:	i:	mito	seat
a:	a:	canto	car
ɔ:	o:	pone	more
u:	u:	rumba	cool
ə:	e:	similar a la *é* de féretro	work

Vocales dobles o diptongos

A.F.I.	I.P.	Ej. español	Ej. inglés
ai	ai	baile	my
ɔɪ	oi	estoy	boy
eɪ	ei	similar a la *ei* de reino	May
aʊ	au	laurel	how
əʊ	əu	similar a una *ou*	go

Consonantes

A.F.I.	I.P.	Ej. español	Ej. inglés
θ	θ	similar a una *s* con la lengua entre los dientes	think
ð	ð	similar a la *d* de nada	this
ŋ	ŋ	similar a la *n* de lengua	bring
dz	dʒ	como una *d* junto a una *y*	job
ʃ	sh	como para indicar silencio: ¡Sh!	shall
tʃ	ch	chongo	check
w	w	similar a la *u* de huevo	we
h	h	más suave que la *j* de *jamás*	what

Los demás sonidos se pronuncian de manera similar al español.

1. Diálogo — C: caller O: operator

C — Hello, operator[2]?
O — Yes. Can I help you?
C — Yes. I'm trying to find a number in Los Angeles.
O — That's a long distance call. You'll have to call Los Angeles Information.
C — How do I do that?
O — Just dial the area code and then 555-1212.
C — You wouldn't know the area code, would you?
O — Just a minute... The area code for L.A. is 213[3].
C — Could you make the call[4] for me?
O — No, I am sorry but I can't. Just dial[5] 213-555-1212[6]. An information operator will give you the number.
C — Hello, information?
O — Yes. What city are you calling?
C — L.A. ... Please give me the number of a Mr. Jackson[7], on Western Avenue[8].
O — Surely, just a moment please. Have you got[9] the first name[10]?
C — I think it's John.
O — John. Is that North or South[11] Western Ave?
C — I'm afraid[12] I don't know. Does it really matter?
O — Well, Jackson isn't exactly an uncommon name. I've got two Jacksons[13] on Western. What's the middle initial?
C — Sorry, I don't know. Could you give me both numbers[14], if you don't mind?
O — Sure. 877-2059 and 877-5238.
C — Thanks operator. Would you be so kind as to[15] put the call through[16] for me?
O — You can dial them direct. First dial 1, and then the area code, and the number.
C — Alright[17]. Oh, by the way, do you know what time it is now in California?
O — It should be 6 o'clock in the morning there.
C — Really? Three hours' difference[18]? Well, then I'd better wait[19] a while[20] before calling.

operator	[opəreitər]	dial	[dæɛl]
Los Angeles	[ləsændʒələs]	Ave(nue)	[ævənu]
information	[infərmeishən]	initial	[i:ni:shəl]
area code	[eriekəud]	difference	[difərəns]
directory	[dairektəri:]		

P — Hola, ¿operadora?

O — ¿Sí, en qué puedo servirle?

P — Estoy tratando de localizar un número en Los Ángeles.

O — Es una llamada de larga distancia. Tendrá que llamar a Información de Los Ángeles.

P — ¿Cómo debo hacerlo?

O — Sólo marque el código de larga distancia y luego el 555-1212.

P — ¿Sabe cuál es el código?

O — Un momento... El código de Los Ángeles es 213.

P — ¿Me podría ayudar a hacer la llamada?

O — Lo siento, no puedo. Sólo tiene que marcar el 213-555-1212. Una operadora de información le dará el número que busca.

P — Hola, ¿Información?

O — Sí, ¿a qué ciudad quiere llamar?

P — A Los Ángeles. ¿Me podría dar el número de un tal señor Jackson que vive en la Avenida Western?

O — Claro, un momento. ¿Tiene su nombre?

P — Creo que es John.

O — John... sí. ¿Es avenida Western norte o sur?

P — No sé, lo siento. ¿Importa mucho?

O — Bueno, Jackson no es precisamente un apellido poco común. Tengo dos Jackson en la avenida Western. ¿Cuál es la inicial del segundo nombre?

P — No sé, lo siento. ¿Me podría dar ambos números, si no es molestia?

O — Claro, son: 877-2059 y 877-5238.

P — Gracias, señorita. ¿Tendría usted la amabilidad de hacer la llamada?

O — Puede hacerlo directamente. Marque primero el 1, y luego el código de larga distancia y el número.

P — Muy bien. Ah, por cierto, ¿sabe qué hora es en este momento en California?

O — Deben ser como las seis de la mañana.

P — ¿De verdad?, ¿tres horas de diferencia? Bueno, mejor espero un poco antes de llamar.

11

3. Observaciones

1. **Information**, recuerde que esta palabra siempre se usa en singular: **information is available**... *la información está disponible*. Si se quiere particularizar se dice **a piece of information**.

2. **operator** es la manera habitual de dirigirse a la telefonista u operadora.

3. **213** se dice **two one three**.

4. **make the call**, literalmente *hacer la llamada*.

5. **Just dial**, literalmente *sólo disque/marque*. **To dial**, discar/*marcar un número de teléfono*; **a dial**, *un disco*; **dialling tone** (GB), **dial tone** (EU), *tono de dicar/marcar*.

6. **213-555-1212** se dice **two one three five five five one two one two**.

7. **a Mr. Jackson**: en este contexto **a** significa *un tal*.

8. **5816 Western Avenue** se lee **fifty-eight sixteen Western Avenue**.

9. **Have you got**... significa simplemente *¿tiene (usted)?* **have you got some change?**, *¿tiene cambio?*

10. **the first name**, los estadounidenses usan sus nombres de pila (a menudo en forma de iniciales) y distinguen entre **first name, middle name** (*segundo nombre*) y **last name** (*apellido*).

11. **North or South**, dado que las calles en las grandes ciudades estadounidenses son muy largas, se especifica *norte, sur, oriente o poniente* a partir del centro.

12. **I'm afraid**, *me temo*, forma cortés de expresar desconocimiento (**I'm afraid I don't know**), una negativa (**I'm afraid I can't**) o algo lamentable (**I'm afraid it's too late**).

13. **two Jacksons**, los apellidos pueden usarse en plural.

14. **both numbers**, nunca se emplea artículo antes de **both**.

15. **Would you be so kind as to**... fórmula muy cortés para expresar: *¿Sería usted tan amable de...?*

16. **to put through**, *pasar/comunicar una llamada*. **Could you put me through to extension 205?**, *¿me podría pasar/comunicar a la extensión 205?*

17. **Alright = all right**.

18. **Three hours' difference**, observe el posesivo. Otra forma posible es: **there's a three-hour difference**, donde **three-hour** funciona como adjetivo y, por lo tanto, no lleva **s**.

19. **I'd better wait**: **I'd better** va seguido de un infinitivo sin **to**.

20. **a while**, *un momento, un rato*.

4. Diferencias entre inglés británico y estadounidense

En estos diálogos hay ciertas palabras típicamente estadounidenses que serían entendidas por los británicos, aunque éstos utilizarían de manera espontánea otros términos o expresiones.

■ DIFERENCIAS DE TÉRMINOS O EXPRESIONES

EU	Español	GB
information	*información*	directory inquiries
area code	*código de larga distancia*	local code, STD code
to dial direct	*discar/marcar directo*	se usa en inglés británico, aunque también se dice: **to dial (on) STD (subscriber trunk dialling)**
dial tone	*tono de discar/marcar*	dialling tone
the line's busy	*la línea está ocupada, está ocupado*	the line's engaged
long distance call	*llamada de larga distancia*	trunk call
phone booth	*caseta/cabina telefónica*	phone box

■ DIFERENCIAS DE USO

Sure, surely, *claro, con gusto.* En inglés británico se dice más bien **of course, certainly.**

First name, middle initial. Los estadounidenses suelen dar su nombre de la siguiente forma: **John D. Barrett,** donde **John = first name, D. = middle initial, Barrett = last name.**

Los británicos usan su *segundo nombre* de manera menos sistemática que los estadounidenses. El *nombre de pila* también puede recibir el nombre de **Christian name** (su uso desaparece en el nivel internacional) y el *apellido* el de **surname.**

North or South Western Ave(nue): como las calles y avenidas de las ciudades estadounidenses grandes son muy largas, es común que se subdividan en *norte y sur* o en *oriente y poniente.* En Estados Unidos se suelen dar las direcciones de la siguiente manera: **5th Ave. and 53 W. 34th St.,** *calle 34 poniente núm. 53, esquina con la 5ª avenida.* Se lee: **fifth avenue and fifty-three west thirty-fourth street.**

■ DIFERENCIAS DE ORTOGRAFÍA

EU: **to dial dialed dialing**
GB: **to dial dialled dialling**

■ DIFERENCIAS DE PRONUNCIACIÓN

can't: EU [kænt]   GB [ka:nt]
city: EU [si:di:]   GB [siti:]

En Estados Unidos se pronuncia la **r** final: **operator, number,** etc.

■ Practique el uso de las cifras 🔲 ⊙

FIGURES: **1.** 2,000 **2.** 3,737 **3.** 525 **4.** 127,412 **5.** 6.35 **6.** 4% **7.** 0.5%

PHONE NUMBERS: **1.** 879-2056 **2.** 632-8565 **3.** 983-5566

ADDRESSES: **1.** 8195 W Maple Street **2.** 4523 N 32nd St.

🔲 ⊙

■ Modelo de pronunciación

NÚMEROS: **1.** two thousand. **2.** three thousand seven hundred and thirty seven. **3.** five hundred and twenty five. **4.** one hundred and twenty seven thousand four hundred and twelve. **5.** six point thirty five. **6.** four per cent. **7.** zero point five per cent.

• *Para los números decimales el inglés siempre usa un punto y para los miles siempre usa una coma.*

NÚMEROS DE TELÉFONO: **1.** eighty seven nine two zero five six. **2.** six three two, eight five six five. **3.** nine eight three double five double six.

DIRECCIONES: **1.** eighty-one ninety-five West Maple Street. **2.** Forty five-twenty three North, thirty second street.

TELEPHONE ALPHABET				🔲 ⊙
A	[ei]	for Alfred	N	[e:n]	for Nellie
B	[bi:]	for Benjamin	O	[əu]	for Oliver
C	[si:]	for Charlie	P	[pi:]	for Peter
D	[di:]	for David	Q	[kiu]	for Queen
E	[i:]	for Edward	R	[ɐr]	for Robert
F	[ef]	for Frederick	S	[es]	for Samuel
G	[dʒi]	for George	T	[ti:]	for Tommy
H	[heich]	for Harry	U	[i:u]	for Uncle
I	[ai]	for Isaac	V	[vi:]	for Victor
J	[dʒei:]	for Jack	W	[dəbliu]	for William
K	[ke:i]	for King	X	[eks]	for X ray[1]
L	[e:l]	for London	Y	[wa:i]	for Yellow
M	[e:m]	for Mary	Z	[zi:]	for Zebra[2]

1. X ray: *rayos X* – 2. Zebra: *cebra*.

6. Frases modelo 🔊 ⊙

1. ¿Acepta una llamada por cobrar/a cobro revertido del señor...?
2. Lo siento, la línea sigue ocupada.
3. Espere el tono de discar/marcar.
4. No logro comunicarme a su teléfono celular.
5. ¿Cómo llamo a información?
6. ¿Me podría decir el código de larga distancia de Chicago?
7. No contestan.
8. Quiero hacer una llamada a San Diego, al 855-1022.
9. ¡Se cortó la llamada!
10. ¿Quién habla?
11. ¿Me podría comunicar a la extensión 303, por favor?
12. El número está equivocado.
13. Adelante, ya le contestaron la llamada.
14. No cuelgue, por favor.
15. ¿Podría volver a llamar más tarde?
16. ¿Me lo puede deletrear, por favor?
17. Tengo que llamar al servicio de mensajes telefónicos.
18. Quiero hacer una llamada por cobrar/a cobro revertido a México.
19. No cuelgue, ahora se la paso.
20. Marque el 8 para hacer llamadas externas.

1. Will you accept a collect call from Mr. ...?
2. I'm afraid the line's still busy.
3. Wait till you hear the dial tone.
4. I can't get through to his cell-phone.
5. How do I get Information?
6. Could you tell me the area code for Chicago?
7. Your party doesn't reply.
8. I'd like to place a call to San Diego, 855-1022.
9. We've been cut off!
10. Who is speaking, please?
11. Can you put me through to extension 303, please?
12. You've got the wrong number.
13. Go ahead caller, your party's on the line.
14. Hold the line please.
15. Can you call back later?
16. Can you spell it for me, please?
17. I have to check my voice-mail.
18. I'd like to make a collect call to Mexico.
19. Hang on! I'll get her for you.
20. Dial 8 for outgoing calls.

information, información
caller, persona que llama
long-distance call, llamada de larga distancia
area code, indicativo, código de larga distancia
directory, directorio, guía telefónica
to make (to place) a call, hacer una llamada
to dial, discar/marcar (un número de teléfono)
to call, llamar
to put through, pasar una llamada, comunicar
to dial direct, marcar directo
the line's busy (EU), **the line's engaged** (GB), está ocupado
surname, apellido

trustworthy, digno de confianza
to operate, operar, manejar, administrar
counterpart, contraparte
public phone box, teléfono público
charge, cargo, tarifa
to credit, dar crédito
subscriber, suscriptor, abonado (al servicio telefónico)
to cut off (GB), **hang up** (EU), colgar
extension, extensión
to hold the line, no colgar
to make a collect call, hacer una llamada por cobrar
hang on!, **hold on!**, ¡no cuelgue!
outgoing calls, llamadas al exterior
party, persona a quien se llama
to be on the line, estar en la línea

Vocabulario complementario

answering service, servicio de mensajes telefónicos
answering system, answer phone, máquina contestadora/contestador automático
to answer the phone, contestar el teléfono
to be through (EU), **to have finished** (GB), terminar
busy signal (EU), **busy tone** (GB), tono de ocupado
dial tone (EU), **dialling tone** (GB), tono de discado/marcar
to hang up, colgar
inquiries (GB), información
local code, identificador de región, código de ciudad
to look up (a number), buscar un número en el directorio
pay phone (EU), **public telephone** (GB), teléfono público
person to person (call), llamada de persona a persona
switchboard, conmutador, centralita
toll free number (EU), llamada sin cargo, número gratuito

"The greatest barrier between the English and the Americans is that they speak the same language."
Oscar Wilde (1883)

"There is no such thing as the American language any more than there is such a thing as the English language. There are half a dozen species of each and some of them are more or less identical."
Ivor Brown (1952)

"The growth of American prestige and other factors, such as the development of more sophisticated and more tolerant attitudes to variations in speech (...) have contributed to the right of American English (...) to be different from British English and yet be equally acceptable socially."
Randolph Quirk (1956)

Con la lengua ocurre como con los ciudadanos: no existe un solo inglés en Estados Unidos, sino varios. Los giros y acentos varían según la geografía, de modo que un hablante del noreste habla muy distinto de uno del sur. A esto se suma la existencia de **dialectos regionales**, que dependen del lugar de origen de los inmigrantes (negros africanos, alemanes, etc.).

Sin embargo, la lengua escrita, tal y como aparece en los periódicos, demuestra que existe un **inglés estadounidense** más o menos **estándar** y diferente, en cierta medida, del inglés británico "estándar". Pero actualmente resulta artificial establecer una oposición tan fuerte entre estas dos "lenguas" y pretender que no hay entendimiento mutuo. Si bien el habla coloquial no es la misma y si bien pueden existir ciertas dificultades de comprensión entre un obrero de Manchester (GB) y su contraparte de Houston (Texas), esto es cada vez menos cierto para las generaciones jóvenes y sería absurdo creer que hay serios problemas de comunicación entre estudiantes o empleados estadounidenses y británicos: la televisión, la radio, la prensa, la música y los viajes han contribuido mucho a desvanecer esta supuesta "incomprensión".

No obstante, aún existen entre el inglés británico y el estadounidense algunas diferencias, que intentaremos enumerar.

(sigue en la pág. 25)

L — What a relief[1] to get off that plane!

J — You can say that again. That was the longest flight I've ever been on[2]. Boy, was it crowded! We were packed in like sardines.

L — Well, it's all over now. We'd better pick up[3] our luggage[4] and find out[5] how to get into town.

J — Why don't I go pick up the bags, while you go to the information desk and ask about taxis and buses?

L — Good idea. I'll meet you at the Baggage Claim[6] in 10 minutes. Oh, and see if you can get a cart for the suitcases, while you're at it.

L — Could you please tell me how to get into town?

I — Where abouts[7] are you going?

L — Well, we're staying at the Hilton, wherever[8] that is.

I — Oh, that's right in the downtown. Great location. Very convenient for shopping and sight-seeing.

L — Oh, good. Actually[9], we're here on business[10], but it's always nice to be centrally located. Would you suggest a taxi?

I — Well, you could take the bus to the Airline Terminal and a taxi to the hotel. Or even walk, if your bags aren't too heavy. It's only a few blocks[11] away. That would be the cheapest.

L — I see. How often[12] do the buses run?

I — Every twenty minutes or so. There's also a limousine[13] that stops at the main hotels. That might be the best bet[14]. It's not much more expensive.

L — Thanks a lot, we'll do that[15]. Where can we get the limousine?

I — Right next to the baggage claim exit. Do you know where it is?

L — Yes. I guess so[16].

I — Well, go past the newsstand and straight ahead. It's marked very clearly. You won't have any trouble finding it.

L — Thanks again. You've been very helpful[17].

relief	[rili:f]	located	[ləukeitəd]
crowded	[kræwde:d]	business	[bi:snes]
sardines	[sa:rdi:ns]	terminal	[tərminəl]
luggage	[ləgidʒ]	limousine	[li:muzi:n]
convenient	[kənvi:niənt]	exit	[e:ksit]

L — ¡Qué alivio bajar de ese avión!

J — Ya lo creo. Nunca me había tocado un vuelo tan largo. ¡Qué lleno estaba! Íbamos apretados como sardinas.

L — Bueno, por fin se acabó. Ahora mejor recojamos nuestro equipaje y averigüemos cómo llegar a la ciudad.

J — ¿Y si yo voy por el equipaje mientras tú preguntas por los taxis y autobuses en el módulo/centro de información?

L — Buena idea. Nos vemos en la entrega de equipaje en diez minutos. Y de paso trata de encontrar un carrito para las maletas.

L — ¿Me podría decir cómo llegar a la ciudad?

E — ¿A qué parte va?

L — Nos vamos a hospedar en el Hilton, dondequiera que esté.

E — Ah, está en pleno centro. Muy bien ubicado, muy cómodo para ir de compras y visitar los alrededores.

L — Ah, qué bien. En realidad es una visita de negocios, pero siempre es agradable estar ubicados en el centro de la ciudad. ¿Me sugiere tomar un taxi?

E — Bueno, podría tomar el autobús hasta el aeropuerto y luego un taxi hasta el hotel. O incluso ir a pie, si sus maletas no están muy pesadas. El hotel está a unas cuadras. Eso sería lo más barato.

L — Ah, ya veo. ¿Con qué frecuencia salen los autobuses?

E — Más o menos cada 20 minutos. También hay minibuses que paran en los principales hoteles. Tal vez eso sería mejor y no es mucho más caro.

L — Muchas gracias, eso vamos a hacer. ¿Dónde podemos encontrar esos minibuses?

E — Justo al lado de la entrega de equipaje. ¿Sabe dónde es?

L — Creo que sí.

E — Bueno, pase el quiosco de diarios/puesto de periódicos y siga derecho. Hay señales muy claras. No tendrá ningún problema para llegar.

L — Muchas gracias, fue usted muy amable.

1. **What a relief!**, observe el uso del artículo **a**, como en **what a shame!**, *¡qué vergüenza!*, **what a pity!**, *¡qué lástima!*, **what a surprise!**, *¡qué sorpresa!* Sin embargo, se diría **what courage!** y **what luck!** (palabras más abstractas).

2. **the longest flight I've ever been on**, **to be on a flight**, *volar, estar a bordo de un avión*, literalmente significa *estar en un vuelo*. Nótese que no hay pronombre relativo y que la preposición pasa al final de la oración (se parte de **the longest flight on which I have ever been**). Se utiliza **ever**, que puede significar *siempre* y *nunca*.

3. **to pick up**, *recoger*. Aquí es sinónimo de **to collect**.

4. **luggage** y **baggage** son colectivos singulares, como *equipaje*: **my luggage (baggage) is heavy**, *mi equipaje pesa mucho*. Si se quiere individualizar se dice **a piece of luggage, a piece of baggage**. Son casi sinónimos, aunque **luggage** suele ser más personal, mientras que **baggage** suele referirse al equipaje de todos los pasajeros en conjunto. En Estados Unidos se usa más **baggage** que **luggage**. **Bags** significa literalmente *bolsas, bolsos* y se refiere al conjunto del equipaje.

5. **to find out**, *descubrir, averiguar, enterarse*. Mientras que **to find** sólo significa *encontrar*, **to find out** subraya la búsqueda.

6. **Baggage Claim**, **to claim**, *reclamar*.

7. **Where abouts**, familiar, aunque frecuente, para **where about**. También existe el sustantivo **whereabouts**, en frases como **to know about someone's whereabouts**, *saber dónde se encuentra alguien, conocer su paradero*.

8. **wherever that is**, literalmente *dondequiera que esté*.

9. **Actually, actual**, significan *realmente, real*, y no *actualmente*, que se dice **currently**. Cuidado con **presently**, que significa *actualmente* en Estados Unidos, pero *pronto, al poco tiempo* en Gran Bretaña (aunque **present** significa *actual, presente* tanto en EU como en GB).

10. **on business**, observe el uso de la preposición **on**.

11. **block**, *manzana, cuadra* (grupo de edificios delimitados por cuatro calles que se cruzan en ángulo recto). A menudo se usa para indicar distancia y dirección: **it's three blocks ahead**, *está a tres cuadras/calles de aquí*.

3. Observaciones (continuación)

12. **How often** significa literalmente *cuán seguido*. Recuerde que se puede usar **how** + adverbio (**how early, how late, how long, how long ago**, etc.) o **how** + adjetivo (**how old, big, large, long, late**, etc.).

13. **limousine**, minibús que puede transportar a unas diez personas (o, en ciertos lugares, automóvil de sitio de primera clase).

14. **your best bet**, literalmente *tu mejor apuesta*, **to bet**, *apostar*. Compárese con **it's a safe bet**, *es muy probable*.

15. **we'll do that**, literalmente *haremos eso*, a menudo corresponde a *es una buena idea*.

16. **I guess so** (EU) = **I think so** (GB).

17. **helpful**, 1) *servicial*, 2) *útil*.

---

4. Inglés estadounidense y británico

■ DIFERENCIAS DE VOCABULARIO

EU	Español	GB
Cart	*Carrito, carro*	trolley
Bags	*maletas*	suitcases, luggage
limousine, limo	*paje taxi colectivo*	minibus
was it (ever) crowded!	*¡qué lleno estaba!*	it was really
crowded!		

■ DIFERENCIAS DE ORTOGRAFÍA

Center	*centro*	centre
al igual que:		
specter	*espectro*	spectre
theater	*teatro*	theatre

■ DIFERENCIAS DE PRONUNCIACIÓN

	EU	GB
Clerk	[klərk]	[klə:k]
twenty	[tweni:]	[twe:nti:]
to ask	[æsk]	[a:sk]
cart	[kart]	[ka:t]
aren't	[arənt]	[a:ənt]
past	[pæst]	[pa:st]
marked	[markt]	[ma:kt]
not at all	[nədəda:l]	[no:təto:l]

■ **Three airports serve the city of New York.** John F. Kennedy International Airport, the largest, in the borough of Queens, is about 15 miles from mid-Manhattan. Most transatlantic flights leave from one of the airport's nine terminals. Domestic flights also fly in and out of JFK.

■ La Guardia Airport, from which a shuttle flight service to Washington and Boston is operated, is about 8 miles from mid-Manhattan. Newark International Airport, in New Jersey, is about 16 miles from Manhattan and is one of the country's most streamlined* airports.

■ How to get into the city from JFK?
1) By taxi: use the yellow cabs (four passengers) or the large "checker" cabs (five passengers). The fare is metered; tolls and 15% tip should be added.
2) Coach service is provided daily about every half hour.
3) You can take a long, but cheap subway from JFK right to Grand Central Station in the center of Manhattan.

■ En la ciudad de Nueva York hay tres aeropuertos. El más grande es el Aeropuerto Internacional John F. Kennedy, que está en el distrito de Queens, a unas 15 millas del centro de Manhattan. La mayoría de los vuelos transatlánticos sale de una de las nueve terminales de este aeropuerto. También los vuelos nacionales entran y salen del JFK.

■ El aeropuerto de La Guardia está a unas 8 millas del centro de Manhattan y ofrece puentes aéreos con Washington y Boston. El aeropuerto internacional de Newark, en Nueva Jersey, está a unas 16 millas del centro de Manhattan y es uno de los más modernos del país.

■ Cómo llegar a la ciudad desde el JFK:
1) En taxi: tomar un taxi amarillo (cuatro pasajeros) o un taxi "a cuadros", que es más grande (cinco pasajeros). El costo del viaje se calcula con el taxímetro, aunque hay que agregar el peaje y 15% de propina.
2) Hay servicio diario de autobús cada media hora.
3) Se puede hacer un viaje más largo, pero más barato, en metro, desde el JFK hasta la estación Grand Central en el centro de Manhattan.

* **To streamline,** *volver aerodinámico,* de donde se deriva el sentido figurado de *modernizar, racionalizar, volver más efectivo* (en este caso **streamlined,** *moderno, modernizado*).

1. Mark todavía no ha encontrado su maleta.
2. Deje la maleta adicional en el depósito de equipajes.
3. El portero se encargará de las maletas y de conseguirnos un taxi.
4. Llegamos temprano. Se supone que no vendrán a recogernos hasta las cinco.
5. Como todavía tenemos tiempo, ¿por qué no confirmamos ahora el vuelo de regreso?
6. ¿Dónde puedo conseguir cambio para llamar por teléfono?
7. Por favor, tengan a la mano los talones de su equipaje.
8. Hay un tren directo al centro.
9. Si toma el tren no se quedará detenido por el tránsito de las horas pico.
10. Tenemos que esperar el transporte que va al hotel.
11. A estas horas de la noche sólo va a encontrar taxis.
12. Debido a las malas condiciones del clima, se ha demorado la mayoría de los aviones.
13. El vuelo 206 tiene 45 minutos de demora.
14. ¿Alguno de estos quioscos/puestos vende periódicos o diarios extranjeros?

1. **Mark still hasn't found his suitcase.**
2. **Leave the extra bag at the left-luggage office.**
3. **The porter will take care of the baggage and get us a cab.**
4. **We're in early. They're not supposed to pick us up until five.**
5. **Since we have some time, why don't we reconfirm our return flight right now?**
6. **Where can I get some change for a phone call?**
7. **Please have your baggage checks handy.**
8. **There's a direct train to get downtown.**
9. **If you take the train you won't get stuck in the rush-hour traffic.**
10. **We have to wait for the shuttle bus to go to the hotel.**
11. **Only taxis are available (at) this time of night.**
12. **Most planes have been delayed due to poor weather conditions.**
13. **Flight 206 (number two oh six) will be 45 minutes late.**
14. **Do any of the newsstands carry foreign papers?**

relief, alivio
to get off, bajar, salir
flight, vuelo
to be packed, estar lleno, apretado, apiñado
to be over, acabarse, terminar
to pick up, recoger
bag (EU), maleta, valija
luggage, equipaje
to find out, averiguar, descubrir, enterarse
to get into town, llegar a la ciudad
information desk, módulo/centro de información
cart, carrito, carro
suitcase, maleta, valija
to wonder, preguntarse
to stay (at), quedarse (en), hospedarse
location, ubicación
convenient, cómodo, conveniente
shopping, compras, ir de compras
sightseeing, visitar lugares de interés, hacer turismo
actually, en realidad
on business, de negocios, de trabajo
centrally located, ubicado en el centro
airline terminal, terminal aérea, aeropuerto
heavy, pesado
to run, andar, funcionar
bet, apuesta
baggage-claim exit, salida del área de entrega de equipaje
I guess (EU), creo, supongo
newsstand, puesto de diarios, quiosco
straight ahead, derecho, hacia adelante
trouble, problema, dificultad
helpful, útil, servicial

to serve, servir, dar servicio, atender
borough, distrito, circunscripción
to house, hospedar, alojar, contener
shuttle flight, puente aéreo
domestic flight, vuelo nacional
yellow cab, taxi amarillo
checker cab, taxi "a cuadros", "cuadriculado"
fare, pasaje, precio del viaje, tarifa
metered, contado con el taxímetro
toll, peaje
tip, propina
to add, agregar, sumar
coach, carro, autobús
to operate, operar, manejar
every half hour, cada media hora
subway, metro, subterráneo
extra bag, maleta adicional
left luggage office, depósito de equipaje
to take care (of), encargarse de
to be supposed (to), suponer que
to reconfirm, confirmar
return flight, vuelo de regreso
change, cambio
baggage check, contraseña, talón, resguardo (del equipaje)
handy, a la mano
downtown, centro
to get stuck, atorarse, atascarse, detenerse
rush-hour, hora pico
traffic, tránsito
shuttle bus, vehículo que va y viene de un punto fijo a otro
available, disponible
to delay, demorar, retrasar

Sin entrar en los detalles de los acentos regionales de uno y otro lado del Atlántico, se puede observar (muy a grandes rasgos) que en Estados Unidos:

— la "r" es sonora a final de palabra:
motor [mo:dor]
more [mo:r]
— la [iu] (de **student**, por ejemplo) generalmente se vuelve [u]:
student [stu:dnt], **to suit** [su:t]
— el sonido [a:] de palabras como **to ask** cambia por el sonido [æ]:
to ask [æsk], **fast** [fæst], **plant** [plænt]
— cuando una palabra tiene dos sílabas acentuadas, se pone el énfasis en la segunda:
administrative GB: [ædminəstrətəv] EU: [administreti:v]
secretary GB: [se:kretəri:] EU: [se:kre:tari:]
— la "t" puede pronunciarse como [d]:
water GB: [wo:tə:] EU: [wa:dər]
— algunas palabras, aunque pocas, se pronuncian diferente:
schedule GB: [ske:dʒu:l] EU: [ske:dʒuəl]
clerk GB: [klə:k] EU: [klərk]
advertisement GB: [advə:tisment] EU: [ædvərtaizmənt]

No podría decirse que para una persona que habla español sea más fácil entender el inglés estadounidense o británico: es sólo cuestión de costumbre —sobre todo en los estudios— y de tipo de comunicación. Por ejemplo, las personas acostumbradas a dirigirse a un auditorio (profesores, políticos, periodistas, etc.) tienen, en general, una dicción más clara.

(sigue en la pág. 33)

1. Diálogo — P: Paul   L: Lynn   R: receptionist

⌨ ⊙

P — Good morning, I was wondering[1] if you'd have a room available for the four of us[2].

R — Let me check the register[3]. I'm afraid the hotel is just about full at the moment. It's Labor Day[4] Weekend, you know.

L — Paul, I told you we should have made reservations.

P — Yes, dear, you're quite right. (*To hotel manager*) I understand you're all booked up[5], but I'd really appreciate it, if you could manage something for us.

R — How many nights did you want to stay?

L — Two. We were planning[6] to leave the day after tomorrow[7], but we'd settle for just one night[8], if that's all you've got.

R — Well, all I can offer you at this point is a double with two queen-size beds[9], but for one night only. If something opens up[10] for tomorrow night, we'll let you know.

P — Tell me, what are the rates on your rooms?

R — The regular rate for a double is 43 dollars, plus tax, but yours is 50. The extra charge is for the water bed. There's a full bath[11], cable TV, air-conditioning.

L — Well, I'm afraid we haven't got much choice, we'd better take it[12].

P — O.K., then. I wanted to ask if you could turn the air-conditioning off? I just can't stand the humming[13] noise. And my wife catches a cold[14] every time we sleep with air-conditioning.

R — Don't worry about that. The porter'll show you how to turn it off.

P — Fine. One more thing, we'd like a wake-up call[15] at 7:00. Can you take care of that?

R — Sure thing. Have a nice evening.

P — Oh, I almost forgot. I have a friend staying here by the name of Lee. Could you try his room[16] and see if he's in[17]?

R — Use the house phone on the counter over there. If there's no answer, I'll be glad to have him paged[18] in the lobby[19] or the cocktail lounge[20].

hotel	[həutel]	to appreciate	[æpri:shi:eit]
available	[əvæləbəl]	to manage	[mænədʒ]
register	[re:dʒistər]	extra charge	[e:kstrə chardʒ]

26

P — Buenos días, quisiera saber si tiene una habitación disponible para nosotros cuatro.

R — Déjeme revisar. Me temo que por el momento no hay habitaciones libres. Sabe, es el fin de semana del día del trabajo.

L — Te lo dije, Paul, debimos haber hecho una reservación.

P — Tienes razón, querida. (*Al gerente*) Entiendo que está todo reservado, pero realmente le agradecería si nos pudiera conseguir algo.

R — ¿Cuántas noches pensaban quedarse?

L — Dos. Pensábamos quedarnos hasta pasado mañana, pero nos conformaríamos con una sola noche, si es todo lo que tiene.

R — Bueno, lo único que puedo ofrecerles por ahora es una habitación con dos camas grandes, pero sólo por una noche. Sin embargo, si surge algo para la noche de mañana, le informaremos.

P — Dígame, ¿cuál es el precio de sus habitaciones?

R — El precio normal por una habitación doble es de 43 dólares más impuestos, pero la suya costará 50 dólares. El cargo adicional es por la cama de agua. Tiene baño completo, televisión por cable y aire acondicionado.

L — Bueno, creo que no tenemos otra opción, será mejor que la tomemos.

P — Está bien. ¿Podría apagar el aire acondicionado? No soporto el ruido y mi esposa se resfría cada vez que dormimos con aire acondicionado.

R — No se preocupe. El botones les mostrará cómo apagarlo.

P — Perfecto. Otra cosa, quisiéramos que nos despertaran a las 7 de la mañana. ¿Usted se podría encargar de eso?

R — Claro que sí. Que pasen buenas noches.

P — ¡Ah!, casi me olvidaba: un amigo mío de apellido Lee se hospeda en este hotel. ¿Podría ver si está en su habitación?

R — Use el teléfono interno que está en ese mostrador. Si no le contesta, con gusto le pediré al botones que lo busque en el recibidor o en la sala del bar.

1. **I was wondering**, literalmente *me estaba preguntando*.
2. **the four of us**, *nosotros cuatro*, como en **the three of us**, *nosotros tres*, etc.
3. Literalmente, *déjeme revisar el registro*.
4. **Labor Day**, el primer lunes de septiembre es el día del trabajo en Estados Unidos y Canadá, y es día de asueto.
5. **you're all booked up, to book**, *reservar*, de ahí que **to be booked up** es *estar totalmente reservado, no tener vacantes*.
6. **We were planning, to plan**, *hacer planes, proponerse, tener la intención de*.
7. Literalmente, *irnos pasado mañana*.
8. **we'd settle for just one night, to settle**: 1) *acordar, negociar, arreglar* (una suma, un conflicto), 2) *instalarse, establecerse* (en un lugar). **To settle for something**, *contentarse con algo*.
9. **a double with two queen-size beds, a double** = **a double room**, *una habitación con dos camas*. No confundir con **a double bed**, *una cama para dos personas*. **Queen-size** significa literalmente *tamaño de reina*.
10. **If something opens up**, para entender esta expresión, piense en **opening**, *apertura, oportunidad*.
11. **full bath, full bathroom**, *baño completo*, en oposición a sólo un lavamanos o una regadera.
12. **we'd better take it**, no se pone **to** después de **I'd better**.
13. **humming noise, to hum**, *zumbar* (insectos, etc.), *ronronear* (máquinas), así como *tararear, canturrear*.
14. **to catch a cold**, *resfriarse, pescar un resfrío*, distinguir de **to catch cold**, *enfriarse*.
15. **a wake-up call**, literalmente *una llamada para despertar* (**to wake up**: 1) *despertar*, 2) *despertarse*).
16. **Could you try his room?**, literalmente *¿podría probar su cuarto?*
17. **to be in**, *estar* (en su cuarto, en su casa); **to be out**, *haber salido, estar fuera*.
18. **to have him paged, a page**, *un botones* (también **bellboy**). **To page somebody, to have somebody paged**, *pedirle a un botones que llame a alguien*.
19. **lobby**, *vestíbulo, recibidor, antesala*.
20. **lounge**, *sala de estar de una casa particular o de un lugar público* (hotel, bar, etc.).

■ DIFERENCIAS DE TÉRMINOS		
EU	Español	**GB**
queen-size	*cama grande, mayor que matrimonial*	**king-size(d), de luxe**
bell-boy	*botones*	**page-boy**
■ DIFERENCIAS DE USO		
Regular	*Normal*	**normal, standard**
■ DIFERENCIAS DE ORTOGRAFÍA		
Labor	*trabajo, mano de obra*	**labour**
■ DIFERENCIAS DE PRONUNCIACIÓN		
bath	EU: [bæ:θ]	GB: [ba:θ]

5. Entorno

■ Hotel bars are a common meeting place in the United States. Also, you are often asked to have a drink at the bar, while waiting for a table in a restaurant. There are many types of beer and whiskey, but most characteristic is the great number and variety of cocktails available.

■ Alcohol for your heart: according to some studies, liquor —no more than three "drinks" a day— may significantly decrease your risk of a heart attack. Moderate drinkers experience about 30 percent fewer heart attacks than tee-totalers* —they also have lower blood pressure than both total abstainers and heavy drinkers.

* Los que se abstienen por completo de toda bebida alcohólica.

■ En Estados Unidos los bares de los hoteles son comúnmente lugares de reunión. También es común que lo inviten a tomar algo en el bar mientras espera que se desocupe una mesa en el restaurante. Hay muchos tipos de cerveza y whisky, pero lo más característico es la gran variedad de cocteles.

■ Alcohol para el corazón: según algunos estudios, el alcohol —un máximo de tres "copas" al día— puede reducir de manera significativa los riesgos de un ataque al corazón. Los bebedores moderados sufren 30% menos de ataques cardiacos que los no bebedores; asimismo, su presión sanguínea es más baja que la de los abstemios totales y la de los grandes bebedores.

• *Manhattan:* 1/2 oz. Italian (sweet) vermouth, 1 jigger (1 1/2 oz.) bourbon or rye. Dash angostura bitters (optional). Stir with cracked ice. Add cherry.
• *Old-fashioned:* Dash angostura bitters, 1 tspn sugar (optional), 1/2 oz. sparkling water, 1 jigger (1 1/2 oz.) bourbon or rye. Stir bitters, sugar, water in glass. Add ice cubes, liquor. Top with orange slice, cherry.
• *Dry Martini:* 1 part French (dry) vermouth, 4 parts gin or vodka. Stir with cracked ice. Strain into chilled cocktail glass. Add green olive, pearl onion or twist of lemon peel.
• *Margarita:* 1 jigger (1 1/2 oz.) white tequila, 1/2 triple sec, 1 oz. lime or lemon juice. Moisten cocktail glass rim with fruit rind. Spin rim in salt. Shake ingredients with cracked ice. Strain into glass.
• *Planter's Punch:* juice of 1/2 lemon, juice of 1/2 orange, 4 dashes curaçao, 1 jigger (1 1/2 oz.) Jamaica rum. Shake. Pour into tall glass filled with cracked ice. Stir. Decorate with fruit.

Cócteles
• *Manhattan:* 1/2 medida de vermut italiano (dulce), 1 1/2 medida de bourbon o rye (whisky de centeno), una pizca de angostura (opcional). Mezclar todo con hielo picado. Agregar una cereza.
• *Old-fashioned:* una pizca de angostura, 1 cdita de azúcar (opcional), 1/2 medida de agua mineral (gasificada), 4.5 cl de bourbon o rye. Mezclar la angostura, el azúcar y el agua en un vaso. Agregar cubos de hielo y el licor. Decorar con una rebanada de naranja y una cereza.
• *Dry Martini:* 1 parte de vermut francés (seco), 4 partes de ginebra o vodka. Mezclar con hielo picado. Colar hacia un vaso coctelero helado. Agregar una aceituna verde, una cebolla de cambray o cáscara de limón.
• *Margarita:* 4.5 cl de tequila blanco, 2.5 cl de triple seco, 1 onza de jugo de limón verde. Humedecer el borde del vaso con la cáscara del limón. Pasar el borde del vaso por sal. Batir los ingredientes con hielo picado. Colar hacia el vaso.
• *Planter's Punch:* el jugo de medio limón, el jugo de media naranja, 4 pizcas de curasao, 4.5 cl de ron jamaiquino. Batir. Pasar a un vaso lleno de hielo picado. Mezclar. Decorar con frutas.

---

1 oz. = 1 ounce = 1 *onza* = 3 *centilitros, (cl)* = 1 *"medida".*
1 jigger = 1 1/2 oz. (*unos 4.5 cl, es decir, 1 1/2 medidas*).
tspn = teaspoon (full) = *cucharadita (cdita).*
La ortografía **whiskey** se usa en Irlanda y Estados Unidos.

---

1. ¿Hola, recepción? Mi televisor no funciona.
2. ¿Me podría despertar mañana a las 6 de la mañana?
3. Quisiéramos irnos mañana temprano.
4. ¿Puedo llamar a Bogotá desde mi cuarto?
5. Quisiera una habitación con cama matrimonial.
6. Necesitamos un cuarto con una cama matrimonial para mi esposa y para mí, y otro con camas individuales para los niños.
7. Deje las llaves en la caja al salir.
8. ¿Dónde puedo dejar el auto?
9. ¿Le pago ahora la llamada?
10. ¿Nos podría dar una factura detallada?
11. ¿Me podrían planchar unas camisas?
12. Dejo el hotel al mediodía. ¿Podría dejar mis maletas aquí hasta las 5?
13. ¿A qué hora cierra el bar?
14. ¿Podría cambiarme unos cheques de viajero?
15. Verifique las especificaciones del voltaje.

1. Hello, reception (desk)? My television's not working.
2. Can you wake me up at 6:00 a.m. tomorrow morning?
3. We'd like to leave early tomorrow morning.
4. Can I call Bogota from my room?
5. I'd like a room with a double bed.
6. We need a room with a double bed for my wife and myself, and a room with twin beds for the children.
7. Put the keys in the box as you leave.
8. Where can I leave the car?
9. Should I pay you right away for the telephone call?
10. Can we have an itemized bill?
11. Could I have some shirts ironed?
12. I'm checking out at noon. Could I leave my luggage here until 5:00 o'clock?
13. What time does the bar close?
14. Can you cash traveler's checks?
15. Check the voltage specification.

register, registro, archivo, estado de cuentas

to make reservations, hacer reservaciones

manager, gerente

to be booked up, estar lleno, estar completo

to settle, instalarse, establecerse, contentarse

a double, una habitación para dos personas

queen-size bed, cama algo mayor que la matrimonial

rate, precio, tarifa, tasa

air-conditioning, aire acondicionado

humming noise, zumbido

to catch a cold, resfriarse

porter, 1) portero (de hotel), 2) botones

to turn off, apagar

to page somebody, pedirle al botones que llame a alguien

lobby, vestíbulo del hotel

cocktail lounge, salón del bar

alcohol, alcohol (puro)

heart, corazón

liquor, licor, bebida alcohólica

to decrease, disminuir, reducir

heart attack, ataque al corazón

to experience, experimentar, sentir, padecer

teetotaler, que no bebe nada de alcohol, abstemio

blood pressure, presión sanguínea, tensión arterial

abstainer, abstemio

dash, pizca, poquito

sprig, ramita

to stir, revolver

to strain, colar

itemized bill, factura o cuenta desglosada o detallada

to iron, planchar

to check out, dejar el hotel

dry-cleaning, lavado en seco

Vocabulario complementario

bartender, cantinero

bell-captain, portero (de hotel)

bourbon, whisky estadounidense hecho a base de maíz

rye, whisky obtenido por destilación del centeno

single room, habitación sencilla

suite, conjunto de habitaciones en un hotel

bottoms up!, hasta el fondo, hasta terminar el contenido del vaso

cheers!, ¡salud!

I'm on the wa(g)on, dejé de beber

it's on me, esta corre por mi cuenta

it's on the house, la casa invita, la casa paga

maid service, mucama, recamarera

room service, limpieza del cuarto

valet service, lavandería

1) En Estados Unidos la terminación inglesa **-tre** se vuelve **-ter**:
GB: **centre**   EU: **center**
       theatre   **theater**

2) En Estados Unidos la terminación inglesa **-our** se vuelve **-or**:
GB: **labour**   EU: **labor**   GB: **favourable** EU: **favorable**
GB: **favour**   EU: **favor**   GB: **colour**   EU: **color**
GB: **rumour**   EU: **rumor**

3) En las palabras terminadas en **-el, -al**, el inglés británico automáticamente dobla la l cuando se agrega una terminación que empieza con vocal:

       to cancel   **cancelled**
       to travel   **travelled**

En Estados Unidos sólo se dobla la l si la última sílaba está acentuada:
   to compel   **compelled** (como en el inglés británico)
mientras que: **to travel**   **traveled**   (GB: **travelled**)
             to cancel   **canceled**   (GB: **cancelled**)
             to label   **labeled**   (GB: **labelled**)
             to total   **totaled**   (GB: **totalled**)

4) En ciertas palabras compuestas el inglés estadounidense tiende a conservar las consonantes dobles:
       skillfull   (inglés británico: **skilful**)
       to fulfill (inglés británico: **to fulfil**)

5) Acortamiento de la terminación en el inglés estadounidense:
GB: **programme**   EU: **program**
    catalogue   **catalog**
    analogue   **analog**

6) La terminación inglesa **-ce** se vuelve **-se** en Estados Unidos:
GB: **defence**   EU: **defense**
    licence   **license**
    practice   **practise**

En estos dos últimos casos, en EU desaparece la diferencia que existe en GB entre el sustantivo terminado en **-ce** y el verbo terminado en **-se**.

7) La **y** se vuelve **i**:
GB: **cypher**   EU: **cipher**
    tyre   **tire**

(sigue en la pág. 41)

1. Diálogo – H: hostess D: Dad T: Tommy J: Junior W: waitress

🔲 ⊙

H — Good morning. Would you like a table or would you rather sit[1] at the counter?

D — How about the booth over[2] by the window?

H — Certainly. Whatever you like. Have a look at the menu and the waitress will take your order in a minute.

D — Gee[3], everything looks good[4]. What're you going to have[5], kids?

T — French toast[6] for me, Dad, with maple syrup of course, and hot chocolate.

D — That sounds good. How about you[7], Junior?

J — I feel like having[8] eggs but those pancakes look yummy[9]. I can't make up my mind[10], Dad.

D — Why don't you have the Special then. You get juice, pancakes and a choice of eggs.

J — O.K. Great.

D — Now if I can only get the waitress's attention[11].

T — Here she comes, Dad.

W — Hi, there[12]. My name's Debbie. Are you folks[13] ready to order?

D — Yes we are. We'll have one Special with orange juice and pancakes.

W — How do you want the eggs on that[14]?

D — Junior[15]?

J — Fried, please, sunny-side up[16].

D — And one French toast. I guess I'll have scrambled eggs, not too well cooked[17] please, and hot rolls[18].

W — Coffee for you, Sir?

D — Yeah, and plenty of it. The boys'll have hot chocolate. Do you think you could put a rush[19] on that, Miss? We're starving.

W — Sure. Coming right up[20].

booth	[bu:θ]	junior	[dʒuniər]
menu	[me:niu]	juice	[dʒuis]
minute	[minət]	folks	[fouks]
maple	[meipəl]	special	[speshəl]
syrup	[sirəp]	orange	[o:rəndʒ]
chocolate	[chə:kəlet]		

H – Buenos días. ¿Quieren una mesa o prefieren sentarse en la barra?

P – ¿Qué tal ese gabinete cerca de la ventana?

H – Claro que sí. Como ustedes quieran. Revisen el menú y en un momento la mesera les tomará la orden.

P – ¡Hmm, todo se ve delicioso! ¿Qué van a querer, niños?

T – Pan tostado para mí, papá, con miel de maple, por supuesto, y chocolate caliente.

P – Eso me parece bien. ¿Y tú, Junior?

J – Tengo ganas de unos huevos, pero esos panqueques se ven deliciosos. No puedo decidirme, papá.

P – Entonces, ¿por qué no pides un Especial? Viene con jugo, panqueques y huevos al gusto.

J – Bueno, perfecto.

P – Ahora a ver si logro que nos vea la mesera/moza.

T – Ahí viene, papá.

M – ¡Hola! Me llamo Debbie. ¿Están listos para ordenar?

P – Sí. Queremos un Especial con jugo de naranja y panqueques.

M – ¿Y cómo va a querer los huevos?

P – ¿Junior?

J – Fritos, por favor, sin voltear.

D – Y unas torrejas. Creo que yo voy a pedir huevos revueltos, no muy cocidos, por favor, y pan caliente.

M – ¿Café para usted, señor?

P – Sí, mucho. Los niños van a querer chocolate caliente. ¿Cree que se podría dar prisa, señorita? Estamos muertos de hambre.

M – Claro que sí. Viene en un momento.

1. **I'd rather (I had rather, I would rather)**, siempre va seguido de un verbo en infinitivo sin **to**.

2. **over** indica aquí la distancia en relación con el lugar desde donde se habla (**over there**, *allá*), **by** indica proximidad en relación con el lugar que sirve de referencia.

3. **Gee**, interjección que expresa entusiasmo o sorpresa (se deriva de **Jesus!**).

4. **everything looks good**, ver más adelante **that sounds good**. El equivalente en inglés de *parecer* varía según se trate de una apreciación visual o auditiva.

5. **What are you going to have**, aquí **to have** = *tomar*: **to have tea**, *tomar el té*, **to have a drink, breakfast**, *tomar una copa, el desayuno*.

6. **French toast**, pan empapado en huevo y leche, luego frito y servido con miel.

7. **How about you? = What about you?**, *¿y usted?* Compárese con el sentido diferente de **how about the booth...?**, *¿qué tal...?*, *¿qué les parece...?*

8. **I feel like having**, después de **to feel like** el verbo toma la forma **-ing**.

9. **yummy**, (familiar) *delicioso, ¡qué rico!* (viene de **yum-yum**, *¡hmm, delicioso!*).

10. **I can't make up my mind** o **I can't make my mind up**, aunque si se usa un pronombre, sólo hay una opción: **I can't make it up**.

11. la forma **the waitress' attention** es más frecuente que **the waitress's attention**. Lo mismo ocurre con **the mistress' book, the hostess' charm**.

12. **Hi there!**, forma familiar y amistosa de saludar.

13. **Are you folks ready...?**, es más familiar que **are you ready...?** Folks, *gente, personas*: **country folks**, *campesinos*, **my folks**, *mi familia, mis papás*.

14. **on that**, **that** se refiere al **Special**. En general, **that** se refiere a lo que se acaba de mencionar y **this** se refiere a lo que sigue (*eso, esto*).

15. **Junior** se refiere al hijo. Cuando un padre y su hijo tienen el mismo nombre, se les suele distinguir usando **Senior** y **Junior** (**Sn., Jr.**): **Robert Scott Senior, Robert Scott Junior**, *Robert Scott padre, Robert Scott hijo*.

16. **sunny-side up**, literalmente *el lado soleado hacia arriba*.
17. **well cooked**, se refiere obviamente al grado y no a la calidad de la cocción.
18. **rolls**, pequeños panes que se sirven calientes con el desayuno: *bollos*.
19. **could you put a rush on that?** significa literalmente *¿podría ponerle prisa a eso?* (**to rush**, apurar, apurarse, **rush**, prisa, apuro).
20. **Coming right up**, nótese que desaparece el sujeto (**it**) y el auxiliar (**is**).

---

4. Inglés estadounidense y británico

■ DIFERENCIAS DE TÉRMINOS Y EXPRESIONES

EU	Español	GB
folks	*gente, parientes, la familia, señores y señoras, todos*	people, relatives, family, ladies and gentlemen
the folks in my town	*la gente de mi ciudad*	the people in my town
gee!	*¡uy!, ¡qué bien!*	gosh!, ho!
hash-brown potatoes	*papas fritas**	fried potatoes
hi!	*¡hola!*	hello!
hi everybody!	*¡hola, todos!*	hello everybody!
kids	*niños, chicos*	children
sunny-side up	*huevos fritos, huevos estrellados*	fried eggs

• Así como en:

beverage	*bebida*	drinks
cookie	*galleta*	biscuit
sugar bowl	*azucarera*	sugar basin

■ DIFERENCIAS DE USO

check	*cuenta*	bill
I guess	*creo, supongo*	I think
sure	*seguro, claro*	certainly

* Se trata de papas ralladas y luego fritas.

■ American breakfast is a substantial meal, as most people have only a light lunch. Breakfast may include juice, hot or cold cereal, eggs with sausage and toast, French toast, waffles or pancakes. Coffee, tea or milk is the usual beverage. Sunday, the late festive meal called brunch, is often an occasion for an informal party.

■ En Estados Unidos el desayuno es una comida fuerte, ya que la mayoría de la gente sólo come un almuerzo ligero al mediodía. El desayuno puede incluir jugo, cereal frío o caliente, huevos con salchicha y pan tostado, torrejas, wafles o panqueques. Las bebidas más comunes son café, té o leche. Los domingos se toma, más tarde un desayuno familiar, llamado **brunch (breakfast + lunch)**, que suele ser un pretexto para reunirse con los amigos.

BREAKFAST

Fruit and Juices: Fruit or vegetable juices; grapefruit half.

Egg dishes: Two eggs (fried, scrambled, soft-boiled). Ham or bacon strips omelette (served with home fries and buttered toast).

Griddle items: Bacon strips; country sausage; home fries.

Bread and Pastries: Toast; French toast; muffins; rolls; doughnuts; pancakes; cookies; fresh pastries.

Beverages: Hot coffee, tea or decaffeinated. Milk or hot chocolate.

Service charge of 15% will be included in check total.

DESAYUNO

Fruta y jugos: jugo de frutas o verduras; medio pomelo (toronja).

Huevos: dos huevos (fritos, revueltos, tibios). Omelet de jamón o tocino (servido con papas fritas y pan tostado con mantequilla).

De la parrilla: tocino; salchichas campesinas; papas fritas.

Panes y pastelería: pan tostado; torrejas; panecillos; bollos; donas; panqueques; galletas; pastelillos frescos.

Bebidas: café, descafeinado o té; leche o chocolate caliente.

En la cuenta se incluye el 15% por el servicio.

1. ¿Hasta qué hora se sirve el desayuno?
2. Por favor esperen aquí. La jefa de meseros/mozos les asignará una mesa.
3. ¿Ya quieren ordenar?
4. ¿Quieren más café?
5. ¡Con el *Especial* pueden comer todo lo que quieran por diez dólares!
6. Todos nuestros platos calientes se sirven con papas fritas.
7. Ya no tenemos panqueques. ¿Quisiera unas donas/rosquillas o panecillos?
8. Deme salchichas con tomate.
9. Yo quiero huevos tibios acompañados de pan tostado.
10. Allá hay una mesa desocupada.
11. El servicio de la barra es más rápido.
12. Aquí está su cuenta. Se paga en la caja que está a la salida.
13. Señorita, ¿podría cambiar mi orden?
14. Por esta calle hay una cafetería que abre las 24 horas.
15. Sólo una porción de torta/de pastel y un café descafeinado, por favor.

1. Till (Until) what time do you serve breakfast?
2. Please get in line here: the hostess will seat you.
3. Shall I take your order now?
4. Would you like some more coffee?
5. On the Special, you can have all you can eat for ten bucks!
6. All our hot dishes are served with hash browns.
7. We're out of pancakes, would you care for some doughnuts or muffins?
8. Give me sausages and tomatoes.
9. I'll have soft-boiled eggs and a side-order of toast.
10. There's an empty (GB: a vacant) table over there.
11. Service is quicker at the counter.
12. Here's your check, you pay at the check-out counter.
13. Miss, could I change my order?
14. There's a 24-hour diner down the road.
15. Just a piece of coffee-cake and a cup of decaffeinated, please.

counter, mostrador
booth, gabinete
order, orden
to look good, verse bueno, parecer bueno
French toast, torrejas, pan francés
maple syrup, miel de maple
to feel like, tener ganas de
pancake, panqueque, panqué
yummy, delicioso
great!, ¡perfecto!, ¡magnífico!
folks, gente, parientes, padres
sunny-side up eggs, fried eggs, huevos fritos o estrellados
hot roll, bollo o pan caliente
coming right up, viene enseguida
waffle, wafle
brunch, "brunch" (combinación de **breakfast** y **lunch**)
to seat, asignar mesa
buck, dólar

hash brown, papas ralladas y fritas
doughnut (donut), dona, rosquilla
muffin, panecillo
sausage, salchicha, chorizo
soft-boiled egg, huevo tibio
empty (EU), **vacant** (GB), desocupado, vacío
check, cuenta
check-out counter, mostrador o caja de salida
24-hour diner, cafetería que abre las 24 horas
coffe-cake, tipo de torta/pastel con nueces y especias
decaffeinated, café descafeinado
to grab, agarrar, tomar, coger, arrebatar
toothpick, palillo, picadientes, mondadientes
on the way out, al salir
to wipe, limpiar, pasar un paño, secar

Vocabulario complementario

bagel, bollo salado en forma de rosquilla
biscuit, bollo, bísquet
black coffee, café negro
blueberry, tipo de arándano
bun, bollo, panecito, bolillo
coffee with cream, café con leche, café cortado
cookie, galleta
cornflakes, hojuelas de maíz
cottage cheese, requesón, queso fresco
cracker, galleta salada
cranberry, arándano
cream cheese, queso crema
cruller, buñuelo
crepe, panqueque, crepa

honey, miel
instant coffee, café instantáneo, soluble
jelly, jalea
oatmeal, avena
peanut butter, crema de cacahuate, manteca de maní
porridge, avena con leche
pumpernickel, pan integral de centeno
red-currant jelly, jalea de grosella
rye bread, pan de centeno
sausage links, ristra de salchichas o chorizos
sourdough bread, pan de levadura
sugar bowl (EU), azucarera
white coffee, café con leche

8) En Estados Unidos la terminación inglesa **-ough** puede volverse **-u, -ow, -o**:

through	thru
plough	plow
though	tho

9) También se encuentra **tonight** escrito **tonite**, y **light** escrito **lite**.

10) El caso de las terminaciones **-ise, -ize**:

Cuando se trata de un sufijo, se puede decir esquemáticamente que los estadounidenses escriben **ize**, mientras que algunos ingleses prefieren **-ise**. Por ejemplo:

real + ize	realize
formal + ize	formalize
normal + ize	normalize

Cuidado con los siguientes casos, que llevan terminación **-ise** tanto en EU como en GB:

to advertise	to disguise
to advise	to improvise
to comprise	to revise
to compromise	to supervise
to despise	to surprise
to devise	

El inglés de Estados Unidos: gramática

En general, hay pocas diferencias entre el inglés británico y el de Estados Unidos. Citemos el ejemplo tradicional del uso de **like** en lugar de **as**, considerado incorrecto en el inglés británico, aunque aceptado en el estadounidense:

GB: **Do as I tell you**

EU: **Do like I tell you**

Por otra parte, en el inglés de Estados Unidos se observa la tendencia de las lenguas trasplantadas (como el francés de Canadá) a conservar arcaísmos, aunque al mismo tiempo presentan innovaciones audaces. Por ejemplo, la antigua forma **gotten** (como participio de **to get**) sigue viva en Estados Unidos, al igual que **proven** (participio de **to prove**).

En general, es falso que a los estadounidenses no les importe la gramática. Menos purista, más relajado, el inglés de Estados Unidos privilegia ante todo la comunicación, pero la lengua sigue obedeciendo reglas precisas, aunque más en la lengua escrita que en la oral.

1. Diálogo — J: Jack P: Paul T: Teller[1]

P — Jack, it's almost three o'clock; we'd better hurry if we want to get to the bank before it closes.

J — I see what you mean. We are cutting it a bit close[2]. I haven't got much cash left[3], either.

P — The bank's on the next block. We ought to be able to make it on time, if we run.

J — Excuse me, I'd like to cash some traveler's checks[4].

T — Next window[5], Sir...

J — Can you cash these traveler's checks, please?

T — Certainly. Please sign your name on each of the checks and don't forget the date. Can you show me your driver's license?

J — Sorry, I haven't got one[6]. Will my passport do[7]?

T — Sure. How do you want that? Ten, twenties, fifties, hundreds?

J — Fifties will be fine, thanks.

T — Here you are.

J — Thank you. Paul, didn't you want to withdraw some money?

P — Yes, if it's not too late.

T — As long as[8] you're in The door before closing time, we'll take care of your transaction.

P — Well then, I'd like to have $2 500 transferred[9] from my savings account[10] to my checking account.

T — Could you fill out these withdrawal and deposit[11] slips with your account numbers and the amount, please?

P — Sure. Here you go[12].

T — That's all. then.

P — Oh, one more thing. I'd like to put some jewelry and a few other valuables[13] into my safe deposit box. I've got the key with me.

T — Certainly. Right this way, Sir.

almost	[o:lməust]	transaction	[transækshən]
close	[kləus]	to transfer	[transfər]
either	[i:ðər]	withdrawal	[wi:θroəl]
license	[laisens]	jewelry	[dʒu:ləri:]
to withdraw	[tu wi:θro]	valuables	[va:liəbəls]

P — Jack, son casi las tres. Tenemos que apresurarnos si queremos llegar al banco antes de que cierre.

J — Ah, sí, ya veo. No tenemos mucho tiempo. Tampoco me queda mucho dinero.

P — El banco está a una cuadra. Si corremos, podríamos llegar a tiempo.

J — Disculpe, quisiera cambiar unos cheques de viajero.

C — En la siguiente ventanilla, señor.

J — ¿Me podría cambiar estos cheques de viajero, por favor?

C — Por supuesto. Por favor firme cada uno, y no olvide anotar la fecha. ¿Me podría mostrar su licencia/libreta de conducir?

J — Disculpe, no tengo. ¿Sirve mi pasaporte?

C — Claro. ¿Cómo lo quiere?, ¿billetes de diez, de veinte, de cincuenta o de cien?

J — De cincuenta está bien, gracias.

C — Aquí tiene.

J — Gracias. Paul, ¿no querías retirar dinero?

P — Sí, si no es muy tarde.

C — Si entra antes de la hora de cerrar, nos ocupamos de su transacción.

P — Bueno, entonces quiero transferir 2 500 dólares de mi cuenta de ahorro a mi cuenta de cheques.

C — ¿Podría llenar estas boletas de retiro/extracción y depósito con sus números de cuenta y las cantidades, por favor?

P — Claro. Aquí tiene.

C — Eso es todo, entonces.

P — Ah, algo más. Quiero depositar unas joyas y otros objetos de valor en mi caja de seguridad. Tengo la llave conmigo.

C — Por supuesto. Por aquí, señor.

1. **Teller**, *cajero del banco*. Tanto en EU como en GB, los empleados de ventanilla realizan operaciones monetarias.

2. **We're cutting it a bit close**, idea de algo muy cerrado: **a close contest**, *una lucha cerrada, pareja;* **a close election**, *unas elecciones reñidas;* **to have a close call**, **to have a close shave**, *lograr salvarse en el último momento.*

3. **I haven't got much cash left**, observe que esta expresión se construye con el verbo **to leave**, *dejar*. Compare con: **what is left**, *lo que queda*, **what I have left**, *lo que me queda*, etc.

4. **to cash some traveler's checks, cash**, *dinero en efectivo*, **to cash**, *cambiar por dinero en efectivo*, tanto *cobrar:* **I want to cash a traveler's check**, como *pagar:* **can you cash these traveler's checks?** El apóstrofo tiende a desaparecer: **travelers check(s).**

5. **window**: 1) *ventana*, 2) **shop (window)**, *aparador, escaparate*, 3) *ventanilla*.

6. **I haven't got one, one** es más lógico que **any** para referirse a **driving license**, porque sólo se tiene una licencia de conducir.

7. **Will my passport do?**, **to do** a menudo significa *bastar, servir*.

8. **As long as**: 1) *tan largo como*, 2) *mientras que, con tal de que.*

9. **transferred**, de **to transfer**, observe que en las formas **-ed** e **-ing** se dobla la **r**, porque el acento tónico está en la segunda sílaba.

10. **savings account, savings**, *ahorro*, en inglés va siempre en plural: **a savings bank**, *banco, caja de ahorro.*
    To save (money), *ahorrar*.

11. **deposit**: 1) *depósito* (en un banco), 2) *depósito, garantía*, **to leave a deposit**, *dejar un depósito*, 3) *acumulación de sedimentos.*

12. **Here you go,** indica que ya está listo lo que la otra persona pidió.

13. **valuables**, *objetos de valor*. Hay que distinguir entre el adjetivo **valuable**, *valioso, de gran valor*, de **valid**, *válido, valedero.*

■ DIFERENCIAS DE ORTOGRAFÍA

EU	Español	GB
license	*licencia, permiso*	**licence**

En Estados Unidos se usa la misma ortografía para el sustantivo y el verbo: **license** y **to license**.

■ DIFERENCIAS DE PRONUNCIACIÓN

passport   EU: [pǽspoːrt]   GB: [paːspoːt]

La palabra **either**, tanto en EU como en GB, puede pronunciarse [aːiːðər] o [iːðər]. En Estados Unidos es más fuerte la **r** final y más común la pronunciación [iːðər].

■ DIFERENCIAS DE VOCABULARIO Y EXPRESIONES

EU	Español	GB
we're cutting it a bit close	*estamos muy justos, apenas alcanza*	**we're playing it a bit close, we're cutting it a bit fine**
driver's license	*licencia o permiso de conducir, libreta o registro de conductor*	**driving license**

---

5. Entorno

A few tips concerning US banks:

1. Closing time may be as early as 2:30 or 3 o'clock.
2. Don't forget to get in line for every banking transaction. You will only be losing time by going directly to the counter. No one butts in line.
3. Careful! For complicated operations, you'd better go directly to the main office, not to a local branch.

Algunos consejos en relación con los bancos de EU

1. Los bancos cierran tan temprano como desde las 14:30 ó 15 horas.
2. No olvide hacer fila para cada operación bancaria. Sólo perderá su tiempo si pasa directamente a la ventanilla. Nadie intenta ganar el lugar de otro en la fila.
3. ¡Cuidado! Si va a hacer operaciones complicadas, será mejor que vaya a la oficina central, no a una sucursal local.

The US banking system is not as tightly centralized as European systems. At its head we find the Federal Reserve Board (the *"FED"* which was established in 1913), which works through twelve regional Federal Reserve banks. The Board, whose responsibility is directly to the Congress, is an independent agency, not subject to the orders of the President. But a large amount of cooperation does exist between the White House, the Treasury, and the Board. The Federal Reserve Board's main operation is to expand or to contract the supply of credit and currency, thus making money available and cheap to borrow, or scarce and expensive to borrow. Below the Federal Reserve Board and its 12 regional banks are some 15 000 privately owned and operated banks which handle daily transactions and make the decisions on to whom and under what conditions loan should be made.

El sistema bancario de Estados Unidos no está tan centralizado como los sistemas europeos. A la cabeza se encuentra el *Federal Reserve Board* (el Consejo Federal de Reservas, o "Fed", creado en 1913), que opera por medio de 12 bancos de reserva regionales. El Consejo tiene una responsabilidad directa ante el Congreso, pero es un organismo independiente que no recibe órdenes del presidente. Sin embargo, existe mucha cooperación entre la Casa Blanca, el Ministerio de Hacienda y el Consejo Federal de Reservas. La principal actividad del *Federal Reserve Board* es aumentar o reducir el volumen de crédito y de dinero en circulación, de modo que haya dinero disponible y que los préstamos sean baratos o, por el contrario, que haya escasez de dinero y que los préstamos sean caros.
Debajo del *Federal Reserve Board* y sus 12 bancos regionales hay unos 15 000 bancos privados que realizan las operaciones cotidianas y deciden si otorgan préstamos, a quién y bajo qué condiciones.

1. Perdí mi chequera.
2. ¿Cuánto quiere retirar?
3. ¿Cuál es el tipo de cambio del peso para hoy?
4. ¿Puedo cobrar este cheque aquí?
5. Hay un cajero automático a la vuelta de la esquina. ¡Ay, no, olvidé mi número confidencial/código!
6. ¿Me lo puede dar en billetes chicos?
7. Nos va a faltar efectivo.
8. Te podemos prestar algo de dinero.
9. Se lo puedes devolver a Janet cuando ella vaya a Caracas.
10. No cambies dinero aquí, el tipo de cambio es desfavorable.
11. Gastamos el doble de lo que pensé.
12. Me queda un poco de cambio, pero ningún billete grande.
13. ¿Cómo me pueden enviar dinero desde Argentina?
14. La transferencia de divisas por medio del banco es un procedimiento sencillo, pero caro.
15. ¿Es posible que yo, como ciudadano chileno, abra una cuenta con ustedes?

1. I've lost my checkbook.
2. How much do you want to withdraw?
3. What is the rate of exchange of the peso today?
4. Can I cash this check here?
5. There's an ATM (automatic teller machine) around the corner. Oh no, I forgot my pin code!
6. Can you give it to me in small denominations?
7. We're going to be short of cash.
8. We can lend you some money.
9. You can pay Janet back when she comes to Caracas.
10. Don't change money here. The exchange rate is poor.
11. We spent twice as much as I thought we would.
12. I have a little change left, but no big bills.
13. How can I have money sent from Argentina?
14. Currency transfer through the bank is a simple but costly affair.
15. Is it possible for me, as a Chilean citizen, to open an account with you?

teller, cajero, empleado de banco
to cash a check, cobrar un cheque
traveler's check, cheque de viajero
window, ventanilla
to withdraw, retirar
closing time, hora de cerrar
savings, ahorro, ahorros
savings account, cuenta de ahorro
checking account, cuenta de cheques, cuenta corriente
withdrawal, retiro
slip, papeleta, forma, ficha, boleta
valuables, objetos de valor
safe deposit box, caja de seguridad

ATM, cajero automático
currency, 1) divisa, 2) moneda
to handle, manejar, manipular, realizar (servicio, operación)
loan, préstamo
term, condición
denomination, denominación
rate of exchange, tipo o tasa de cambio
bill, billete
to open an account, abrir una cuenta
tip, consejo, información
main office, oficina central
branch, sucursal
main branch, sucursal principal

Vocabulario complementario

to apply for a loan, pedir un préstamo
bad check, dud check, cheque sin fondos
to bounce, rechazar un cheque sin fondos
to deposit money, depositar dinero (en una cuenta)
to fill in/out an income tax return, llenar una declaración de impuestos
IRS (International Revenue Service), el fisco, Hacienda
to lend, prestar
monthly installment, mensualidad
to qualify (for), cumplir las condiciones, cubrir los requisitos (para)
a raise, un aumento
tax free, libre de impuestos
teller counter, ventanilla
without notice, sin previo aviso
to yield interest, generar intereses
to borrow, tomar prestado, pedir prestado

— Mencionemos primero las diferencias más conocidas:

GB	Español	EU
lift	*ascensor*	elevator
lorry	*camión*	truck
tap	*llave, grifo, canilla*	faucet
maize	*maíz*	corn
pavement	*vereda, banqueta*	sidewalk

— Son numerosos los ejemplos que pueden darse de la influencia extranjera en el inglés estadounidense. Sólo mencionaremos algunos:

- influencia indígena en nombres de lugar (**Ohio, Arkansas**).

- influencia del español de México: **taco, guacamole, loco, mango**.

- influencia del italiano (**motto** = *lema*), del alemán (**wurst** = *salchicha*) y del yiddish (**schnozzle** = *nariz*).

- La influencia del francés aparece en el lenguaje político y diplomático (**coup**, *golpe*, **laissez-faire**, *dejar hacer*, **détente**, *relajamiento de tensiones*), culinario, de costura, amoroso (**rendezvous**, *cita*), así como en ciertas frases (**vis-à-vis**, *cara a cara* o *respecto de*, **à propos**, *a propósito de*).

— En Estados Unidos se han creado numerosos términos y expresiones que han ido entrando al inglés británico. La evolución de los diccionarios británicos dice mucho sobre esto: muchas palabras (por ejemplo **grassroots** = *las bases*, en sentido político) que aparecían hace algunos años con la especificación de que eran términos de Estados Unidos, aparecen ahora sin marca alguna, a la vez de que se van haciendo comunes en la BBC (British Broadcasting Corporation).

1. Diálogo — P: passenger   T: taxi driver

P — Excuse me, are you free?

T — Sure am[2].

P — How much is the fare[3] to Manhattan?

T — $28.00, plus the toll[4] on the Tri-borough[5] bridge.

P — All right, then. Can you take me to the Holiday Inn, please?

T — Sure. Hop in[6].

P — Shouldn't you turn the meter on, driver?

T — I can if you like. Otherwise, I'd just charge you the flat rate[7].

P — I think I'd prefer the meter.

T — Whatever you say, buddy[8]. Where are you from?

P — Montreal. It's my first trip here. I've always wanted to see New York City.

T — Well, there's nothing like it. I wouldn't live anywhere else, even if you paid me.

P — That's what some people say. Hey, how come we're going over another bridge? Isn't this the Hudson River[9]?

T — Ah, yeah. It's a short cut I often take during rush hour. Midtown[10] is impossible at this time of day. We'll swing[11] around and take the tunnel back to the West Side.

P — Well, I guess you know best[12].

T — Here you are. Holiday Inn. That'll be $45.50.

P — What? Ah, come on[13], I thought you said the fare was $28.00.

T — Well, you wanted the meter, and it reads[14] $45.50.

P — You've really taken me for a ride[15]. Here you are, $45.50.

T — No tip?

P — *(slamming the door)* Son of a bitch[16]!

passenger	[pæsəndʒər]	meter	[mi:dər]
fare	[fe:ər]	to prefer	[pri:fə:r]
Manhattan	[manhætn]	whatever	[whadevə:r]
toll	[tɐl]	Montreal	[mo:ntriəl]
borough	[bɐre:]	yeah	[i:æ]
tri-borough	[triba:rə]	hour	[awær]

P — Disculpe, ¿está libre?

T — Claro que sí.

P — ¿Cuánto me cobra hasta Manhattan?

T — 28 dólares, más el peaje del puente tridistrital.

P — Está bien. ¿Me lleva al Holiday Inn, por favor?

T — Claro, súbase.

P — ¿No debería hacer funcionar el taxímetro/medidor?

T — Lo puedo hacer si usted quiere. Si no, le cobro la tarifa establecida.

P — Creo que prefiero el taxímetro/medidor.

T — Como usted diga, amigo. ¿De dónde es?

P — De Montreal. Es la primera vez que vengo aquí. Siempre he querido conocer la ciudad de Nueva York.

T — No hay nada igual. No viviría en otro lugar aunque me pagaran por ello.

P — Eso dicen. Oiga, ¿por qué estamos cruzando otro puente?, ¿no es éste el río Hudson.

T — Ah, sí. Corto por aquí durante las horas de más tránsito. El centro es imposible a esta hora del día. Vamos a dar una vuelta para tomar el túnel y volver a la orilla oeste.

P — Bueno, usted sabrá.

T — Ya llegamos. Holiday Inn. Van a ser 45 dólares con 50 centavos.

P — ¿Qué? ¡Ah, vamos!, creí que había dicho que eran 28 dólares.

T — Bueno, usted quiso el taxímetro y dice $45.50.

P — Sí que me estafó. Aquí tiene, $45.50.

T — ¿Y la propina?

P — *(dando un portazo)* ¡Hijo de perra!

1. **A taxi ride**, en GB se usa **to drive** para el conductor y **to ride** para el pasajero; en EU se tiende a usar **to ride** para ambos. Para los transportes colectivos se usa **to ride** tanto en EU como en GB: **to ride a bus, a bus ride, to ride a train**, etc.

2. **Sure am, I sure am**, forma familiar = **certainly, I am.**

3. **fare**, 1) *tarifa de viaje, pasaje*, 2) (fam.) *pasajero* (de un taxi), 3) *dieta, régimen.*

4. **toll**, 1) *peaje*, 2) *número de víctimas.*

5. **borough**, división administrativa (distrito, circunscripción). **Tri-borough** también se escribe **Triboro.**

6. **Hop in**, *subir a bordo de un vehículo* (fam.); **to hop**, *saltar.*

7. **flat rate**, *precio establecido, fijo.*

8. **buddy**, (fam.) *amigo, compa, viejo.*

9. **the Hudson River**, GB.: se usa la misma palabra para *río* y para *riachuelo.*

10. **Midtown** significa literalmente *el medio de la ciudad*: el centro. **Mid** es frecuente en expresiones como: **mid-June**, *a mediados de junio*, **mid-position**, *posición intermedia*, **in mid-air**, *en el aire, en pleno vuelo*, **in the mid-fifties**, *a mediados de los años cincuenta*, **mid-week**, *a media semana.*

11. **to swing**: 1) *balancear, columpiar*, 2) *cambiar de dirección, virar.*

12. **I guess you know best** significa literalmente *supongo que usted sabe mejor (que yo).*

13. **come on!**, *¡vamos!* Se usa para convencer a alguien de cambiar de opinión.

14. **it reads**, a menudo **to read** = *leerse, decir, marcar, indicar*: **the telegram read...**, *el telegrama decía...*, **the thermometer reads 20 degrees**, *el termómetro marca 20 grados.*

15. **to take someone for a ride**, *embaucar, estafar* (se refiere al paseo que dan los secuestradores a su víctima).

16. **Son of a bitch**, (abreviado **s.o.b.**) familiar e incluso vulgar: *hijo de perra* (la abreviación **s.o.b.** es menos grosera que la expresión completa).

■ DIFERENCIAS DE TÉRMINOS

EU	Español	GB
1) **buddy**	*amigo, compa, viejo*	**mate**

El equivalente inglés más cercano es **mate**:

> **Have you got a light, mate?**
> *¿Me das fuego, amigo?*

Es sobre todo en los medios obreros donde se usa así, para dirigirse directamente a una persona.

Mate también puede significar *amigo, compañero*, y con este sentido está menos marcado socialmente:

> **This is Tom, my best mate.**
> *Éste es Tom, mi mejor amigo.*

Pal, tanto en EU como en GB, también puede usarse con este sentido (en Estados Unidos es sobre todo una forma de saludo: **Hi, pal!**, *¡Hola, amigo!*)

2) **Son of a bitch**, abreviado **s.o.b.** [e:s əu bi:], literalmente *hijo de perra* (el equivalente británico es **swine**, *cerdo, puerco*, o **sod**; **bastard**, *bastardo*, es común tanto en EU como en GB).

sidewalk	*acera, banqueta*	**pavement**
cab	*taxi*	**taxi**

También en Estados Unidos se usa **taxi**.

■ DIFERENCIAS DE USO

– **Sure am**: un taxista británico respondería **Yes, Sir** o **Yes, Madam**.

– **New York City**, en inglés británico simplemente se dice **New York**. De igual modo, **Washington D.C.** (**District of Columbia**, para evitar la confusión con los muchos otros Washington que existen en Estados Unidos), es simplemente **Washington** para los británicos.

– **I guess** = **I suppose** (*creo, supongo*). En el inglés británico **to guess** sólo se usa como *adivinar*.

– **to take someone for a ride**, *estafar, embaucar*, **to do**, **to cheat**, *engañar, hacer trampa*, **to diddle someone**.

Ed ran out on to the sidewalk and waved at a cruising taxi. *"23A Eastern Street"*, he said, jerking open the door, *"and snap it up"*. When the driver reached 22nd Ward with its narrow streets, its fruit stalls and its aimless crowds overflowing into the gutters, he was forced to reduce speed almost to a crawl. *"If you're in all that hurry"*, he said suddenly, *"there's an alley just ahead that takes you into Eastern Street. It'll be quicker for you to get out here and walk"*. *"Why do you think I hired this heap if I wanted to walk?"*, Ed said. *"Keep going and don't run anyone down... How much further have we got to go?"* *"Just ahead of you"*. *"Okay, stop at the corner"*. The driver drew up, and Ed paid him, tipping him liberally. *"Want me to stick around? You're not likely to get another cab back here"*. *"Well, okay"*, Ed said. *"I may be a little while. If I don't show up in half an hour, you'd better blow"*.

James Hadley Chase, *I'll bury my dead*

Ed salió corriendo a la banqueta y paró un taxi que pasaba. *"A la calle Eastern número 23A"*, le dijo, mientras abría la puerta de un tirón, *"rápido"*. Cuando llegaron al barrio 22, con sus calles estrechas, sus puestos de fruta y su gentío sin rumbo, que desbordaba las coladeras, el taxista tuvo que reducir la velocidad hasta casi detenerse. De pronto le dijo: *"Si está tan apurado, hay un callejón aquí adelante que lo lleva a la calle Eastern. Sería más rápido que se bajara aquí y fuera caminando."* *"¿Por qué cree que subiría a este cacharro si quisiera caminar?"*, le dijo Ed. *"Continúe, y no atropelle a nadie.... ¿Cuánto falta?"* *"Es aquí adelante."* *"Bueno, pare en la esquina."* El taxista se detuvo y Ed le pagó, agregando una propina generosa. *"¿Quiere que me quede por aquí? No es fácil que encuentre otro taxi en esta zona."* *"Está bien"*, dijo Ed, *"Quizá tarde un poco. Si no estoy aquí en media hora, será mejor que desaparezca."*

James Hadley Chase, *I'll bury my dead* [*Enterraré a mis muertos*]

6. Frases modelo 📼 ⊙

1. ¿Dónde está la parada de taxis más cercana?
2. ¿A dónde va? ¿Me puede llevar al hotel Fairfax?
3. ¿Cuánto se le da de propina al taxista?
4. ¿Hola, recepción? ¿Me podría pedir un taxi por favor?
5. ¿Cuánto le debo?
6. Más vale que tomemos un taxi, o vamos a llegar tarde.
7. ¿Cabrán las maletas en la cajuela/baúl/maletero?
8. Cuidado, la puerta no está bien cerrada.
9. No puedo llevar más de cinco pasajeros.
10. Yo los llevo a su casa. A esta hora de la noche no van a encontrar un taxi.
11. La tarifa está señalada en el taxímetro/medidor.
12. ¿Me puede decir aproximadamente cuánto será?
13. Lo siento, no tengo cambio.
14. El taxi nos recogerá a las 10:30.
15. Se hacen unos 20 minutos en taxi, excepto a horas de mucho tránsito.
16. ¿Hay un cargo adicional por las maletas?

1. **Where is the nearest taxi stand?**
2. **Where to? Can you take me to the Fairfax Hotel?**
3. **How much of a tip do you give the taxi-driver?**
4. **Hello, reception desk? Can you call a cab for me, please?**
5. **What (how much) do I owe you?**
6. **We'd better catch a cab, or we're going to be late.**
7. **Will the bags fit in the trunk?**
8. **Careful, the door isn't closed right.**
9. **I can't take more than 5 passengers.**
10. **I'll drive you home. At this time of night you'll have trouble finding a taxi.**
11. **The fare is shown on the meter.**
12. **Can you tell me how much it will be, approximately?**
13. **Sorry, but I haven't any change.**
14. **The taxi will pick us up at 10:30.**
15. **It's about 20 minutes by taxi, except at rush hour.**
16. **Is there an extra charge for suitcases?**

passenger, pasajero

fare, tarifa, precio del viaje

toll, peaje

inn, albergue, posada

meter, taxímetro, contador, medidor

flat rate, precio establecido, fijo, de base

short cut, atajo

rush hour, hora pico, hora de mucho tráfico, hora punta

to slam, dar un portazo, cerrar con violencia

sidewalk, acera, vereda, banqueta

to wave, saludar con un ademán

to cruise, 1) tomar un crucero, 2) pasar, dar vueltas (taxi)

to jerk, sacudir

stall, puesto, estanquillo

crowd, multitud, gentío

gutter, desagüe

to crawl, gatear, avanzar muy poco

alley, callejón

to draw up, detenerse (un auto junto a la acera)

to tip, dar propina

to stick around, quedarse cerca

to blow (split), largarse, desaparecer (fam.)

taxi stand, parada de taxis

to owe, deber

to hail a cab, parar un taxi

trunk, cajuela, portaequipajes

suitcase, maleta

Vocabulario complementario

back seat, asiento de atrás

to break down, descomponerse (un automóvil)

cabbie, taxi (fam.: taxista)

to dig, entender (coloquial)

to drop off, dejar (a alguien en un lugar)

fare, pasajero (fam.)

to flag a taxi, parar un taxi

front seat, asiento delantero

hack, (fam.) taxista

to honk, tocar la bocina, el claxon

to pull up, detenerse

rip-off, robo

tow-truck, grúa

Estilo

El inglés estadounidense hablado, e incluso el escrito, resulta más relajado, familiar e informal que su antepasado, el inglés británico. Como país de inmigrantes, Estados Unidos es más tolerante con los extranjeros y con sus formas de expresión. No sólo no le incomodan, sino que las integra a su propia práctica.

Esta actitud, tan agradable para el visitante, explica que un hombre como Kissinger, de origen alemán, haya podido hacer una carrera como la que hizo, sin verse limitado por su marcado acento alemán. Sin embargo, si bien la comunicación es más importante que la corrección tal como la defienden los puristas, no todo está permitido.

Queremos llamar la atención del lector hacia la diferencia que existe entre el inglés estadounidense, lengua rica y de gran especificidad, el **mid-atlantic**, especie de lengua compuesta estadounidense-británica que se ha vuelto un práctico medio de comunicación, y, por otra parte, una lengua franca internacional que sí es una variante degradada del inglés de Estados Unidos.

Esta última variedad, aunque práctica, no puede de ninguna manera constituir un modelo, y su pobreza idiomática y léxica, justificada por sus objetivos puramente "operativos", revela la riqueza, soltura y fuerza creadora del auténtico inglés estadounidense.

1. Diálogo — T: Tom   H: hostess   J: Joan   D: Dave

T — Good evening.

H — Good evening, gentlemen. A table for two?

T — Yes, but we're in a rush[1]. Do you think we can be served[2] and out of here in half an hour?

H — Certainly. Joan, could you take care of these people? They're in a bit of a hurry[3].

J — Sure. Right this way[4]. Do you wanna[5] see the menu or do you know what you're gonna have[6]?

T — Let's have a look at the menu. What can you recommend that's fast and good?

J — If you like steak, have the sirloin. It's as tasty as can be[7].

T — That sounds fine. I'll have mine rare[8], with French fries and a mixed salad on the side[9]. What about you, Dave?

D — I'll have the same. But make mine medium rare.

J — What kind of salad dressing will you have? Thousand Island[10], French, or the House dressing[11]?

D — I'll try the House.

T — Me too.

J — Beverage[12]? Coffee, tea, milk?

T — Two cups of coffee. And would you mind serving[13] us water without ice?

T — How's your steak? Mine's out of this world[14].

D — Great. I was afraid it looked too well done[15]. But it's just right.

T — Do you feel like dessert or shall we skip[16] it?

D — I'd just as soon have dessert after the movie.

T — Fine. If we can get the check now, we'll be just in time for the 8 o'clock show.

D — Miss... the check please.

T — Dutch treat[17], O.K.?

D — Sure. Separate checks, please.

half an hour	[hafənawær]	tasty	[teistiː]
certainly	[sɔrtnliː]	mixed	[mikst]
wanna	[wanaː]	medium rare	[miːdiːəm reːr]
menu	[meːniu]	Island	[aːilənd]
gonna	[gɐːna]	beverage	[beːverədʒ]
recommend	[riːkomeːndeːd]	dessert	[diːsərt]
steak	[steːik]	separate	[seːparət]
sirloin	[sɔrloiːn]		

T — Buenas tardes.

M — Buenas tardes, señores. ¿Una mesa para dos?

T — Sí, pero estamos apurados. ¿Cree que en media hora podremos haber terminado de comer?

M — Claro que sí. Joan, ¿te podrías encargar de estas personas? Están apuradas.

J — Por supuesto. Por aquí, por favor. ¿Quieren ver el menú o ya saben qué van a pedir?

T — Veamos el menú. ¿Qué nos recomienda que sea bueno y rápido?

J — Si les gusta la carne, pidan un bistec. Está delicioso.

T — Me parece bien. Yo lo quiero poco asado, con papas fritas y una ensalada mixta, Dave.

D — Yo quiero lo mismo, pero la carne asada a término medio.

J — ¿Qué aderezo quieren? Hay mil islas, francés o el de la casa.

D — Yo quiero probar el de la casa.

T — Yo también.

J — ¿De beber? ¿Café, té, leche?

T — Dos tazas de café. ¿Y nos podría servir agua sin hielo?

T — ¿Qué tal está tu bistec? El mío está increíble.

D — Excelente. Temía que estuviera demasiado cocido, pero está perfecto.

T — ¿Tienes ganas de un postre o no?

D — Preferiría comer postre después de la película.

T — Muy bien. Ahora si logro que nos traigan la cuenta, llegaremos justo a tiempo para la función de las ocho.

D — Señorita..., la cuenta, por favor.

T — Cada quien paga lo suyo, ¿no es cierto?

D — Claro. Cuentas separadas, por favor.

1. **we're in a rush**, *tenemos prisa*, **rush**, *prisa, apuro*, **rush hour**, *hora de mucho tráfico, hora pico*, **a rush order**, *una orden urgente*, **to rush**, 1) *apurarse*, 2) *apurar*, 3) *despachar rápidamente*, 4) *precipitarse*.

2. **to be served and out of here**, lit. *estar servidos y fuera de aquí*.

3. **in a bit of a hurry**, *bastante apurados, con bastante prisa*. Usos idiomáticos de **a bit**: **wait a bit**, *espera un poco*, **she's a bit older**, *ella es un poco mayor*, **he's a bit of a liar**, *es bastante mentiroso*.

4. **Right this way, right,** a menudo refuerza el sentido de la frase: **he was shot right through the head**, *le dispararon en plena cabeza*, **it's right in front of you**, *está justo enfrente de ti*, **right at the top**, *hasta arriba*.

5. **Do you wanna see?** = do you want to see?

6. **what you're gonna have** = what you are going to have. Observe el uso de **to have** en el sentido de *tomar* (bebida, alimento): **to have tea, to have a steak**.

7. **tasty as can be**, literalmente *tan sabroso como es posible*.

8. **rare**, los tres grados tradicionales de cocción son: **well done**, *bien cocido, en su punto*, **medium rare**, *término medio, medio cocido*, **rare**, *muy poco cocido, casi crudo*. En realidad, **rare** oscila entre término medio y casi crudo, dependiendo del restaurante.

9. **on the side**, literalmente *a un lado*, es decir, servido al mismo tiempo pero por separado.

10. **Thousand Island (dressing)**, mayonesa a la que se le agregan ingredientes como paprika, pimienta verde, etc.; se conoce como *mil islas*.

11. **French dressing**, *vinagreta, aliño*: aceite y vinagre (o jugo de limón) con sal, pimienta y mostaza.

12. **Beverage**, *bebida*. Tiene un sentido más extenso que **drink**. **Drink** sugiere vino o cerveza.

13. **would you mind serving**, se usa **to mind** + verbo en **-ing**.

14. **out of this world**, literalmente *fuera de este mundo*.

15. **it looked too well done**, literalmente *se veía demasiado cocido*.

16. **to skip**, *omitir, saltar, pasar*.

17. **Dutch treat**, literalmente *invitación holandesa*. Se dice de una comida o paseo donde cada uno paga su parte.

■ DIFERENCIAS DE TÉRMINOS

EU	Español	GB
French fries	*papas fritas*	**chips**
movie	*película, filme*	**film**
check, bill	*cuenta*	**bill**
too well done	*demasiado cocido*	**overdone**
to wait on line	*formarse, hacer fila*	**to queue up**
chopped meat	*carne picada*	**minced meat**

■ DIFERENCIAS DE FORMA

do you wanna...?	*¿quieres...?*	**do you want to...?**
you're gonna...	*vas a...*	**you're going to...**

■ DIFERENCIAS DE PRONUNCIACIÓN

half an hour	EU: [hafənæwər]	GB: [ha:fana:wə]
fast	EU: [fæst]	GB: [fa:st]

5. Entorno: a few tips...

■ In some restaurants, you have to wait on line before a waitress or waiter takes you to your table. Don't butt in line. In others you have to wait at the bar after the hostess takes your name.

■ *Steaks:* American and Latin American methods for cutting up a beef carcass are not very dissimilar. Here is a selection of what can be found: *1. chopped steak, ground beef; 2. porterhouse steak; 3. prime rib, rib roast; 4. rib steak; 5. rump steak; 6. sirloin; 7. tenderloin; 8. T-bone steak.*

Algunos "datos informativos"

■ En algunos restaurantes es preciso esperar que una mesera/moza o mesero/mozo lo lleve a su mesa. No intente adelantársele a alguien en la fila. En otros hay que esperar en el bar después de que el jefe de meseros/mozos anote su nombre.

■ *Carnes:* los métodos para cortar la carne de res no son muy distintos en Estados Unidos y América latina. Algunos de los cortes que pueden encontrarse son: *1. carne picada; 2. filete de bistec; 3. costilla; 4. entrecot; 5. cuartos traseros; 6. solomillo; 7. lomo; 8. bistec con hueso en forma de T.*

■ Tipping: the tip earned its name a couple of centuries ago when coffee-houses emerged in London. Customers in a hurry deposited a small amount of money on arrival *To Insure Promptness* of service: thus TIP. The name of the person who fixed 15 percent as the standard tip has been lost to history. But the rate stuck. Lately, however, there have been signs of change. Some restaurants are now including the service charge on the bill. Some customers feel that a tip should be earned. They generally respond to competent or even well-intended service with a 15 percent tip, but feel no pangs about reducing the percentage if the job is not done properly. Surely inattentive service deserves no reward at all. If a waiter's performance is outstanding, a larger tip than normal may be in order.

■ *Propinas:* la palabra **tip**[1] (propina) surgió hace un par de siglos cuando aparecieron los cafés en Londres. Al llegar, los clientes apresurados depositaban una pequeña cantidad de dinero "para asegurar un servicio rápido": las siglas de estas palabras en inglés forman la palabra **tip**. El nombre de la persona que estableció la propina estándar de 15 por ciento se ha perdido en la historia, pero se conservó la cantidad. Sin embargo, recientemente han ocurrido ciertos cambios. Ahora algunos restaurantes incluyen en la cuenta el porcentaje del servicio. Algunos clientes consideran que la propina debe ganarse. En general, responden con una propina del 15% a un servicio competente o incluso bien intencionado, pero no les remuerde la conciencia reducir la cantidad si el servicio fue inadecuado. Sin duda, un servicio desatento no merece premio alguno, pero si el trabajo del mesero/mozo fue excepcional, cabe dejar un porcentaje más alto.

---

[1] Cuidado con los distintos sentidos de **tip**: 1) *punta, extremo*, 2) *propina*, 3) *consejo* (fam.).

1. ¿Me puede recomendar un buen restaurante?
2. ¿Con qué plato quiere continuar?
3. ¿Podría ver la carta de vinos, por favor?
4. Son especialistas en mariscos.
5. ¿Ya probó la crema de almejas?
6. Puede tomar un aperitivo en el bar mientras espera.
7. Hice una reservación para cuatro, pero ahora somos seis.
8. Las bebidas corren por mi cuenta.
9. ¿A qué hora comienzan los restaurantes a servir la cena?
10. ¿Qué tipo de cerveza de barril tienen?
11. Debería probar alguno de nuestros vinos californianos.
12. ¿Sirven porciones infantiles?
13. ¿Cuál es la especialidad local?
14. ¿Puede incluir la cuenta de las bebidas en la del almuerzo?
15. ¿Podría poner los restos en una bolsa para llevar?

1. Can you recommend a good restaurant?
2. What do you want for the second course?
3. May I have a look at the wine list please?
4. They specialize in sea-food.
5. Have you tried the clam-chowder?
6. You can have a cocktail at the bar while waiting.
7. I reserved for four, but now there are six of us.
8. The drinks are on me.
9. What time do restaurants begin serving dinner?
10. What kind of beer do you have on draft?
11. You should try one of our California wines.
12. Do you serve children's portions?
13. What's the local specialty?
14. Can we have the drinks put on our lunch bill?
15. Could we have a doggie bag?

sirloin, solomillo

rare, muy poco cocido, casi crudo, jugoso

French fries, papas fritas, papas a la francesa

on the side, guarnición, acompañamiento

medium rare, término medio

dressing, aderezo

beverage, bebida

out of this world, extraordinario, increíble

to skip, pasar, omitir

check, cuenta

show, función

tip, 1) consejo, 2) propina, 3) extremo

to wait on line, hacer fila, hacer cola

waiter, waitress, mesero, mesera, mozo, moza

to butt in line, adelantarse en la fila, tomar el lugar de otro en la fila

to cut up, cortar (la res)

meat cut, corte (de carne)

chopped steak, ground beef, carne picada, molida

porterhouse steak, filete de bistec

prime rib, rib roast, costilla

rib steak, entrecot, costilla que tiene un trozo de bistec

rumpsteak, cuarto trasero

T-bone steak, bistec con hueso en forma de T

to stick, stuck, stuck, quedarse

to respond, responder, reaccionar

pang, remordimiento

to deserve, merecer

reward, premio, recompensa

outstanding, destacado, excepcional

cashier, cajero/a

course, cada plato de una comida

wine list, carta de vinos

range, gama

domestic, local, nacional

seafood, mariscos

clam-chowder, crema de almejas

tab, cuenta

on draft, de barril, de tonel

lobster, langosta

booster, cojín (para poner en la silla y alcanzar la mesa)

doggie bag, bolsa para los sobrantes que no se consumieron en la comida

Vocabulario complementario

bran, salvado

cabbage, col, repollo

cauliflower, coliflor

custard, flan, natilla

duck, pato

flour [flaouer], harina

game, (animales de) caza

garlic, ajo

grapes, uvas

gravy, salsa espesa

horseradish, rábano picante

kidney, riñón

mussels, mejillones

noodles, fideos, tallarines

parsley, perejil

peach, durazno, melocotón

pea, chícharo, guisante, arveja

peanut, cacahuate, maní

pickle, pepinillo encurtido

pineapple, piña, ananá

plum, ciruela

relish, salsa condimentada

sauerkraut, chucrut, col/repollo picada en salmuera

soybean, frijol de soya

tarragon, estragón

zucchini, calabacitas, calabacines, zapallitos largos

Appetizers and soups
Fresh grapefruit
Oysters
Shrimp cocktail
Cole slaw
Clam-Chowder

Prime beef entrees
Chopped steak
12 or 16 oz Sirloin Steaks
24 oz T-bone Steak
Tenderloin Steak
Cold Roast Beef platter

Fish entrees
Scallops-Deep fried
  or broiled)
Deep fried Prawns
Rainbow trout
Maine Lobster

Other entrees
Roast Turkey
Spareribs
Chicken (broiled, roasted, fried)

Vegetables and salads
Baked potatoes with sour cream
  and chives
Sauteed Mushrooms
Mixed Green Salad
Tuna fish salad
Corn-on-the-cob
Baked beans

Desserts
Apple Pie
Cheese Cake
Hot Fudge Sundae
Brownies
Danish pastry

Entradas y sopas
Pomelo (toronja) fresco
Ostiones
Cóctel de camarón
Ensalada de col/repollo
Crema de almejas

Carnes
Picadillo
Bistec de 340 ó 450 g
Bistec con hueso de 680 g
Bistec de lomo
Rosbif

Pescados y mariscos
Almejas (fritas o asadas)
Camarones fritos
Trucha arco iris
Langosta de Maine

Otros platos
Pavo asado
Costillas de cerdo
Pollo (asado, rostizado, frito)

Verduras y ensaladas
Papas al horno con crema y cebollín
Hongos a la mantequilla
Ensalada verde mixta
Ensalada de atún
Mazorca de maíz (choclo/elote)
Porotos/frijoles

Postres
Tarta de manzana
Pastel/torta de queso
Helado con chocolate
Pastellillos de chocolate
Pastellillos de fruta y nueces

1. Diálogo — W: Wendy   J: Julie

(On the telephone)

W— Hi Julie, this is Wendy.

J — Oh, hi, Wendy. How are you[1]?

W— Just fine. Listen, I was thinking of going downtown[2] to one of the department stores to have a look at the sales. You know it's Presidents' Day[3]. How would you like to come along?

J — I may as well[4]. Could you pick me up?

W— Of course. Can you be ready in half an hour?

J — Sure. I just have to shower and dress.

W— We ought to get there early to avoid the crowds.

J — I couldn't agree with you more. The place'll be mobbed[5] by 11:00 o'clock.

W— O.K. then. I'll be over around 9:30.

(At the department store)

W— I never expected there would be so many people.

J — Oh, this is nothing. In another hour, you won't even be able to move around and there won't be anything decent left either.

W— Let's go upstairs. It'll be less crowded on the second floor[6]. I wanted to look at clothes for myself and I need a present for my nephew.

J — There's the directory[7], over by the escalator.

W— Let's see, first floor... lingerie, cosmetics, footwear. Second floor... sportswear... ladies clothing. Third floor... multimedia... toy department. Fourth floor... housewares[8]... furniture. We can skip that[9].

J — Let's go directly to the second floor. We can look for the gift later.

W— Here's a gorgeous outfit[10]. Jacket and pants to match[11], all wool too. Size 12. Well, I've gained so much weight[12]; it'll probably fit me[13].

J — Why don't you try it on?

W— I think I will. I see the fitting rooms are over there. You wanna come[14]? ... Well, what do you think, Julie?

J — Terrific. It looks great on you. A perfect fit...

decent	[diːsənt]	**housewares**	[hauswe:rs]
escalator	[eskaleidər]	**furniture**	[fəːrniːshər]
lingerie	[ləːndʒəriː]	**wanna**	[wænə]
cosmetics	[kɐsmediks]		

(Por teléfono)

W— Hola Julie, soy Wendy.

J — Ah, hola Wendy. ¿Cómo estás?

W— Muy bien. Oye, pensaba ir a una de las tiendas departamentales del centro para ver las ofertas. ¿Sabes? Es día de los presidentes. ¿Quieres acompañarme?

J — ¿Por qué no? ¿Podrías pasar a buscarme?

W— Claro. ¿Puedes estar lista en media hora?

J — Por supuesto. Sólo tengo que darme una ducha y vestirme.

W— Tendríamos que llegar temprano para evitar el gentío.

J — Tienes toda la razón. A las 11 ya va a haber multitudes.

W— Bueno, pues, paso como a las 9:30.

(En la tienda)

W— Nunca pensé que habría tanta gente.

J — Y esto no es nada. En una hora ya no vamos a poder caminar, ni va a quedar nada decente.

W— Vayamos arriba. Va a haber menos gente en el primer piso. Quiero buscar alguna ropa para mí y necesito un regalo para mi sobrino.

J — Allá está el plano, junto a la escalera mecánica.

W— A ver, planta baja... lencería, cosméticos, calzado. Primer piso... ropa deportiva... ropa para dama. Segundo piso... discos... juguetes. Tercer piso... artículos para el hogar... muebles. Nos podemos saltar eso.

J — Vamos directamente al primer piso. Podemos buscar el regalo después.

W— Aquí hay un conjunto precioso. Un juego de saco y pantalones, y de lana pura. Talla 12. Bueno, he engordado tanto que quizá me quede.

J — ¿Por qué no te lo pruebas?

W— Creo que sí. Ya vi que los probadores están allá. ¿Quieres venir? ... Bueno, ¿qué te parece, Julie?

J — Hermoso. Se te ve perfecto. Y es justo tu talla...

1. **How are you?** pide las mismas respuestas que *¿Cómo estás?* En cambio, **How do you do?** (en español *encantado*) pide como respuesta **How do you do?**

2. **downtown**, centro y barrio comercial en las ciudades estadounidenses.

3. **Presidents' Day** (tercer lunes de febrero) se creó para sustituir **Washington's Birthday**, natalicio del primer presidente de Estados Unidos (1789-1797).

4. **I may as well**, literalmente *bien podría, ¿por qué no?*

5. **The place will be mobbed, mob**, *multitud agitada*, **to mob**, *asediar, atropellar:* **the singer was mobbed by autograph hunters**, *el cantante fue asediado por cazadores de autógrafos.*

   The Mob, *la Mafia*, **a mobster**, *un miembro de la Mafia, un mafioso.*

6. **second floor**, en Estados Unidos la *planta baja* se llama **first floor**, el *primer piso* es el **second floor**, etc.

7. **directory**, en general significa *directorio, guía* (telefónico, de profesiones, etc.). Aquí se refiere a la guía de lo que hay en cada piso.

8. **housewares**, *artículos para el hogar;* **wares**, *mercancía, artículos,* sólo se usa en palabras compuestas o para designar la producción artesanal.

9. **We can skip that, to skip**, 1) *saltar*, 2) *omitir, pasar por alto*, 3) *librar, salvarse* (fam.).

10. **gorgeous outfit, gorgeous**, *magnífico, espléndido, encantador*, **outfit**, 1) *conjunto* (de ropa), 2) *equipo, pertrechos*, 3) *organización, equipo, empresa* (fam.).

11. **to match**, *combinar, hacer juego.*

12. **to gain weight**, *engordar, subir de peso.*

13. **to fit**, *quedar bien* (talla). Compárese con **to suit**, *quedar bien, ir bien* (gusto, estilo).

14. **You wanna come?** = **(do) you want to come?** (lengua hablada), como en **well, I dunno** = **well, I don't know.**

■ DIFERENCIAS DE USO

EU	Español	GB
mobbed	*atestado de gente*	**packed out**

• Tanto en EU como en GB se usa **to be mobbed** en el sentido de ser atacado o asediado por una multitud. En EU se usa también para indicar que un lugar está invadido por una multitud en movimiento.

housewares	*artículos del hogar*	**household goods**

• **household** (hogar) también se usa en EU.

second floor	*primer piso*	**first floor**
first floor	*planta baja*	**ground floor**

• **directory**, en EU puede referirse a una placa que sirve de plano, mientras que en GB siempre se refiere al directorio/guía de teléfonos.

pants	*pantalones*	**trousers**

• En GB **pants** significa *calzones* (que en EU es **underpants**).

■ DIFERENCIAS DE PRONUNCIACIÓN

either	EU: [i:ðər]	GB: [aidər]
half	EU: [hæːf]	GB: [haːf]
nephew	EU: [nefiu]	GB: [neːfiu]
pants	EU: [pæːnts]	GB: [paːnts]

5. Entorno: Department stores / *Tiendas departamentales* 🔲 ⊙

Saks Fifth Avenue

If you aspire to gracious living and if you still believe that the customer is always right, you love Saks. It's that simple.

You're having a baby? Lucky baby. Lucky you. Saks has probably the most complete layette department in New York and the most knowledgeable salespeople. And if Henry turns out to be Henrietta, Saks will change every bit of blue to pink.

La tienda Saks de la Quinta Avenida

Si usted quiere vivir bien y sigue pensando que el cliente siempre tiene la razón, usted ama a Saks. Así de sencillo.

¿Va a tener un hijo? ¡Qué suerte para él! ¡Qué suerte para usted! Saks quizá tiene el departamento infantil más completo de Nueva York, y los vendedores más competentes. Y si Enrique resulta ser Enriqueta, Saks cambia todo lo azul por rosa.

Macy's

Flying home from Mexico this summer, we sat next to a lady visiting New York for the first time. "What would you most like to see?", we asked her. "*Macy's*", she replied. "And then, if I have time, the Statue of Liberty."

Macy's, the world's largest department store, deserves its own chapter in *The Guinness Book of World Records*. It has seven restaurants. It has its own branch of the United States Post Office. Up to 80 languages are available through personal shopping. You can buy theater tickets, telescopes, rare coins and stamps; you can book a trip, order wine, buy an organ, piano, or fridge, get fitted for contact lenses or a hearing aid, and a full-time doctor is always on call. Macy's, it's vast, it's awesome. Macy's is a microcosm of New York. Or perhaps New York is a macrocosm of Macy's. Regardless, don't miss it.

Macy's

Este verano, en el avión de regreso de México, nos tocó sentarnos junto a una mujer que visitaba Nueva York por primera vez. "¿Qué es lo que más quiere ver?", le preguntamos. "*Macy's*", respondió, "y después, si me queda tiempo, la estatua de la libertad".

Macy's, la tienda departamental más grande del mundo, merece su propio capítulo en el *Libro de los Récords de Guiness*. Tiene siete restaurantes. Tiene su propio correo. Los clientes pueden comunicarse hasta en 80 lenguas. Se pueden comprar billetes para el teatro, telescopios, monedas y estampillas/timbres raros; se pueden hacer reservas para un viaje, encargar vinos, comprar un órgano o un refrigerador/heladera; se puede conseguir lentes de contacto o aparatos auditivos, y siempre hay un médico disponible. Macy's es inmenso, impresionante. Macy's es un microcosmos de Nueva York. O quizá Nueva York es un macrocosmos de Macy's. En todo caso, no se lo pierdan.

1. Las ofertas están en el sótano.
2. Creo que éste se acerca más a mi talla.
3. ¿Me podría decir dónde está la sección de niños, por favor?
4. Éste me gusta mucho. ¿Me lo puedo probar?
5. ¿Me lo puede envolver para regalo, por favor?
6. ¿A qué hora cierran las tiendas?
7. ¿Dónde puedo comprar sobres y papel para escribir cartas?
8. ¿Vende accesorios para cámaras Nikon?
9. ¿Cuánto cuesta éste? No tiene etiqueta de precio.
10. Pregúntele a la vendedora encargada de esta sección.
11. Quiero el que vi en el aparador/vidriera.
12. La mayoría de las tiendas están en el centro.
13. En la planta baja hay muchas tiendas de lujo.
14. No me alcanza. De todos modos, es igual de caro que en nuestro país.
15. No olvide que debe pagar el impuesto además del precio.
16. Me temo que ya no tenemos en su talla.

1. The sales are in the basement.
2. I think this one is more my size.
3. Could you tell me where the children's department is, please?
4. I like this one very much. May I try it on?
5. Can you gift-wrap it for me please?
6. What time do the stores close?
7. Where can I buy writing paper and stationery?
8. Do you carry Nikon camera attachments?
9. How much is this. There's no price tag anywhere.
10. Ask the saleswoman in charge of this department.
11. I'd like the one I saw in the window.
12. Most of the stores are downtown.
13. There are a lot of fancy shops on the first floor.
14. I can't afford it. Anyway, it's just as expensive as in our country.
15. Don't forget you have to pay a sales tax on top of the price.
16. I'm afraid we're all sold out of your size.

department store, tienda departamental, gran almacén

sales, ofertas, saldos

to pick some one up, recoger a alguien

to be mobbed, ser atacado o asediado por una multitud

directory, 1) directorio/guía telefónica, 2) directorio de departamentos en una tienda

escalator, escalera mecánica

cosmetics, cosméticos

footwear, calzado

sportswear, ropa deportiva

record, disco

housewares, artículos para el hogar

gorgeous, espléndido, magnífico

outfit, 1) equipo, 2) conjunto

jacket, saco, chaqueta

pants, pantalón

to match, hacer juego, combinar

to fit, quedar bien

to try on, probarse

fitting rooms, probadores

suit, traje, traje sastre

branch, sucursal

fridge, refrigerador/heladera

contact lenses, lentes de contacto

full-time, de tiempo completo

to be on call, estar de servicio, de guardia, estar disponible

customer, cliente

salespeople, vendedores

basement, sótano

to gift-wrap, envolver para regalo

to carry, 1) llevar, transportar, 2) vender (un producto)

attachment, accesorio

price-tag, etiqueta del precio

saleswoman, vendedora

window, vitrina, aparador, escaparate

to afford, permitirse, poder pagar, tener suficiente dinero

sold out, agotado

Vocabulario complementario

after sales service, servicio posterior a la venta

bargain, ganga, oportunidad

bargain basement, sótano de saldos, de ofertas

client, cliente (asiduo)

claims department, departamento de quejas, atención al cliente

cooling-off period, periodo de descanso

to display, exhibir (en el aparador)

to patronize, ser cliente habitual

refund, to refund, rembolsar, devolver el dinero

shop, 1) tienda, 2) taller (= **workshop**)

to shrink, encogerse

to stretch, estirarse

to take back, devolver, recibir algo de vuelta

to wear, 1) ponerse, usar, 2) desgastarse

• **Dinero:** el **dollar** se divide en 100 **cents**. Las monedas, **coins**, más utilizadas son:

1 cent (penny) = 1c　　　　　　**10 cents (dime)** [daim]
5 cents (nickel)　　　　　　　　**25 cents (quarter)**

Los billetes, **bills**, más utilizados son de $1.00, $2.00, $5.00, $10.00, $20.00, $50.00 y $100.00.

• **Medidas de longitud**
1 yard (1 yd) = 0.914 m　　　　**1 inch (1 in, 1")** = 2.54 cm
1 foot (1 ft, 1') = 30.48 cm　　**1 mile (1 ml)** = 1.609 km

• **Medidas de peso**
1 pound (1 lb) = 0.4536 kg　　　**1 ounce (1 oz)** = 28.35 gr

• **Medidas de capacidad**
1 gallon (EU) = 3.785 ℓ　　　　(GB = 4.54 ℓ)
1 quart = 0.946 ℓ　　　　　　　**1 pint** = 0.473 ℓ

• **Medidas de superficie**
square inch (sq. in.) = 6.45 cm²　**square yard (sq. yd.)** = 0.83 m²
square foot (sq. ft.) = 9.29 dm²　**acre (ac.)** = 40.47 áreas

• **Temperatura**

°C	°F
00	32
10	50
15	59
20	68

> Tabla de conversión:
> De °C a °F: × 9 ÷ 5 + 32
> De °F a °C: −32 × 5 ÷ 9

1. Diálogo — A: agent   S: Susan

A — Hi. May I help you?

S — Yes, I'm here to report a missing credit card[1].

A — I see. What's the card number?

S — The card number? Gee, offhand[2], I haven't the slightest idea. Does it really matter?

A — Well, it would speed things up a bit, but it's not absolutely necessary. Do you receive the bills in America or elsewhere?

S — In Costa Rica. Is that a problem[3]?

A — No, not at all. I'll need to ask you for a few details[4]. First of all, your full name and address.

S — It's Susana Mondragón. M-O-N-D-R-A-G-O-N. 510 Avenida de las Américas, Col. Libertadores, San José.

A — Thank you. Now, did you say the card was lost or stolen?

S — Stolen. It was most certainly stolen, and due to carelessness on my part, I'm afraid. It must have been taken when I laid my purse down[5] on the counter at a department[6] store, while I went into the fitting room[7] to try a dress on. It was only when I went to pay that I realized that I didn't have my credit card anymore.

A — Are there any other papers missing, besides[8] the credit card?

S — You bet[9] there are! Passport, checkbook, credit cards, the whole works[10]!

A — Have you notified[11] the Police yet?

S — Yes. I've already been to the Connecticut Avenue Station. Can't you do something about it? Someone may be charging things to my account[12] at this very minute[13]!

A — You needn't get upset[14], Miss Mondragón. As soon as we check[15] your number, your account will be invalidated all over the world within 30 seconds, simply by informing the terminal. Then the necessary steps[16] will be taken to have a new card issued[17].

S — Oh, I'm so relieved. Thanks ever so much[18].

problem	[prɔ:bləm]	Connecticut	[kənekti:kət]
detail	[di:te:il]	upset	[əpse:t]
address	[ədre:s]	invalidate	[ənvælideit]
notify	[noudifai]	terminal	[tə:rminəl]
police	[pəli:s]	issued	[i:shud]

A — Buenos días, ¿en qué le puedo servir?

S — Vengo a dar aviso de la pérdida de mi tarjeta de crédito.

A — ¿Cuál es el número de la tarjeta?

S — ¿El número de la tarjeta? No sé, no tengo la menor idea. ¿Realmente importa?

A — Bueno, aceleraría un poco las cosas, pero no es absolutamente necesario. ¿Recibe sus estados de cuenta en Estados Unidos o en otro lugar?

S — En Costa Rica. ¿Hay algún problema con eso?

A — No, para nada. Tengo que preguntarle algunos datos. Primero, su nombre completo y su dirección.

S — Susana Mondragón. M-O-N-D-R-A-G-O-N. Avenida de las Américas núm. 510, Col. Libertadores, San José.

A — Gracias. Ahora, ¿me dijo que la tarjeta se le perdió o se la robaron?

S — La robaron. Sin duda fue robada, y me temo que fue por un descuido de mi parte. Tal vez se la llevaron cuando dejé mi cartera en el mostrador de una tienda departamental, mientras me probaba un vestido. Cuando fui a pagar me di cuenta de que ya no tenía mi tarjeta de crédito.

A — ¿Y se llevaron algo más, aparte de la tarjeta de crédito?

S — ¡Por supuesto! Mi pasaporte, mi chequera, mis tarjetas de crédito, ¡todo!

A — ¿Ya avisó a la policía?

S — Sí, ya fui a la comisaría de la avenida Connecticut. ¿Puede hacer algo al respecto? ¡Tal vez alguien esté cargando cosas a mi cuenta en este mismo instante!

A — No tiene por qué alterarse, señorita Mondragón. En cuanto averigüemos el número, su cuenta quedará invalidada en todo el mundo en 30 segundos, bastará avisar a la computadora central. Luego se hará lo necesario para darle una nueva tarjeta.

S — Ay, ¡qué alivio! De verdad le agradezco mucho.

1. **I'm here to report a missing credit card**, literalmente *estoy aquí para reportar una tarjeta de crédito perdida*.

2. **offhand**, *de improviso, de repente*.

3. **Is that a problem?**, **that** remite a lo anterior, **this** anuncia lo que sigue.

4. **I'll need to ask you for a few details**, literalmente *necesitaré pedirle algunos detalles*.

5. **I laid my purse down**, **laid** es pasado (y participio) de **to lay**, *dejar, depositar, recostar*.

6. **department**, *departamento, sección* (de una tienda).

7. **fitting-room**, literalmente *cuarto para probar*, **to fit**, *quedar bien* (sobre todo en cuanto a la talla).

8. **besides**, 1) *además*, 2) *por otra parte*.

9. **You bet**, literalmente *apuesta, apuéstalo*, de ahí: *¡por supuesto!, ¡ni que lo digas!, ¡ya lo creo!*, etc.

10. **the whole works** (fam.), *todo*.

11. **to notify**, *notificar, avisar, dar aviso*.

12. **to charge a sum to an account**, *cargar una cantidad a una cuenta*.

13. **this very minute**, *en este preciso momento*.

14. **upset, to be/to get upset**, *molestarse, alterarse*, **you needn't**, literalmente *no tiene necesidad de*.

15. **As soon as we check**, observe que en inglés se usa el presente después de **as soon as**, cuando en español se usa el subjuntivo. Tampoco es necesario decir **as soon as we have checked**, *en cuanto hayamos revisado*.

16. **to take steps**, *tomar medidas, seguir los pasos* (necesarios).

17. **to have a new card issued, to issue**, *expedir, producir, entregar, emitir*. Observe el uso de **to have** + objeto directo + verbo en participio: **to have a house built**, *mandar construir una casa*.

18. **Thanks ever so much**, *mil gracias*. **Ever + so** aparece con carácter enfático en muchas expresiones idiomáticas: **ever so difficult!**, *¡tan difícil!*, **I'm ever so pleased!**, *¡estoy tan contento!*, **ever so many times**, *tantísimas veces, miles de veces*, **ever so simple**, *tan sencillo, así de sencillo*.

4. Inglés estadounidense y británico

■ DIFERENCIAS DE PRONUNCIACIÓN

Recuerde: en el inglés de Estados Unidos la **r** es sonora, sea al final o en medio de la palabra. En el inglés británico la **r** final casi nunca se pronuncia, excepto cuando se enlazan las palabras.

to issue	EU: [i:shu]	GB: [i:shiu]

■ DIFERENCIAS DE ORTOGRAFÍA

EU	Español	GB
Checkbook	*chequera*	**cheque book**

---

5. Entorno

Credit cards are issued by banks or certain organizations and may be used by the holders to have purchases (goods or services such as meals, accomodation and travel) charged to a bank account. The account is debited for the corresponding amount and the card holder is sent monthly statements of account.

Card-holders may obtain cash by presenting their card in a local bank, or by using automatic cash machines.

Accreditive cards are issued by banks to their clients and guarantee the solvency of the holders when they pay by checks.

In the USA, it is frequent for stores to open charge accounts for their customers. Instead of paying cash, the buyer only has to produce a numbered card for the purchase to be charged to his account.

Las *tarjetas de crédito* son emitidas por bancos u otras instituciones y pueden ser usadas por los titulares para que sus compras (de bienes o servicios como comidas, hospedaje y viajes) se carguen a una cuenta bancaria. A la cuenta se carga la cantidad correspondiente y el titular recibe estados de cuenta mensuales.

Los titulares de tarjetas de crédito pueden retirar dinero en efectivo presentando su tarjeta en un banco local o usando un cajero automático.

Las *cartas de crédito* o *cartas-orden de crédito* son emitidas por los bancos para que sus clientes puedan garantizar su solvencia cuando pagan con cheques.

En Estados Unidos es común que los comercios abran cuentas de crédito para sus clientes. En lugar de pagar con efectivo, el cliente sólo presenta una tarjeta numerada y la compra se carga a su cuenta.

▭

■ Credit cards are soaring in popularity —and with good reason. First, you can delay paying for a purchase by charging it. Second, with credit cards in your wallet you needn't carry much cash. That saves you trips to the bank to cash checks or withdraw cash. The store that accepts them pays a fee to the bank or credit company for prompt redemption of the charge slips. The store, in turn, makes up for this expense by increased sale volume or by increased prices.

■ The credit card companies have to persuade stores to use their particular cards and the sometimes troublesome chore of collecting payments due and overdue. But even if you have eliminated cash and checks, you still have the problem of theft, forgery, and loss.

■ So another means is needed, something small that we should always have with us, that will identify our account, that can't be lost or stolen or forged.

■ La popularidad de las tarjetas de crédito aumenta cada día, y por buenas razones. Primero, al cargar el costo de una compra se puede demorar su pago. Segundo, si uno lleva tarjetas de crédito en la cartera, ya no hay que llevar mucho dinero en efectivo. Esto ahorra viajes al banco para cobrar cheques o retirar dinero. Las tiendas que aceptan tarjetas le pagan una cuota al banco o a la institución de crédito a cambio del reembolso de los comprobantes. Por su parte, la tienda compensa este gasto con un mayor volumen de ventas o un aumento en los precios.

■ Las instituciones que emiten tarjetas de crédito deben convencer a las tiendas de usar particularmente sus tarjetas y de realizar la difícil tarea de cobrar las deudas vencidas o atrasadas. Sin embargo, aunque usted se haya librado de cheques y dinero en efectivo, no ha resuelto el problema del robo, la falsificación y la pérdida [de las tarjetas].

■ Así que se necesita otro medio, algo pequeño que siempre llevemos con nosotros, que identifique nuestra cuenta y que no pueda perderse, ni robarse ni falsificarse.

6. Frases modelo 📼 ⊙

1. ¿Cuándo repondrán mi tarjeta?
2. ¿Qué pasa si alguien la ha estado usando?
3. Fue expedida en Colombia y está vigente hasta finales de este año.
4. ¿Ya dio aviso a la policía?
5. ¿Puedo retirar dinero del banco aunque haya perdido mi tarjeta?
6. ¿Cuál es la fecha de vencimiento?
7. Anoté el número en algún lugar, quizás esté en mi billetera.
8. ¿Podría aclarar si la perdió o se la robaron?
9. No tengo tarjeta American Express. ¿Aceptan Visa?
10. Mi tarjeta está vencida. Venció el 1º de junio.
11. Cuando nos escriba, asegúrese de anotar el número de tarjeta.
12. Adjunta encontrará una boleta de retiro automático.
13. Le recomiendo que anote su número de tarjeta en algún lugar, por si se la roban.
14. Recibirá un estado de cuenta cada mes.

1. How soon will my card be replaced?
2. What happens if someone's been using it?
3. It was issued in Colombia and is valid until the end of the year.
4. Have you already notified the police?
5. Can I get cash from the bank even though I've lost my credit card?
6. What's the expiration date?
7. I jotted down the number somewhere, it may be in my wallet.
8. Can you specify weather it's been lost or stolen?
9. I don't have an American Express Card. Will you take Visa?
10. My card is outdated. It expired on June 1st.
11. Whenever you write to us, be sure to mention your card number.
12. Enclosed, please find a form for automatic withdrawal.
13. You'd be well advised to write your card number down some place, in case it is stolen.
14. You will receive a statement of your account each month.

to report, reportar, rendir cuentas
missing, perdido, desaparecido
offhand, de improviso
to speed, acelerar
bill, factura, cuenta
carelessness, descuido
purse, bolso de mano (EU), cartera
counter, mostrador
department store, tienda departamental
fitting-room, probador
to try a dress on, probarse un vestido
to realize, darse cuenta
to notify, notificar, dar aviso
to charge, cargar (a una cuenta)
upset, molesto/a, alterado/a
to invalidate, invalidar
central terminal, computadora central
within 30 seconds, en menos de 30 segundos
step, medida
to issue, emitir, expedir
to replace, reemplazar, reponer
valid, vigente
expiration date, fecha de vencimiento
to jot down, anotar
to specify, especificar, aclarar, precisar
outdated, vencido, pasado de moda

statement, estado de cuenta
automatic withdrawal, retiro automático
means of payment, forma de pago
holder, titular
purchase, compra
to debit, cargar a una cuenta
automatic teller machine (ATM), cajero automático
card, tarjeta (de crédito)
solvency, solvencia
numbered, numerado/a
thumb-print, huella digital
fee, gastos, honorarios
redemption or refund, reembolso
charge slip, comprobante (del pago con tarjeta de crédito)
to make up, compensar
troublesome, difícil, problemático
chore, tarea
to collect, cobrar, recaudar
due, pagadero, vencido, debido
overdue, atrasado
theft, robo
forgery, falsificación
device, dispositivo, mecanismo
scanning screen, pantalla de registro
to scan, registrar, revisar, examinar
balance, 1) saldo, 2) estado de cuenta

Vocabulario complementario

cancellation, cancelación
card-holder, titular, tarjetahabiente
complete the attached application, llene la solicitud anexa
to entitle, autorizar, dar derecho a
itemized bill [itəmaizd bɔːl], factura detallada, desglosada

out of cash, sin dinero en efectivo
print firmly, escriba claramente
record of charges, registro de cargos
pin code, número de identificación personal (NIP)

Las instituciones estadounidenses se apoyan en el federalismo y en la separación de los poderes Legislativo, Ejecutivo y Judicial. El documento fundador es la Constitución de 1789.

■ EL PODER EJECUTIVO

El Presidente (**the President**) se elige cada cuatro años y se puede reelegir una sola vez. Vive en *la Casa Blanca* (**the White House**). Sus funciones hacen que el sistema estadounidense sea presidencialista, atenuado por el control del Congreso y el poder local de los Estados.

■ EL PODER LEGISLATIVO

Está constituido por *el Congreso* (**the Congress**), con sede en una colina de Washington, Capitol Hill. Está compuesto por dos cámaras:

• *La Cámara de Representantes* (**the House of Representatives**), cuyos miembros son elegidos cada dos años. El número de representantes por Estado depende de la población.

• *El Senado* (**the Senate** [se:nit]), con dos senadores por Estado (es decir, cien senadores), elegidos por periodos de seis años. Cada dos años se renueva la tercera parte del Senado.

■ EL PODER JUDICIAL

• *La Suprema Corte* (**the Supreme Court**) decide en última instancia la constitucionalidad de las leyes y medidas adoptadas por los Estados. Toma las decisiones finales, como la aplicación de la pena de muerte. La Suprema Corte está formada por nueve jueces nombrados de por vida por el Congreso, a partir de *recomendaciones* (**nomination**) del Presidente.

■ LOS PARTIDOS

Existen dos partidos principales:

• *Los republicanos* (**the Republicans**): se suelen designar con la abreviación G.O.P. (*Grand Old Party*) y su emblema es *el elefante* (**the elephant**).

• *Los demócratas* (**the Democrats**): su emblema es *el asno* (**the donkey**).

Cada uno de estos partidos, después de sus convenciones, designa un *candidato oficial* (**nominee**) para la presidencia y la vicepresidencia.

■ EL PRESIDENTE es elegido por un proceso electoral en dos etapas: voto popular (sufragio universal) y "grandes electores". Así, un candidato que obtiene la mayoría de los sufragios populares en cierto Estado, obtiene la totalidad de los votos de los grandes electores de ese Estado.

■ LA ADMINISTRACIÓN, **THE ADMINISTRATION**

Es el nombre que se le da al gobierno, es decir, a los secretarios de estado y altos funcionarios que rodean al Presidente.

<u>Nota</u>: es común que el Presidente pertenezca a un partido, mientras que el Congreso o una de sus cámaras esté dominado por el otro.

1. Diálogo — C: clerk   L: lady

L — Good morning. I'm expecting a letter at this post office. My name is Jenkins. Have you received anything for me?

C — You'll have to inquire at the General Delivery Window[1].

L — I see. I also need some stamps. Can I get them here?

C — Certainly. Do you want airmail or regular[2]?

L — Airmail. They're for overseas[3], Ecuador.

C — How many do you want?

L — Five for these letters and twelve air mail stamps for postcards.

C — Here you are. Will that be all[4]?

L — No. I've also got a package going to Peru and I'd like to send a telegram as well.

C — I can take the package but you'll have to go to Western Union[5] for your telegram. We don't handle them in the P.O.[6] Or you can use our internet service to send an e-mail.

L — Oh. Great.

C — For your package, just fill out this customs[7] slip[8] stating contents and value. Do you want to insure it?

L — I don't think so. It's only clothes.

C — Is that everything now?

L — Yes. That's all.

C — That'll be $8.75[9].

L — Here you are.

C — Thank you very much.

L — Oh, I almost forgot[10]. Could you tell me how long it takes for a letter to reach South America?

C — South America? It'll take at least five days.

L — By the way, where should I put the letters?

C — Just drop them[11] in the airmail slot[12] over there[13] or in the mailbox out front[14].

L — Thanks so much.

C — Not at all[15].

post office	[pɔustɔfis]	Western Union	[we:stərn iuniən]
clerk	[kle:rk]	telegram	[te:ləgrɛm]
to inquire	[ənkuɐiər]	e-mail	[i:meil]
delivery	[dəlivəri]	contents	[kənte:nts]
overseas	[ouvərsi:z]	clothes	[klo:uθs]
package	[pækidʒ]		

S — Buenos días. Estoy esperando una carta que me iba a llegar a esta oficina de correos. Mi apellido es Jenkins. ¿Han recibido algo para mí?

E — Tiene que preguntar en la ventanilla de Lista de Correos.

S — Ya veo. También necesito timbres/estampillas. ¿Los puedo comprar aquí?

E — Claro que sí. ¿Los quiere para correo ordinario o aéreo?

S — Aéreo. Son para el extranjero, para Ecuador.

E — ¿Cuántos quiere?

S — Cinco para estas cartas y doce para tarjetas postales.

E — Aquí tiene. ¿Es todo?

S — No. También tengo un paquete/una encomienda para Perú y además quiero mandar un telegrama.

E — Me puedo encargar del paquete/la encomienda, pero para el telegrama tiene que ir a Western Union. El correo no se ocupa de eso. O puede usar nuestro servicio de internet para mandar un correo electrónico.

S — Ah, genial.

E — Para el paquete/la encomienda sólo llene este formulario de aduana; anote el contenido y su valor. ¿Lo quiere asegurar?

S — No creo. Sólo tiene ropa.

E — ¿Es todo?

S — Sí, es todo.

E — Son 8 dólares con 75 centavos.

S — Aquí tiene.

E — Muchas gracias.

S — Ah, casi lo olvidaba. ¿Me podría decir cuánto tarda una carta en llegar a Sudamérica?

E — ¿Sudamérica? Tarda por lo menos cinco días.

S — De paso, ¿dónde deposito las cartas?

E — Sólo deposítelas en esa ranura de correo aéreo o en el buzón de afuera.

S — Muchas gracias.

E — No hay de qué.

1. **General Delivery Window**, literalmente *ventanilla de entregas generales*, **delivery**, 1) *liberación*, 2) *entrega* (de una carta), *reparto* (del correo).

2. **regular**, *regular*, aunque también *normal, ordinario*.

3. **overseas**, *ultramar, extranjero*. Como adjetivo es sinónimo de **foreign: overseas market = foreign market**, *mercado extranjero*. Como adverbio suele ser sinónimo de **abroad: to live abroad = to live overseas**, *vivir en el extranjero*.

4. **Will that be all?**, literalmente *¿eso va a ser todo?*, observe el uso típico de **that**, que remite a lo anterior.

5. **Western Union**, compañía privada que monopoliza los servicios telegráficos en Estados Unidos.

6. **We don't handle them in the P.O.**, **to handle**, 1) *manipular, maniobrar, manejar*, 2) *realizar, encargarse de, ocuparse de*. **P.O. = Post Office**.

7. **customs**, *aduana*, siempre va en plural: **customs duties**, *derechos de aduana*, **customs officer**, *funcionario de la aduana*, **customs formalities**, *trámites aduanales*. No debe confundirse con **custom**, *costumbre, hábito, uso*.

8. **slip**, *papeleta, ficha, forma, formulario*.

9. **$8.75**, **eight dollars seventy five cents** o **eight point seventy five dollars**; observe que las cantidades decimales siempre se separan con un punto: **2.5** se pronuncia **two point five**.

10. **I almost forgot**, literalmente *casi olvidé*.

11. **Just drop them**, literalmente *sólo déjelas caer*, **to drop**, *dejar caer, depositar*.

12. **slot**, *ranura* (para introducir monedas en una máquina expendedora), **slot machine**, *máquina tragamonedas* (en un casino). Aquí **slot** se refiere a la ranura del buzón.

13. **over there**, literalmente *allá*.

14. **out front**, forma familiar de **out in front**, *afuera, al frente, afuera de la entrada*.

15. **Not at all**, literalmente *para nada, de nada* (= **you're welcome**).

■ DIFERENCIAS DE TÉRMINOS

EU	Español	GB
General Delivery	*lista de correos, ocurre*	**Poste-Restante**
window	*ventanilla*	**counter, desk**
phone booth	*cabina o caseta telefónica*	**phone box**
to mail	*enviar por correo*	**to post**
mailbox	*buzón*	**post box**
mailman	*cartero*	**postman**
package	*paquete*	**parcel**
pick-up	*recolección (del correo)*	**collection**
regular	*ordinario, normal*	**ordinary**
to fill out	*llenar*	**to fill up**
out front	*afuera*	**in (the) front**
ZIP code (ZIP =	*código postal (CP)*	**postal code**
Zone of Improved		
Postage)		

■ DIFERENCIAS DE PRONUNCIACIÓN

France	EU: [fræns]	GB: [fra:ns]
clerk	EU: [kle:rk]	GB: [klək]

5. Entorno

■ The name "Western Union", a company created in 1851, is synonimous with telegraph, although with the advent of electronic mail and fax, this company isn't used by the average American very often except for wiring money.

■ Alexander Graham Bell (1847-1922), inventor of the telephone, conceived in 1865 the idea of transmitting speech by electric waves and organized Bell Telephone Co., to become AT&T (American Telephone & Telegraph).

■ El nombre "Western Union", una compañía creada en 1851, es sinónimo de telégrafo, aunque con la aparición del correo electrónico y el fax, el ciudadano estadounidense promedio sólo recurre a la compañía para enviar dinero por giro postal.

■ Alexander Graham Bell (1847-1922), inventor del teléfono, concibió en 1865 la idea de transmitir el habla por ondas eléctricas y creó la Compañía Telefónica Bell, que luego se transformó en AT&T (Teléfonos y Telégrafos de Estados Unidos).

📼 ⊙ Postal Service (in the 19th century)

The U.S. postal system was derived from the colonial service established by England. Postage stamps were first used in 1847 (they had already been adopted in Britain in 1839). As the population moved West, during the 19th century, the huge distances involved created the problem of speed delivery. From April 1860 to October 1862, the Pony Express provided fast mail service between St. Joseph, Mo. and Sacramento, Ca. Expert riders, chosen for their light weight, rode horses in relays. The route covered 1,838 miles and included 157 stations, from 7 to 20 miles apart.

Each rider would ride from 75 to 100 miles, and change horses from 6 to 8 times. After a rest period, he carried the mail in the other direction. The goal, which was to carry the mail in ten days from St. Joseph to Sacramento, was sometimes achieved. One of the best known Pony Express riders was William Cody ("Buffalo Bill").

El servicio postal de Estados Unidos (en el siglo XIX)

El sistema postal de Estados Unidos se deriva del servicio colonial establecido por Inglaterra. Los timbres o estampillas se usaron por primera vez en 1847 (en Gran Bretaña ya se habían adoptado en 1839). A medida que la población avanzaba hacia el oeste, durante el siglo XIX, las grandes distancias crearon el problema de cómo entregar rápidamente el correo. Entre abril de 1860 y octubre de 1861, el Pony Express ofreció un servicio de correo rápido entre San José, Missouri, y Sacramento, California. Jinetes expertos, elegidos por su bajo peso, cabalgaban en relevos. La ruta cubría 1 838 millas (2 958 km) y pasaba por 157 estaciones, separadas por entre 7 y 20 millas (11 y 32 km).

Cada jinete recorría entre 75 y 100 millas (120 y 160 km) y cambiaba de caballo 6 u 8 veces. Después de un periodo de descanso, llevaba el correo de regreso. El objetivo, era llevar el correo de San José a Sacramento en diez días, se cumplió varias veces. Uno de los jinetes más conocidos del Pony Express fue William Cody ("Buffalo Bill").

1. ¿Me puede pesar este paquete?
2. ¿Cuánto cuesta mandar una carta por vía aérea a Costa Rica?
3. "Llegamos bien. Escribiré."
4. "Manda dinero urgente. Giro postal a la siguiente dirección:"
5. ¿Dónde puedo comprar sobres y papel para carta?
6. ¿Hay correo para mí?
7. ¿A qué hora es la última recolección (del correo)?
8. Será mejor que mandes una carta certificada.
9. ¿Cuál es el horario del correo?
10. Olvidó anotar el código postal en todas estas cartas.
11. ¿Me ayuda a llenar este formulario?
12. ¿A qué ventanilla debo ir?
13. ¿Me da diez timbres/estampillas de 32 centavos?
14. Escriba el nombre del destinatario con letra de molde.
15. Incluya un sobre con dirección y estampillas/timbres (para que le respondan).
16. ¿Hay algún lugar donde pueda enviar un fax?
17. Quiero enviar esta carta por entrega inmediata.

1. **Can you weigh this package for me?**
2. **How much is an airmail letter to Costa Rica? (What is the postage for a letter to Costa Rica?)**
3. **"Arrived safely, will write".**
4. **"Urgent. Send International Money Order to following address".**
5. **Where can I buy envelopes and writing paper (stationery)?**
6. **Is there any mail for me?**
7. **What time is the last pick-up?**
8. **You'd better send a registered letter.**
9. **When is the Post Office open?**
10. **You've forgotten the Zip code on all these letters.**
11. **Could you help me fill out this form?**
12. **Which counter should I go to?**
13. **May I have ten 32 cent stamps?**
14. **Write the name of the addressee in block letters.**
15. **Enclose a self-addressed stamped envelope (a stamped and addressed envelope).**
16. **Is there somewhere I could send a fax?**
17. **I'd like to send this letter Special Delivery.**

to expect, esperar (tener esperanza)
to inquire, preguntar, pedir informes
General Delivery, lista de correos
package, paquete, encomienda
to fill out, llenar (un formato)
customs slip, papeleta de aduana
to state, indicar, declarar
contents, contenido
to insure, asegurar
to mail, enviar por correo
to drop, depositar, dejar caer, soltar
slot, ranura
to derive, derivarse, provenir
established, establecido, creado, instalado
involved, implicado, relacionado
delivery, entrega, distribución
to provide, ofrecer, suministrar
weight, peso
to ride, andar a caballo, cabalgar

route, ruta, itinerario
e-mail, correo electrónico
to operate, operar, manejar
to connect, conectar, enlazar
speech, habla
subsidiaries, filiales, sucursales
bulk, volumen, bulto
to weigh, pesar
money order, giro postal
pick-up, recolección
registered letter, carta certificada
Zip code, código postal
block letter, letra de molde
to worry, preocuparse
self-addressed stamped envelope, sobre con timbres/estampillas y dirección
special delivery letter, entrega inmediata
surface mail, correo terrestre, ordinario

Vocabulario complementario

mail train, tren de correos
outgoing mail, cartas por enviar, correo de salida
please forward, favor de remitir
post office box, buzón
post paid (EU), **post free** (GB), porte pagado
printed matter, impresos
to process, procesar, tratar
to redirect, enviar a nueva dirección
teller, cajero
"with care", "frágil"

to airmail, enviar por correo aéreo, vía aérea
branch office, sucursal
care of (c/o), a la atención de, a cargo de
cable, cable, telegrama
to deliver the mail, repartir el correo
to forward, remitir
mailbag, saco postal
mailman, cartero
mail order, pedido por correo

Ms [məz]: esta fórmula se usa cada vez más para las mujeres, sean o no casadas. Sustituye poco a poco las fórmulas **Miss** (señorita) y **Mrs** (señora) delante del apellido.

ARTICLES IN ADDITION TO, AND IN AMENDMENT OF, THE CONSTITUTION OF THE UNITED STATES

Article I: Congress shall make no law respecting an establishment of religion, or prohibiting the free exercise thereof; or abridging the freedom of speech, or of the press; or of the right of the people peaceably to assemble, and to petition the Government for a redress of grievances.

Article IV: The right of the people to be secure in their persons, houses, papers, and effects, against unreasonable searches and seizures, shall not be violated, and no warrants shall issue, but upon probable cause, supported by oath or affirmation, and particularly describing the place to be searched, and the persons or things to be seized.

Article VI: In all criminal prosecutions, the accused shall enjoy the right to a speedy and public trial, by an impartial jury of the State and district wherein the crime shall have been committed, which district shall have been previously ascertained by law, and to be informed of the nature and cause of the accusation; to be confronted with the witnesses against him; to have compulsory process for obtaining witnesses in his favour, and to have the assistance of counsel for his defence.

ACCIONES Y ENMIENDAS A LA CONSTITUCIÓN DE ESTADOS UNIDOS

Artículo I: El Congreso no legislará respecto al establecimiento de una religión o la prohibición del libre ejercicio de la misma; ni impondrá limitaciones a la libertad de expresión o de prensa; ni coartará el derecho de la gente a reunirse en forma pacífica ni de pedir al Gobierno la reparación de agravios.

Artículo IV: El derecho de la población a la seguridad en sus personas, sus casas, documentos y efectos, contra incautaciones y cateos arbitrarios no deberá ser violado, y no habrán de expedirse las órdenes correspondientes si no existe una causa probable, apoyada por juramento o declaración solemne, que describa en particular el lugar que habrá de ser inspeccionado y las personas o cosas que serán objeto de detención o decomiso.

Artículo VI: En todas las causas penales, el acusado gozará del derecho a un juicio público y expedito a cargo de un jurado imparcial del Estado y distrito donde el delito haya sido cometido; tal distrito previamente habrá sido determinado conforme a la ley y dicho acusado será informado de la índole y el motivo de la acusación; será confrontado con los testigos que se presenten en su contra; tendrá la obligación de obtener testimonios a su favor, y contará con la asistencia jurídica apropiada para su defensa.

1. Diálogo — C: customer   S: salesman

C — Good morning.

S — Hi, you're interested in a laptop[1]?

C — No, I'm just looking. But one day soon I'd love to get one. Actually[2] I'm here to buy[3] my son a present.

S — Good. Did you have anything particular in mind?

C — Yes. I'd like to see what kind of encyclopedias you have on CD-ROM or DVD.

S — Well our CD-ROMs are over here. Let's see, I guess[4] we should look under "Reference". Here's one.

C — Hmm, I don't know. This one looks a bit too serious. My boy's only 12. Don't you have something more interactive, with lots of pictures and stuff[5]?

S — Oh. I'm sorry but I don't really know the merchandise. I'm just filling in[6] for the regular salesperson[7]. It's her day off[8].

C — Couldn't you get someone who knows?

S — I'll try. In the meantime have a look at the ones we have on display[9]. They're over here[10]. This is our biggest seller[11]. It's really designed for family use[12] with kids in mind, but I must admit I've spent hours with it.

C — Fine. It looks just like what I wanted. I'll take it. Could you have it gift-wrapped[13]?

S — Of course. Will that be cash[14] or charge[15]?

C — Cash. Here's a $100 (one-hundred-dollar) bill.

S — Oh dear, we just opened, and I'm afraid I don't have any change.

C — That's a problem because my traveler's checks are hundreds too.

S — Why don't you charge it? Don't you have any credit cards?

C — Will VISA do?

S — Can I see it?

C — Here it is.

S — An international VISA card. This should be all right. Here, punch in[16] your pin[17] code.

particular	[pərti:kiulər]	merchandise	[mərchənda:iz]
exactly	[eksæktli]	regular	[re:giələr]
wrapped	[ræpt]	visa	[vi:zə]
change	[che:indʒ]	automatically	[o:ðo:mædikəli:]

90

C – Buenos días.

V – Buenos días. ¿Está interesado en una computadora portátil?

C – No, sólo estoy viendo. Pero algún día me encantaría comprar una. En realidad estoy aquí para comprarle un regalo a mi hijo.

V – Muy bien. ¿Ha pensado en algo en especial?

C – Sí, quisiera ver qué tipo de enciclopedias tienen en CD-ROM o DVD.

V – Bueno, nuestros CD-ROM están aquí. Veamos, supongo que debemos buscar bajo "Referencias". Aquí hay uno.

C – Hmm, no sé. Parece demasiado serio. Mi hijo sólo tiene 12 años. ¿No tiene algo más interactivo, con muchos dibujos y esas cosas?

V – Ay, lo siento, pero realmente no conozco estos productos. Sólo estoy reemplazando a la vendedora habitual. Es su día libre.

C – ¿No podría encontrar a alguien que conozca de esto?

V – Voy a tratar. Mientras tanto puede ver los CD-ROM que tenemos en exhibición. Están aquí. Éste es el más vendido. En realidad está diseñado para uso familiar, pensando en los niños, pero debo admitir que yo he pasado horas usándolo.

C – Bien, parece exactamente lo que estaba buscando. Me lo llevo. ¿Me lo puede envolver para regalo?

V – Claro. ¿Va a pagar al contado o con tarjeta?

C – Al contado. Aquí tiene un billete de cien dólares.

V – ¡Oh!, acabamos de abrir y me temo que no tengo cambio.

C – Qué problema, porque también mis cheques de viajero son de cien dólares.

V – ¿Por qué no lo carga a su cuenta? ¿No tiene tarjetas de crédito?

C – ¿Aceptan VISA?

V – ¿Me deja verla?

C – Aquí está.

V – Una tarjeta VISA internacional. Ésta estará bien. Tome, teclee su número confidencial/código.

1. **laptop**, *portátil* (computadora), palabra formada a partir de **lap**, *regazo*. También se dice **portable**.
2. **Actually**, cuidado con esta palabra, que sólo significa *de hecho, en realidad*, y no *actualmente*.
3. **to buy, bought, bought**.
4. **to guess**, *adivinar*, se usa a menudo como **to think, to believe**, *pensar, creer*.
5. **stuff**, palabra familiar que significa *cosas, asuntos*.
6. **to fill in for someone**, *sustituir a alguien*.
7. **salesperson**, actualmente el inglés estadounidense evita palabras que sólo se refieren al género masculino, de modo que **chairman** se sustituye por **chairperson, spokesman** por **spokesperson, salesman** por **salesperson**.
8. **day off, to have, to take a day off**, *tener, tomar un día libre*.
9. **on display, display**, *exhibición, escaparate*, **to display**, 1) *exhibir, exponer*, 2) *revelar, mostrar*, **display-room**, *sala de exhibición*.
10. **over here**, *aquí, acá*, **over there**, *allí, allá*.
11. **seller**, 1) *vendedor* (no necesariamente profesional, en cuyo caso sería **salesperson**), 2) *artículo que se vende bien*.
12. **use**, aquí es sustantivo y se pronuncia [ius]; el verbo **to use** se pronuncia [iuz].
13. **gift-wrapped, a gift**, *un regalo*, **to wrap**, *envolver*, **to gift-wrap**, *envolver para regalo*.
14. **cash**, *dinero en efectivo*, **cash-payment**, 1) *pago en efectivo*, 2) *pago al contado* (incluido con cheque); si se quiere especificar que es en efectivo, se dice **payment in cash**.
15. **charge**, 1) *cantidad que se va a pagar*, 2) aquí se opone al pago al contado y significa *cargo a una cuenta*. **to charge**, *cobrar*, **to charge an item to an account**, *cargar a una cuenta el precio de un artículo*, **charge it (to my account)**, *cárguelo a mi cuenta*.
16. **to punch**, 1) *dar un puñetazo*, 2) *perforar*, 3) *teclear*.
17. **pin = personal identification number**, *número de identificación personal, número confidencial, código, clave*.

■ DIFERENCIAS DE TÉRMINOS Y EXPRESIONES

EU	Español	GB
merchandise	*mercancía*	goods
regular	*regular, normal, habitual*	usual
cash or charge	*al contado o con tarjeta*	cash or credit
a ten-dollar bill	*un billete de diez dólares*	a ten dollar (bank) note

■ DIFERENCIAS DE USO

EU	Español	GB
don't you have any credit cards?	*¿no tiene tarjetas de crédito?*	haven't you got any credit cards?

— La frase estadounidense **do you have?** (= do you possess at this moment?) equivale a **have you got?** en inglés británico.

— En inglés británico **do you have?** = **do you usually have?**

Have you got a light?, *¿Tienes fuego?*

Do you have much free time on Fridays?, *¿tienes (generalmente) mucho tiempo libre los viernes?*

De ahí la broma: un estadounidense pregunta, **do you have children?**, y el británico responde, **yes, once a year!**

■ DIFERENCIAS DE ORTOGRAFÍA

traveler's checks (EU) / **traveller's checks** (GB).

• Across the United States, people are being turned on by the newest leisure-time craze: electronic games, flashing, beeping, buzzing, ringing little devices.

The brains of these little games are microprocessors, tiny memory chips that are used in sophisticated computers, weapon systems and electronic appliances.

These plastic boxes —most of them just a little bigger than pocket calculators— are battery-powered and can be carried anywhere. They pit humans against miniature computers, and are programmed to play games ranging from football to black-jack.

• A video game: "Defender".

In this game the player controls a small jet plane that flies at varying altitudes and speeds over a barren planetscape. He must shoot down a bewildering variety of alien bad guys*, dodge an assortment of missiles and rescue helpless spacemen who appear randomly on the planet's surface. He must also control a joystick that determines altitude and four separate buttons that fire the cannon, change the speed, reverse direction and drop bombs which blow up everything in sight.

Juegos electrónicos y de video

• En todo Estados Unidos la gente está fascinada con la última moda del entretenimiento: los juegos electrónicos, esos aparatitos que emiten ruidos, luces, zumbidos y destellos.

Los cerebros de estos jueguitos son microprocesadores, diminutos *chips* de memoria que se usan en computadoras complejas, sistemas de armamento y aparatos electrónicos.

Estas cajas de plástico —muchas de ellas poco más grandes que una calculadora de bolsillo— funcionan con pilas y pueden llevarse a cualquier parte. Enfrentan a los humanos contra las computadoras y están programadas para jugar desde fútbol hasta *black-jack*.[1]

• Un videojuego: *"Defensor"*.

En este juego el jugador controla un pequeño avión a reacción que vuela a distintas altitudes y velocidades sobre el paisaje desolado de un planeta. Debe derribar una impresionante variedad de enemigos extraterrestres, esquivar todo tipo de misiles y rescatar astronautas indefensos que aparecen al azar sobre la superficie del planeta. También debe controlar una palanca de mando que determina la altitud, así como cuatro teclas que disparan el cañón, cambian la velocidad, invierten la dirección y arrojan bombas que hacen explotar todo lo que esté a la vista.

*guy (fam. EU), *tipo*, **the bad guys**, *"los malos"*.
[1] Juego de azar, parecido al *veintiuno*.

1. ¿Cuánta memoria RAM tiene?
2. Todos estos modelos tienen módem incorporado.
3. Este módem incluye tres meses de conexión gratuita a Internet.
4. Éste es el procesador más rápido del mercado.
5. Quisiera ver qué cajas de música tienen.
6. ¿Cuánto cuesta este sombrero? ¿Me lo puedo probar?
7. Tenemos varias formas y tamaños.
8. Esto es todo lo que nos queda por ahora.
9. No me puedo decidir; me llevo los dos.
10. Éste me gusta mucho más que el primero.
11. ¿Tendré que pagar derechos de aduana?
12. Son $29.95, impuesto incluido.
13. Preferiría algo más pequeño.
14. Sólo estoy viendo, si no le importa.
15. ¿A qué hora abren por la mañana?
16. ¿Me lo pueden enviar al hotel?

1. How much RAM does it have?
2. All these models have built-in modems.
3. This modem comes with 3 months of free Internet access.
4. This is the fastest processor in the market.
5. I'd like to see your selection of music boxes.
6. How much is this hat? May I try it on?
7. We have several shapes and sizes.
8. This is all we have left at the moment.
9. I can't make up my mind; I'll take them both.
10. I like this one much better than the first one.
11. Will I have to pay duty on it?
12. That comes to $29.95, tax included.
13. I'd rather have something smaller.
14. I'm just looking, if you don't mind.
15. What time do you open in the morning?
16. Can you have it delivered to my hotel?

laptop, portable, computadora portátil

DVD (Digital Versatile Disc), DVD

to fill in for, sustituir, cubrir (a alguien)

to have a day off, tener el día libre

regular, regular, usual, habitual

on display, en exhibición

on sale, en oferta, con rebaja

to wrap, envolver

cash, dinero en efectivo

charge, cobrar, cargar (a una cuenta)

bill (EU), billete

check (EU), cheque

an O.K., autorización

leisure, entretenimiento, tiempo libre

craze, locura, manía, moda

to buzz, zumbar

device, aparato, mecanismo

brain, cerebro

tiny, diminuto

chip, *chip*, microprocesador

sophisticated, 1) complejo, 2) refinado, 3) sofisticado

computer, computadora

weapon, arma

pocket calculator, calculadora (de bolsillo)

battery powered, que funciona con pilas

to pit against, oponer, enfrentar

to program, programar

to range, incluir de... a..., ir de... a...

figure, 1) forma, figura, 2) cifra

billion, mil millones

quarter, cuarta parte, moneda de 25 centavos

slot, ranura

to strain, torcerse, hacerse un esguince, esforzar(se)

to fight, pelear, luchar

invaders, invasores

to crash, chocar

racing car, carro de carreras

to destroy, destruir

rocket, cohete, nave espacial

to pursue, perseguir

evildoer, malhechor, malvado

maze, laberinto

to attend to, ocuparse de

to take care, cuidar, tener cuidado

to pay duty on, pagar derechos de aduana

to deliver, entregar

to pick up, recoger

well-known, conocido

brand, marca

to think over, pensar bien, reflexionar

to make a decision, tomar una decisión, decidir

Vocabulario complementario

to be worth, valer

to buy/to sell on credit, comprar/vender a crédito

to carry out/to effect repairs, hacer reparaciones

checking account (EU), cuenta de cheques

current account, cuenta corriente

coin-op(erated), que funciona con monedas

discount, descuento, rebaja

to pay by instalments (GB), **to pay on the installment plan** (EU), pagar en abonos, a plazos, en mensualidades

price range, gama de precios

tag, etiqueta

tot, niño pequeño

toy, juguete

wallet, cartera, billetera

The Internet is a great source for product information, and it can also be a good place to buy.

The main risks of Internet commerce are the same as for phone and mail ordering. Will the merchant actually ship the product? What happens if it's defective? Or lost in transit? Or if it has to be repaired under warranty?

Problems like these do occur, but not more frequently than with other ways of purchasing.

There are several steps you can take to minimize the risks of on-line shopping:

• Make sure the merchant is an authorized dealer for the product you're buying and that the product comes with a U.S. warranty.

• Be suspicious of prices that are dramatically lower than those available elsewhere.

• A credit card is probably the safest way to pay for on-line purchases.

Compras por Internet

La Internet es una importante fuente de información sobre productos, y también puede ser un buen lugar para comprar.

Los principales riesgos del comercio por Internet son los mismos que en las compras por teléfono o por correo: ¿Enviarán realmente el producto? ¿Qué pasa si está defectuoso? ¿O si se pierde en el viaje? ¿O si hay que usar la garantía para hacerle reparaciones?

Sí, ocurren problemas como éstos, pero no con mayor frecuencia que cuando se compró de otra forma.

Hay varias medidas que se pueden tomar para reducir al mínimo los riesgos en las compras por Internet:

• Asegúrese de que el vendedor es un concesionario autorizado del producto que está comprando y de que el producto tenga garantía de Estados Unidos.

• Desconfíe de precios que sean mucho menores a los de otras partes.

• Quizás la tarjeta de crédito es la manera más segura de pagar las compras por Internet.

S — Can I help you?

B — Yes, I'm interested in[2] buying a cassette player.

S — You mean[3] something like a walkman?

B — No, no, I want a really good one for listening to music at home.

S — I see. In that case, come on into the hi-fi area. How much are you willing to spend?

B — Oh, no more than a couple hundred dollars.

S — Well, we don't carry[4] much in that price range[5] because we deal mainly in high quality stereo systems. $200 won't go very far with this kind of equipment.

B — But I already have a top quality CD-player and a very good turntable and receiver. I just have to replace the cassette player.

S — Sorry, I didn't get it straight. If that's all you want, you're in luck[6]. We have an excellent dual cassette deck on sale for $150. I'm sure it would suit your purpose, and it's easy to connect to other equipment.

B — It sounds like a good deal[7]. And... I can record[8] live concerts from the radio?

S — Sure, but don't forget to turn on the multiplex filter.

B — What on earth is that?

S — It's this switch here which eliminates interference from stereo FM[9].

B — Great. And what are all those other knobs[10] for?

S — Well, these are the soft-touch controls. You also have a three-position[11] tape selector for all types of cassettes, as well as meters to check the recording level. And here's the selector for choosing the recording source: C.D., radio, or turntable.

B — Oh, good, I'm planning to tape all my old records. Cassettes are so much more convenient[12].

S — And this is the Dolby switch to cut out background noise from the tape.

B — O.K. Now what about[13] recording with a mike?[14] Can you do that?

S — Of course you can. It even comes with[15] two microphones for recording in stereo.

B — Well, it's got everything I wanted. I guess[16] I'll take it.

hi-fi	[haːifaːiː]	eliminates	[ɐliːmineːits]
cassette	[kɔseːt]	interference	[intərfərəns]
stereo	[stiːriou]	selector	[sɔleːktər]

V – ¿Le puedo ayudar?

B – Sí, quiero comprar un reproductor de casetes.

V – ¿Quiere uno portátil?

B – No, no, quiero un aparato realmente bueno, para oír música en casa.

V – Entiendo. En ese caso, venga al área de equipos de alta fidelidad. ¿Cuánto está dispuesta a pagar?

B – No más de unos 200 dólares.

V – Bueno, no trabajamos muchos productos dentro de ese margen porque nos movemos principalmente con equipos estéreo de alta calidad. No encontrará con 200 dólares muchas posibilidades dentro de esta línea de equipos.

B – Pero ya tengo un excelente aparato de discos compactos y un muy buen tocadiscos y radio. Sólo tengo que cambiar la casetera.

V – Disculpe, no le había entendido. Si eso es todo lo que quiere, hoy es su día de suerte. Tenemos un excelente grabador con doble casetera rebajado a $150. Estoy seguro que cubre sus necesidades, y es fácil de conectar a otro equipo.

B – Parece una buena oportunidad. ¿Y puedo grabar conciertos en vivo de la radio?

V – Claro, pero no olvide encender el filtro multiplex.

B – ¿Qué es eso?

V – Es este botón, que elimina la interferencia de las transmisiones de FM.

B – Muy bien, ¿y para qué son todos estos otros botones?

V – Bueno, estos son los controles sensibles. También tiene un selector de cinta con tres posiciones, para todo tipo de casetes, así como indicadores del nivel de grabación. Y éste es el selector de fuente de grabación: CD, radio o tocadiscos.

B – Qué bien, porque pienso grabar todos mis antiguos discos. Los casetes son mucho más convenientes.

V – Y éste es el botón de *dolby* para eliminar los ruidos de fondo del casete.

B – Bien. Y para grabar con micrófono, ¿ese puede hacer?

V – Claro que sí. Incluso viene con dos micrófonos, para grabar en estéreo.

B – Bueno, tiene todo lo que quería. Creo que me lo llevo.

1. **Hi-fi**, abreviación de **high-fidelity**, *alta fidelidad*.
2. **interested in**, observe el uso regular de **in**.
3. **to mean, meant, meant**, *significar, querer decir*.
4. **we don't carry, to carry**, (a menudo) *tener en la tienda* (un producto), *vender*, **to have in stock**, *tener en existencia*.
5. **range**, recuerde que en palabras como **range, change** se debe pronunciar bien el diptongo [ei].
6. **you're in luck** = *hoy es su día de suerte, está de suerte*, más preciso que **you're lucky**, *tiene suerte* (en general).
7. **a good deal, deal** en el sentido de *negocio, transacción, trato*. No confundir con **a good deal (of)**, *una gran cantidad (de)*.
8. **to record**, compare con **all my records**, que aparece más adelante: el acento tónico está en la segunda sílaba en el verbo, [riko:rd], pero en la primera en el sustantivo, [rekærd]. Lo mismo ocurre con **to contact, a contact; to export, an export; to protest, a protest**, etc.
9. **F.M. = frequency modulation**, *frecuencia modulada*.
10. **what are all those other knobs for?**, observe que la preposición pasa al final de la frase. Cuidado con la pronunciación de **knob** [nob]: la **k** no se pronuncia cuando está antes de **n**: **to know, knee, to knock, knife**, etc.
11. **a three-position selector, three-position** está funcionando como adjetivo, por eso está unido con un guión y no lleva **s** (adjetivo, por lo tanto, invariable).
12. **so much more convenient, so much**, *mucho, tanto*, se agrega al comparativo **more convenient**, como en **so much better, so much faster**, etc.
13. **what about...?**, literalmente *¿qué (hay) en cuanto a...?*, en general se traduce como *¿y...?*
14. **mike** [mæik], abreviación de **microphone** [mæikrofo:un].
15. **It even comes with**, observe este uso de **to come** en el sentido de *se vende con, incluye*. **To go** indicaría la idea de compatibilidad: **the mike that goes with it**, *el micrófono que le va*.
16. **I guess, to guess**, *adivinar*, en Estados Unidos se usa a menudo como **to think, to believe**, *pensar, creer*.

■ DIFERENCIAS DE TÉRMINOS

EU	Español	GB
I didn't get it straight	*no entendí, no había entendido*	I didn't understand
a good deal	*una oportunidad; una buena oferta; un buen trato*	a bargain
O.K.	*está bien; de acuerdo*	I see; all right

O.K. es menos común y más familiar en el inglés británico que en el estadounidense. Los británicos usan esta expresión más bien en fórmulas como **"Is it O.K.?"**, que puede responder preguntas o indicar un acuerdo.

I guess	*creo, supongo*	I think

■ DIFERENCIAS DE ORTOGRAFÍA

nob (knob)	*botón*	knob
gray (grey)	*gris*	grey

(en Estados Unidos también se escribe **grey**)

■ DIFERENCIAS DE PRONUNCIACIÓN

Stereo	EU: [sti:ri:ou]	GB: [ste:riə]

5. Entorno 🔲

Music in the U.S.A.

Music has always played a vital role in American life. Various folklores maintained by the immigrants who were deeply attached to their cultures provide a particularly rich background where different influences are intermingled. Today, American folk music in its various forms has conquered the planet and becomes the music of a generation: you can even find *bluegrass* groups in Japan!

La música en Estados Unidos

La música siempre ha desempeñado un papel vital en la vida estadounidense. Distintos tipos de música popular, conservados por inmigrantes muy apegados a sus culturas, brindan un terreno particularmente fértil donde se entremezclan diferentes influencias. Hoy en día la música folclórica de Estados Unidos en sus distintas formas ha conquistado el planeta y se ha vuelto la música de una generación: ¡hay grupos de *bluegrass** hasta en Japón!

***Bluegrass**, literalmente *hierba azul*. Se llaman así un pasto característico de las **lowlands** (*tierras bajas*) de Kentucky y los cantos tradicionales de esta región, que resultaron de las aportaciones de asentamientos de población sucesivos y constituyen una de las fuentes de la música **"country"**.

In other musical areas, America has been setting the tone for a long time. Its musical comedies, popularized in Hollywood movies, have been all over the world, as well as the songs of composers like Cole Porter...

When it comes to classical music, the United States has a right to be proud of several prestigious orchestras; among them: the New York, Boston, Philadelphia, Chicago, Detroit, and Los Angeles Symphony Orchestras.

However, the most original and the most important American contribution is probably jazz, born in New Orleans at the turn of the century, and which has now become an international idiom.

This feeling for music derives perhaps from the musical education given in the public schools —many children learn to play an instrument at school— and the important role of church choirs in the religious tradition. Last but not least, the very nature of the English language, with its emphasis on rhythmic stress, may very well be a significant factor.

Chicago	[shikægo:u]	**New Orleans**	[nu: o:rli:ns]
Detroit	[di:tro:it]	**choirs**	[kuæiərs]

En otras áreas musicales, Estados Unidos ha señalado la moda por mucho tiempo. Sus comedias musicales, popularizadas en las películas de Hollywood, han viajado por todo el mundo, al igual que las canciones de compositores como Cole Porter...

En cuanto a la música clásica, Estados Unidos puede estar orgulloso de varias orquestas de prestigio, entre las cuales se encuentran las orquestas sinfónicas de Nueva York, Boston, Filadelfia, Chicago, Detroit y Los Ángeles.

Sin embargo, la contribución más original e importante de Estados Unidos quizá sea el jazz, que nació en Nueva Orleans a finales del siglo pasado y se ha vuelto un lenguaje internacional.

Quizá esta sensibilidad por la música se deba a la educación musical que se ofrece en las escuelas públicas —muchos niños aprenden a tocar un instrumento en la escuela— y a la importancia de los coros en la tradición religiosa. Finalmente, la naturaleza misma de la lengua inglesa, con su énfasis en el ritmo, bien pudo haber sido un factor importante.

1. No logro ajustar los agudos.
2. Ahora tengo más discos compactos que long-plays.
3. Todavía no he oído su nuevo disco.
4. Está muy contento con su nuevo equipo de sonido.
5. ¿Podría bajar un poco el volumen?
6. La fecha de grabación debe de aparecer en la tapa.
7. Está mal ajustado el sonido: se oyen demasiado las trompetas.
8. ¿Tiene discos compactos para grabar?
9. Acabo de comprar un disco compacto que se puede regrabar.
10. ¿Cuánto cuesta un buen aparato para grabar discos compactos?
11. Es una melodía muy contagiosa.
12. Está construido con acordes muy sencillos, pero el ritmo es bastante interesante.
13. Parece que están desafinados.
14. Tiene una técnica fabulosa. Puede hacer lo que quiera en cualquier tono.
15. Se grabó en vivo y sin ensayo.

1. I can't get the treble adjustment right.
2. Now I've more CD's than LP's (long-playing records).
3. I haven't heard their new record yet.
4. He's real pleased with his new hi-fi set.
5. Could you turn down the volume a bit?
6. The recording date should be on the cover.
7. The balance is off. The trumpets are much too loud.
8. Do you have recordable CD's?
9. I've just bought a rewritable CD.
10. What's the price of a good CD recordable drive?
11. It's a catchy tune.
12. It's based on simple chords but the rythm is quite interesting.
13. It sounds like they're not in tune.
14. He has fabulous technique. He can do whatever he likes in any key.
15. It was recorded live, with no rehearsal.

top quality, de buena calidad

hi-fi set, equipo de alta fidelidad, equipo de sonido

cassette deck, tocacintas, casetera

live, en vivo

to switch on, encender, prender

soft-touch controls, controles sensibles

tape, cinta, casete

meter, medidor, indicador, contador

turntable, tocadiscos, tornamesa

to tape, grabar (en casete)

record, disco

mike, microphone, micrófono

background, 1) de fondo, 2) pasado, antecedentes

composer, compositor

to intermingle, entremezclarse

to set the tone, marcar la moda, el tono

choir, coro

recordable CD, CD grabable

rewritable CD, CD regrabable

emphasis, énfasis

stress, acento, énfasis

treble, agudos (sonidos)

beat, ritmo

balance, equilibrio, ajuste

pick-up, cabeza (que lee el sonido en un aparato de música)

catchy, contagioso, pegajoso, que se recuerda fácilmente

chord, acorde

in tune, afinado

key, tono

rehearsal, ensayo

Vocabulario complementario						
La escala: A	B	C	D	E	F	G
La	Si	Do	Re	Mi	Fa	Sol

sharp, sostenido; **C sharp**, Do sostenido; **flat**, bemol; **B flat**, Si bemol

bar, compás

bass [ba:s], bajo

the brass, metales (instrumentos)

chorus, estribillo

the drums, batería, percusiones

keyboard, teclado, teclados (instrumento)

a number, una pieza (musical)

organ, órgano

to play the piano, the trumpet, tocar el piano, la trompeta

to play a record, tocar un disco

the reeds, alientos, instrumentos de viento

to rehearse, ensayar

the rhythm section, la sección de ritmos

trombone, trombón

tuba, tuba

a tune, una melodía, una tonada

• **Minidiscs**

The minidisc can be re-recorded up to ten thousand times. It doubles your music so it sounds just like the way you just heard it. You also have the possibility to rearrange and delete songs at the touch of a button.

It is so small it fits in your shirt pocket.

• **"If you can't lick'em, join'em"**

According to a recent report, some record companies agree to enable Internet users to download music for a fee and record it onto minidiscs and other recording media.

Novedades en equipo electrónico

• **Minidiscos**

El minidisco puede regrabarse hasta diez mil veces. Reproduce la música de modo que suena exactamente como la que acaba de oír. También tiene la posibilidad de reacomodar y borrar canciones con tan sólo tocar un botón.

Es tan pequeño que cabe en el bolsillo de su camisa.

• **"Si no puedes vencer al enemigo, únete a él"**

De acuerdo con un informe reciente, algunas compañías de grabación permiten que los usuarios de Internet bajen música de la red y la graben en minidiscos u otros medios, a cambio de una cuota.

1. Diálogo — M: Mary   K: Ken

🔲 ⊙

M— Have you got this week's issue[2] of *T.V. Guide*? I'd like to see what time that French cooking program is on[3].

K— Oh, don't even bother[4] looking. You know today's the Superbowl[5] and the boys are going to be glued to the tube[6] all afternoon. They won't let you near it[7].

M— Look, I'm fed up with the constant squabbling[8] over the TV. Why don't we get a new set and put the old one up in the kids' room?

K— That's all right with me. If you want them to be watching TV all day long.

M— Well, they do anyway. So what's the difference?

K— I guess you're right.

M— At least then, we'll have a little peace and quiet downstairs and we can watch what we want.

K— You know, while we're at it, we could replace that broken VCR* too.

M— Gee, that would be marvelous. But do you think we can afford both a new TV and a new VCR?

K— Well, if this deal I've been working on[9] goes through[10], we're gonna[11] be in good shape moneywise[12].

M— O.K., let's do it. Then instead of wasting all day sunday indoors[13], you can record the game and mow the lawn at the same time.

K— That's not exactly what I had in mind.

M— Oh, there are other advantages too. We won't have to stay up[14] all night watching the *Late Show* any more.

K— Sounds great. And since the kids broke the remote control, I have forgotten what a pleasure it is to turn the sound off for the commercials[15] and switch channels without getting up.

M— Boy, are you ever getting lazy[16]! Still, I suppose it would be nice to be able to watch TV again without listening to those commercials...

*VCR: video cassette recorder.

issue	[i:shu:]	to mow	[tə mo:u]
superbowl	[səpərbo:ul]	lawn	[lɛn]
glued	[glu:d]	advantages	[ədvænta:dʒəs]
V.C.R.	[vi: si: ɐr]	remote control	[ri:mo:ut kəntro:ul]
cassette	[kəse:t]	commercials	[kɛmərshɐls]

M — ¿Tienes el número de esta semana de la guía de televisión? Quiero ver a qué hora pasan ese programa de cocina francesa.

K — Ni te molestes en buscar. Acuérdate que hoy es la final del fútbol americano y los muchachos/chicos van a estar pegados a la pantalla toda la tarde. Ni van a dejar que te acerques.

M — Mira, estoy harta de las constantes peleas por la televisión. ¿Por qué no compramos un televisor nuevo y subimos el viejo al cuarto de los niños?

K — Por mí está bien, si quieres que estén viendo televisión todo el día.

M — Bueno, de todas formas lo hacen. ¿Cuál es la diferencia?

K — Supongo que tienes razón.

M — Así por lo menos tendremos un poco de paz y tranquilidad en el piso de abajo y podremos ver lo que queramos.

K — ¿Sabes?, ya que estamos en eso, también podríamos cambiar la videocasetera rota.

M — Eso sería maravilloso. Pero, ¿crees que nos alcanzará para una televisión nueva y también una videocasetera?

K — Bueno, si sale bien este asunto en el que he estado trabajando, estaremos bien de dinero.

M — De acuerdo, hagámoslo. Así, en lugar de desperdiciar todo el domingo adentro de la casa, podrás grabar el juego mientras cortas el pasto.

K — No es exactamente en lo que estaba pensando.

M — Bueno, también hay otras ventajas. Ya no tendremos que quedarnos despiertos toda la noche para ver *Cine de Medianoche*.

K — Me parece bien. Y desde que los niños rompieron el control remoto, ya se me olvidó lo agradable que es bajar el volumen en los anuncios comerciales y cambiar de canal sin levantarse.

M — ¡Sí que te estás volviendo perezoso! De todos modos, supongo que será agradable volver a ver televisión sin oír esos anuncios...

1. **Watching TV, to watch TV**, *ver televisión*, **TV viewers**, *televidentes, telespectadores*.

2. **issue**, *número* de una publicación (diaria, semanal, mensual); no confundir con **copy**, *ejemplar*. **Issue** también significa: 1) *emisión, lanzamiento*, 2) *cuestión, problema, tema*. **To issue**, *emitir, publicar*.

3. **the program is on, to be on**, *pasar, transmitirse*. Observe también la expresión **to go on the air**, *salir al aire, transmitirse*, **airtime**, *tiempo de transmisión, tiempo al aire*.

4. **to bother**, *molestar(se), fastidiar*.

5. **Superbowl**, final de fútbol americano.

6. **To glue**, *pegar*, **glue**, *pegamento, goma*; **the tube**, familiar para *la televisión*.

7. **They won't let you near it**, **to let** en este contexto significa **to allow**, aunque **to let** es más fuerte e idiomático. **Near it**, a pesar de la traducción, aquí **near** es el adverbio *cerca de*, no el verbo **to near**, *acercarse*.

8. **to squabble**, *reñir, pelear, discutir*, **a squabble**, *riña, pleito, discusión*.

9. **if this deal I've been working on** = **if the deal on which I have been working**: se suprime **which** y la preposición pasa al final de la frase. **Deal**, *asunto, negocio, transacción, trato*.

10. **to go through**, *funcionar, resultar, ir bien*.

11. **we're gonna be** = **we are going to be**.

12. **moneywise**, en el habla familiar se agrega **wise** a un sustantivo para indicar *en cuanto a ... se refiere, hablando de...*, como en **musicwise**, *en cuanto a música se refiere, en el terreno de la música*. Este rasgo del inglés estadounidense tiende a adoptarse en el inglés británico.

13. **indoors**, *adentro*, en oposición a **outdoors (out of doors)**, *afuera, al aire libre*. Los adjetivos correspondientes son **indoor** y **outdoor**, como en **indoor games**, *juegos de salón*, **outdoor sessions**, *sesiones al aire libre*.

14. **to stay up**, *quedarse despierto, no dormirse, no acostarse*.

15. **commercials**, *anuncios comerciales* transmitidos por radio o televisión. Compare con **spots**, *breves anuncios publicitarios*.

16. **Boy, are you ever getting lazy!**, **Boy**, expresión de sorpresa o admiración; a menudo aparece como **Oh, boy!** En este contexto **ever** tiene una función enfática; este uso típicamente estadounidense también aparece en el inglés británico.

■ DIFERENCIAS DE TÉRMINOS

EU	Español	GB
Tube	*pantalla de televisión*	**box**
late show	*cine de medianoche,*	**late night film,**
	función de medianoche	**midnight movie**

■ DIFERENCIAS DE USO

I guess	*creo, pienso, supongo*	**I imagine, I suppose**
Boy	*¡Cielos!, ¡Vaya!*	**gosh,** aunque también **boy**

■ DIFERENCIAS DE CONSTRUCCIÓN

Are you ever getting lazy!	*¡Sí que te estás volviendo perezoso!*	**You really are getting lazy!**

■ DIFERENCIAS DE ORTOGRAFÍA

EU: **marvelous** GB: **marvellous**

■ DIFERENCIAS DE PRONUNCIACIÓN

tube EU: [tu:b] or [tə:b] GB: [ti:u:b]

---

5. Entorno: American television networks

Networks are groups of interconnected stations which enable the simultaneous distribution of programs and advertising from a central source throughout the country.

ABC (American Broadcasting Company), CBS (Columbia Broadcasting System), and NBC (National Broadcasting Company) are the major national networks. Fox Broadcasting Co. is the most recent network giant, and CNN (Cable News Network) is delivered worldwide round-the-clock by satellite.

P.B.S. (Public Broadcasting System) is the non-commercial network and carries cultural and educational programs.

Cadenas televisivas de Estados Unidos

Las cadenas son conjuntos de canales interconectados que permiten la transmisión simultánea de programas y publicidad desde una fuente central a todo el país.

Las principales cadenas televisivas de Estados Unidos son ABC, CBS y NBC. La más nueva de las cadenas gigantes es Fox Broadcasting; CNN se transmite las 24 horas vía satélite en todo el mundo. PBS es la cadena no comercial que transmite programas culturales y educativos.

In a few decades, television has grown from a toy to a popular transmitter of news, entertainment and culture, which over 100 million Americans watch on average 6 hours daily. (The magazine with the highest circulation is *T.V. Guide*.)

Above all, it is a multi-billion dollar industry. Whether they are networks on the national scale, or independent stations around the country, the competition is for the dollar, *"the good green buck"*.* And so the station or network that gets the largest share of the audience is the one that's going to get the largest share of the money.

The product of American television is not programs, it is people delivered to a sponsors. And the ratings indicate how many people are being delivered, or how those people are being distributed. Most of what is on American television are programs designed to appeal to people who go into the supermarkets and buy the products that are advertised on TV.

La televisión de Estados Unidos

En unas pocas décadas la televisión ha pasado de ser un juguete a ser un medio popular para la transmisión de noticias, entretenimiento y cultura, visto por más de 100 millones de estadounidenses durante un promedio de 6 horas diarias. (La revista de mayor circulación es la *Guía de Televisión*.)

La televisión es, sobre todo, un negocio multimillonario. Se trate de grandes cadenas nacionales o de canales independientes en distintas partes del país, la competencia es por el dólar, *"el buen billete verde"*. Así, el canal o cadena que consiga el mayor nivel de audiencia obtendrá más dinero.

La televisión estadounidense, antes que programas, produce televidentes a disposición del patrocinador. Y los sondeos entre la audiencia indican cuánta gente se está consiguiendo y cómo se está distribuyendo esa gente. Casi todo lo que se transmite por televisión en Estados Unidos son programas diseñados para agradar a la gente que entra a los supermercados y compra los productos anunciados.

***Buck = dollar** en jerga (**slang**) estadounidense.

6. Frases modelo 📼 ⊙

1. Este programa está patrocinado por la cerveza XYZ.
2. La imagen se ve borrosa y no puedo ajustar el sonido.
3. ¿A qué hora son las noticias?
4. La encendí en la mitad del programa.
5. No conozco a este comentarista. Debe ser nuevo.
6. Según con los sondeos de audiencia, es el programa más popular.
7. Es un programa de preguntas muy popular.
8. No vi el episodio de ayer.
9. Este programa tiene un gran nivel de audiencia.
10. Claro que la transmisión cuesta más a las horas de mayor audiencia.
11. Él sólo ve programas de variedades/shows.
12. Van a retransmitir el concierto completo.
13. Esa nueva serie se transmite en todo el país (literalmente *de costa a costa*).
14. Es una de las presentadoras mejor pagadas.
15. Es época de elecciones: hay muchos debates y programas políticos en la televisión.
16. Hubieras visto el documental de la PBS sobre satélites.
17. Este sistema de sondeos indica cuántos televisores están encendidos y qué programas se están viendo.

1. This program is sponsored by XYZ beer.
2. The picture is fuzzy and I can't adjust the sound.
3. What time is the news on?
4. I tuned in just in the middle of the program.
5. I don't know this newscaster. He must be a new one.
6. According to the ratings, it's the most popular program.
7. It's a very popular quiz show.
8. I didn't watch yesterday's episode.
9. This program has excellent ratings.
10. Air-time is of course more expensive during prime-time.
11. He only watches variety shows.
12. The concert will be rebroadcast in full.
13. That new series is on coast to coast.
14. She is one of the highest paid anchorpersons.
15. It's election time: there are lots of debates and political programs on TV.
16. You should have watched the PBS documentary on satellites.
17. This rating system tells you how many TV sets are tuned in, and which programs are being watched.

issue, 1) número (de una publicación), 2) cuestión, tema
to bother, molestar(se)
to glue, pegar
tube, (fam.) pantalla, televisor
to squabble, pelear, discutir
extra set, televisor adicional
V.C.R., videocassette recorder, videocasetera
to afford, poder pagar, alcanzar el dinero
to go through, funcionar, salir bien (un proyecto)
moneywise, económicamente, en cuanto al dinero
to waste, desperdiciar
to record, grabar
to stay up, quedarse despierto
late show, función de medianoche, última función
to set up, establecer(se)
remote control, control remoto
to turn off, apagar (un aparato)
commercials, anuncios, comerciales, publicidad
channel, canal

network, cadena, red (de medios de comunicación)
entertainment, entretenimiento
circulation, circulación, tiraje
copy(-ies), ejemplar(es)
buck, (fam.) dólar
advertiser, patrocinador, anunciante
to design, diseñar
to appeal, agradar, atraer
to advertise, anunciar
to sponsor, patrocinar
fuzzy, borroso
to adjust, ajustar, regular
to tune in, encender (un aparato), sintonizar
newscaster, comentarista, presentador (de noticias)
polls, sondeos, encuestas
quiz show, programa de preguntas
rating, nivel de audiencia, sondeo de audiencia
variety show, programa de variedades, show
air-time, tiempo de transmisión, tiempo al aire

Vocabulario complementario

news, noticias
to trust, confiar en
to rate, evaluar, clasificar
ratings, niveles de audiencia, sondeos de audiencia
anchorman, conductor, presentador de televisión que coordina un equipo de reporteros
fellow, hombre, tipo, como en **the fellow next door**, el vecino
rating system, sistema de sondeo
statesman, hombre de estado
staff, personal, equipo de trabajo
to pride, enorgullecer(se)
VHS, Video Home System, videocasetera con sistema VHS
viewer, televidente, telespectador

There are more and more people watching news. Shows such as CBS' *60 minutes* are among the top rated programs and some broadcast journalists are now earning as much as entertainment stars. Perhaps the evening news isn't quite as powerful as it used to be, due to the rise in 24-hour news networks and the access to news on the Internet.

But with their huge staffs, the News departments of the major networks have the weight and power of veritable institutions. Though they have to be profitable (when news audiences are up, the networks can charge advertisers more for commercials), the network news divisions pride themselves on being totally independent from other powers, whether they be industrial or political. With the advent of cable, pay-per view TV, videocassettes, and DVD, people are now able to watch what they want, whenever they want. So sports and news will remain among the few things that have to be aired when they happen.

Noticiarios de televisión

Cada vez más gente ve las noticias por televisión. Programas como *60 minutos* de CBS están entre los de mayor audiencia, y ahora algunos reporteros ganan tanto como las estrellas del entretenimiento. Quizá los noticiarios vespertinos no sean tan poderosos como antes, debido al mayor número de cadenas informativas de 24 horas y a la posibilidad de consultar las noticias en Internet.

Sin embargo, con sus enormes equipos de trabajo, los departamentos informativos de las principales cadenas televisivas tienen el peso y el poder de verdaderas instituciones. Aunque deben ser rentables (cuando los noticiarios tienen altos niveles de audiencia, las cadenas pueden cobrar más por los anuncios), los departamentos informativos se enorgullecen de ser totalmente independientes de otros poderes, sean industriales o políticos.

Con la llegada de la televisión por cable, el pago por evento, las videocaseteras y el DVD (video en discos compactos), la gente puede ver lo que quiera y cuando quiera. Así, los deportes y las noticias quedarán como algunas de las pocas cosas que se transmitirán cuando ocurran.

D — Wanna come over[1] tonight and watch[2] *Gone With the Wind* on TV?

P — Is it on *The Late Show*[3]? I didn't see it in the TV Guide.

D — That's 'cause[4] it's on cable. Didn't I tell you I finally got a cable subscription[5] last year?

P — You might have mentioned it, but it must have slipped[6] my mind. How is it?

D — Great! I can hardly believe it. I've got 3 channels with nothing but sports. One channel gives regular Stock Market reports and there are four 24-hour news[7] channels. Plus I've got two movie channels that show nothing but classic movies.

P — You must spend all your time watching TV.

D — At first I did, but the thrill[8] eventually wears[9] off. Now I've gotten[10] more choosy[11].

P — Boy, I must be the last person in town without cable. But I'm afraid if I got it, I'd do nothing else but watch TV. Does it cost a lot?

D — There's a 50 dollar installation fee[12] and then you pay 20 dollars a month, for the basic service.

P — Can you cancel it any time you want[13]?

D — Sure. And another great thing about it is that there's no advertising! You can watch a movie straight through[14] without commercials[15] every ten minutes.

P — I guess that's what you're paying for[16]. Do you think it's worth it[17]?

D — Definitely[18]. Another thing, you get great reception all the time —no static[19]. So what do you say, are you coming tonight?

P — Yeah, I'd like to. See you later.

cable TV	[ke:ibəl ti:vi:]	choosy	[chu:zi]
wanna	[wa:nə:]	installation	[instəle:ishən]
network	[ne:twərk]	advertising	[ædvərtɐi:ziŋ]
subscription	[səbskri:pshən]	commercials	[kemə:rshəls]
mentioned	[me:nshənd]	worth	[wərθ]
channel	[chænəl]	reception	[ri:se:pshən]
regular	[rə:giələ:r]	static	[stædək]

D — ¿Quieres venir esta noche a ver *Lo que el viento se llevó* por televisión?

P — ¿Lo pasan en *Cine de Medianoche*? No lo vi en la *Guía de Televisión*.

D — Es porque está en cable. ¿No te dije que por fin me suscribí al cable el año pasado?

P — Quizás lo mencionaste, pero debe de habérseme olvidado. ¿Qué tal está?

D — ¡Magnífico! Casi no lo puedo creer. Tengo 3 canales que transmiten sólo deportes. Un canal ofrece con regularidad informes de la Bolsa de Valores y hay cuatro canales de noticias que transmiten las 24 horas. Además, hay dos canales de cine que sólo pasan clásicos.

P — Debes pasar todo el tiempo viendo televisión.

D — Al principio sí, pero la emoción se acaba. Ahora me he vuelto más exigente.

P — ¡Qué barbaridad!, debo de ser la única persona de la ciudad que no tiene cable. Pero tengo miedo de suscribirme y no hacer otra cosa que ver televisión. ¿Cuesta mucho?

D — Hay una cuota de instalación de 50 dólares y luego se pagan 20 dólares al mes por el servicio normal.

P — ¿Y se puede cancelar en cualquier momento?

D — Claro. Y otra maravilla es que ¡no hay publicidad! Puedes ver una película completa sin que pasen anuncios cada diez minutos.

P — Supongo que eso es lo que pagas. ¿Crees que vale la pena?

D — Definitivamente. Otra cosa es que la recepción es excelente todo el tiempo, nada de interferencia. Entonces, ¿vienes esta noche?

P — Sí, me encantará. Nos vemos luego.

1. **Wanna come over?** = **do you want to come over?**
2. **to watch TV**, *ver televisión*, **TV viewers**, *televidentes, telespectadores*.
3. **Late Show**, *último programa de la noche* (generalmente es una película).
4. **'cause**, *contracción familiar de* **because**.
5. **subscription**, *suscripción, abono*, **to subscribe**, *suscribirse, abonarse*, **a subscriber**, *suscriptor, abonado*.
6. **To slip**, 1) *resbalar(se), deslizar(se)*, 2) *equivocar(se), olvidar(se)*, **a slip**, 1) *resbalón, paso en falso*, 2) *error, olvido*.
7. **24-hour news**, **24-hour** *funciona aquí como adjetivo, por eso se forma con guión y sin* **s**.
8. **thrill**, *emoción, ilusión, estremecimiento*, **to thrill**, *emocionar, estremecer*. *De ahí que un* **thriller** *es una novela o película que produce esos efectos*.
9. **to wear off**, *desvanecerse, acabarse, desgastarse* (por el uso o el paso del tiempo).
10. **gotten**, *forma antigua del participio de* **to get**, *frecuente en el inglés estadounidense* (al igual que **proven**, *demostrado, probado*, de **to prove**).
11. **choosy**, *exigente, melindroso, difícil de complacer*, *adjetivo familiar derivado del verbo* **to choose**.
12. **fee**, 1) *toda remuneración que no es ni* **wage**, *honorarios*, *ni* **salary**, *salario, sino estipendio, gratificación, compensación*, etc. 2) *cuota, derechos*, etc., *como en* **entrance fee**, *cuota de entrada, derechos de admisión*, **registration fee**, *suscripción, cuota de inscripción*.
13. **any time you want** = **when you want**, **at any time**.
14. **straight through**, *de principio a fin, sin interrupción*.
15. **commercials**, *anuncios publicitarios* patrocinados, financiados, producidos (**sponsored**) por una marca (**brand**).
16. Observe que la preposición **for** pasa al final de la frase.
17. **Do you think it's worth it?**, recuerde que cuando **to be worth** aparece seguido de un verbo, éste debe tomar su forma **-ing**, como en **this book is worth reading**, *vale la pena leer este libro*.
18. **Definitely**, *definitivamente, sin duda alguna*.
19. **static**, 1) *electricidad estática* (como en la ropa o el cabello), 2) *interferencia* (radio, televisión) *que se origina en descargas eléctricas de la atmósfera e interrumpe la transmisión*.

■ DIFERENCIAS DE TÉRMINOS

EU	Español	GB
show	*programa* (en radio o televisión)	programme

• Observación: tanto en inglés británico como estadounidense, **show** significa *exhibición, exposición*, como en **car show**, *exposición de autos*, **dog show**, *exhibición canina*.

network listings	*programación*	**TV times, TV page**
boy!	*¡cielos!, ¡vaya!*	**gosh!**

■ DIFERENCIAS DE USO

I guess	*creo, supongo*	**I suppose**

■ DIFERENCIAS DE FORMA

EU: **gotten, got**   GB: **got**
El inglés británico sólo tiene una forma para el participio de **to get**.

■ DIFERENCIAS DE ORTOGRAFÍA

program	*programa*	**programme**

5. Entorno: Cable TV

CATV: In the late fifties, the people of a small Oregon city, blocked off by mountains from receiving a television signal directly at their homes, organized a company that built an antenna on a high point, and then fed the programs by cable to various homes in the community. Thus began what is now called community-antenna television (CATV) or cable TV.

Televisión por cable

A finales de los años cincuenta, los habitantes de una pequeña ciudad del estado de Oregon, a quienes unas montañas impedían recibir directamente una señal de televisión, organizaron una compañía que construyó una antena en un punto alto y luego alimentó los programas por medio de cables a varias casas de la comunidad. Así empezó lo que ahora se conoce como *televisión por antena comunitaria (CATV)* o *televisión por cable*.

"The telescreen received and transmitted simultaneously. Any sound that Winston made could be picked up by it. Moreover, he could be seen, as well as heard. There was no way, of course, of knowing whether you were being watched at any given moment."

This was a passage from *1984*, a novel written by the British writer George Orwell, where he imagines a society deprived of all privacy. With cable TV this threat has arrived, in theory. For any cable that brings television signal into your home has the capacity to carry signals the other way: some companies now offer systems that almost continously record what the subscriber is watching, and even let the viewer vote on issues discussed on TV programs. (This is the concept of interactive or two-way television: viewers can send electronic signals to the studio, and the result of their votes is flashed on the screen.) As the subscriber will also be able to use the cable to order goods or services, his tastes and finances will be recorded.

El Hermano Mayor te vigila

"La pantalla captaba y transmitía simultáneamente. Podía registrar cualquier sonido que produjera Winston. Además, podía verlo, no sólo oírlo. Claro que no había manera de saber si uno estaba siendo observado en un momento determinado."

Éste es un pasaje de *1984*, una novela del escritor inglés George Orwell en la que imagina una sociedad carente por completo de privacidad.

Con la televisión por cable esta amenaza se ha hecho realidad, en teoría, pues todo cable que lleve señales de televisión a una casa tiene la capacidad de llevar señales en el sentido contrario. Ahora algunas compañías ofrecen sistemas que graban casi continuamente lo que observa el suscriptor e incluso le permiten votar sobre los temas que se discuten en los programas de televisión. (Éste es el concepto de televisión interactiva o bilateral: los televidentes pueden enviar señales electrónicas al estudio y el resultado de sus votos aparece en la pantalla.) El suscriptor también podrá usar el cable para ordenar bienes y servicios, de modo que se grabarán sus gustos y posibilidades económicas.

*Big Brother, El Hermano Mayor, dictador en la novela 1984 de Orwell.

6. Frases modelo 📼 ⊙

1. ¿Cuántos canales puedes recibir?
2. ¿Cómo se enchufa este televisor?
3. ¿Cuál es el precio promedio de un televisor a color?
4. ¿Cuánto cuesta la suscripción al cable?
5. La imagen está completamente fuera de sintonía.
6. Se descompuso el televisor.
7. ¿Me podría recomendar un buen técnico de televisores?
8. Esta red de noticiarios por cable ofrece noticias las 24 horas.
9. Sólo se transmiten noticias locales.
10. La televisión por cable mejora la calidad de la recepción.
11. Esta compañía de cable, además de transmitir los programas de las tres cadenas, ofrece programas de dibujos animados.
12. Nuestra comunidad es demasiado pequeña para tener su propio canal de televisión, pero recibimos muchos programas a través de cable.
13. Con esta compañía de cable, podemos ver estrenos cinematográficos.
14. La televisión por cable puede usarse para leer los medidores de gas o energía eléctrica.
15. El carácter local del cable permite que los comerciantes se anuncien en forma más directa con sus clientes.

1. How many channels do you get?
2. How do you plug in this TV set?
3. What is the average price of a color TV set?
4. How much does subscription to the cable cost?
5. The image is completely out of order (detuned).
6. The TV set broke down.
7. Could you recommend a good TV repair man?
8. This cable news network features round-the-clock news.
9. They only give the local news.
10. Cable improves the quality of reception.
11. This cable company, in addition to broadcasting the programs of the three networks, offers cartoon shows.
12. Our community is too small to sustain its own TV station, but we receive many TV programs through cable.
13. Via this pay-cable company we get first-run movies.
14. Cable TV can be used for reading gas or electricity meters.
15. The local nature of cable allows shopkeepers to advertise more directly to their customers.

late show, función de medianoche, último programa de la noche

network, cadena, red

subscription, suscripción, abono

channel, canal

24-hour news, noticiarios que transmiten las 24 horas

movies, películas/filmes

to wear off, desvanecerse, desgastarse, borrarse

choosy, exigente, melindroso, difícil de complacer

installation fee, cuota de instalación

to pay by the month, pagar mensualmente

advertising, publicidad

commercial, anuncio publicitario, comercial

to be worth, valer, **to be worth it**, valer la pena

static, interferencia

CATV, community antenna TV, televisión por cable

late fifties, finales de los (años) cincuenta

to block off, impedir, contrarrestar

antenna, antena

to feed, alimentar, distribuir

to receive, recibir, captar

to transmit, transmitir

to pick up, captar, registrar

way, medio, modo

novel, novela

to deprive (of), privar (de)

privacy, privacidad, vida privada

TV signal, señal de televisión

to record, grabar

to vote, votar

issue, cuestión, tema, problema

two-way television, televisión interactiva

viewers, televidentes, telespectadores

to flash, aparecer rápidamente, anunciar rápidamente

to order, ordenar, pedir

goods, bienes, artículos, productos, mercancías

to plug in, enchufar, conectar

TV set, televisor

average, promedio

to break down, descomponerse

to fix, reparar

to feature, ofrecer, incluir, presentar

round-the-clock, las 24 horas

cartoon show, programa de dibujos animados, de caricaturas

pay-cable TV, televisión por cable de paga

first run, estreno

to read a meter, leer un medidor

to advertise, anunciar, hacer publicidad

Vocabulario complementario

CCTV, Closed Circuit Television, televisión de circuito cerrado

consumer electronics, aparatos electrónicos de consumo general

to distribute, distribuir

home terminal, terminal doméstica

pay per view, pago por evento

satellite [sædəla:i:t], satélite

video-cassette, cinta de video, videocasete

videodisc, videodisco

VHS, Video Home System, videocasetera del sistema VHS

Founded in 1980 by Ted Turner and operated from Atlanta, CNN is the first round-the-clock news network. Delivered worldwide by satellite, it is subscribed to by broadcast stations and hotels on every continent.

CNN reaches about 60 million house holds in the USA and can be seen in more than ninety countries.

Its greatest rating performance came with the coverage of the Persian Gulf war in January 1991: watching CNN was then the primary news source for many world leaders.

CNN takes viewers into the world of entertainment by going live to theater openings, premiere parties and celebrity events. To keep informed on the progress in the fields of medicine, science and technology, CNN International provides regular updates in each news hour. It features also interviews with newsmakers and polititians on current issues.

In addition, viewers are kept up to date on the latest developments in the business and financial world. They are provided with tips on personal money investment.

CNN

Fundada en 1980 por Ted Turner y operada desde Atlanta, la CNN es la primera cadena de noticiarios que transmite las 24 horas. Se transmite vía satélite en todo el mundo y se suscriben a ella plantas retransmisoras y hoteles de todos los continentes.

La CNN llega a unos 60 millones de hogares en Estados Unidos y se puede captar en más de noventa países.

Su mayor nivel de audiencia lo alcanzó con la cobertura de la guerra del Golfo Pérsico en enero de 1991: para muchos gobernantes en todo el mundo la CNN era la principal fuente de noticias.

La CNN lleva a los televidentes al mundo del espectáculo al transmitir en vivo desde estrenos de teatro y cine, y eventos de personajes famosos. Para mantener al público enterado de los adelantos en medicina, ciencia y tecnología, la CNN International transmite cápsulas informativas en cada horario de noticias. También ofrece entrevistas con periodistas y políticos sobre temas de actualidad.

Además, mantiene a los televidentes al corriente de los últimos acontecimientos en el mundo de los negocios y las finanzas, y ofrece consejos sobre inversiones financieras personales.

1. Diálogo — J: Jane   B: Bob

🔲 ⊙

J — How about going to the movies tonight? It'd[1] do you good to get your mind off your work[2] and I need to get out of the house.

B — Gee, that sounds like a good idea. What's playing[3]?

J — The only movie ads in the local newspaper are for porn[4], violence and Walt Disney. So what else is new[5]?

B — Listen, I've got an idea. Let's go to a drive-in[6] like we used to[7] in the old days.

J — Why should we freeze in our uncomfortable jalopy[8], when we could be lounging[9] in some plush theater[10]?

B — If that's how you feel, we'll just have to go downtown. On the thruway[11] it won't take very long, now that the rush hour's[12] over.

J — That's fine with me. Look, here's Sunday's entertainment section. Try and find something we'd both like. In the meantime I'll change and then maybe we can make an eight o'clock show[13].

B — Hey, Jane, how about a foreign film? There are a couple of new French ones that are supposed to be excellent. The critics[14] raved[15] over Besson's latest.

J — You know I don't like reading subtitles. If it's dubbed[16], though, that's another story.

B — The paper doesn't say whether it's dubbed or not. But I'll call the theater...

J — Don't bother. If we don't hurry, we'll miss the beginning of whatever we decide on[17].

B — You've got a point there. Bring the paper along and we can make up our minds on the way.

local	[lɐkəl]	foreign	[fo:ren]
usual	[i:u:zu:əl]	couple	[kɐpəl]
violence	[væiə:ləns]	supposed	[səpo:u:zd]
uncomfortable	[ənkəmfərdəbəl]	raved	[re:i:vd]
jalopy	[dʒɐlo:pi:]	subtitles	[səbta:idəls]
entertainment	[entərte:inmənt]	dubbed	[dəbd]

J — ¿Y si vamos al cine esta noche? Te haría bien olvidarte del trabajo, y yo necesito salir de la casa.

B — ¡Me parece una buena idea! ¿Qué están dando?

J — Todos los anuncios de cine del diario local son de películas pornográficas, de violencia o de Walt Disney, ¡para variar!

B — Oye, tengo una idea. Vayamos a un cine al aire libre, como en los viejos tiempos.

J — ¿Para qué congelarnos en nuestro cacharro incómodo, cuando podemos estar cómodamente en algún cine agradable?

B — En ese caso, tendremos que ir al centro. Si tomamos la autopista no tardaremos mucho, ahora que ya pasó la hora pico.

J — Me parece bien. Mira, aquí está la sección de espectáculos del domingo. Trata de encontrar algo que nos guste a los dos. Mientras tanto me voy a cambiar, y quizá podamos llegar a la función de las ocho.

B — Oye, Jane, ¿qué tal una película extranjera? Hay un par de películas francesas nuevas y se supone que son excelentes. Los críticos elogiaron muchísimo la última de Besson.

J — Ya sabes que no me gusta leer subtítulos. Aunque si está doblada, ya es otra historia.

B — El diario no dice si está doblada o no. Pero voy a llamar al cine...

J — No te molestes. Si no nos apuramos, nos vamos a perder el principio de lo que escojamos.

B — Tienes razón. Trae el diario y podemos decidir en el camino.

For movie fans — *Para cinéfilos*

shot, toma, plano

close-medium shot, plano americano, plano tres cuartos

continuity-shot, empalme o enlace de imágenes

dolly-shot, travelling, toma continua

high-angle shot, plano picado (tomado de arriba abajo)

medium shot, plano medio

pan shot, paneo, toma panorámica

tilt shot, plano contrapicado

reverse shot, secuencia filmada en dirección contraria a la precedente

stock shot, toma de reserva, plano de archivos

1. **It'd = it would**.
2. Literalmente, *para despegar la mente de tu trabajo*, es decir, para olvidar las preocupaciones de la vida profesional.
3. **What's playing?**, *¿qué están pasando?* También se usan las frases **to be on, to be on show, currently on show**, para referirse a la cartelera del cine, a las películas que se pueden ver.
4. **porn**, abreviatura de **pornography**.
5. **what else is new?**, literalmente *¿qué más es nuevo?*
6. **drive-in**, en este contexto se trata de un *cine al aire libre*, con pantalla grande, donde se puede ver la película desde el automóvil. El término también se puede aplicar a un banco donde uno puede acercarse a la ventanilla sin bajarse del automóvil (**drive-in-window**) o a un restaurante donde uno recibe la comida desde el automóvil en una bandeja (**tray**).
7. **like we used to**, el uso de **like** —en lugar de **as**— antes de un verbo es típicamente estadounidense. Aunque los puristas consideran que esto es incorrecto, es tan frecuente que ya no resulta molesto (en principio, se usa **like** antes de un sustantivo o pronombre y **as** antes de un verbo o adverbio).
8. **jalopy** (fam.), *cacharro, automóvil muy viejo y destartalado, carcacha, cachivache*.
9. **to lounge**, *recostarse cómodamente, haraganear*, de ahí que **lounge** designe 1) *sala, sala de estar, vestíbulo, salón* (de un hotel, etc.); en un **lounge bar** o **cocktail bar** se sirven bebidas en un entorno cómodo, 2) *salón de descanso* de un teatro.
10. **theater**, en el inglés estadounidense se refiere también al cine: **movie theater**.
11. **thruway = throughway**, *autopista directa*.
12. **rush hour**, *hora pico, hora de mucho tránsito vehicular*, **to rush**, *apurarse, apresurarse*, **rush**, *prisa, apuro*, **to be in a rush**, *tener prisa, estar apurado*.
13. **to make**, en el sentido de *llegar a tiempo para, alcanzar*, como en **to make a train, a bus**, *alcanzar el tren, el autobús*. **Show**, 1) *espectáculo*, 2) *función*.
14. **critics**, cuidado con esta palabra, que se refiere a personas; en cambio **critique** = *crítica, comentario crítico* = **criticism**.
15. **to rave**, 1) *delirar, desvariar*, 2) *enfurecer*, 3) (**over, about something**) *entusiasmarse por algo, deshacerse en elogios por algo*.
16. **dubbed, to dub**, *doblar* (una película), **dubbing**, *doblaje*.
17. **the beginning of whatever we decide on**, literalmente *el principio de cualquier cosa que escojamos*.

EU	Español	GB
■ DIFERENCIAS DE TÉRMINOS		
the movies	*el cine (en general)*	the pictures, the cinema
a movie	*una película*	a picture, a film
jalopy	*carcacha*	banger
downtown	*centro (de la ciudad)*	into town
■ DIFERENCIAS DE USO		
movie (theater)	*cine, sala de cine*	cinema
show	*función*	performance
to make a show	*llegar a tiempo a la función*	to make it to a show
■ DIFERENCIAS DE GRAMÁTICA		
like we used to	*como hacíamos (antes)*	as we used to

5. Entorno: The dream factory

Hollywood, the American film city, a suburb of Los Angeles, was founded in 1912, when a number of independent producers headed west from New York. By 1913, Hollywood was established as the film makers' factory. "Hollywood's own history resembles the plot of the classic Hollywood crime film. Rival gangs decide to make an arrangement and carve up the territory between them. For a while Mr. Big and Mr. Bad honor this agreement... bribing the police and the politicians. Then, competition starts up again. Mr. Big and Mr. Bad are both gunned down by their former partners' hired hands..."

Jeremy Tunstall

La fábrica de sueños

Hollywood, la ciudad del cine estadounidense, es un suburbio de Los Ángeles y se fundó en 1912, cuando varios productores independientes partieron de Nueva York hacia el oeste. Para 1913, Hollywood ya se había establecido como la fábrica de los cineastas. "La historia de Hollywood se parece al guión clásico de una de sus propias películas policiacas. Dos bandas rivales deciden llegar a un acuerdo y se reparten el territorio. Durante un tiempo, señor Grande y señor Malo respetan el acuerdo... sobornando a la policía y los políticos. Luego vuelve a comenzar la competencia. Al señor Grande y al señor Malo los asesinan los matones de sus antiguos socios...".

Jeremy Tunstall

Sound came to motion pictures only months before the Great Depression enveloped America. The concentration of capital necessary for this conversion, coupled with the financial crisis which prevailed, forced the *major companies* to turn to the eastern banking firms. In this manner, the banks expanded their holdings and greatly increased their influence in the motion picture industry. All of the major movie companies underwent extensive financial reorganization, which eventually led to domination of the major studios by their sources of financing.

The ultimate product of this reorganization was a hierarchy of eight major companies:

• the "Big Five" —the companies which controlled production, distribution, and exhibition— were MGM, Paramount, RKO, Twentieth Century-Fox and Warner Brothers.

• the "Little Three" were Columbia, United Artists and Universal.

Together the eight controlled 95 per cent of the films shown during this period in the United States.

Robert Stanley, *The Celluloid Empire*

La industria del cine

El sonido llegó al cine sólo unos meses antes de que la Gran Depresión envolviera a Estados Unidos. La concentración de capital necesaria para esta conversión, aunada a la crisis financiera generalizada, obligó a las *grandes compañías* a recurrir a las firmas bancarias de la costa este. Así, los bancos extendieron sus propiedades y aumentaron en mucho su influencia en la industria del cine. Todas las grandes compañías cinematográficas realizaron una profunda reorganización financiera, lo cual finalmente llevó a que los principales estudios fueran dominados por sus fuentes de financiamiento.

El producto final de esta reorganización fue una jerarquía de ocho grandes compañías:

• las "Cinco Grandes" —las compañías que controlaban la producción, distribución y exhibición— eran MGM, Paramount, RKO, Twentieth Century-Fox y Warner Brothers.

• las "Tres Pequeñas" eran Columbia, United Artists y Universal.

Juntas, las ocho controlaron 95 por ciento de las películas que se exhibieron durante este periodo en Estados Unidos.

Robert Stanley, *El Imperio del Celuloide*

EL CINE

6. Frases modelo 📼 ⊙

1. ¿A qué hora empieza la película principal?
2. Es una producción multimillonaria.
3. La protagoniza Al Pacino.
4. Es mi director preferido, pero el guión es absurdo.
5. Lo que más me gustó fueron los dibujos animados.
6. Ganó un Oscar por su papel en *La decisión de Sophie*.
7. Los papeles secundarios son tan creativos como los principales.
8. Comparte el papel principal con Gene Hackman.
9. Fue una de las grandes estrellas del cine mudo.
10. Entonces había una increíble cantidad de papeles menores.
11. Creo que me perdí un poco en la trama.
12. Los efectos especiales son asombrosos.
13. ¿Le gustan las películas policiacas?
14. Se filmó casi toda en exteriores.
15. Tiene un reparto excelente.
16. Esa película llena cualquier cine donde se exhiba.
17. Ni siquiera aparece su nombre en los créditos.

1. What time does the feature start?
2. It's a multi-million-dollar (production) extravaganza.
3. It stars Al Pacino.
4. He's my favorite director, but the screenplay is ludicrous.
5. I liked the cartoon better than anything else.
6. She won an Oscar for her role in *Sophie's Choice*.
7. Supporting roles are just as creative as the leading parts.
8. He co-stars with Gene Hackman.
9. She was one of the great silent movie stars.
10. There were incredible numbers of walk-ons then.
11. I'm not sure I followed the plot very well.
12. The special effects are mind-boggling.
13. Do you like detective films (Private-eye, PI, private investigator)?
14. Most of it was filmed (shot) on location.
15. It's got a great cast.
16. That film sells out wherever it is shown.
17. You don't even see his name in the credits.

drive-in, cine al aire libre
jalopy, cacharro, automóvil viejo y en mal estado, carcacha
to lounge, recostarse cómodamente
plush, cómodo, elegante, chic
rush hours, horas pico, horas de mucho tráfico
to rave over, entusiasmarse por algo, deshacerse en elogios
subtitles, subtítulos
to dub, doblar (una película)
to get a point, tener razón
to found, fundar
plot, trama, historia, intriga, trama
to carve up, trinchar (carne), dividir
to bribe, sobornar
Mr. Big, don Grande
to go wrong, ir mal (un asunto)
to gun down, matar a balazos
sound, sonido
to undergo, sufrir (un efecto, un cambio)

eventually, finalmente. tarde o temprano
feature, película principal
to star, protagonizar, tener el papel principal
director, director
cartoon, dibujos animados
supporting role, papel secundario
leading part, papel principal
to co-star, co-protagonizar, compartir el papel principal
silent movie, película muda
walk-on, papel menor, incidental
private eye, detective privado
on location, en exteriores
to overdo, abusar, excederse
close-up, primer plano, acercamiento
cast, reparto
credit (titles), créditos
play, obra de teatro
set, escenografía, decorado
to shoot, filmar, hacer una toma
retake, repetición de una toma

Vocabulario complementario

animated cartoon, dibujos animados, caricaturas
art theaters, cine de arte
blockbuster, película de gran éxito
blow up, ampliación (de la imagen)
cameraman, camarógrafo
(cast) credits, créditos
casting, distribución de papeles
documentary, documental
editing, edición, montaje
film library, filmoteca
freeze frame, imagen congelada
hit, éxito
lens, lente
opticals, efectos especiales
part, papel
preview, corto, avance (de una película)
preview trailer, sinopsis, avance publicitario (de una película)

props, utilería
quick motion, cámara rápida
to rehearse, ensayar
reel, carrete (de película)
screen, pantalla
screenwriter, guionista
set, escenografía, decorado
short film, cortometraje
shutter, obturador
slide, diapositiva, transparencia
slow-motion, cámara lenta
soundtrack, banda sonora
spool, carrete
special effects, efectos especiales
still (EU), foto fija
stuntman, doble (sustituto del actor en ciertas escenas)
understudy, actor sustituto
usher(ette), acomodador(a)

A. Warner Brothers was truly a film factory in 1930. Its sound stages were swarming with personnel from sunrise to dusk, and actors were frequently called upon to make three pictures at once. They had no choice. Being under contract to Warners meant doing whatever the studio told you.

B. *A director:*... Most of my films have been made in three weeks. We had to work hellishly fast and that really is a pity. Many a time I noticed that such or such detail wasn't quite perfect and I said to myself: "Oh! God! If only I had more time I would be able to improve that". When you're directing a play for the theater, you always have the opportunity to try things out and to change your approach. Making films is particularly hard: you've got your set, your actors, your technicians; and you have to clinch the whole thing within the time allotted to you. At that time we were not allowed to shoot re-takes. When we had a whole month to shoot a picture we were in seventh heaven.

Raoul Walsh

A. En 1930 Warner Brothers era una verdadera fábrica de películas. Sus escenarios estaban llenos de gente, desde la madrugada hasta el anochecer, y con frecuencia se pedía a los actores que hicieran tres películas a la vez. No podían elegir. Tener un contrato con Warners significaba hacer todo lo que el estudio te pidiera.

B. *Un director:* ... He realizado la mayoría de mis películas en tres semanas. Teníamos que trabajar como endemoniados, lo cual es realmente una pena. Muchas veces percibía que tal o cual detalle no estaba perfecto y pensaba: "¡Oh, Dios!, si tuviera más tiempo podría mejorar esto." Cuando diriges una obra de teatro, siempre tienes la oportunidad de probar cosas y cambiar el enfoque. Hacer películas es particularmente difícil: tienes tu escenografía, tus actores y tus técnicos, y tienes que terminar todo dentro del tiempo asignado. En esa época no se nos permitía repetir una toma. Cuando teníamos todo un mes para filmar una película, estábamos en el séptimo cielo.

Raoul Walsh

A BASEBALL GAME

1. Diálogo — D: Dad   A: Andy

🔲 ⊙

D — Today's the big day, sonny boy¹!

A — No kidding²? I've been looking forward to it all summer. Are you sure you've got the tickets?

D — Of course I do³. You know I bought them months ago. They're probably worth a fortune by now.

A — Oh dad, you wouldn't sell them, would you?

D — Not on your life⁴.

A — What time are we leaving? We don't want to be late.

D — Don't you worry⁵ about that. I thought we'd take the subway to avoid the traffic and the parking hassle⁶. If we leave here at noon, we'll be at the ballpark⁷ in plenty of time⁸.

A — Oh great. I can't wait.

(At the stadium)

D — What a terrific game! The score's tied⁹, two outs and the bases are loaded¹⁰. What we need now is a home run. Who's up?

A — Robinson.

D — Well he oughta be¹¹ able to send in a run or two. What's his batting average¹² this year?

A — I don't remember exactly, but I know it's pretty high.

D — Oh no! Strike two¹³. Come on now Robinson, don't let us down¹⁴! Wow¹⁵ Andy, did you see that? It's a high fly ball¹⁶ way out¹⁷ in center field.

A — The fielder can't get to it.

D — Robinson's going on to second¹⁸. That makes two more runs.

A — Hey, dad, I'm dying of thirst. Can't we buy some soda¹⁹?

D — Sure, kiddo²⁰. Just wait till the end of this inning²¹. I wouldn't want to miss anything.

A — Look, dad, if you give me the money, I'll go by myself²².

D — O.K. Here's a ten-dollar bill.

baseball	[be:i:sbɐl]	bases	[be:i:sə:s]
sonny	[sɐni:]	hurrah	[həre:i:]
fortune	[fo:rchən]	soda	[so:udə]
stadium	[ste:i:di:əm]		

P — ¡Hoy es el gran día, hijo!

A — ¿De verdad? Lo he estado esperando todo el verano. ¿Estás seguro que tienes las entradas?

P — Por supuesto. Ya sabes que los compré hace meses. Ahora deben de valer una fortuna.

A — ¡Ay, papá!, no los venderías, ¿verdad?

P — Por nada del mundo.

A — ¿A qué hora nos vamos? No hay que llegar tarde.

P — No te preocupes por eso. Pensé que podríamos tomar el metro subterráneo para evitar el tránsito y los problemas de estacionamiento. Si salimos a mediodía, llegaremos al campo con bastante tiempo.

A — Perfecto. Apenas puedo esperar.

(En el estadio)

P — ¡Qué buen juego! El marcador está empatado, hay dos jugadores fuera y las bases están llenas. Lo que necesitamos ahora es un jonrón. ¿Quién sigue?

A — Robinson.

P — Bueno, seguramente puede lograr una carrera o dos. ¿Cuál es su promedio de bateo este año?

A — No me acuerdo bien, pero sé que es bastante alto.

P — ¡Oh, no!, el segundo tiro fallado. ¡Vamos, Robinson, no nos decepciones!... ¡Increíble! Andy, ¿viste eso? Es una pelota elevada y va hasta el jardín central.

A — El jardinero no la puede atrapar.

P — Robinson sigue hasta segunda base. Con eso son otras dos carreras.

A — Oye, papá, me muero de sed. ¿Podemos comprar una gaseosa?

P — Claro, hijo. Sólo espera a que termine esta entrada. No quisiera perderme nada.

A — Mira, papá, si me das el dinero, voy solo.

P — Está bien. Toma un billete de diez dólares.

1. **sonny boy, sonny**, de **son**, *hijo*. El conjunto "**sonny boy**", familiar y afectuoso, corresponde a *hijito*.
2. **No kidding, to kid**, *bromear, tomar el pelo*, **are you kidding?**, *¿bromeas?, ¿hablas en serio?*, **you're kidding me**, *me estás tomando el pelo*.
3. Responder **I do** en este contexto no es gramaticalmente correcto. Tendría que usarse **I am** (= I am sure) o **I have** (= I have got them). Pero el sentido queda claro. **I do** es la respuesta a **Do you have the tickets**, donde **to have** es un verbo que puede ser sustituido por el auxiliar **do**. También puede tratarse de un **do** enfático (= **I do have them**). En la conversación son comunes estas respuestas, que dependen más del contexto que de la corrección gramatical.
4. **Not on your life**, literalmente *no sobre tu vida*.
5. **Don't you worry**, más familiar que **don't worry**.
6. **parking hassle, hassle**, 1) *pleito, querella*, 2) *forcejeo*, 3) *lío, confusión*. El sentido más amplio es *dificultad, problema*.
7. **ball park**, campo donde se juega a la pelota; es una forma familiar de decir *estadio, campo*, generalmente de béisbol.
8. **in plenty of time**, combinación de **in time**, *a tiempo*, y **to have plenty of time**, *tener mucho tiempo, tener tiempo de sobra*.
9. **The score is tied, to score**, *anotar un punto, hacer una carrera, meter un gol*, **a tie**, *un empate*, **to be tied**, *estar, ir empatados*.
10. **two outs and the bases are loaded, home run**, etc., **two outs**, *dos bateadores ya fueron eliminados*, **the bases are loaded** (**to load**, *cargar*), *todas las bases están ocupadas, hay un jugador en cada una*, **home run**, cuando el bateador logra llegar al punto de partida (**home**) después de pasar por todas las bases.
11. **he oughta be** = **he ought to be**.
12. **batting average**, promedio de carreras logradas por un **batter**, *bateador*, durante una temporada. Se calcula dividiendo el número de veces que el jugador ha bateado entre el número de carreras que logró.
13. **Strike**, *tiro fallado*. Al tercer **strike** el bateador pierde su oportunidad de batear; aquí, al **strike two**, el bateador todavía no ha sido eliminado.
14. **to let somebody down**, *decepcionar, defraudar, no cumplir las expectativas*.

15. **Wow!**, expresa gusto, sorpresa o admiración.
16. **fly ball** (en béisbol), pelota que se lanza tan alto que llega hasta donde la puede atrapar un **fielder**, *jardinero*, antes de que toque el suelo.
17. **way out**, *hasta afuera, hasta allá*, en el habla familiar **way** funciona a menudo como intensificador: **way back in the fifties**, *allá por los años cincuenta*, **way ahead**, *hasta adelante, muy adelante*, **way up the street**, *hasta arriba de la calle*, **way behind**, *hasta atrás, muy atrás*.
18. **going on to second**, se entiende que es la segunda base.
19. **soda**, 1) *agua mineral gasificada*, 2) *gaseosa, refresco, bebida dulce gasificada*.
20. **kiddo**, deformación familiar de **kid**, *niño, chico*.
21. **inning**, *entrada*, cada una de las nueve partes en que se divide un partido de béisbol, donde cada equipo pasa a la ofensiva (**at bat**, *al bat*) y a la defensiva (**in the field**, *al jardín*).
22. **by myself**, *solo*, cuando indica que se puede hacer algo sin ayuda.

---

4. Inglés estadounidense y británico

■ Diferencias de términos

EU	Español	GB
sonny boy	*hijo, hijito*	**my boy, my lad**
no kidding?	*¿en serio?, ¿de verdad?*	**really?, you don't say?**
hassle	*problema, dificultad*	**problem(s), difficulty(ies)**

Este uso típicamente estadounidense (el sentido original es *lío, confusión*) se adopta cada vez más en Gran Bretaña.

EU	Español	GB
kiddo	*hijo, hijito*	**son, laddie**
subway	*metro, subterráneo*	**tube**

En GB **subway** = *paso a desnivel, galería subterránea, túnel* (en EU: **underpass, undercrossing, underground passage**).

EU	Español	GB
soda	*gaseosa, soda, refresco*	**fizzy drink**

Tanto en EU como en GB **soda** = *agua mineral gasificada*.

EU	Español	GB
bill	*billete*	**note, banknote**

Tanto en EU como en GB **bill** = *cuenta, factura, nota*.

EU	Español	GB
sure	*claro, por supuesto*	**of course, certainly**

■ Diferencias de ortografía

EU: **center**   GB: **centre**

Baseball developed from traditional bat and ball games in which one player strikes a ball which is thrown to him by another player on the opposite team. One team is *"at bat"* and the other *"in the field"*. The four bases are placed in the form of a diamond. The batter stands "at home" base with "first base" on his right, "second base" directly opposite, and "third base" on his left. The "pitcher's mound" is between "home base" and "second". There are nine players on each team. Each player goes "to bat" and has three chances "to strike" at the ball. When three batters are out, the team "at bat" exchanges places with the team "in the field".

The man who is up to "make a run", he must first hit the ball thrown by the "pitcher" and while the "fielders" are trying to catch it, run to "first base" or as far as he can go. When the following player hits the ball, the first player may go on to the "next base". When he has been to all "three bases" and back "at home", he will have scored "a run". To stop a "runner", a "fielder" who has the ball must touch him on his way to a "base", or throw the ball to the "baseman". (sigue en la pág. 137)

Reglas del béisbol

El béisbol se desarrolló a partir de los juegos tradicionales que utilizaban un *bate* y una pelota y que consistían en que un jugador golpeaba una pelota lanzada por un miembro del equipo contrario. A un equipo le toca batear y al otro estar en el jardín. Las cuatro bases forman un rombo. El bateador se para en la base meta, con la primera base a su derecha, la segunda directamente enfrente y la tercera a su izquierda. El montículo del lanzador queda entre la segunda base y la base meta. Hay nueve jugadores en cada equipo. Cada jugador pasa a batear y tiene tres oportunidades de pegarle a la pelota. Cuando tres jugadores quedan eliminados, el equipo que estaba bateando cambia de lugar con el equipo que estaba en el jardín.

Para que el bateador pueda anotar una carrera, primero debe golpear la pelota arrojada por el lanzador y, mientras los jardineros tratan de atraparla, correr a primera base o tan lejos como pueda llegar. Cuando el siguiente jugador le pegue a la pelota, el primer jugador puede avanzar a la siguiente base. Cuando logra pasar por las tres bases y llegar de regreso a la base meta, anota una carrera. Para detener a un jugador que va corriendo, un jardinero que tenga la pelota debe tocarlo mientras avanza hacia la base, o arrojarle la pelota al jugador que cuida la base. (sigue en la pág. 137)

6. Frases modelo 📼 ⊙

1. ¿Me puede explicar las reglas del juego?
2. Las tribunas estaban abarrotadas (al máximo de su capacidad).
3. Grabaron el juego en video y lo van a pasar en una sesión de entrenamiento.
4. Ese hombre de la banca es el entrenador.
5. Los jugadores entraron a los vestidores.
6. Si ganan hoy, será su sexta victoria consecutiva.
7. Estuvo muy bien en el entrenamiento.
8. Les ganaron a los White Sox de Chicago por 4 a 2.
9. Casi llegaron a la Serie Mundial.
10. No veo al árbitro.
11. Transmitirán el juego en vivo por televisión.
12. Este año el equipo está atrayendo menos público.
13. Si no termina su racha de derrotas, van a despedir al entrenador.
14. El fútbol americano es un deporte violento y los jugadores deben usar cascos.
15. El partido se empató cuando faltaban dos minutos para terminar.
16. Dos jugadores quedaron fuera porque se lesionaron.

1. Can you explain the rules of the game?
2. The stands were packed (full) (filled to capacity).
3. The game was video-taped and will be replayed during a practice session.
4. That man on the bench is the coach.
5. The players have gone into the locker room.
6. If they win today, it'll be their sixth victory in a row.
7. He did quite well during training.
8. They beat the Chicago White Sox 4 to 2.
9. They almost made the World Series.
10. I don't see the umpire.
11. The game will be televised live.
12. The team is drawing smaller crowds this year.
13. If the losing streak doesn't stop, the manager's going to get fired.
14. American football is a violent sport, and the players must wear helmets.
15. The game was tied just 2 minutes before the end.
16. Two players are out because of injuries.

to kid, bromear, tomar el pelo

to look forward to, esperar ansiosamente

hassle, 1) pleito, disputa, 2) confusión, desorden, agitación, 3) problemas, dificultades

ballpark, campo, estadio (sobre todo de béisbol)

the score is tied, están empatados

to be up, ser el siguiente que batea

average, media, promedio

to let down, decepcionar, defraudar

field, jardín (en béisbol)

fielder, jardinero (en béisbol)

thirst, sed

team, equipo

bat, bate

batsman, bateador

diamond, diamante, rombo, cuadrado, campo de béisbol

pitcher, lanzador

mound, montículo

to hit, golpear

to score, marcar, anotar (un punto, una carrera, un gol)

packed, muy lleno, repleto, abarrotado

to video-tape, grabar en video

coach, entrenador

locker room, vestidores

in a row, seguidos, consecutivos, en fila

training, entrenamiento

umpire, árbitro

live, en vivo

losing streak, racha de derrotas

to fire, despedir, echar (de un empleo)

yell, grito, aullido

stands, tribunas

helmet, casco

injury, lesión, herida

Vocabulario complementario
Soccer – Fútbol

tie, draw, empate

to even the score, empatar

to boo, abuchear

referee, árbitro

free kick, tiro libre

nil, cero (en un marcador)

1st half, primer tiempo

stand in, sustituto

to field a player, meter a un jugador al partido

off-side, fuera de juego, posición adelantada

header, cabezazo

forward, delantero

upset victory, victoria inesperada

Tennis – Tenis

serve, servicio, saque

to break one's opponent's serve, obtener el saque, romper el saque

tournament, torneo

to seed, clasificar a los jugadores o equipos, sembrar (acomodar a los mejores jugadores o equipos en

grupos distintos para que no se enfrenten en los primeros encuentros)

ranking, clasificación, jerarquización

backhand, revés

to be trailing, ir perdiendo

the stands, las tribunas

• **Baseball rules** (continuación de la pág. 134)
**The time for each team to be "at bat" and in "the field" is called
an "inning". In each game there are nine "innings" and the winning team is the one which has scored the most "runs" by the end
of the ninth "inning".**

El tiempo necesario para que cada equipo pase a batear y al jardín
se llama **inning** o entrada. En cada partido hay nueve entradas y el
equipo ganador es el que tiene más carreras al final de la novena.

• **Soccer**
  1. **It's a scoreless tie (draw).**
  2. **The second goal was scored in the 43rd minute.**
  3. **They evened the score two minutes from the end.**
  4. **The two teams were booed from the field.**
  5. **The referee granted a free kick.**
  6. **They were down 2-nil after the 1st half.**

• **Tennis**
  1. **He broke his opponent's serve in the second game.**
  2. **He was serving at deuce when it began raining.**
  3. **He is seeded 5th in the world ranking.**
  4. **We wrapped up the game with a backhand.**
  5. **He was trailing 2 to 3 in the second set.**

• Fútbol
  1. Empataron sin tantos/cero a cero.
  2. Anotaron el segundo gol en el minuto 43.
  3. Empataron el marcador dos minutos antes de terminar.
  4. Ambos equipos fueron abucheados en el campo.
  5. El árbitro concedió un tiro libre.
  6. Después del primer tiempo iban perdiendo 2 a cero.

• Tenis
  1. Obtuvo/rompió el saque en el segundo juego.
  2. Estaban empatados e iba a sacar cuando empezó a llover.
  3. Tiene el quinto lugar en la clasificación mundial.
  4. Cerró el juego con un revés.
  5. Iba perdiendo 2 a 3 en el segundo *set*.

1. Diálogo — J: Julie L: Lila

⌨ ⊙

J — Everybody's talking about the Marathon[2]. I suppose you're gonna run[3] again this year, Lila?

L — You bet I am... I've been practicing for months[4]. You know I run 10 miles in Central Park every day?

J — Wow, that's really impressive. But you ought to be careful. I hear you can overdo this jogging business[5]. Quite a few joggers are beginning to complain of back trouble and some doctors think too much running may even be causing heart attacks.

L — Oh, I wouldn't worry about that. I've never been in better shape in my life.

J — Well, I must say I do envy you[6].

L — Then why don't you enter the race[7] yourself? I bet you could do it.

J — Do you really think I could make it? 25 miles is[8] an aught long stretch[9].

L — Well, you're pretty athletic[10].

J — I wonder if I'd qualify[11]. Are there any special requirements[12]?

L — No, not really. It's open to the public. All you have to do is pay a minimal fee[13] to register. Then they'll put a number on your back. Come on, Julie, do it.

J — Oh, all right, if you promise not to make fun of[14] me. You'll probably place[15] and I'll come in last.

L — Oh, don't be silly. It doesn't matter if you place or not. The idea is to have a good time. There are literally thousands of contestants and millions in the crowd[16] to cheer you on[17]. You might even be on television.

J — Heaven forbid[18]!

L — Listen, if you're serious[19], you'd better get yourself[20] a good pair of running shoes, and we can head over to Central Park[21] and start practicing.

marathon	[mærəθən]	athletic	[aθle:dik]
to suppose	[səpo:us]	to register	[re:dʒistər]
to practice	[præ:ktəs]	to promise	[prɛməs]
impressive	[əmpre:sə:v]	carnival	[ka:rnivəl]
heart attack	[hʊrdatæk]	literally	[li:də:rəli:]
to envy	[e:nvi:]	contestants	[kante:stəns]

J — Todos están hablando del maratón. Supongo que vas a correr otra vez este año, ¿no, Lila?

L — Ni lo dudes... Llevo meses entrenando. ¿Sabes que todos los días corro 15 kilómetros en Central Park?

J — ¡Uy, qué impresionante! Pero deberías tener cuidado. He oído que se puede exagerar en esto de correr. Muchos corredores empiezan a quejarse de problemas de espalda y algunos médicos creen que correr demasiado incluso puede provocar ataques al corazón.

L — Ay, yo no me preocupo por eso. Nunca había estado en mejor forma.

J — Bueno, debo confesar que te envidio.

L — Entonces, ¿por qué no entras tú también a la carrera? Apuesto a que podrías hacerlo.

J — ¿En verdad crees que lo lograría? 42 kilómetros es una buena distancia.

L — Bueno, eres bastante atlética.

J — Me pregunto si soy apta. ¿Hay requisitos especiales?

L — Realmente no. El maratón está abierto al público en general. Sólo tienes que pagar una cuota mínima para inscribirte. Luego te ponen un número en la espalda. Vamos, Julie, anímate.

J — Oh, está bien, pero si prometes no burlarte de mí. Seguro tú vas a clasificar y yo voy a llegar al final.

L — No seas tonta. No importa si obtienes una buena posición o no. Literalmente hay miles de competidores y millones en el público para darte ánimos. Quizá hasta salgas en televisión.

J — ¡Dios me libre!

L — Mira, si estás decidida, más vale que te consigas un buen par de tenis/zapatillas para correr, así podemos irnos a Central Park y empezar a entrenar.

1. **Jogging, to jog**, 1) *empujar o mover suavemente*, 2) *trotar*, de este segundo sentido viene **jogging**.
2. **Marathon**, del nombre de la victoria de los griegos sobre los persas en 490 a. C., que fue anunciada en Atenas por un mensajero que llegó corriendo. El maratón olímpico tiene una distancia de 26 millas con 385 yardas (= 42.195 km). En un sentido más amplio, el término se usa también para carreras de fondo de otras distancias.
3. **you're gonna run = you are going to run**.
4. **I've been practicing for months**, se usa en **present perfect** (*antepresente*) porque de hecho Lila sigue entrenando.
5. **this jogging business**, empleo familiar de **business**, frecuente en la lengua hablada, como en español *esto de...*, *este asunto de...*.
6. **I do envy you, do** con función enfática.
7. **why don't you enter the race**, como en **to enter a contest, a competition**, *inscribirse a una prueba, a una competencia*, **entry**, *inscripción*.
8. **25 miles is**, la concordancia es con la idea (*una distancia de...*), por esto después del plural **miles** aparece un verbo en singular.
9. **stretch**, 1) *estiramiento, alargamiento*, 2) *tramo, distancia, intervalo*, **at a stretch**, *de un tirón*, **to stretch**, 1) *estirar, alargar, extender*, 2) *estirarse, desperezarse*, 3) *extenderse* (una distancia, una superficie).
10. **you're pretty athletic, pretty**, *bonito/a*, a menudo funciona como intensificador: *bastante, muy*, como en **it's pretty expensive**, *es bastante caro*, **it's pretty fast**, *es bastante rápido*.
11. **if I'd qualify, to qualify**, *llenar los requisitos, ser apto*, como en **to qualify for a job, for a position**, *ser apto para un empleo, para un puesto*.
12. **Are there any special requirements, to require**, *exigir, requerir*, **requirement**, *requisito, condición*.
13. **a minimal fee, fee**, 1) *honorarios, compensaciones*, 2) *cuota, derecho*.
14. **to make fun of**, *burlarse de*, en el sentido de *poner en ridículo*.
15. **to place**, *obtener un lugar premiado o reconocido en una competencia*.

16. **in the crowd, crowd**, *multitud, gentío*, y a menudo *espectadores, público*, como en **the match attracted a crowd of 12 000**, *el partido atrajo a 12 000 espectadores.*
17. **to cheer you on**, la posición final de **on** indica que se trata de ayudar a los participantes a que continúen. El verbo **to cheer**, *animar, alentar, vitorear* indica la manera en que se ayuda.
18. **Heaven forbid**, literalmente *que el cielo lo prohíba* (**heaven** = *paraíso*).
19. **if you're serious**, literalmente *si eres seria* (= *si estás decidida*).
20. **you'd better get yourself**, *más vale que consigas, lo mejor sería que consiguieras* (**you'd better** + infinitivo sin **to**).
21. **we can head over to Central Park**, en una lengua menos familiar y cuando no hay una idea de proximidad, **to head for** se puede usar con el sentido de *dirigirse hacia*, como en **to head for Chicago**, *dirigirse hacia Chicago*, **to head for a crisis**, *acercarse a una crisis.*

---

4. Inglés estadounidense y británico

■ DIFERENCIAS DE USO

You bet I am, *ni lo dudes, claro que sí.*

También en el inglés británico existe esta expresión, pero es más familiar. Por eso se suele sustituir por **of course I am**.

To place, *obtener un lugar premiado o reconocido.*

Este verbo se originó en las carreras de caballos, donde significa *llegar en segundo lugar* (en EU) o *terminar en segundo o tercer lugar* (en GB, donde más bien se usa **to be placed**). En el inglés británico sólo se aplica a las carreras de caballos o galgos.

EU	Español	GB
to head over to	*ir a, dirigirse hacia*	**to head for, to go to**

■ DIFERENCIAS DE ORTOGRAFÍA

to practice	*practicar, entrenar*	**to practise**
practice	*práctica, entrenamiento*	**practice**

La ortografía del sustantivo, como puede verse, es igual en EU y GB.

For worldwide runners, this town between the mountains and the sea holds a secret: which way did Pheidippides go? The legendary runner of 490 B.C. carried news of the victory over the Persians at the battle of Marathon to the Athens marketplace. Almost 25 centuries later, the event he inspired is booming. But Greek historians have started arguing over Pheidippides and the route he took. Did the soldier really run the official 26 miles marathon's rate along the undulating coastside road? Or did he toil up the steep paths over the mountains and take the short cut to Athens? Many scholars believe he did.

If that had been known all along, it would have made a lot of difference to the thousands who pound it out each year along the Embankment of the River Thames in London, across the Queensboro Bridge in New York and over scores of lesser known marathon courses. They would only have to run 21 miles instead of 26.

I.H.T.

Maratón

Para los corredores de todo el mundo, este pueblo, ubicado entre las montañas y el mar, esconde un secreto: ¿por dónde corrió Fidípides? El legendario corredor de 490 a.C. llegó al mercado de Atenas para anunciar la victoria sobre los persas en la batalla de Maratón. Casi 25 siglos después, el acontecimiento que inspiró es cada vez más popular. Pero los historiadores griegos han comenzado a discutir sobre Fidípides y la ruta que tomó.

¿El soldado realmente corrió 42 kilómetros, la distancia oficial de los maratones, por el camino ondulante que bordea la costa? ¿O subió los empinados senderos de las montañas que forman el camino corto a Atenas? Muchos estudiosos piensan que hizo lo segundo. Si esto se hubiera sabido desde el principio, todo sería distinto para los miles de corredores que cada año recorren el malecón del Támesis de Londres, cruzan el puente Queensboro de Nueva York o completan decenas (literalmente *veintenas*) de maratones menos conocidos. Tendrían que correr 33 kilómetros en lugar de 42.

I.H.T.

6. Frases modelo 📼 ⊙

1. El año pasado dejó de fumar y empezó a correr.
2. Yo hago calentamiento antes de comenzar una carrera.
3. Después de tres o cuatro vueltas, me pregunto si debería empezar a patinar.
4. Deberías comprarte un par de zapatos deportivos para correr. Ésos están hechos polvo.
5. Casi me desplomo en el séptimo kilómetro.
6. Corre todas las mañanas para prepararse para la carrera.
7. No puedo entender que alguien se desgaste así sólo por una medalla.
8. Los primeros llegaron a la meta hace una hora.
9. Varios competidores estaban completamente agotados y los tuvieron que llevar en camilla.
10. La salida del grupo de cuarenta años o más está programada para las cinco en punto.
11. Todavía te faltan dos kilómetros.
12. Está pensando si usar pantalones cortos o un traje para correr.
13. Logró pasarme en la última vuelta.

1. Last year he stopped smoking and took up running.
2. I do warm-ups before starting a race.
3. After three or four laps, I wonder whether I should take up roller-skating.
4. You should buy yourself a pair of running shoes. Those sneakers are shot to hell.
5. I almost collapsed in the seventh kilometer.
6. He runs every morning to prepare for the race.
7. I can't understand anyone knocking himself out like that just for a medal.
8. The first ones reached the finish line an hour ago.
9. Several contestants were completely wiped out and had to be carried away on stretchers.
10. The forty and over group is scheduled to start at exactly five o'clock.
11. You've still got two kilometers to go.
12. She's wondering whether to wear shorts or a jogging outfit.
13. He only managed to pass me in the last lap.

to jog, trotar
to bet, apostar
impressive, impresionante
heart attack, ataque al corazón
stretch, distancia, tramo
requirement, requisito, condición
fee, cuota
to register, inscribirse
to place, 1) (en carreras de caballos) llegar en segundo lugar; 2) por extensión, quedar entre los primeros lugares
to have a good time, pasarla bien, divertirse
contestants, competidores
heaven, cielo, paraíso
to forbid, prohibir
century, siglo
booming, floreciente, muy popular, próspero
path, camino, sendero

to take a short cut, tomar un atajo, un camino corto
scholar, estudioso, erudito
to pound, traquetear, golpear repetidamente
score, veintena, puntuación (en encuentros deportivos)
warm-up exercises, ejercicios de calentamiento
lap, vuelta (a una pista o circuito)
roller-skates, patines (de ruedas)
roller-skating, patinaje sobre ruedas
sneakers, zapatillas deportivas
to collapse, desplomarse, caerse
to knock oneself out, agotarse, desgastarse
finish line, llegada, meta
stretcher, camilla
outfit, traje (para deporte), uniforme (de un equipo)

Vocabulario complementario

sole, suela (del zapato), planta (de los pies)
to sign up, anotarse, inscribirse
to train, entrenar(se)
lame, que cojea, rengo, cojo
to limp, cojear, renguear
to do stretches, hacer elasticidad, ejercicios de estiramiento, de elongación
to be exhausted, estar agotado, exhausto
to be out of breath, estar sin aliento
track, pista
a tough course, un recorrido difícil
championship, campeonato

to break a record, romper o superar una marca
challenger, retador
event, 1) acontecimiento, 2) prueba deportiva
to faint, to pass out, desmayarse
ankle, tobillo
toe, dedo del pie
heel, talón
calf, calves, pantorrilla(s)
knee, rodilla
shin, espinilla, canilla
thigh, muslo
to lace, atar con agujetas o cordones
to loosen, aflojar
tight, apretado

You see them in Central Park, and anywhere else that runners run. They wear the same colorful racing clothes, the same thick-soled shoes. The major difference is their age: they are over 60, their hair is often gray and, when they run in races, spectators sometimes call out things like "Come on, Grandma, you can do it." But they don't care.

A growing number of women are turning to running around retirement age. In many cases, they had never put on running shoes until they were in their 60's. For many, running helped fill a void in their lives.

Says one of them: "I think it's the happiest thing I ever did. I look forward to doing it until I am 100. I just love passing guys who are younger. It's such a good feeling...".

Mujeres en Central Park

Están en Central Park y en cualquier otro lugar donde entrenan los corredores. Usan la misma ropa colorida y los mismos zapatos de suela gruesa. La principal diferencia es su edad: son mayores de 60, su cabello suele ser canoso y, cuando compiten en una carrera, los espectadores a veces gritan cosas como: "¡Vamos, abuela, tú puedes!" Pero a ellas no les importa.

Cada vez más mujeres comienzan a correr cerca de su jubilación. En muchos casos, la primera vez que usaron zapatillas para correr fue después de los 60 años. Para muchas, correr llenó un hueco en sus vidas.

Una de ellas dice: "Creo que es lo más agradable que he hecho en mi vida. Espero seguir hasta que tenga 100 años. Me encanta pasar a personas más jóvenes que yo. Uno se siente tan bien...".

CHINATOWN[1]

1. Diálogo — K: Ken   D: Dick

🔊 ⊙

K — Thanks a lot for showing us around[2] this afternoon. Listen, we'd like you to be our guests[3] for dinner tonight.

D — Gee, I'd love to![4].

K — Tell me, do you like Chinese[5]?

D — I sure do.

K — Great. You must know tons of restaurants.

D — Well, Chinatown would be the place to go. You'll enjoy the atmosphere there.

K — Is it really authentic or put on[6] for the tourists?

D — Oh no, it's the real thing. They still wear the traditional garb[7] and speak Chinese too. Even the phone booths look Chinese. Why don't you go early and have a look around?

K — Is it very far away?

D — Not really. You take the Bart[8] and get off at the Powell Street Station. Then the cable car[9] at Powell and Market[10] will take you right into Chinatown.

K — Why don't we decide on a restaurant now and we could meet there later.

D — There are quite a few good ones. What kind of Chinese food do you like? Cantonese, Sichuan style?

K — Sichuan, what's that?

D — It's very spicy[11].

K — I guess we'd prefer Cantonese.

D — Let me think[12]. There is an excellent one over on Pacific Avenue[13]. If I can only remember[14] the name. Oh, yeah, "The House of Mings", that's what it's called[15].

K — Where do we get off the cable car[16]?

D — Pacific Avenue. Then walk downhill[17] 'till you cross Kearney. You'll see it on your left. There's a big neon sign with a red and green pagoda. You can't miss it[18].

K — Fine. Let's meet there around eight.

Chinatown	[cha:i:na ta:un]	excellent	[eksələnt]
restaurants	[re:stərənts]	Pacific	[pəsi:fik]
Chinese	[chai:ni:s]	neon	[ni:on]
Cantonese	[kantəni:s]	sign	[sɐin]
booths	[bu:θs]	pagoda	[pəgoudə]

K — Muchas gracias por mostrarnos la ciudad esta tarde. Nos gustaría invitarte a cenar esta noche.

D — Magnífico, me encantaría.

K — Dime, ¿te gusta la comida china?

D — Claro que sí.

K — Muy bien. Seguramente conoces muchísimos restaurantes.

D — Bueno, lo mejor sería ir al barrio chino. Disfrutarán mucho el Entorno.

K — ¿De veras es auténtico o está montado para los turistas?

D — No, no. Todo es real. Todavía usan la ropa tradicional y también hablan en chino. Hasta las cabinas telefónicas parecen chinas. ¿Por qué no van más temprano para recorrerlo un poco?

K — ¿Está muy lejos?

D — En realidad no. Tomen el metro hasta la estación Powell Street. Luego el tranvía en Powell y Market, que los lleva directo al barrio chino.

K — ¿Por qué no escogemos un restaurante ahora y nos vemos ahí después?

D — Hay bastantes muy buenos. ¿Qué tipo de comida china les gusta?, ¿cantonesa, estilo Sichuan?

K — ¿Sichuan?, ¿qué es eso?

D — Es muy condimentada.

K — Creo que preferimos la cantonesa.

D — Déjame ver... Hay uno excelente en la avenida Pacific. Si pudiera acordarme del nombre. Ah, sí, "La casa de los Ming", así se llama.

K — ¿Dónde nos bajamos del tranvía?

D — En la avenida Pacific. Luego caminen cuesta abajo hasta cruzar Kearney. Lo van a ver a su izquierda. Hay un gran cartel luminoso con una pagoda roja y verde. Lo van a encontrar fácilmente.

K — Perfecto. Nos vemos ahí a eso de las ocho.

1. **Chinatown**, de manera general, el barrio chino de cualquier ciudad; específicamente, se refiere al barrio chino de San Francisco. Durante el siglo XIX una gran población china se asentó en esta ciudad, después de trabajar en la construcción del ferrocarril este-oeste.

2. **for showing us around, we'll show you around the city**, *te mostraremos la ciudad*, **I'll show you around the house**, *le voy a mostrar la casa*. **To show** toma a menudo el sentido de *acompañar, guiar*, como en **to show someone into a room**, *pasar a alguien a un cuarto*, **to show somebody to his seat**, *llevar a alguien hasta su lugar*.

3. **we'd like you to be our guest**, literalmente *nos gustaría que fuera nuestro invitado*.

4. **I'd love to** (más fuerte que **I'd like to**), *me encantaría*. Observe el uso idiomático de **to**, que aparece en expresiones como: **Will he do it? He's not supposed to**, *¿lo hará?, se supone que no debe (hacerlo)*.

5. **Chinese**, *chino/a*, aquí **Chinese restaurant, Chinese food**. *Los chinos*, **the Chinese**, *un chino, una china*, **a Chinese**. Observe que siempre se escribe con mayúscula.

6. **just put on..., to put on**, a menudo indica exageración, afectación, una idea de montaje o actuación.

7. **garb**, traje o uniforme típico de una profesión o de un grupo social.

8. **Bart**, siglas de **Bay Area Rapid Transit**. **Bay Area** = *zona de la bahía* (de San Francisco).

9. **cable car**, aquí significa *tranvía* (con cable subterráneo), pero también puede significar *funicular, teleférico*.

10. **at Powell and Market**, se sobrentiende **Street** y se refiere al lugar donde se cruzan ambas calles.

11. **spicy**, de **spice**, *especia, condimento*.

12. **let me think**, literalmente *déjame pensar*, también se hubiera podido decir **let me see**. En el habla familiar a menudo se oye **lemme** en lugar de **let me**.

13. **over on Pacific Avenue, on** se usa a menudo ante el nombre de una calle, donde en español se usa *de*, como en **the store on Lincoln Street**, *la tienda de la calle Lincoln*. También se puede usar **in**, pero es menos idiomático.

14. Literalmente *si tan sólo puedo recordar*, es más optimista que **if I could only...** que indica que es poco probable.

15. **that's what it's called**, observe este uso de **what**, como en **what do you call that?**, *¿cómo le llaman a eso?*

16. **Where do we get off the cable car?, to get off a bus, a train**, *bajar de un autobús, de un tren*. Observe que en este contexto **off** es una preposición, compare con **on** en: **to get on a bus, a train**, *subir a un autobús, a un tren*.

17. **Then walk downhill**, literalmente *después caminen bajando la colina*.

18. **You can't miss it**, literalmente *no se lo pueden perder*.

---

4. Inglés estadounidense y británico

■ DIFERENCIAS DE TÉRMINOS

EU	Español	GB
railway car	*vagón de tren*	**railway carriage**
subway car	*vagón de metro*	**underground, tube carriage**

■ DIFERENCIAS DE USO

I guess	*creo, pienso*	**I think**

Recuerde que tanto en EU como en GB **to guess** significa *adivinar*.

■ DIFERENCIAS DE PRONUNCIACIÓN

afternoon	EU: [æftərnuːn]	GB [aːftəːnuːn]
restaurant	EU: [reːstərəːnt]	GB [reːstəː]

---

5. Entorno

Although there is no Chinatown in Britain comparable to those in the United States, there is a large Chinese community in Soho, in the center of London.

Here, one finds some excellent Chinese restaurants and there is an annual procession with dragons and firecrackers, to celebrate the Chinese New Year.

Aunque en Gran Bretaña no hay ningún barrio chino comparable a los de Estados Unidos, sí hay una gran comunidad china en Soho, en el centro de Londres.

Aquí hay excelentes restaurantes chinos y se realiza una procesión anual con dragones y fuegos artificiales para celebrar el Año Nuevo chino.

San Francisco's Chinatown in the 20's

San Francisco's Chinatown jumps out on the shopping district at California Street and runs north to the Latin Quarter —a strip two blocks wide by six long. Before the fire[1] nearly twenty-five thousand Chinese lived in those dozen blocks. I don't suppose the population is a third of that now.

Grant Avenue, the main street and spine[2] of this strip, is for most of its length a street of gaudy shops and flashy chop-suey[3] houses catering to the tourist trade, where the racket of American jazz orchestras drowns the occasional squeak of a Chinese flute. Farther out, there isn't so much paint and gilt, and you can catch the proper Chinese smell of spices and vinegar and dried things. If you leave the main thoroughfares and showplaces and start poking around in alleys and dark corners, and nothing happens to you, the chances are you'll find some interesting things —though you won't like some of them.

Dashiell Hammett
"Dead Yellow Women", in *The Big Knockover*, 1924

[1] Se refiere al terremoto, seguido de un incendio, que destruyó la ciudad en 1906. [2] Literalmente, *espina dorsal, columna vertebral.* [3] Plato tradicional chino.

El barrio chino de San Francisco en los años veinte

El barrio chino de San Francisco surge de pronto en el distrito comercial de la calle California y corre hacia el norte hasta el barrio latino: una franja de dos cuadras de ancho por seis de largo. Antes del incendio vivían cerca de veinticinco mil chinos en esas doce manzanas. No creo que la población actual alcance un tercio de esa cifra.

La avenida Grant, calle principal y eje del barrio, está en casi toda su extensión llena de negocios llamativos y coloridos restaurantes de *chop-suey* al servicio de los turistas, donde el escándalo de las bandas estadounidenses de jazz ahoga el sonido ocasional de una flauta china. En los extremos no hay tanto color y brillo, y se puede percibir el aroma propiamente chino de especias y vinagre, y cosas secas. Si uno deja los lugares transitados y las atracciones turísticas y se pone a curiosear en callejones y rincones oscuros, y si no le pasa nada, es probable que encuentre algunas cosas interesantes... aunque algunas no le gustarán.

Dashiell Hammett, "Dead Yellow Women", en *The Big Knockover*, 1924
["Mujeres amarillas muertas", en *El Gran Golpe*]

EL BARRIO CHINO

6. Frases modelo 🔊 ⊙

1. Doble a la derecha en la segunda calle después del semáforo.
2. ¿Me podría decir dónde está el correo?
3. ¿A qué hora cierran los bancos?
4. ¿Hay restricciones para el estacionamiento?
5. Disculpe, ¿me podría indicar hacia dónde está la calle Main, por favor?
6. Siga derecho hasta llegar a un sitio de taxis y ahí doble a la izquierda.
7. No puede entrar por ahí, es una calle de un solo sentido.
8. Son como diez minutos a pie.
9. No sé. No soy de aquí.
10. Nos podríamos ver en la entrada del parque.
11. Paso a buscarte (con el automóvil) en tu hotel.
12. Llevo media hora buscando el museo.
13. Quizás no entendieron dónde nos íbamos a reunir.
14. Necesitan fichas para el metro.
15. Nunca volveré a encontrar el hotel.
16. Creo que hemos estado manejando en círculos.

1. **Take the second right after the traffic lights.**
2. **Can you tell me where the post office is?**
3. **What time do the banks close?**
4. **Is parking limited?**
5. **Excuse me, can you direct me to Main Street please?**
6. **You continue straight ahead until you come to a taxi stand, then turn left.**
7. **You can't go that way, it's a one way street.**
8. **It's about a ten-minute walk.**
9. **I don't know. I'm from out-of-town.**
10. **We could meet at the park entrance.**
11. **I'll pick you up (by car) at your hotel.**
12. **I've been looking for the museum for half an hour.**
13. **They must have gotten the meeting place wrong.**
14. **You need tokens for the subway.**
15. **I'll never find the hotel again.**
16. **I think we've been driving around in circles.**

to show around, mostrar (un lugar), guiar en un recorrido

to put on, (aquí) exagerar, teatralizar, montar (un espectáculo)

garb, traje o uniforme típico

phone booth, cabina o caseta telefónica

to get off, bajarse (de un transporte)

cable car, 1) tranvía, 2) funicular, teleférico

right into, directamente a

spicy, condimentado

to walk downhill, caminar cuesta abajo

neon sign, anuncio de neón, cartel luminoso

shopping district, distrito comercial

to run north, correr hacia el norte (una calle)

strip, tira, franja

block, cuadra (distancia), manzana (área)

spine, espina dorsal, columna vertebral

gaudy, llamativo, vistoso, exagerado

flashy, colorido, brillante

to cater, servir, abastecer

racket, escándalo

squeak, pequeño chillido

farther out, más lejos, hacia las afueras, en las orillas

gilt, oropel, falso brillo

smell, aroma, olor

spices, especias, condimentos

thoroughfare, lugares transitados

showplace, atractivo turístico

to poke around, curiosear

alley, callejón

dark corners, rincones oscuros, esquinas oscuras

the chances are, es probable que

traffic light, semáforo

straight ahead, derecho (dirección)

one-way street, calle de un solo sentido

wise, sabio, prudente, sensato, **you'd be wise to...**, lo correcto sería...

underpass, paso a desnivel

to be from out-of town, no ser de la ciudad

bad luck, mala suerte

to pick up, recoger

to look for, buscar

meeting place, lugar de reunión, de encuentro, de cita

to get something wrong, equivocarse, no entender

token, ficha, boleto

subway, metro(politano), subte-(rráneo)

mistake, error, equivocación

friendly, amigable, amistoso

Vocabulario complementario

slaves, esclavos

freedom, libertad

to demand, exigir

to migrate, migrar, emigrar

contractor, contratista, empresario

century, siglo

bulk, el grueso, la parte más grande

labor, trabajo, mano de obra

eventually, finalmente

to settle, asentarse, establecerse

to complete, terminar, acabar

pidgin, *pidgin* (nueva lengua, muy simplificada, que se forma a partir de dos o más, generalmente para comerciar)

Not officially classified as slaves at any time, the Chinese were exploited and mistreated to a degree that left them little enjoyment of their "freedom". They had, however, enough independence of spirit to demand their rights, as in the following Pidgin English assertion:

> *Eight hours a day good for white man,*
> *all the same good for Chinaman*

Although the Chinese were more willing to migrate than the Blacks or Indians, they were frequently taken advantage of by unscrupulous contractors and shipped to places where they had no desire to go. During the second half of the 19th century, they provided the bulk of the cheap labor necessary for the construction of the transcontinental railroads. Many of them eventually settled in San Francisco after the line was completed.

Los chinos y el ferrocarril en el siglo XIX

Aunque nunca fueron oficialmente clasificados como esclavos, los chinos fueron explotados y maltratados a tal grado que casi no podían disfrutar de su "libertad". Sin embargo, tenían suficiente independencia de espíritu para exigir sus derechos, como en la siguiente consigna pidgin:

> *Ocho horas al día buenas para el hombre blanco,*
> *también buenas para el hombre chino.*

Aunque los chinos estaban más dispuestos a migrar que los negros o indios, era común que empresarios abusivos se aprovecharan de ellos y los enviaran a lugares donde no querían ir. Durante la segunda mitad del siglo XIX constituyeron el grueso de la mano de obra barata necesaria para construir los ferrocarriles transcontinentales. Muchos de ellos se establecieron finalmente en San Francisco, cuando se acabó el trabajo en las vías.

AT THE DOCTOR'S[1]

1. Diálogo — R: receptionist Mck: McKay Dr: Doctor

(On the telephone)

R — Hello, Dr. Edelsberg's office.

Mck — Hello. My name's McKay. I'd like to make an appointment[2] to see the doctor as soon as possible.

R — Is it urgent?

Mck — Well, I've been suffering[3] from severe stomach pains for two days.

R — The doctor might be able to fit you in[4] between appointments. Why don't you come in this afternoon[5]?

(At the doctor's)

Dr — What seems to be the trouble[6]?

Mck — I've had a terrible stomachache since Saturday night[7].

Dr — Any other symptoms? Headaches, diarrhea, nausea, dizziness?

Mck — As a matter of fact, I've had all those symptoms[8].

Dr — Can you think of anything you ate[9] last weekend that might have caused it[10]?

Mck — Actually, I was wondering[11] if it was the fish we had[12] Saturday night. It just didn't taste right[13].

Dr — That may be it[14]. Now, how have you been feeling otherwise[15]?

Mck — Well, I have been rather tired for quite a while.

Dr — Do you get very much exercise?

Mck — No, I don't, and I'm afraid I smoke too much, too.

Dr — Well, that could explain why you're so run down[16].

Mck — Yeah, I guess I'm really not in very good shape.

Dr — I'll give you a prescription for those stomach pains. You can have it filed at your neighborhood drugstore[17]. You've got a slight[18] case of food poisoning. But I do[19] recommend that you cut down[20] on the smoking and try to get more exercise. You'll be feeling better in no time.

McKay	[Məkə:i:]	diarrhea	[dɐiəri:ə]
urgent	[ərdʒənt]	exercise	[eksərsaiz]
severe	[səvi:ər]	to recommend	[ri:kə:me:nd]
stomach	[stɐmək]	neighborhood	[ne:i:bərhu:d]
stomachache	[stɐməkei:k]	poisoning	[poisoniŋ]

(Por teléfono)

R — Hola, consultorio del doctor Edelsberg.

Mck — Hola, me llamo McKay. Quisiera hacer una cita con el doctor, lo más pronto posible.

R — ¿Es urgente?

Mck — Bueno, he tenido fuertes dolores estomacales durante dos días.

R — Quizá el doctor pueda recibirlo sin turno entre dos pacientes. ¿Por qué no viene esta tarde?

(En el consultorio)

M — ¿Cuál es el problema?

Mck — He tenido terribles dolores de estómago desde la noche del sábado.

M — ¿Algún otro síntoma?, ¿dolores de cabeza, diarrea, náusea, mareos?

Mck — En realidad, he tenido todos esos síntomas.

M — ¿Cree que algo que comió el fin de semana pudo ser la causa?

Mck — De hecho, estaba pensando que podría ser el pescado que cenamos el sábado. Simplemente no tenía buen sabor.

M — Eso podría ser. Ahora, ¿cómo se ha sentido en general?

Mck — Bueno, he estado un poco cansado de un tiempo a esta parte.

M — ¿Hace mucho ejercicio?

Mck — No, y me temo que además fumo demasiado.

M — Bueno, eso podría explicar por qué se siente tan débil.

Mck — Sí, supongo que estoy fuera de forma.

M — Le voy a dar una receta para los dolores de estómago. La venden en la farmacia más cercana a su casa. Tiene un ligero caso de intoxicación por alimentos. Pero sí le recomiendo que fume menos y que trate de hacer ejercicio. Muy pronto se sentirá mejor.

1. **At the doctor's**, se sobrentiende **office**, *consultorio*, como en **at the baker's**, *en la panadería*, etc. Aunque **doctor** es lo más usual, el término profesional es **physician**, *médico* (no confundir con **physicist**, *físico*). *Un cirujano*, **a surgeon**.

2. **appointment**, 1) *cita*, 2) *nombramiento, designación* (a un puesto), **to appoint**, *nombrar, designar*.

3. **I've been suffering from ... for two days**, observe la construcción de **to suffer** con la preposición **from**, y el uso del **present perfect** (*antepresente*) con la preposición **for**, porque **two days** indica una duración.

4. **to fit you in**, literalmente *hacerlo caber*, **to fit**, 1) *quedar bien (la talla de una prenda)*, 2) *encajar, ajustar*. **To fit in**, *encajar en, caber en*.

5. El uso de **in,** que se justifica porque se trata de entrar a un lugar, al consultorio, le da un giro más familiar e idiomático a la frase.

6. **what seems to be the trouble?**, **seems** hace que la frase sea menos seca (**to seem**, *parecer*).

7. Observe el uso del **present perfect** (con **since** porque **Saturday night** constituye un punto de partida). **Ache**, *dolor*, suele aparecer en palabras compuestas: **headache**, *dolor de cabeza*, **toothache**, *dolor de muelas*, **backache**, *dolor de espalda*.

8. **I've had all those symptoms**, uso típico de **those**, que remite a lo que se acaba de mencionar.

9. **anything you ate last weekend**, se usa el pretérito (de **to eat**) porque es un hecho pasado y fechado.

10. Literalmente, *que pueda haberlo causado*, **it** puede remitir a **stomachache** o en general a los síntomas descritos.

11. **I was wondering**, literalmente *me estaba preguntando*.

12. **the fish we had, to have** suele tener el sentido de *comer, beber*, como en **to have tea, dinner, a steak, a drink**, etc.

13. **it just didn't taste right**, compare con **it tastes good**, *está sabroso*, **it tastes bad**, *sabe mal, está malo*. **Just** tiene aquí una función de intensificador (refuerza la afirmación).

14. **it** retoma el conjunto de la explicación (pescado dudoso ingerido el sábado por la noche), como en español *eso*, compare con **that's it!**, *¡eso es!*

15. Se usa el **present perfect** porque se refiere al estado del paciente antes de la visita.

16. **run down**, *agotado, fatigado, débil, decaído, descargado (como una pila).*
17. **drugstore**, *farmacia*, aunque también vende golosinas, diarios, bebidas, cosméticos, etc.
18. **slight**, *leve, ligero, de poca importancia*, mientras que **light** es *ligero* en el sentido del peso.
19. **I do recommend**, el **do** es enfático.
20. **to cut down on something**, *reducir, disminuir* la cantidad o el uso de algo, *hacer algo menos*. **The smoking**, *el hecho de fumar* (también se podría decir **your smoking**).

---

4. Inglés estadounidense y británico

■ Diferencias de términos

EU	Español	GB
drugstore	*farmacia*	**chemist**

• A diferencia de la **drugstore**, la **chemist's shop** británica vende una gama reducida de productos, principalmente medicamentos (no tiene, por ejemplo, **soda fountain**, donde se venden bebidas sin alcohol).

to fill	*surtir* (una receta)	**to make up**
a prescription	*receta, prescripción*	**a prescription**

■ Diferencias de uso

neighborhood (adj.)	*cercano, del barrio*	**local** (adj.)
I guess	*creo, pienso, supongo*	**I think**

■ Diferencias de ortografía

neighborhood	*barrio, vecindario*	**neighbourhood**
diarrhea	*diarrea*	**diarrhoea**

■ Diferencias de gramática

EU: **The fish we had Saturday night.**
GB: **The fish we had on Saturday night.**
En el inglés británico es necesario usar la preposición **on** antes de una fecha o día de la semana. Otro ejemplo:
EU: **The store opens March 21st.**
GB: **The store opens on March 21st.**

■ Diferencias de pronunciación

can't	EU: [kæːnt]	GB: [kaːnt]
afternoon	EU: [æːftərnuːn]	GB: [aːftəːnuːn]
ate	EU: [eːiːt]	GB: [eːt]

■ In the United States, there is no national health insurance besides **MEDICARE**, which is restricted to the elderly (62 years of age for women and 65 for men). **MEDICARE** is a federally financed system of paying hospital, doctor and other medical bills. You choose your own doctor, who prescribes your treatment and the place of treatment.

■ While **MEDICARE** pays the major share of the cost of any illness requiring hospitalization, it does not offer adequate protection for long-term illness or mental illness. So people subscribe to private insurance companies for personal coverage. Civil Service employers and many large companies provide coverage for their employees. Blue Cross Blue Shield is one of the large insurance companies commonly used.

■ Social Security in the U.S. refers to retirement payment to workers who have contributed to the fund during their professional life.

Seguridad social

■ En Estados Unidos no hay un sistema nacional de seguro social, aparte de MEDICARE, que se limita a las personas de la tercera edad (mujeres a partir de los 62 años y hombres a partir de los 65). MEDICARE es un sistema financiado por la Federación, que cubre cuentas de hospital, honorarios y otros gastos médicos. Cada persona elige su propio médico, quien prescribe el tratamiento y el lugar donde se llevará a cabo.

■ Aunque MEDICARE cubre casi todos los gastos de cualquier enfermedad que requiera hospitalización, no ofrece protección adecuada para enfermedades crónicas o mentales, de modo que la gente busca protección personal con compañías privadas de seguros médicos. Las instituciones públicas y muchas grandes compañías ofrecen seguros a sus empleados. *Blue Cross Blue Shield** es una de las compañías de seguros más contratadas.

■ En Estados Unidos **social security** (literalmente *seguridad social*) se refiere a las pensiones por jubilación que reciben los trabajadores que han contribuido al fondo durante su vida profesional.

*Literalmente Cruz Azul Escudo Azul.

6. Frases modelo 📼 ⊙

1. No me sentía bien anoche.
2. Sufre dolores de espalda.
3. Me resfrié con ese maldito aire acondicionado.
4. Me arden los ojos.
5. Si hay alguna emergencia, llama al hospital.
6. Tengo la garganta muy irritada y he estado tosiendo mucho.
7. Quiero un medicamento para la tos.
8. Tome dos pastillas al día.
9. ¿Le duele esto?
10. Hágase una radiografía para asegurar que no haya ningún hueso roto.
11. Se rompió dos costillas.
12. Esta muela tiene tantas caries que tendré que extraerla.
13. Primero debería ver a un médico general.
14. Cuide su dieta. Usted tiende a subir de peso fácilmente.
15. Su presión sanguínea está normal.
16. Necesitará endodoncia, pero creo que la pieza se puede salvar.
17. Creo que tengo un esguince o incluso una fractura.

1. I didn't feel well last night.
2. He's suffering from back pain.
3. I caught a cold from that damned air-conditioning.
4. My eyes hurt (or sting).
5. If there is (or In case of) an emergency, call the hospital.
6. I have a terrible sore throat and I've been coughing a lot.
7. I'd like some cough medicine.
8. Take two tablets a day.
9. Does this hurt?
10. Take an X-ray to make sure nothing is broken.
11. She broke two ribs.
12. There are so many cavities in this tooth it should be pulled out.
13. You should see a general practitioner first.
14. Watch your diet. You tend to gain weight easily.
15. Your blood pressure is normal.
16. You'll need a root-canal, but I think the tooth can be saved.
17. I'm afraid I have a sprain or even a fracture.

appointment, cita
stomach pain (ache), dolor de estómago
headache, dolor de cabeza
diarrhea, diarrea
nausea, náuseas
dizziness, mareo
run down, agotado, decaído, débil
prescription, receta, prescripción
food poisoning, intoxicación por alimentos
to cut down, reducir
health insurance, seguro médico
to subscribe, suscribirse, contratar
personal coverage, protección personal
retirement payment, pensión para el retiro o jubilación

to catch a cold, resfriarse
to hurt, doler
house call, consulta a domicilio
emergency, emergencia
sore throat, garganta irritada
to cough, toser
tablet, pastilla
rib, costilla
cavity, caries
to pull a tooth, extraer un diente o muela
general practitioner, médico general
diet, dieta, régimen
blood pressure, presión sanguínea, tensión arterial
allergy, alergia
sprain, esguince, torcedura

Vocabulario complementario

ailment, malestar, enfermedad
brace, frenos (aparato de ortodoncia)
brain, cerebro
catching disease, enfermedad contagiosa
to come round, volver en sí
to cure, curar(se), sanar, mejorar
dental surgeon, dentista
diagnosis, diagnóstico
to faint, desmayarse
filling, amalgama (para los dientes)
flu, gripe
gums, encías
hay-fever, fiebre del heno
ill, illness, enfermo, enfermedad
injection, inyección
kidney, riñón
to be laid up, guardar cama, guardar reposo
limb, extremidad, miembro

malpractice suit, juicio por incompetencia médica, mala práxis médica
measles, sarampión
mumps, paperas
ointment, pomada, ungüento
operation, operación
pacemaker, marcapasos
to pass out, desmayarse
physician, médico
pill, pastilla, píldora
plastic surgery, cirugía plástica
recovery, recuperación
to relieve, aliviar(se)
sick, sickness, enfermo, enfermedad
sight, vista
scarlet fever, escarlatina
to sweat, sudar
surgeon, cirujano
surgery, cirugía
virus, virus
vitamin, vitamina

1. *Aspirin* may turn out to be the wonder drug of the eighties. Long used for aches, pains, fever as well as hangovers, it is now the subject of multiple investigations of its role in treating many more-serious complaints, including stroke, graft rejection, diabetes, and even cancer and at the beginning of 1980 Aspirin was hailed as a means of prevention of heart attack. Of course, too much aspirin can lead to internal bleeding and damage to the kidneys and liver...

2. *The Emergency Insect Sting Treatment Kit* is designed to relieve quickly a dangerously severe allergic reaction caused by the sting of bees, wasps, hornets. Within minutes after the sting, the patient experiences apprehension, faintness, flushing followed by paleness, tachycardia, thready pulse, a fall in blood pressure, unobtainable pulse and visual changes. Occasionally, unconsciousness, convulsions and abdominal cramps may occur. Our treatment quickly restores circulating blood volume. The itching during episodes of hives is promptly relieved.

Medicamentos

1. La *aspirina* podría revelarse como la medicina maravilla de los años ochenta. Usada durante mucho tiempo para aliviar desde dolores y fiebres hasta resacas, ahora es objeto de múltiples investigaciones sobre sus posibilidades para tratar padecimientos más serios, inclusive apoplejía, rechazo de injertos, diabetes y hasta cáncer, y a principios de 1980 fue aclamada como forma de prevenir los ataques al corazón. Por supuesto, demasiada aspirina puede producir hemorragias internas y daño renal y hepático.

2. El *Paquete de Emergencia para Picaduras de Insectos* está diseñado para aliviar rápidamente la grave reacción alérgica causada por las picaduras de abejas, avispas y avispones. Pocos minutos después de la picadura, el paciente experimenta aprensión, debilidad, bochornos seguidos por palidez, taquicardia, pulso débil y difícil de captar, baja presión sanguínea y problemas en la vista. Ocasionalmente pueden ocurrir desmayos, convulsiones y calambres abdominales. Nuestro tratamiento recupera rápidamente la circulación sanguínea. También alivia rápidamente la picazón provocada por la urticaria.

1. Diálogo — S: Sharon   J: Jerry   P: pharmacist

🔲 ⊙

S — Jerry, would you mind if we stopped at a drugstore on the way home[2]? I've got to get something for this cold. I think there's one open on State Street.

J — Sure. I'd like to pick up[3] a few things there myself.

S — Excuse me. Could you recommend something for a bad cold?

P — That depends[4]. Is it just a simple head cold[5]?

S — Well, I do have a headache[6], a sore throat[7], a slight cough, and I ache all over.

P — Well, it certainly sounds like the flu[8] that's going around. Everyone's got it. I can give you a cold capsule that'll relieve the runny nose[9] and some cough syrup.

S — I hope it won't knock me out, because I've gotta go[10] to work tomorrow.

P — Well, it will make you drowsy, but it'll get you over the worst part fast. How about some vitamin C tablets? They won't do you any harm.

S — No, thanks, we've got plenty at home.

P — Here you are. This ought to do the trick[11], but if you're not better in a couple of days, you should see a doctor.

S — I'll do that. Bye now.

J — Are you all set then?

S — Well, I've got a bag full of medicine.

J — Look, you'd probably get well[12] just as fast with the old home remedies: nothing like a good day's rest[13] and some honey and whiskey to put you back on your feet.

S — Oh, well, I can always take that too. Did you find everything you wanted?

J — Just about[14]. But I couldn't drag myself away from[15] the paperback section[16]. What a terrific selection!

S — Oh, let's get going[17], Jerry. My head's killing me[18].

headache	[he:dei:k]	drowsy	[dræuzi:]
cough	[kɐ:f]	vitamin	[va:i:dəmin]
to ache	[e:i:k]	tablet	[tæblət]
capsule	[kæpsəl]	medicine	[me:disən]
syrup	[sərəp]	remedies	[re:medi:s]

S — Jerry, ¿te importaría si de regreso a la casa pasamos por una farmacia? Tengo que conseguir algo para este resfrío. Creo que hay una abierta en la calle State.

J — Claro. Yo también quisiera comprar algunas cosas.

S — Disculpe, ¿me podría recomendar algo para un resfrío fuerte?

F — Depende. ¿Es un simple resfriado?

S — Bueno, tengo dolor de cabeza, la garganta irritada, un poco de tos y me duele todo el cuerpo.

F — Parece la gripe que está circulando. Todos la tienen. Le puedo dar unas píldoras/tabletas para el resfrío, que le aliviarán la congestión nasal, y un jarabe para la tos.

S — Espero que no me dé mucho sueño, porque tengo que trabajar mañana.

F — Bueno, sí le va a dar somnolencia, pero hará que lo peor pase rápido. ¿Y qué le parecerían unas tabletas de vitamina C? No le hacen ningún daño.

S — No, gracias. Tenemos mucha en casa.

F — Aquí tiene. Con esto debe ser suficiente, pero si no se mejora en un par de días, será mejor que consulte a un médico.

S — Eso haré. Adiós.

J — ¿Lista?

S — Bueno, tengo una bolsa llena de medicamentos.

J — Quizás te curarías igual de rápido con los remedios caseros tradicionales: para estar otra vez en pie no hay nada como un buen día de descanso y un poco de whisky con miel.

S — Oh, también puedo tomar eso. ¿Encontraste todo lo que querías?

J — Casi. Pero no podía despegarme de la sección de libros de bolsillo. ¡Tienen una selección excelente!

S — Ay, vámonos, Jerry. El dolor de cabeza me está matando.

1. **drugstore**, en Estados Unidos, tienda que vende medicamentos, aunque también golosinas, bebidas, diarios, cigarrillos, productos de belleza, etc.

2. **on the way home**, *en el camino de regreso a casa*.

3. **to pick up**, *recoger*, *pasar a buscar*, en la lengua familiar a menudo significa *comprar*.

4. **That depends, to depend**, 1) *depender*, 2) *contar con, confiar en*. El complemento se introduce con **on: it depends on you**, *depende de usted*, **you can depend on me**, *puede contar conmigo*.

5. **head cold**, hay que especificar el tipo de resfriado, porque un **cold** también puede afectar **the chest**, *el pecho*.

6. **headache**, *dolor de cabeza*, **ache**, *dolor* (**stomachache, toothache, backache**). **To ache**, *doler*.

7. **a sore throat**, literalmente *una garganta adolorida*.

8. **flu**, abreviación del término italiano *influenza*.

9. **runny nose, my nose's running**, *tengo flujo nasal*.

10. **I've gotta go = I have got to go**.

11. **This ought to do the trick, trick**, *truco, maña, ardid, travesura*, **to know all the tricks**, *sabérselas de todas, todas*.

12. **to get well**, *curarse, mejorarse, recuperarse*.

13. **a good day's rest**, recuerde el uso del posesivo en la expresión temporal.

14. **Just about**, literalmente *sólo más o menos*, de ahí que el sentido sea *casi*.

15. **I couldn't drag myself away from**, lo que importa en esta expresión es la posición final de **away**, que le da el sentido de *alejarse, despegarse*, **to drag**, *arrastrar*.

16. **the paperback section, paperback,** *libro de bolsillo, libro de pasta blanda* (literalmente, *pasta de papel*), se opone a **hard back, hard cover** (*obra encuadernada, libro de pasta dura*). **Section** designa la zona de una tienda donde se vende cierto tipo de mercancía; el término **department** se usa para secciones más amplias, con vendedores y vendedoras, como en las tiendas departamentales.

17. **let's get going,** indica mayor impaciencia que **let's go.**

18. **My head's killing me, to kill,** *matar,* puede expresar un dolor intenso, como aquí, o una enorme diversión, como en **his jokes kill me,** *sus chistes me matan (de risa).*

---

4. Inglés estadounidense y británico

■ DIFERENCIAS DE TÉRMINOS

EU	Español	GB
drugstore	*farmacia*	**chemist's**

En cuanto a las diferencias, ver la lección **At the doctor's.**

pharmacist, druggist	*farmacéutico*	**chemist's**
pack (of cigarettes)	*paquete, cajetilla*	**packet**
old home remedies	*remedios caseros*	**old wives' cures**
on State Street	*en la calle State*	**in State Street**

■ DIFERENCIAS DE ORTOGRAFÍA

whiskey (EU e Irlanda)   **whisky** (Reino Unido y Canadá).
Para un estadounidense la palabra **whiskey** se refiere tanto al **rye** (a base de centeno) y al **bourbon*** (a base de maíz), como al **scotch** escocés. En cambio, para un inglés o un escocés, el whiskey sólo puede ser **scotch.**

■ DIFERENCIAS DE PRONUNCIACIÓN

capsule	EU: [kǽpsəl]	GB: [kapsal]
fast	EU: [fæst]	GB: [faːst]
vitamin	EU: [vaːiːdəːmin]	GB: [viːtəmiːn]

*Se producía originalmente en el condado de Bourbon, en Kentucky, por lo menos con 51% de maíz, aunque también un poco de centeno y malta. Luego se añejaba en barriles de roble cuyos interiores habían sido quemados.

The American drugstore is a unique institution. With its abundance of wares and its atmosphere of warmth and conviviality dating from the time it was the center of a town's social life, it is a direct contrast to its almost clinical European counterpart. As a supplier of drugs to the public, the drugstore must provide assurance to its customers. The druggist sells products which are of vital personal concern to the purchaser, products which require individual selling to make their quality and efficacy believable. People are deeply concerned about their health and want personalized service and attention from a drugstore. Recent research has shown that the American drugstore, to survive, cannot become an impersonal supermarket type of store, a mere stocker of products with open-shelf shopping and a check-out counter. It must remain friendly, and the role of the presiding pharmacist must be one of informed counselor.

Ernest Dichter
Handbook of Consumer Motivations
(McGraw-Hill)

La farmacia estadounidense es una institución única. Con su variedad de productos y su Entorno cálido y amable que remite a la época en que constituía el centro de la vida social de un pueblo, se opone de manera directa con el carácter casi clínico de su equivalente europeo. Como proveedora de medicamentos, el **drugstore** debe inspirar confianza a los clientes. El farmacéutico vende productos que son de vital importancia para el comprador, productos que requieren una venta individual para que su calidad y eficacia sean creíbles. La gente está muy preocupada por su salud y quiere que la farmacia le ofrezca atención y servicio personalizados. Investigaciones recientes han demostrado que el **drugstore** estadounidense, si quiere sobrevivir, no puede volverse una tienda impersonal tipo supermercado, un simple abastecedor de productos, con sistema de autoservicio y cajas a la salida. Debe seguir siendo amigable, y el papel del farmacéutico debe ser el de un consejero informado.

Ernest Dichter
Handbook of Consumer Motivations
[Manual de motivación al consumidor]
(McGraw-Hill)

1. Necesito un cepillo de dientes y dentífrico.
2. ¿Dónde puedo encontrar papel para carta y sobres?
3. Cómprame un bolígrafo/birome.
4. ¿Me podría traer el diario local?
5. Compra unas cajas de galletas para los niños.
6. No olvides el jabón y el bronceador.
7. No encontré lo que querías. Traje de otra marca.
8. ¿Tiene algo para el dolor de estómago?
9. No entiendo las instrucciones.
10. ¿Le puedes preguntar a Jim cómo se llaman sus píldoras/tabletas?
11. El niño tomó un paquete de caramelos de menta.
12. También quiero un peine y un champú para cabello seco.
13. ¿Vende quitamanchas?
14. Voy al mostrador de los cosméticos.
15. También necesito un biberón/una mamadera.

1. I need a toothbrush and some toothpaste.
2. Where can I find writing paper and envelopes?
3. Buy me a ball-point pen.
4. Can you bring me the local paper?
5. Pick up a few boxes of cookies for the children.
6. Don't forget the soap and sun-tan lotion.
7. I couldn't find what you wanted. I got another brand.
8. Would you have anything for a stomachache?
9. I can't understand the instructions.
10. Can you ask Jim what his pills are called?
11. The kid took a package of mint candies.
12. I'd also like a comb and some shampoo for dry hair.
13. Do you sell spot remover?
14. I'm going to the cosmetics counter.
15. I also need a baby bottle.

to pick up, recoger, comprar
head cold, resfriado, resfrío
headache, dolor de cabeza
to have a sore throat, tener la garganta irritada
cough, tos
to ache, doler
the flu, la gripe
capsule, cápsula
to relieve, aliviar
runny nose, flujo nasal
syrup, jarabe
drowsy, somnoliento
tablet, píldora, comprimido
medicine, medicina, medicamento, remedio
to drag, arrastrar
paperback, libro de bolsillo, libro de tapas blandas
pharmacist, druggist, farmacéutico

wares, mercancía, productos
counterpart, contraparte, equivalente
supplier, proveedor
concern, preocupación
toothbrush, cepillo dental
toothpaste, pasta dental, dentífrico
stationery, papel para cartas
ball-point pen, bolígrafo, birome
cookies, galletas
sun-tan lotion, bronceador
brand, marca
stomachache, dolor de estómago
instructions, instrucciones
pill, píldora, tableta
mint, menta
candy, dulce, caramelo
comb, peine
shampoo, champú, shampoo
spot-remover, quitamanchas
(baby) bottle, biberón, mamadera

Vocabulario complementario

pain, dolor
to have a stuffy nose, tener congestión nasal
to run a temperature, tener fiebre
to shiver, temblar
to hurt, doler
to gargle, hacer gárgaras
lozenge, pastilla (que se chupa)
cotton, algodón
dressing, vendaje
a cut, una cortada, un corte, una cortadura
a bruise, un moretón, hematoma, cardenal
a scratch, un rasguño
to bleed, sangrar
a burn, una quemadura

Traduzca

El "drugstore" es una tienda típicamente estadounidense, sin equivalente europeo y en nada parecida a lo que se llama "farmacia" en Francia. Obviamente, ahí se pueden comprar medicamentos y hacerse preparar una receta. También se pueden obtener consejos sobre dolores y malestares que no requieran consulta médica. Pero también se pueden comprar golosinas, revistas y cosméticos y a veces sodas, licores y helados.

Modelo de corrección

A drugstore is a typically American store which has no European counterpart and has nothing to do with a French "drugstore". Obviously, you can buy medicine there and have a prescription filled. You can also get advice for minor aches and pains that don't require seeing a doctor. But you can also buy candy, magazines and cosmetics, and sometimes even soft-drinks, liquor and ice cream.

M— Excuse me.

W— Yes?

M— Could you tell me how to get to Harvard Yard[1]?

W— Sure. You can take the MTA. Just walk across the Commons[2]. The station is on the other side.

M— Which line goes to the University?

W— The red one. Go down the stairs and take the train to Harvard Square[3].

M— Don't I have to change[4]?

W— No, it's direct. And it's rather a pleasant ride[5] too, because you come up and go over the Charles River[6]. You get a nice view of the State House[7].

M— How do you pay?

W— You just buy a token[8], put it in the slot and go through the turnstile.

M— You mean it's all one fare[9]?

W— That's right.

M— Well, it sounds easy enough[10]. You said to get out at Harvard Square, didn't you?

W— Yes.

M— Will I have any trouble finding[11] the University?

W— I don't think so[12]. When you get out[13], just look around and you'll see the University buildings. Have you got that straight[14] now?

M— I think so. You've been a big help[15].

W— Don't mention it[16]. Bye now.

*MTA = Metropolitan Transit Authority, the underground in Boston, called the metro in Washington, Bart[17] in San Francisco, the subway in New York City[18].

MTA	[eːm tiː eːi]	**token**	[tokən]
Harvard	[hɑrvərd]	**turnstile**	[tərnstail]
Commons	[koməns]	**fare**	[feːr]
University	[iunivərsidiː]	**transit**	[trænsət]
to change	[cheːindʒ]	**authority**	[oθoːridiː]
direct	[daireːkt]	**underground**	[əndərgræund]
pleasant	[pleːzənt]		

H — Disculpe...

M — ¿Sí?

H — ¿Me podría decir cómo llegar a Harvard Yard?

M — Claro. Puede tomar el MTA*. Sólo cruce los jardines. La estación está del otro lado.

H — ¿Qué línea va a la universidad?

M — La roja. Baje las escaleras y tome el tren que va a Harvard Square.

H — ¿No tengo que cambiar de línea?

M — No, es directo. Y es un viaje bastante agradable, porque sale a la superficie y pasa por encima del río Charles. Además, tendrá una buena vista del palacio legislativo.

H — ¿Y cómo se paga?

M — Sólo compre una ficha, lo mete en la ranura y pasa por el torniquete/molinete.

H — ¿Quiere decir que es una sola tarifa?

M — Así es.

H — Bueno, parece bastante fácil. Me dijo que me bajara en Harvard Square, ¿verdad?

M — Sí.

H — ¿Es difícil encontrar la universidad?

M — No creo. Cuando se baje, sólo mire a su alrededor y verá los edificios universitarios. ¿Ya le quedó claro?

H — Creo que sí. Muchas gracias, fue usted muy amable.

M — Por nada. Hasta luego.

*MTA = el metro de Boston. En Washington se llama **metro**, en San Francisco se llama **Bart** y en Nueva York, **subway**.

1. **Yard**, *patio* (de casa, de granja, de escuela, etc.).
2. **Just walk across the Commons**, la acción principal (cruzar) está señalada por la preposición (**across**) y el verbo (**to walk**) indica la manera. Compare con: **to drive across town**, *cruzar la ciudad en automóvil*. **Commons**, terreno común con plantas, como una especie de jardín público.
3. **Square**, *plaza* (cuadrada o rectangular) rodeada de edificios.
4. **Don't I have to change?**, el uso del auxiliar **to do** se justifica porque se combina con la expresión verbal **to have to** (*deber*) y no con el simple auxiliar **to have**.
5. **ride**, se usa a menudo para los transportes públicos (**a ride on a train, on a bus, a bus ride**, etc.).
6. **River**, *río*.
7. **State House**, sede de la cámara legislativa de un estado; también se llama **State Capitol**.
8. **token**, 1) *muestra, símbolo, amuleto* (de amistad, de buena suerte, etc.), 2) *ficha, boleto*.
9. **fare**, *tarifa, precio del transporte* (a bordo de un vehículo).
10. **easy enough, enough** siempre se coloca después del adjetivo, aunque puede colocarse antes o después de un sustantivo: **enough money, money enough**, *suficiente dinero*.
11. **Will I have any trouble finding...**, se usa la forma **-ing** después de **to have trouble** (y también después de **to have difficulty**).
12. **I don't think so**, uso idiomático de **so: I think so, I guess so**, *supongo que sí*, **I believe so**, *eso creo*.
13. **When you get out**, el verbo se usa en presente después de **when**, *cuando*.
14. **straight, to get something straight**, *entender bien algo, quedar algo claro*. **Straight** (adj. y adv.), 1) *derecho*, 2) *directo, directamente*, 3) *claro, claramente*, 4) *honesto, honestamente*.
15. **a big help**, literalmente *una gran ayuda*.
16. **Don't mention it**, literalmente *no lo mencione*, equivale a *de nada, por nada, no hay de qué*.
17. **Bart, Bay Area Rapid Transit**, *transporte rápido de la bahía* (de San Francisco).
18. **New York City**, evita la confusión con **New York State**.

■ DIFERENCIAS DE VOCABULARIO

EU	Español	GB
subway	*metro(politano)*	**underground, tube**
	subte(rráneo)	

• En GB **subway** = *paso a desnivel*, que en EU es **underpass**.

■ DIFERENCIAS DE USO

| **you said to** | *(me, nos) dijo que* | **you told us to,** |
| | | **you said I had to,** etc. |

■ DIFERENCIAS DE PRONUNCIACIÓN

| **university** | EU: [iunivərsidi:] | GB: [iuni:vəsi:ti:] |

5. Entorno 🔲

The first US railway lines were built in the 1830's. The first company to start scheduled passenger operations using a steam locomotive was the South Carolina Canal and Rail Road Company, between Charleston and Hamburg, S.C. In 1860, on the eve of the Civil War, there were already about 30 000 miles of tracks. US railroads played a historic role in the westward movement. In 1869, the first continental route was inaugurated, after the Pacific Railroad Company, building west from Omaha, Neb., linked up with the Central Pacific, which had been building east from Sacramento, Calif. The growth of the railways was made possible through government aid in the form of land grants and loans.

Las primeras vías de ferrocarril se construyeron en la década de 1830. La primera compañía en transportar con regularidad pasajeros en tren de vapor fue la *Compañía de Canales y Ferrocarriles de Carolina del Sur*, entre Charleston y Hamburg, Carolina del Sur. En 1860, en vísperas de la guerra civil, ya se habían tendido unos 50 000 kilómetros de vías. Los ferrocarriles estadounidenses desempeñaron un papel histórico en el movimiento hacia el oeste. En 1869 se inauguró la primera ruta continental, después de que la Pacific Railroad Company, que había estado construyendo hacia el oeste desde Omaha, Nebraska, se uniera a la Central Pacific, que había construido hacia el este a partir de Sacramento, California. El desarrollo de los ferrocarriles fue posible gracias a la ayuda del gobierno, bajo la forma de préstamos y concesiones de tierras.

Historically, the railroads played a vital role in the winning of the West. In recent times, however, the high class train service of the early 20th century has given way to a rather dilapidated and neglected system which doesn't compare to European train transportation. In America a traveler is much more likely to hop on a plane than on a train. Long distances automatically imply an airplane, whereas a car or a bus will do for a short trip. Originally railroads were private companies. Today, they have been regrouped into a national network of passenger service called *Amtrak* providing first and second class accommodations. In first class, you may use parlor cars during the day, and on night trains you may choose between roomettes, bedrooms or drawing rooms. Special tours, including hotels and side trips, are also organized by *Amtrak*.

Históricamente, los trenes desempeñaron un papel importante en la conquista del oeste. Sin embargo, en épocas más recientes el excelente servicio ferroviario de principios del siglo XX ha dado lugar a un sistema bastante derruido y descuidado que no se compara con los trenes europeos. En Estados Unidos es mucho más probable que un viajero tome un avión que un tren. Las distancias largas automáticamente requieren un avión, mientras que para viajes cortos es suficiente un coche o autobús. Al principio, los ferrocarriles pertenecían a compañías privadas. Hoy se han incorporado a una red nacional de transporte de pasajeros llamada *Amtrak*, que ofrece viajes en primera y segunda clase. En primera clase se puede viajar en **parlor cars** (vagones con sillones cómodos) durante el día o, por la noche, elegir entre **roomettes** (con camas para una persona), **bedrooms** (con camas para dos personas) o **drawing rooms** (tres camas y baño). *Amtrak* también organiza recorridos especiales, que incluyen hospedaje en hoteles y excursiones.

1. Perdí la conexión (de tren o avión).
2. ¿Es más rápido en autobús o en metro?
3. Compre diez fichas, para que no tenga que hacer fila cada vez que viaje.
4. Le aconsejo que no tome el metro después de las diez de la noche. Lo pueden asaltar.
5. Los trenes que van a los suburbios no siempre son puntuales.
6. Puede comprar un abono semanal o mensual para el tren.
7. ¿Por qué no compra un pase ilimitado para viajar en tren?
8. ¿Ya revisó el horario?
9. El expreso entre Nueva York y Washington tiene un cargo adicional.
10. Voy a llegar de Chicago por Kansas City.
11. Sólo las ciudades grandes y medianas tienen servicio de trenes.
12. Ahí viene el inspector. Saquen sus billetes.
13. Este tren no tiene coche-comedor.

1. I missed my connection.
2. Is it faster by bus or by subway?
3. Buy ten tokens so you don't have to stand in line each time.
4. I'd advise you not to take the subway after 10:00 p.m. You could get mugged.
5. Commuter trains are not always on time.
6. You can get a weekly or monthly pass for the train.
7. Why don't you get an unlimited USA railpass?
8. Did you check the schedule?
9. There's an extra charge on the express between New York and Washington.
10. I'll be arriving from Chicago through Kansas City.
11. Only the big cities and good-sized towns have train service.
12. The conductor's coming. You'd better get the tickets out.
13. There's no dining car on this train.

ride, viaje (en tren, metro, autobús, taxi)

token, ficha

turnstile, torniquete, molinete

fare, tarifa, costo de un viaje

subway, metro(politano), subte-(rráneo)

railroads, ferrocarriles

dilapidated, derruido

transportation, transporte

to hop on (fam.), subirse, abordar

accommodation, lugares (en un transporte), alojamiento

car, carro, coche, vagón

scheduled operations, viajes a horarios fijos

to link, unir, vincular, conectar

grant, 1) concesión, 2) subvención

connection, conexión, transbordo

to be mugged, ser asaltado

commuter train, tren que va del centro a los suburbios

weekly pass, abono semanal

schedule, horario

extra charge, cargo adicional

conductor, inspector, el que recoge los billetes (en los trenes)

dining-car, coche-comedor

Vocabulario complementario

steam-powered, de vapor

railroad buffs, fanáticos de los trenes

steep, empinado

grade, cuesta, rampa

east/west/south/northbound, que viaja hacia el este/oeste/sur/ norte

passenger coach, vagón de pasajeros

track, vía

junction, empalme, entronque, conexión

freight train, tren de carga

on schedule, a tiempo, puntual

forwarding station, estación de embarque

I'm on the wagon, ya no bebo alcohol (viene de: **I'm on the water wagon**, que alude a las cisternas de agua de los trenes del siglo XIX)

to jump on the bandwagon, subirse a un tren que está andando

a through train (thru train), tren directo

a shuttle service, transporte que va y viene entre dos puntos cercanos

to ply, ofrecer un servicio regular entre dos puntos

Ride America's most spectacular steam-powered railroad! The New Mexico Express still runs for the enjoyment of tourists and railroad buffs. Departure from the railroad yards at Chama, New Mexico, has been compared to the sailing of an old ocean vessel from one of the world's greatest ports. Passengers feel the same sense of anticipation as they await the beginning of a voyage up one of the steepest sustained railroad grades in North America. Often, on longer trains in the summer, two locomotives are required to accomplish this feat. At Osier, Colorado, passengers from the eastbound train meet passengers from the westbound train, as everyone stops to enjoy a picnic.

El Expreso de Nuevo México

¡Viaje en el tren de vapor más espectacular de Estados Unidos! El *Expreso de Nuevo México* sigue funcionando, para deleite de turistas y fanáticos de los trenes. La salida del tren de la estación de Chama, Nuevo México, se ha comparado con el momento en que un buque antiguo zarpa de uno de los grandes puertos del mundo. Los pasajeros sienten la misma expectación mientras esperan que empiece el viaje por una de las cuestas más empinadas de Norteamérica. Muchas veces, en los viajes de verano, cuando los trenes son más largos, se necesitan dos locomotoras para lograr esta hazaña. En Osier, Colorado, los pasajeros del tren que viaja hacia el este conocen a los del tren que va hacia el oeste, pues todos bajan a disfrutar de un *picnic*.

1. Diálogo — C: customer   A: agent

◻═◻ ⊙

C — Good morning. I'd like to rent[1] a car.

A — *(Busy)* Yes, just a minute please... I'll be right with you[2].

A — What did you have in mind[3]?

C — Well, what I'd like to do is get a car here in Phœnix, drive to the Grand Canyon and then on into New Mexico[4] to see Santa Fe. Do you think I could drop it off[5] there?

A — I'm afraid that wouldn't be possible because we don't have an office[6] in Santa Fe.

C — That's too bad! I was hoping I could fly back to New York from there. Well, what would you suggest, then?

A — You could leave the car in Albuquerque where we do have an office[7].

C — I suppose that'll be all right. Could you tell me what the rates are? I'd like to keep the car for three or four days.

A — Why don't you have a look at this brochure. There are daily and weekly rates for each type of vehicle. At the moment, however, we've only got type C cars available. Everything else is reserved or out on the road.

C — Oh dear, this is going to cost a fortune. Type C is the most expensive.

A — You'd have to take type C anyway, because of the air-conditioning. You'd be crazy[8] to go out into the desert[9] without it.

C — At this price we might just as well fly!

A — I see what you mean. And what's more, you've got an extra charge[10] for not returning the car where you picked it up. But at least by car, you get to see the country. You'd be better off[11] with the 3-day package deal[12] which includes unlimited mileage. But you'll have to return the car here. The rates are on the back of the leaflet. You'll notice that they're much cheaper.

C — This is more in my price range[13]. As a matter of fact, it's a real bargain. Why didn't you mention it in the first place?

Phoenix	[fi:ni:ks]	vehicle	[vi:əkəl]
New Mexico	[nu:meksiko:u]	fortune	[fo:rchən]
Santa Fe	[sændəfe:i:]	desert	[de:zərt]
suggest	[sədʒe:st]	return	[ri:tərn]
Albuquerque	[ælbəkərki:]	range	[re:indʒ]
brochure	[bro:shu:r]		

C — Buenos días. Quisiera alquilar un automóvil.

E — *(Ocupado)* Sí, un momento, por favor... Enseguida lo atiendo.

E — ¿Qué se le ofrece?

C — Bueno, lo que quisiera es alquilar un automóvil aquí en Phoenix, ir hasta el Gran Cañón y luego a Nuevo México para conocer Santa Fe. ¿Cree que lo podría entregar ahí?

E — Me temo que no será posible, porque no tenemos sucursal en Santa Fe.

C — ¡Qué lástima! Esperaba poder volar de regreso a Nueva York desde ahí. Entonces, ¿qué me sugeriría?

E — Podría entregar el automóvil en Albuquerque, donde sí tenemos una sucursal.

C — Supongo que eso estaría bien. ¿Me podría decir los precios? Quisiera alquilar el automóvil por unos tres o cuatro días.

E — ¿Por qué no revisa este folleto? Hay precios por día y semanales para cada tipo de vehículo. Sin embargo, en este momento sólo tenemos autos del tipo C. Todo lo demás está reservado o alquilado.

C — ¡Dios mío!, esto va a costar una fortuna. El tipo C es el más caro.

E — De todos modos tendría que llevar el tipo C, por el aire acondicionado. Sería una locura salir al desierto sin aire acondicionado.

C — ¡Por este precio, bien podríamos volar!

E — Entiendo. Además, tendría que pagar un cargo adicional por no entregar el auto donde lo alquiló. Pero en automóvil por lo menos puede ver el paisaje. Le convendría más el paquete de 3 días, que incluye kilometraje ilimitado. Pero tendría que entregar el automóvil aquí. Las tarifas están en la parte de atrás del folleto. Notará que son mucho más baratas.

C — Esto está más cerca de mis posibilidades. De hecho, es una verdadera oportunidad. ¿Por qué no lo mencionó antes?

1. **to rent**, *alquilar, rentar* (un automóvil, un departamento, etc.), **car rental**, *alquiler de automóviles*, **rental car = rented car**, *automóvil alquilado, de alquiler*.

2. **I'll be right with you**, en este contexto **right** significa *enseguida*, como en **right away**, *enseguida, en un momento, inmediatamente*, **right now**, *ahora mismo, en este instante*.

3. **to have in mind**, literalmente *tener en mente*.

4. **then on into New Mexico**, observe la asociación de las preposiciones **on** (idea de continuar) e **into** (idea de entrar).

5. **I could drop it off**, literalmente *depositarlo, dejarlo*. Compare con la expresión común cuando se lleva a alguien en automóvil: **Where do you want me to drop you off?**, *¿dónde quiere que lo deje?*

6. **we don't have an office**, en esta frase **to have** es un verbo pleno, con el sentido de *poseer*, y por eso se usa con el auxiliar **to do**.

7. **where we do have an office**, observe el uso del **do** enfático: *donde sí tenemos una sucursal* (en oposición a Santa Fe, donde no tenemos).

8. **crazy**, es importante distinguir **crazy**, **mad**, *loco, demente*, de **foolish**, *idiota, estúpido, absurdo*. **A madman**, *un loco*, **a fool**, *un idiota*.

9. **desert**, cuidado con las diferentes pronunciaciones: **desert** [de:zərt], *desierto*, **desert** [di:zərt], *mérito*, **dessert** [di:se:rt], *postre*.

10. **charge**, suma que se paga por un servicio, *precio, cuota, cargo*, **to charge**, 1) *cobrar*, 2) *cargar una suma a una cuenta*. **How much do you charge?**, *¿cuánto cobra?*, **charge it to my account**, *cárguelo a mi cuenta*.

11. **You'd be better off**, es lo contrario de **you'd be worse off**, *lo que menos le conviene..., lo peor sería...*

12. **the 3-day package deal**, **deal**, *trato, acuerdo*, **package**, 1) *paquete* (empacado), 2) *paquete, conjunto* (de condiciones, medidas, etc.); observe que **3-day** funciona como adjetivo (por eso tiene un guión, que convierte las dos palabras en una sola, y no lleva **s**).

13. **price-range**, literalmente *gama de precios, abanico de precios*.

■ DIFERENCIAS DE TÉRMINOS Y EXPRESIONES

EU	Español	GB
that's too bad!	*¡qué pena!,*	**what a pity!,**
	¡qué lástima!	**what a shame!**
to rent	*rentar, alquilar*	**to hire**

• En el inglés británico se dice **to hire a car**. Este verbo se aplica igualmente a todo lo que uno paga y usa de manera temporal (salones, trajes, etc.). También se usa **to rent** para el alquiler de un cuarto o vivienda; en este caso la acción por parte del propietario es **to let**, *poner en renta*.

También se puede decir:

Hertz and Avis rent cars to customers who wish to hire them.

Para estos casos el inglés estadounidense usa de manera más sistemática **to rent**, mientras que usa **to hire** con el sentido de *contratar, dar empleo*:

EU: **The company has hired ten men.**

GB: **The company has taken on ten men.**

La compañía contrató diez hombres.

---

5. Entorno

🔊
Car rentals

Cars may easily be rented in nearly any American city, either at the airport or the major hotels or in car rental agencies. Credit cards, travelers checks or cash, as well as security deposit are usually required. In certain agencies, an arrangement can be made whereby the car may be returned in a different city. There may be an additional basic charge for this service. The rates usually include maintenance and insurance coverage and may be daily, weekly or monthly.

Alquiler de automóviles

Es posible alquilar automóviles en casi cualquier ciudad de Estados Unidos, ya sea en el aeropuerto, en los principales hoteles o en agencias. Generalmente se paga con tarjetas de crédito, cheques de viajero o dinero en efectivo, además de un depósito como garantía. En algunas agencias se puede llegar a ciertos acuerdos, de modo que el automóvil se pueda entregar en otra ciudad. Este servicio puede tener un cargo adicional. Las tarifas generalmente incluyen mantenimiento y un seguro, y pueden ser por día, semanales o mensuales.

Car rental: main categories

A: Economy or sub-compact	Automóvil (2 puertas), 3-4 personas
B: Compact	Automóvil (4 puertas), 4 personas
C: Intermediate or mid-size	Berlina, 5 personas
D, E: Full-size	Auto grande, 6 personas
F: Station wagon	Camioneta familiar, 5-9 personas
G: Van	Camioneta grande
H: 4-wheeler	Auto de doble tracción

An ad

TROY RENT A CAR

We feature[1] Fords and other fine cars.
Our Ford Escort costs 28% less than a comparable "super saver"
from AVERZ.
TROY Daily Rate: $30.90
Mileage[2] charge: none
AVERZ Daily Rate: $43.00
Mileage charge: none
TROY saves you: $12.10 (28%)
Toll-free reservations nationwide: 800-421-WXYZ
*Rates, free miles, car models subject to change without notice and
may vary in certain locations.

Un anuncio publicitario

ALQUILER DE AUTOS TROY

Tenemos Fords y otros excelentes autos.
Nuestro Ford Escort cuesta 28% menos que el equivalente "sú-
per económico" de AVERZ.
Precio TROY por día: $30.90
Cargo por kilometraje: ninguno
Precio AVERZ por día: $43.00
Cargo por kilometraje: ninguno
Con TROY ahorra: $12.10 (28%)
Reservaciones sin costo en todo el país: 800-421-WXYZ
*Los precios, kilometraje gratuito y modelos de automóviles pueden
cambiar sin previo aviso y pueden variar en algunos lugares.

---

[1] **to feature**, *ofrecer, incluir* (entre lo que se vende o renta).
[2] **mile + age**, *kilo + metraje.*

1. Le conviene más alquilar por semana.
2. Es más barato alquilar un automóvil.
3. Todos los modelos tienen transmisión automática.
4. La gasolina/nafta que quede en el tanque se descontará de la cuenta.
5. Sólo tienen automóviles de cilindros grandes, pero la gasolina/nafta no es tan cara.
6. En todos los aeropuertos se pueden alquilar automóviles.
7. ¿Cuántas millas piensa recorrer por día?
8. La llave de encendido está sobre el tablero.
9. Aunque es para cinco personas, quizá logre acomodar seis.
10. Tiene una enorme cajuela: tendrá mucho espacio para el equipaje.
11. Lo puede devolver en el aeropuerto. Ahí tenemos nuestro propio módulo de entrega.
12. Conserve el contrato original y devuélvanos la copia.
13. Todos estos vehículos tienen aire acondicionado.
14. ¿A quién debo llamar si pasa algo?

1. You would do better to rent by the week (on a weekly basis).
2. It's cheaper to rent (GB: to hire) a car.
3. All models are automatic.
4. Gas left in the tank will be deduced from the bill.
5. They only have cars in the big cc's, but gas is less expensive.
6. Car rentals can be found in all airports.
7. How many miles a day (per day) do you expect to do?
8. The ignition key is on the dashboard.
9. Although it's a 5-seater, you can probably squeeze in six.
10. It's got a huge trunk: there's plenty of room for your luggage.
11. You can drop it off at the airport. We have our own drop-off point there.
12. Keep the original of the contract and give us the copy.
13. All these vehicles feature air-conditioning.
14. Who should I call if anything goes wrong?

to drop off, entregar, dejar, devolver
extra charge, cargo adicional
to pick up, recoger, pasar a buscar
package deal, paquete de oferta
unlimited mileage, kilometraje ilimitado
price range, gama de precios
a bargain, una oportunidad, una oferta
ignition, encendido

ignition key, llave de encendido
dashboard, tablero (de un automóvil)
5-seater, auto para cinco personas
trunk, cajuela, portaequipajes, maletero, baúl
glove compartment, guantera
convertible, convertible
sun-roof, techo corredizo, quemacocos
automatic shift, transmisión automática

Vocabulario complementario

AAA = American Automobile Association
collision damage insurance, seguro por accidentes
full collision insurance, seguro por pérdida total
personal accident insurance, seguro por accidentes personales
dip, badén, hondonada
bump, tope
merge, punto en que una vía se incorpora a otra
pot holes, baches
road out, calle cerrada, camino cerrado
slippery when wet, suelo resbaladizo
soft shoulders, laderas inestables

EU	Español	GB
licence plate	*placa, chapa, matrícula, patente*	number plate
muffler	*silenciador*	silencer
overpass	*paso elevado*	fly-over
parking lot	*estacionamiento*	car park
pedestrian crossing	*paso peatones*	zebra crossing
rest area	*bahía de emergencia*	lay-by
sedan	*sedán*	saloon car
spark plugs	*bujías*	sparking plugs
station wagon	*camioneta*	estate car
top	*capota, toldo*	hood (on convertible)
traffic circle	*glorieta, rotonda*	roundabout
trailer	*casa rodante, casa remolque*	caravan
trunk	*cajuela, maletero*	boot
to yield the right of way	*ceder el paso*	to give way
Xing	*cruce, intersección*	crossing

A. Traduzca
1. Lo que me gustaría es alquilar un automóvil.
2. ¿Por qué no se lleva una camioneta?
3. Por ese precio, bien podríamos tomar un avión.
4. ¿Sería mucho más barato?
5. Quisiera alquilarlo por semana.

B. Convierta a pretérito
1. I suppose it'll be alright.
2. You say you have a reservation?
3. I hope I can fly.
4. I'd like to go but I can't.
5. Sorry to keep you waiting.

C. Escriba el equivalente estadounidense y luego traduzca
1. To hire a car.
2. They have taken on two new secretaries.
3. What a pity, really!

D. Haga la transcripción fonética y coloque el acento tónico
1. Mexico 2. to suggest 3. brochure 4. vehicle 5. conditioning
6. Albuquerque 7. desert 8. to suppose.

Modelo de corrección

A. 1. What I'd like to do is rent a car.
2. Why don't you take a station-wagon?
3. At that price, we might as well fly.
4. Would it be much cheaper?
5. I'd like to rent (it) by the week.

B. 1. I supposed it'd be alright.
2. You said you had a reservation?
3. I hoped I could fly.
4. I'd have liked to go, but I couldn't.
5. Sorry to have kept you waiting.

C. 1 To rent a car. *Alquilar un automóvil.*
2. They have hired two new secretaries. *Contrataron dos secretarias nuevas.*
3. That's really too bad! *¡Realmente es una pena!*

D. 1. [me:ksiko:u] 2. [sədʒe:st] 3. [bro:shu:r] 4. [vi:əkəl]
5. [kəndi:shəni:ŋ] 6. [ælbəkə:rki:] 7. [de:zərt] 8. [supo:u:s]

Observe: **free mileage**, *kilometraje gratuito*, **unlimited mileage**, *kilometraje ilimitado*, **one-way**, *viaje sencillo, sólo de ida* (cuando se puede entregar el automóvil en un lugar distinto al del alquiler), **round-trip**, *viaje redondo* (cuando hay que entregar el automóvil donde se alquiló), **drop-off charge**, *cargo adicional por no entregar el automóvil donde se alquiló.*

1. Diálogo — A: attendant[1] C: customer

🔊 ⊙

A — What kind of gas[2] do you want?

C — I don't really know. This is a rented car and it's the first time we're getting gas. I think it takes only[3] lead-free[4].

A — Unleaded is all we have. But you'd better take premium for this car.

C — Yes please.

A — How about the oil[5]?

C — I don't know. Will you check it please? And while you're at it, can you check the water and tires[6]?

A — O.K.[7] No problem.

C — Do you have a toilet?

A — Yes. The key to the ladies'[8] is in the office. The men's room is open. You don't need a key.

C — Did you take care of the oil and water?

A — It took a quart[9] of oil and needed some water, but the tires were all right. That'll be $24.50[10].

C — Here you are.

A — Just a minute. Here's your change[11].

C — Thank you. By the way, there is a loud noise underneath when I shift. Who should I see about it?

A — Talk to the mechanic. He's in the repair shop[12], around the back.

C — One more question. How do you get to the highway[13] that goes to Disneyland?

A — Take your first right at the light[14]. Stay on that road until you come to the first underpass. There you'll see a sign Interstate 5, take it going South[15], get[16] off at the Anaheim exit and follow the signs to Disneyland. You can't miss it!

gas	[gæs]	dollar	[dɐlər]
unleaded	[ənli:dəd]	change	[che:i:ndʒ]
premium	[pri:mium]	mechanic	[mekænik]
lead	[li:d]	underpass	[əndərpæs]
key	[ki:]	interstate	[intərste:it]
quart	[kuɐrt]	exit	[e:ksit]

E — ¿Qué clase de gasolina/nafta quiere?

C — La verdad no sé. Es un automóvil alquilado y es la primera vez que le ponemos combustible. Supongo que sólo usa sin plomo.

E — Todos los nuestros son sin plomo. Pero para este automóvil será mejor que use Premium.

C — Sí, por favor.

E — ¿Y qué tal está de aceite?

C — No sé, ¿lo puede revisar, por favor? ¿Y también podría revisar el agua y los neumáticos?

E — Claro, sin problema.

C — ¿Tiene baños?

E — Sí. La llave para el de damas está en la oficina. El de caballeros está abierto, no necesita llave.

C — ¿Revisó el aceite y el agua?

E — Necesitaba un litro de aceite y un poco de agua, pero los neumáticos están bien. Son $24.50.

C — Aquí tiene.

E — Espere un momento, aquí está su cambio*.

C — Gracias. Por cierto, el auto hace un ruido fuerte cuando cambio de velocidad. ¿A quién debo ver para que lo revise?

E — Hable con el mecánico. Está en el taller, por la parte de atrás.

C — Una pregunta más. ¿Cómo llego a la autopista que va a Disneylandia?

E — En el semáforo, tome la primera calle a la derecha. Siga por ahí hasta llegar al primer paso inferior. Ahí va a ver el cartel indicador de la Interestatal 5, tómela hacia el sur, salga en Anaheim y de ahí siga los carteles de Disneylandia. No tendrá ningún problema.

*Observe que en las gasolineras de Estados Unidos no se da propina por los servicios de rutina.

1. **attendant**, *persona que atiende a los clientes, empleado.*
2. **gas**, abreviación de **gasoline**, *gasolina, nafta.*
3. **takes only**, literalmente *sólo toma*, de ahí *sólo usa*. **Only** aparece inmediatamente después de la palabra a la que se aplica. Cuidado con la pronunciación de **lead** [led], *plomo*, diferente de **lead** [li:d], *dirigir, guiar.*
4. **lead-free**, *sin plomo, libre de plomo.* Cada vez es más común decir **unleaded**.
5. **How about the oil?**, literalmente *¿y qué hay del aceite?, ¿qué me dice del aceite?*
6. **tires**, se escribe **tyres** en inglés británico. **Tire pressure**, *presión del aire (de los neumáticos)*, **spare tire**, *neumático de repuesto, de refacción*, **to have a puncture, a punctured tire**, *tener un neumático pinchado*, **a flat tire**, *un neumático desinflado, reventado.*
7. **O.K.**, un posible origen de esta expresión es la abreviación incorrecta de **all correct (all Korrect)**.
8. **ladies'**, el apóstrofo alude al posesivo de **ladies' room, ladies' toilet.**
9. **It took a quart**, literalmente *tomó, fue necesario un litro.*
10. **$24.50**, observe la posición del símbolo de dólares. La cifra se pronuncia **twenty four fifty**.
11. **change**, cuidado con la pronunciación: se debe marcar bien el diptongo [che:i:ndʒ].
12. **repair shop**, **shop** en este caso significa **workshop**, *taller.*
13. **How do you get to the highway...**, observe el uso de **to get** (que más arriba apareció con el sentido de *obtener, comprar*: **the first time we're getting gas**), que insiste en la manera y dificultad de llegar a un lugar, idea que no se expresa con **to go**, como la diferencia entre *ir* y *llegar*: **how does one get to...?**, *¿cómo se llega a...?*
14. **light**, se trata de las **traffic lights**, *semáforo.*
15. **going South, to go South, to go North, to go East, to go West**, *ir hacia el sur, hacia el norte, hacia el oriente, hacia el poniente.*
16. **get off**, **off** da la idea de dejar, abandonar, como en **to get off a bus, a train**, *bajar de un autobús, un tren.*

■ DIFERENCIAS DE TÉRMINOS

EU	Español	GB
gas	*gasolina/nafta*	petrol
men's room	*baño de hombres*	gents (gentlemen)
highway	*autopista, carretera*	motorway
windshield	*parabrisas*	windscreen

■ DIFERENCIAS DE USO

Observe que si bien en Estados Unidos existe la palabra **car**, también se usa **automobile**, de modo que se dice tanto **car factory** como **automobile plant** para indicar una *planta automotriz*.

Medidas de volumen

1 gallon, gal	=	3.785 lt (EU) /4.545 lt (GB)
1 quart, qt	=	0.946 lt (EU) /1.136 lt (GB)
1 pint, pt	=	0.473 lt (EU) /0.568 lt (GB)

Medidas de longitud: las siguientes medidas son iguales en Estados Unidos y Gran Bretaña:

1 mile, ml, *milla*	=	1.609 m
1 yard, yd, *yarda*	=	0.91 m
1 foot, ft, *pie*	=	30.5 cm
1 inch, in, *pulgada*	=	2.54 cm

■ DIFERENCIAS DE ORTOGRAFÍA

tire (EU)	tyre (GB)
hi (como en **hi-test**) (EU)	high (GB)
thru (EU)	through (GB)

■ DIFERENCIAS DE PRONUNCIACIÓN

water	EU: [wa:dər]	GB: [wo:te]
underpass	EU: [əndərpæs]	GB: [əndəpa:s]

– En general, el inglés estadounidense no distingue entre la [a] de **Pat, cat**, y la [a:] de **ask**, como hace el inglés británico. En Estados Unidos todas estas palabras se pronuncian con [æ]. Sin embargo, el inglés estadounidense sí reconoce el sonido [a:], en palabras como **car, star,** y lo distingue de la [æ] de los ejemplos anteriores.

– Como ocurre con **city**, en el inglés estadounidense la **t** intervocálica (**wa-t-er**) se pronuncia a menudo como una **d** muy breve [wa:dər].

– Finalmente, observe que en el inglés estadounidense la **r** es sonora, ya sea en el interior o al final de la palabra. Esta **r** se llama *retrofleja*, porque se produce haciendo que la punta de la lengua apunte hacia el paladar.

■ There are many types of highways in the U.S., varying in size from 4 to as many as 16 lanes. The interstates are under federal jurisdiction. They are a coast-to-coast system: the even numbers are East-West and the odd numbers are North-South. The others, which may be called *highways, expressways, turnpikes, thruways* or *parkways*, are state roads. These state-controlled highways are usually toll roads, with the exception of the freeways in California. Depending on the state, the speed limit usually varies between 55 and 65 mph.

■ The highway system also includes secondary roads as well as thousands of miles of unpaved roads, that can be used with a four-wheeler. To obtain information on road conditions, you may contact the Department of Highways or telephone for the Road Report.

■ In the U.S.A. (as well as in Britain), the amount of gas used by a car engine is expressed by the number of miles per gallon. Thus one car may do 30 miles to the gallon, and another only 22.

Autopistas

■ En Estados Unidos hay muchos tipos de autopistas, que pueden tener desde 4 hasta 16 carriles. Las autopistas interestatales están bajo jurisdicción federal y forman un sistema nacional, de costa a costa: las que tienen números pares corren de este a oeste y las de números impares de norte a sur. Las demás autopistas, que pueden llamarse *highways* (carreteras), *expressways* (vías rápidas), *turnpikes* (autopistas con peaje), *thruways* (vías rápidas) o *parkways* (carreteras panorámicas)*, son todas estatales. En estas autopistas estatales generalmente se paga peaje, con la excepción de los *freeways* (autopistas gratuitas) de California. Dependiendo del estado, los límites de velocidad por lo general oscilan entre 55 y 65 millas por hora (entre 89 y 105 km/h).

■ El sistema de autopistas también incluye carreteras secundarias, así como miles de millas de caminos sin pavimentar por donde se puede transitar con un vehículo de doble tracción. Para obtener información de las condiciones de las carreteras, puede consultarse al Departamento de Caminos o hablar al Informe Vial.

■ En Estados Unidos (al igual que en Gran Bretaña) la cantidad de gasolina que consume el motor de un automóvil se expresa en millas por galón. Así, un automóvil puede recorrer 30 millas con un galón, mientras que otro sólo recorre 22.

*Se trata de autopistas que atraviesan parques naturales, de los cuales toman su nombre. Generalmente están cerradas al tránsito pesado y están libres de anuncios publicitarios.

1. ¿Dónde está la entrada a la autopista que va hacia el norte?
2. ¿Sabe cuál es el límite de velocidad en este estado?
3. Obtuvo dos multas por estacionarse mal y otra por exceso de velocidad.
4. ¿Le podría cambiar el aceite?
5. ¿Podría revisar la presión de los neumáticos, por favor?
6. Mi automóvil se descompuso y tuve que pedir una grúa.
7. (Prohibido) paso de peatones, motocicletas, vuelta en U.
8. Me detuvo la policía de caminos porque mi matrícula/chapa estaba suelta.
9. Será mejor que revisemos el neumático de repuesto del maletero.
10. En el carril de emergencia nunca se permite estacionarse.
11. Ceda el paso.
12. No hay paso. Calle cerrada.
13. Cuesta empinada: use primera velocidad.
14. Cuidado, trabajos de construcción.
15. Manténgase a su derecha.
16. ¿Cuántas millas recorre por galón?
17. Encienda los faros delanteros cuando empiece a oscurecer.
18. Se nos reventó un neumático y nos tuvo que llevar la grúa.

1. Where's the entrance to the freeway going North?
2. D'you know what the speed limit is in this state?
3. He got two parking tickets and he was fined for speeding.
4. Could I have the oil changed?
5. Would you check the tire pressure please?
6. My car broke down and I had to call for a tow-truck.
7. No pedestrians, no mopeds, no U-turns (allowed).
8. The highway patrol stopped me because my license plate was loose.
9. We'd better check the spare tire in the trunk.
10. No parking at any time in the emergency lane.
11. Yield right of way.
12. No through (thru) street (or dead end).
13. Steep gradient: use low gear.
14. Caution, construction ahead (GB: slowdown, roadworks).
15. Keep to the right (GB: keep to nearside lane).
16. How many miles do you get to the gallon?
17. Turn your headlights on at dusk.
18. We had a flat and had to be towed.

attendant, empleado
gas, gasolina, nafta
lead-free, sin plomo, libre de plomo
to fill up, llenar el tanque
tire, tyre (GB), neumático, llanta, goma
ladies' (room), baño de damas
men's (room), baño de caballeros
mechanic, mecánico
repair shop, taller mecánico
highway (EU), autopista
underpass, paso inferior (por debajo de otro camino)
interstate, autopista interestatal
jurisdiction, jurisdicción
highway, expressway, parkway, thruway, turnpike, autopistas, carreteras estatales con peaje
freeway, autopista gratuita (en California)
toll, peaje, cuota
speed limit, límite de velocidad
parking ticket, multa (por estacionarse mal)
to fine, multar

a fine, una multa
speeding, exceso de velocidad
change of oil, cambio de aceite
to break down, descomponerse (un automóvil)
pedestrian, peatón
moped (de **mo**tor + **ped**al), velomotor, moto ligera, motoneta
U-turn, vuelta en U
license plate (EU), **registration plate, car plate** (GB), matrícula, placa
no parking at any time, prohibido estacionarse (en todo momento)
to yield, ceder el paso
right of way, prioridad, paso
no through way/thru way, deadend, no hay paso, calle cerrada
steep gradient, cuesta empinada
low(er) gear, primera (velocidad)
to turn on the light, encender las luces
headlights, faros delanteros
a flat, neumático reventado, pinchado
to tow, remolcar, llevar con la grúa
blinker, (faros) intermitentes

Vocabulario complementario

EU	Español	GB
back-up lights	*luces traseras*	reversing lights
flat tire	*neumático reventado, pinchado*	puncture
crosswalk	*cruce peatonal*	pedestrian crossing
detour	*desviación*	diversion
divided highway	*autopista de dos carriles*	dual carriageway
filling station	*gasolinera, estación de servicio*	petrol station
gear shift	*caja o palanca de cambios*	gear lever
grade crossing	*cruce a nivel, paso a nivel*	level crossing
hood	*cubierta (del motor), capó, cofre*	bonnet
intersection	*intersección, cruce*	junction, crossroads
truck	*camión*	lorry

Observación: **truckstop** es *restaurante sobre la carretera*, pero también *instalaciones sanitarias sobre la autopista.*

Estados	Abr.	Pronunciación	Capitales	Pronunciación
Alabama	Al.	[aləbæma]	Montgomery	[montgʉməri]
Alaska	Ak.	[alæska]	Juneau	[dʒu:no]
Arizona	Az.	[ærizouna:]	Phœnix	[fi:nɔks]
Arkansas	Ar.	[ɐrkanzo:]	Little Rock	[lidəlrek]
California	Ca.	[kælifo:rni:a]	Sacramento	[sækramentou]
Colorado	Co.	[kʉləræda]	Denver	[de:nvər]
Connecticut	Ct.	[kəne:kti:kət]	Hartford	[ha:rfo:rd]
Delaware	De.	[delawə:r]	Dover	[dʉvər]
Florida	Fl.	[flɐridə:]	Tallahassee	[tæləhæsi:]
Georgia	Ga.	[dʒo:rgiə:]	Atlanta	[a:tlæntə:]
Hawaii	Hi.	[həua:i:]	Honolulu	[hono:lulu]
Idaho	Id.	[aidəho:u]	Boise	[boisi:]
Illinois	Il.	[ilinoi:]	Springfield	[springfiəld]
Indiana	In.	[indiænə]	Indianapolis	[indianæpəli:]
Iowa	Ia.	[æi:o:uɐ]	Des Moines	[dəmoi:ns]
Kansas	Ks.	[kænsəs]	Topeka	[təpi:kə:]
Kentucky	Ky.	[ke:ntəki:]	Frankfort	[frænfo:rt]
Louisiana	La.	[lu:i:siænə]	Baton Rouge	[beitənru:dʒ]
Maine	Me.	[mei:n]	Augusta	[ogʉstə:]
Maryland	Md.	[me:ri:lænd]	Annapolis	[anæpəli:]
Massachussetts	Ma.	[mæsəchu:sets]	Boston	[bʉstən]
Michigan	Mi.	[mi:shigən]	Lansing	[lænsiŋ]
Minnesota	Mn.	[minəso:udə]	St. Paul	[sæntpo:l]
Mississippi	Ms.	[misəsi:pi:]	Jackson	[dʒæksən]
Missouri	Mo.	[mizu:ri:]	Jefferson City	[dʒe:fərsən si:di:]
Montana	Mt.	[məntænə]	Helena	[heli:nə]
Nebraska	Ne.	[nəbræskə:]	Lincoln	[linkən]
Nevada	Nv.	[nəvædə]	Carson City	[kɐrsən si:di:]
New Hampshire	Nh.	[nu: hæmpshər]	Concord	[kənko:rd]
New Jersey	NJ	[nu: dʒərsi:]	Trenton	[tre:ntən]
New Mexico	NM	[nu: me:ksiko:u]	Santa Fe	[sændəfe:i]
New York	NY	[nu: dʒo:rk]	Albany	[oibeni]
North Carolina	NC	[no:rθ karolainə]	Raleigh	[ræli:]
North Dakota	ND	[no:rθ dako:də]	Bismarck	[bismɐrk]
Ohio	Oh.	[oha:io]	Columbus	[kəlo:mbəs]
Oklahoma	Ok.	[ɐkla:ho:mə]	Oklahoma City	[ɐklɐhomə si:di:]
Oregon	Or.	[ʉregən]	Salem	[sælem]
Pennsylvania	Pa.	[pənsi:lvænia]	Harrisburg	[hærisbərg]
Rhode Island	RI	[red a:ilənd]	Providence	[prʉvide:ns]
South Carolina	SC	[sa:uθ karolainə]	Columbia	[koləmbiə]
South Dakota	SD	[sa:uθ dako:də]	Pierre	[pie:r]
Tennessee	Tn.	[te:nesi:]	Nashville	[næshvəl]
Texas	Tx.	[teksəs]	Austin	[o:stən]
Utah	Ut.	[i:u:tə:]	Salt Lake City	[sɐltlei:ksi:di:]
Vermont	Vt.	[vərmont]	Montpellier	[mentpelie:]
Virginia	Va.	[vərdʒi:niə]	Richmond	[ri:chmənd]
Washington	Wa.	[wa:shiŋtən]	Olympia	[olimpi:ə]
West Virginia	WV	[west vərdʒi:ni:ə]	Charleston	[charlstən]
Wisconsin	Wi.	[wi:skənsən]	Madison	[mædi:sən]
Wyoming	Wy.	[waiomi:ŋ]	Cheyenne	[she:ie:n]

1. Diálogo — B: Bob C: Cathy O: police officer

A close call[2] 📼 ⊙

B — Is that an ambulance I hear?

C — What do you mean? I don't hear anything.

B — It seems to be coming closer, but I can't see a thing in the rear-view mirror. Could you wipe off the back window please? It's all fogged up.

C — Bob, bad news[3]. There's a car with a flashing red light[4] following us and it doesn't look like an ambulance to me[5]. I'm afraid it's a police car.

B — Damn[6], that's all we need[7].

C — Bob, you'd better pull over[8]. The policeman is signaling to you.

B — What rotten luck[9]!

C — Now calm down and don't lose your temper, whatever you do. Roll down your window[10].

O — O.K. Mister[11]. Do you know what the speed limit is on this highway[12]?

B — I believe it's 55 m.p.h[13], Sir.

O — That's exactly right. Now can you tell me how fast you were driving[14] when I stopped you?

B — I suppose I was going about 60[15], Officer[16].

O — 60! You must be kidding[17]! You were doing at least 75 when I spotted you.

B — I'm sorry, Officer, I really wasn't aware[18] I was speeding[19].

O — Let's see your driver's license and registration papers[20].

B — Here's my license.

O — I can't make heads or tails of this[21]. It's not even in English. You're driving without a valid license and speeding on top of it. You'll have to come down to the local precinct[22]. Where's your registration?

B — Registration?

O — Yeah, the papers that show you own the car.

B — But I don't own the car... You see, we're on vacation and this is a rented car...

O — I get it[23]. You're foreigners. Look[24], I'll let you off[25] this time, but don't let it happen again!

police	[poliːs]	calm	[kɐlm]
close	[klous]	m.p.h.	[em piː eich]
ambulance	[æmbiuːləns]	officer	[ɐfiːsər]
rear-view mirror	[riːərviːuːmiːrər]	license	[laisens]
damn	[dæm]	precinct	[prisiːnkt]
signaling	[signəliːŋ]	foreigners	[foːrənərs]

¡Estuvo cerca!

B — ¿Es una ambulancia lo que oigo?

C — ¿A qué te refieres? Yo no oigo nada.

B — Parece que se acerca, pero no veo nada por el espejo retrovisor. ¿Podrías limpiar la ventana de atrás, por favor? Está empañada.

C — Bob, malas noticias. Nos está siguiendo un automóvil con luces rojas encendidas y no parece una ambulancia. Me temo que sea la policía.

B — ¡Maldición! Justo lo que necesitamos.

C — Bob, será mejor que pares. El policía te está haciendo señas.

B — ¡Maldita suerte!

C — Ahora cálmate y, pase lo que pase, no pierdas la paciencia. Baja el vidrio.

P — Bien, amigo, ¿sabe cuál es el límite de velocidad en esta autopista?

B — Creo que 55 millas por hora, señor.

P — Exactamente. Ahora, ¿me podría decir a qué velocidad estaba conduciendo cuando lo detuve?

B — Supongo que iba como a 60, oficial.

P — ¡60! ¡Debe de estar bromeando! Iba por lo menos a 75 cuando lo detecté.

B — Discúlpeme, oficial, de verdad no me di cuenta que iba a exceso de velocidad.

P — Muéstreme su licencia de conducir y los documentos del vehículo.

B — Aquí está mi licencia.

P — Esto no se entiende. Ni siquiera está en inglés. Está conduciendo sin una licencia válida y encima con exceso de velocidad. Me va a tener que acompañar a la comisaría. ¿Dónde están los documentos del automóvil?

B — ¿Documentos?

P — Sí, los papeles que muestran que usted es el dueño del auto.

B — Pero yo no soy el dueño del automóvil... Verá, estamos de vacaciones y es un automóvil alquilado...

P — Ah, entiendo. Son extranjeros. Mire, lo voy a dejar ir sólo por esta vez, pero que no se repita.

1. **run-in**, *encuentro desagradable, pleito, riña, altercado*. **To run into somebody**, *encontrarse con alguien de manera sorpresiva*.

2. **a close call, a narrow escape; to have a close call, a narrow escape**, *lograr escaparse en el último momento, por muy poco*.

3. **news** tiene sentido colectivo, aunque se construye en singular: **what's the news?**, *¿qué novedades hay?, ¿qué hay de nuevo?* Para referirse a una sola noticia se dice **a piece of news**.

4. **flashing red light, to flash**, *brillar, emitir destellos*.

5. literalmente *para mí no parece una ambulancia*.

6. **Damn**, juramento derivado del verbo **to damn**, *maldecir, condenar*.

7. **that's all we need**, literalmente *eso es todo lo que necesitamos*.

8. **to pull over**, detener un vehículo junto a la orilla del camino.

9. **rotten luck, rot**, *putrefacción*, **to rot**, *pudrir(se)*, **rotten**, *podrido* (literalmente y en sentido figurado).

10. **Roll down your window, to roll down**, hacer que algo baje con un movimiento giratorio (aunque el objeto en sí no se enrolle).

11. **OK, Mister**, uso familiar de **Mister**. Es el único caso en que se escribe completo; cuando se usa antes de un nombre, siempre se escribe la abreviación **Mr**.

12. **highway**, *autopista*, que puede pertenecer a un solo estado (**State highway**) o cruzar varios (**Interstate highway**).

13. **55 m.p.h. = 55 miles per hour**, es decir, 88 km/hr. (**1 mile = 1.609 km**).

14. **how fast you were driving?**, *¿a qué velocidad conducía?* Compare con el uso de **how** en: **how often, how frequently**, *con qué frecuencia*, **how far**, *a qué distancia*.

15. **I was going about 60 = I was going at about 60.**

16. **Officer**, es la manera de dirigirse a un policía, sin importar su grado.

17. **You must be kidding, to kid**, *bromear, mentir, tomar el pelo*, **no kidding?**, *¿es en serio?*

18. **I really wasn't aware, to be aware of something**, *darse cuenta de algo, estar consciente de algo*.

19. **to speed**, 1) *apurarse*, 2) *conducir con exceso de velocidad*, **a speeding ticket**, *una multa por exceso de velocidad*.

20. **registration papers, to register**, *inscribir, matricular, registrar*, **registration**, *inscripción, registro, matrícula*.

21. **I can't make heads or tails of this**, *no entiendo nada, esto no tiene pies ni cabeza*, **heads or tails**, *cara o cruz* (cuando se tira una moneda al aire).

22. **precinct**, 1) *división administrativa o electoral*, 2) *comisaría, oficialía*, 3) *alrededores*.

23. **I get it**, *ya entiendo, ya veo*.

24. **Look!**, familiarmente: *mire, fíjese*.

25. **to let off**, *soltar, dejar ir*, a menudo, como en este ejemplo, tiene el sentido de *perdonar*, no aplicar la sanción merecida.

---

4. Inglés estadounidense y británico

■ DIFERENCIAS DE TÉRMINOS

EU	Español	GB
to roll down	*bajar* (la ventana)	to wind down
highway	*autopista*	motorway
precinct	*comisaría*	police station
vacation	*vacaciones*	holiday(s)
run-in	*encuentro*	encounter
to pass	*rebasar* (en auto)	to overtake

■ DIFERENCIAS DE USO

Mister: en el inglés británico nunca se usa solo, sino siempre seguido de un apellido y abreviado: **Mr. Brown**. En el inglés estadounidense el uso de **mister** sin apellido es familiar y puede corresponder al uso de *¡amigo!*

■ DIFERENCIAS DE ORTOGRAFÍA

EU	GB	EU y GB
license	licence	to license
practise	practice	to practise
signaling	signalling	

■ DIFERENCIAS DE PRONUNCIACIÓN

news	EU: [ni:us]	GB: [ni:uz]
fast	EU: [fæst]	GB: [fa:st]

■ Apart from the FBI*, which only investigates violations of Federal laws, there is no national police corps in the United States. Police departments are organized and run at city or community level, and the function of chief of police is an elective one. Of course the very notion of violation and the nature of law enforcement differ in some respects from one state to another; but similar standards nevertheless apply concerning eligibility for appointment, training, duties, salaries, promotions, etc.

■ Most newly recruited policemen begin on patrol duty. Patrolmen may be assigned to such varied areas as congested business districts, outlying residential areas, or other sections of a community. They may cover their beats alone or with other patrolmen, and they may ride in a police vehicle or walk on "foot" patrol. Patrolmen also watch for stolen automobiles and enforce traffic regulations. They may be called on to testify in court.

* **Federal Bureau of Investigation**, *Oficina Federal de Investigaciones*, división del Ministerio de Justicia creada en 1908.

La policía de Estados Unidos

■ Aparte de la FBI, que sólo investiga violaciones a las leyes federales, en Estados Unidos no hay ningún cuerpo policiaco nacional. Los departamentos de policía están organizados y funcionan dentro de cada ciudad o comunidad, y el cargo de jefe de policía se obtiene por elección. Aunque la noción misma de violación y el carácter de la ley difieren en cierta medida de un estado a otro, se aplican principios similares en cuanto al perfil necesario para ser nombrado, la preparación, las obligaciones, los salarios, el ascenso, etc.

■ La mayoría de los policías recién reclutados comienzan con trabajos de vigilancia. Los agentes pueden ser asignados a áreas muy variadas, como distritos empresariales con mucho tráfico, zonas residenciales alejadas u otras secciones de la comunidad. Cubren sus turnos solos o acompañados por otros patrulleros, y pueden andar en un vehículo de la policía o hacer sus rondas a pie. Los patrulleros también buscan vehículos robados y vigilan el cumplimiento de los reglamentos de tránsito. Pueden ser llamados como testigos de un juicio.

1. ¿De cuánto es la multa?
2. La policía se llevó su automóvil.
3. Se pasó un semáforo en rojo.
4. En el accidente dos personas murieron y una resultó herida.
5. Me robaron la licencia de conducir y los documentos del automóvil.
6. Debe denunciar el robo a la policía.
7. ¿Cuál es su número de matrícula?
8. Será llamado como testigo en el juicio.
9. Me costó mucho trabajo explicarle mi caso a la policía.
10. El límite de velocidad varía de un estado a otro.
11. Fue herida por un automovilista que la atropelló y se dio a la fuga.
12. Un radar me detectó cuando iba pasando.
13. Si se estaciona frente a una toma de agua, la grúa se llevará su automóvil.
14. La policía local es muy estricta con el estacionamiento en doble fila.
15. ¿Se da cuenta que está yendo en sentido contrario/a contramano en una calle de un solo sentido?
16. El registro de huellas digitales de la FBI está computarizado y se dice que es el más grande del mundo.

1. How much is the fine?
2. His car has been towed away by the police.
3. He went through a red light.
4. Two people were killed and one injured in the accident.
5. My driver's license and registration papers were stolen.
6. You have to report the robbery to the police.
7. What's your license plate number?
8. You'll be called in to court as a witness.
9. I had a lot of trouble explaining my case to the police.
10. The speed limit varies from state to state.
11. She was (has been) injured by a hit and run driver.
12. I was passing when I was checked by a radar.
13. If you park in front of a fire hydrant, your car will surely be towed away.
14. The local police are very strict about double parking.
15. Do you realize you're going the wrong way on a one-way street?
16. The FBI fingerprint file is computerized and is said to be the largest in the world.

rear-view mirror, espejo retrovisor

back window, ventana trasera

fogged up, empañado

to pull over, detenerse (a la orilla del camino)

to signal, hacer señas

to calm down, calmarse

to lose one's temper, perder la paciencia, enojarse

to roll down, bajar (la ventanilla del auto)

speed limit, límite de velocidad

to be kidding, bromear, tomar el pelo

to spot, alcanzar a ver, detectar

to speed, exceder el límite de velocidad

driver's license, licencia o permiso de conducir

registration papers, documentos del automóvil

heads or tails, cara o cruz

to make heads or tails of something, entender

precinct, comisaría

vacation, vacaciones

to let off, dejar ir

to investigate, investigar

violation, infracción, violación (a una ley)

Federal law, ley federal

to run, administrar, operar

law enforcement, aplicación de la ley

standards, principios, criterios

eligibility, elegibilidad, que se puede elegir

appointment, nombramiento

training, formación, entrenamiento (físico)

duties, deberes, funciones

recruited, reclutados

patrol, patrulla, vigilancia

congested, con mucho tráfico

outlying, alejado, en los suburbios

to cover a beat, hacer una ronda

patrolman, vigilante, patrullero

regulation, reglamento

to testify in court, ser testigo en un juicio

legal action, juicio legal

fine, multa

to tow away, remolcar, llevarse la grúa un automóvil

to pass, rebasar, pasar (un auto a otro)

to report, reportar

robbery, robo

license plate number, número de matrícula o placa

hit and run driver, automovilista que causa un accidente y huye

to check, revisar, verificar, controlar

fire hydrant, toma de agua, hidrante

double parking, estacionamiento en doble fila

one-way street, calle de un solo sentido

fingerprint file, registro de huellas digitales

computerized, computarizado

Vocabulario complementario

to bribe, sobornar

to charge with, culpar de

clue, indicio, pista

complaint, queja, denuncia

to convict, condenar, declarar culpable

damages, daños y perjuicios

evidence, pruebas, evidencia

to indict, acusar o enjuiciar

jail, cárcel, prisión

lawyer, abogado

offender, acusado, delincuente

penalty, pena, sanción

perjury, perjurio, juramento en falso

sharpshooter, muy buen tirador

trial, juicio

warrant, orden (de aprehensión, de registro, etc.)

to yield the right of way, ceder el paso

The following statements are often used in traffic exams for police officers. Mark T (true) or F (false) in the corresponding boxes.

❑ 1. The approach for a right turn and the right turn of an automobile should be made as close as practical to the right curb.

❑ 2. The driver of an automobile may make a right turn from a two-way street by driving on the wrong side of the street to pass vehicles stopped at an intersection.

❑ 3. The majority of motor vehicle accidents in which women are involved are of minor nature.

❑ 4. When a vehicle stands on a steep incline it should be parked so that when the brakes are released it will run into the curb.

❑ 5. A driver may pass to the right or to the left in overtaking a vehicle on a one-way street.

❑ 6. A driver proceeding straight ahead with a green signal has the right of way over any driver making a turn.

❑ 7. A vision test is given to all applicants for a learner's permit.

Las siguientes afirmaciones aparecen a menudo en los exámenes acerca del reglamento de tránsito que toman los policías. Marque V (verdadero) o F (falso) en los espacios correspondientes.

❑ 1. Al aproximarse una vuelta a la derecha o al dar vuelta a la derecha, el conductor debe acercarse lo más posible a la acera/vereda.

❑ 2. Para dar vuelta a la derecha en una calle de doble sentido, un conductor puede pasarse al carril de sentido contrario y adelantar a los automóviles que esperan en la intersección.

❑ 3. La mayoría de los accidentes vehiculares donde hay mujeres involucradas son de carácter menor.

❑ 4. Cuando se estaciona un vehículo en una cuesta empinada, debe orientarse de tal manera que, si se sueltan los frenos, se detenga contra la acera.

❑ 5. En una calle de un solo sentido se puede adelantar tanto por la izquierda como por la derecha.

❑ 6. Un conductor que va a seguir derecho en una luz verde tiene prioridad de paso sobre un conductor que va a doblar.

❑ 7. Todos los aspirantes a un permiso de conducir temporal deben someterse a un examen de la vista.

Respuestas: 1: T-V, 2: F, 3: T-V, 4: T-V, 5: T-V, 6: T-V, 7: T-V

1. Diálogo — V: Vicki S: Steve P: Pete

V — Hi[1], everyone. I'm glad you could make it[2].

S — Hi, Vicki. This is my brother, Pete. He dropped by[3] this afternoon, so I brought him along. I didn't think you'd mind.

V — Of course not. Hi, Pete. Nice to meet you[4]. I've heard so much about you.

P — Me too.

V — Well, let's not just stand here[5]. Come on in[6] and help yourselves to a drink. Then I'll show you round the house[7].

S — Vicki, you've really done wonders with this place. How long have you been here now?

V — Almost a year. We moved in last fall and have been working on fixing it up ever since. Come have a look[8] at the den[9].

P — Wow! Did you do the paneling yourselves or did you have it done[10]?

V — John and his brother did it in their spare time, believe it or not. They also made a rec-room[11] downstairs. Do you want to see the upstairs[12]?

P — Sure.

V — Don't mind the mess. I just can't seem to[13] get these kids to clean up their rooms[14] anymore, or even to make their beds[15], for that matter.

P — Well, you know how kids are nowadays. Hey, is that solar heating?

V — Yeah. We had it put in, as long as we were doing the rooms over.

P — You must save a lot on the heating.

V — You can say that again[16]! Well, we'd better get back to the guests. I hope everyone's enjoying themselves[17].

P — Sure sounds like it[18].

V — Let's go down to the kitchen and out the back door[19]. Can I get you something to eat?

P — No thanks, but I'd really like a cold drink, and the sooner the better.

hi	[ha:i:]	appliance	[aplæiens]
brought	[brɐt]	color	[kɐlər]
nowadays	[nawade:i:s]	coordinated	[koo:rdineite:d]
solar	[sɐlər]	fantastic	[fantæstik]

V – ¡Hola! Qué bueno que pudieron venir.

S – Hola Vicki. Te presento a mi hermano, Pete. Pasó por la casa a media tarde, así que lo traje. Pensé que no te importaría.

V – Claro que no. Hola Pete, encantada de conocerte. He oído hablar mucho de ti.

P – Yo también de ti.

V – Bueno, no nos quedemos aquí parados. Entren y sírvanse una bebida, y después les muestro la casa.

S – Vicki, realmente has hecho milagros con este lugar. ¿Ya cuánto tiempo llevan aquí?

V – Casi un año. Nos mudamos el otoño pasado y desde entonces lo hemos estado arreglando. Vengan a ver la sala de estar.

P – ¡Impresionante! ¿Ustedes mismos hicieron el recubrimiento de madera o contrataron a alguien?

V – John y su hermano lo hicieron en su tiempo libre, aunque parezca increíble. También hicieron un cuarto de juegos en el sótano. ¿Quieren conocer el piso de arriba?

P – Claro.

V – No se fijen en el desorden. Ya no logro hacer que estos niños limpien sus cuartos, ni siquiera que tiendan sus camas.

P – Bueno, ya sabes cómo son los niños ahora. Oye, ¿es calefacción solar?

V – Sí, la mandamos instalar aprovechando que estábamos remodelando los dormitorios.

P – Deben de ahorrar mucho en calefacción.

V – ¡Eso, ni decirlo! Bueno, mejor regresemos con los invitados. Espero que todos se estén divirtiendo.

P – Parece que sí.

V – Bajemos a la cocina para salir por la puerta de atrás. ¿Puedo ofrecerte algo de comer?

P – No, gracias. Pero sí quisiera una bebida fría, lo más pronto posible.

1. **Hi!**, expresión familiar usada para saludar a una o varias personas.

2. **to make it**, 1) *lograr llegar*, 2) *llegar a tiempo, alcanzar*, como en **you'll never make your train**, *no vas a alcanzar el tren*.

3. **to drop by**, *pasar* (por casa de alguien), *visitar de improviso*, formado por **to drop**, *caer*, y **by**, idea de proximidad.

4. **Nice to meet you**, más familiar que el tradicional **how do you do?** (que se responde igual: **how do you do?**). Para saludar a una persona a quien ya se conoce: **how are you?** (y se responde, p. ej., **fine, and how are you?**).

5. **let's not just stand here**, forma más frecuente del infinitivo en negativo, aunque también se usa **don't let us...**

6. **Come on in**, insistencia más calurosa que el simple **come in**.

7. **to show** (o **to take**) **round a place**, *mostrar un lugar a alguien, pasear a alguien por un lugar*.

8. **Come have a look**, familiar para **come and have a look**.

9. **den**, 1) *madriguera, guarida* y, por extensión, *cuarto de trabajo, estudio*, 2) en Estados Unidos, *sala de estar* muy cómodamente arreglada.

10. **to have something done (by somebody)**, *mandar hacer algo, contratar a alguien para hacer un trabajo*, compare con la frase que aparece más adelante: **we had it put in**, *la mandamos instalar*.

11. **rec-room**, abreviación de **recreation room**.

12. **the upstairs**, sustantivo formado a partir del adverbio **upstairs**, *hacia el piso de arriba* (parte de una casa o edificio que está arriba de la planta baja).

13. **I just can't seem to...**, observe este uso idiomático de **to seem**, como en **I seem to remember that**, *me parece que lo recuerdo*, **I can't seem to be able to do it right**, *parece que no logro hacerlo bien*.

14. **to get somebody to do something**, *lograr que alguien haga algo, convencer a alguien de que haga algo*, es menos fuerte que **to make somebody do something**, *obligar a alguien a hacer algo, hacer que alguien haga algo*.

15. **to make their beds**, compare con **to do their rooms**, *ordenar sus cuartos* (actividad más general).

16. **You can say that again**, literalmente *puedes decir eso otra vez*.

17. **everyone is enjoying themselves**, observe esta combinación del singular **everyone** con el plural **themselves** (sería inadecuado decir **himself** o **herself**, y **oneself** resultaría demasiado abstracto).

18. **Sure sounds like it**, forma familiar de **it sure sounds like it**. Observe los diferentes equivalentes de *parecer:* **to sound like, to look like, to smell like**, etc.

19. **out the back door**, forma familiar de **out through the back door**.

---

4. Inglés estadounidense y británico

■ DIFERENCIAS DE TÉRMINOS Y EXPRESIONES

EU	Español	GB
hi!	*¡hola!*	hello
nice to meet you	*encantado/a de conocerte*	pleased to meet you
fall	*otoño*	autumn
to fix up	*arreglar, decorar*	to do up
den	*sala de estar*	living room
wow!	*¡oh!, ¡impresionante!*	gosh!
rec-room	*sala de juegos*	recreational room, games room
sure	*claro*	certainly
let's go round the back door	*salgamos por la puerta de atrás*	let's go out through the back door
color-coordinated	*de colores combinados*	(with) matching colours
we just got it	*lo acabamos de comprar*	we've just got it

■ DIFERENCIAS DE ORTOGRAFÍA

EU	GB
color (como honor, humor, etc.)	colour (honour, humour, etc.)
paneling	panelling (también existe en EU, pero es menos común)

■ DIFERENCIAS DE PRONUNCIACIÓN

	EU	GB
last	[læst]	[la:st]

In the living room the voice-clock sang, *"Tick-tock, seven o'clock, time to get up, seven o'clock!"* as if it were afraid that nobody would. The house lay empty. The clock ticked on, repeating its sounds into the emptiness. *"Seven-nine, breakfast time, seven-nine!"*

In the kitchen the stove ejected from its warm interiors eight pieces of perfectly browned toasts, eight eggs sunny-side up, sixteen slices of bacon, two coffees, and two cool glasses of milk.

"Today is August 5, 2026", said a second voice from the kitchen ceiling, *"in the city of Allendale, California"*. *"Today is Mr. Featherstone's birthday. Today is the anniversary of Tilita's marriage. Insurance is payable, as are the water, gas, and light bills."* Somewhere in the walls, relays clicked, memory tapes glided under electric eyes. *"Eight-one, tick-tock, eight-one o'clock, off to school, off to work, run, run, eight-one!"*, but no doors slammed, no carpets took the soft tread of rubber heels. It was raining outside. The weather box on the front door sang quietly: *"Rain, rain, go away; rubbers, raincoats for today..."*

Ray Bradbury, *The Martian Chronicles*

5 de agosto de 2026

En la sala la voz del reloj cantó *"Tic, tac, las siete ya, ¡hora de levantarse, las siete ya!"*, como si temiera que nadie lo fuera a hacer. La casa estaba desierta. El reloj continuó, repitiendo sus sonidos al vacío. *"Las siete y nueve, ¡a desayunar, las siete y nueve!"*

En la cocina, la estufa produjo de su tibio interior ocho rebanadas de pan perfectamente tostado, ocho huevos fritos, dieciséis tiras de tocino, dos tazas de café y dos vasos de leche fresca.

"Hoy es el 5 de agosto del 2026 en la ciudad de Allendale, California", dijo una segunda voz desde el techo de la cocina. *"Hoy es cumpleaños del señor Featherstone. Hoy es aniversario de bodas de Tilita. Hoy se vence el pago del seguro, y también los del agua, el gas y la luz."* En algún lugar de las paredes los aparatos reproductores seguían funcionando, las cintas de memoria seguían girando bajo los ojos electrónicos. *"Ocho y uno, tic, tac, a la escuela, a trabajar, ¡ocho y uno, corran ya!"*, pero no hubo ningún portazo, ni las alfombras amortiguaron pisadas de botas. Afuera estaba lloviendo. La caja meteorológica de la entrada cantó suavemente: *"Lluvia, lluvia, vete ya, impermeables y botas hay que usar..."*

Ray Bradbury, *Crónicas marcianas*

UNA VISITA A LOS AMIGOS

6. Frases modelo 🔲 ⊙

1. ¿Puedes venir a la casa a tomar algo?
2. ¿A qué hora tenemos que estar?
3. Me detuvo un embotellamiento.
4. Sentimos mucho haber llegado tarde.
5. ¡Qué flores tan hermosas! No se hubieran molestado...
6. ¡Lo siento mucho! Derramé mi bebida en la alfombra. Por favor envíeme la cuenta de la limpieza.
7. Peter dijo que no lo esperáramos, que nos alcanzaría después.
8. Hubieras traído a los niños.
9. Pongan sus abrigos en el cuarto de invitados.
10. Creo que oí el timbre, debe ser Bob.
11. El cuarto de juegos de los niños está arriba (en el primer piso).
12. ¡Ah!, ¿eso? Es la alarma antirrobos.
13. ¿Te puedo preparar una bebida?
14. ¿Me puede decir dónde está el baño?
15. Hicimos instalar una nueva cocina.
16. Así que la estufa/cocina, el lavavajillas y la lavadora de ropa son nuevos.
17. Me temo que ya nos tenemos que ir; muchas gracias por esta velada tan agradable.

1. **Can you come over for a drink?**
2. **What time shall we come?**
3. **I was stuck in a traffic jam.**
4. **Terribly sorry we're late.**
5. **What gorgeous flowers! You shouldn't have...**
6. **So sorry! I spilled my drink on the carpet. Please send me the cleaning bill.**
7. **Peter said not to wait for him; he said he'd join us later.**
8. **You should have brought the kids along.**
9. **Put your coats in the spare room.**
10. **I thought I heard the bell (ring), it must be Bob.**
11. **The kids' playroom is upstairs (on the 2nd floor).**
12. **Oh that? It's the burglar alarm.**
13. **Can I get/fix you a drink?**
14. **Can you tell me where the bathroom/the john is?**
15. **We've had a new kitchen put in.**
16. **So, the stove, the dishwasher and the washing-machine are brand-new.**
17. **I'm afraid we have to leave now; thanks for a very nice evening.**

to make it, lograr llegar

to drop by, visitar de improviso, pasar (por casa de alguien)

to do wonders, hacer maravillas, hacer milagros

to move in, mudarse

fall (EU), otoño

to fix up (EU), arreglar, decorar

paneling, revestimiento de madera

spare time, tiempo libre

rec-room, cuarto de juegos

the upstairs, piso de arriba

mess, desorden

to do the room over, remodelar el cuarto

micro-wave oven, horno de microondas

to slam, dar un portazo

carpet, alfombra

rubber, hule, goma

to be stuck, estar detenido, atorado

traffic jam, embotellamiento (de tráfico)

to spill, derramar

spare room, cuarto de huéspedes

burglar alarm, alarma antirrobos

to fix a drink, preparar una bebida

cooking-range, estufa, cocina

dish-washer, lavavajillas

washing machine, lavadora, lavarropas

Vocabulario complementario

EU	Español	GB
apartment	*departamento, apartamento*	**flat**
closet	*placard, clóset*	**cupboard**
drapes	*cortinas*	**curtains**
duplex (house)	*casa dúplex*	**semi-detached (house)**
elevator	*ascensor, elevador*	**lift**
faucet	*grifo, canilla, llave*	**tap**
janitor	*conserje, portero*	**porter, caretaker**
neighborhood	*vecindario, barrio*	**district**
outlet	*enchufe, tomacorriente*	**socket**
parlor	*recibidor*	**drawing-room**
first floor (story)	*planta baja*	**ground-floor**
second floor (story)	*primer piso*	**first-floor**
condominium, condo	*condominio*	**owner-occupied flat**
stairway	*escaleras*	**staircase**

Algunas maneras de llamarle a los baños

1) GB/EU: **the ladies', the gents'; the toilet; the bathroom; the lavatory(ies); the public conveniences.** *Expresión:* **Do you want to wash your hands?**

2) GB: **the loo** (fam.); **gentlemen.**

3) EU: **men('s room), women('s room); restroom, the john** (fam.); **powder-room** (en restaurantes elegantes).

Cali, 12 de abril de 20...

Queridos Bob y Mary,

Gracias por su carta del 7 de abril y por su amable invitación.

Llegaremos a San Francisco a principios de junio. Pensamos alquilar una casa rodante y viajar por California durante dos semanas.

Nos hará muy felices visitarlos en Oakland, ya sea al principio o al final de nuestro viaje, y aceptaremos con gusto su hospitalidad.

Helen les dará más detalles en cuanto hayamos reservado los billetes de avión.

Todos estamos ansiosos por volverlos a ver.

Cariños a todos

April 12, 20...[1]

Dear Bob and Mary[2],

Thank you for your letter of April 7 and for your kind invitation.

We'll arrive in San Francisco at the beginning of June. We plan to rent[3] a camper (motor-home) and travel around California for about two weeks.

We'll be very pleased to call on you in Oakland, either at the beginning or at the end of our stay, and gladly accept your hospitality.

Helen will give you more particulars as soon as we have reserved[4] the plane tickets.

The whole family is looking forward to seeing you again.

Love to all

---

1 No se indica el lugar.
2 **Dear Friends** hubiera sido demasiado formal.
3 GB: **to hire**.
4 GB: **booked**.

1. Diálogo — V: Vicki J: Jan

V — Hi, Jan. I've been meaning[1] to ask you if you had any plans for the Fourth of July[2].

J — No, not really. Why?

V — Well, I was thinking[3] of giving a party[4].

J — Sounds like fun[5]. Why not make it a barbecue[6]?

V — That's a terrific[7] idea. We could move the picnic table down to the pool[8] and set up some folding chairs.

J — I'd be glad to help out[9]. What can I bring?

V — Let's see. We'll have hot dogs and hamburgers of course, with toasted rolls and barbecue sauce.

J — Why don't I make potato salad and cole slaw[10]?

V — You're a real doll[11], Jan. Then all I'll need are the drinks. Of course I'll use paper plates and cups and plastic knives and forks.

J — You'd be crazy not to[12].

V — What else is there? I must have forgotten something.

J — What about dessert? Watermelon would be refreshing. If the weather keeps up like this, it's bound[13] to be a scorcher[14].

V — You're probably right. Maybe I should get some block ice for the cooler.

J — There's a machine down by the grocery store.

V — I'd better hurry up[15] and get the invitations sent out[16]. Would you mind checking[17] my list to see that I haven't left anyone out?

J — Looks good[18] to me. I'll be seeing Tom and Steve tonight. Do you want me to tell them about it?

V — Oh, please do[19].

J — What time do you want people to show up[20]?

V — Six-ish[21]. And tell them not to wear anything fancy[22]. It'll be a casual[23] affair.

J — Should they bring their bathing suits?

V — By all means[24].

barbecue	[ba:rbəkiu:]	cole-slaw	[kɐl slo]
terrific	[tərific]	doll	[dɐl]
hamburgers	[hæmbərgərs]	dessert	[di:se:rt]
rolls	[rɐls]	machine	[məshi:n]
sauce	[so:s]	casual	[kæshuəl]
potato	[poteido:]	bathing suits	[beiθiŋ suts]

V — Hola, Jan. Quería preguntarte si tienes planes para el cuatro de julio.

J — Realmente no. ¿Por qué?

V — Bueno, estaba pensando en organizar una fiesta.

J — Parece divertido. ¿Por qué no haces una parrillada?

V — Es una excelente idea. Podríamos bajar la mesa de picnic hasta la piscina y poner sillas plegables.

J — Me gustaría ayudarte. ¿Qué puedo traer?

V — Déjame ver. Va a haber *hot-dogs* y hamburguesas, por supuesto, con bollos calientes y salsa agridulce.

J — ¿Qué tal si yo preparo una ensalada de papa y otra de col?

V — Eres un encanto, Jan. Entonces sólo me van a faltar las bebidas. Claro que voy a usar platos y vasos de cartón y tenedores y cuchillos de plástico.

J — Sería una locura no hacerlo.

V — ¿Qué más? Se me debe de haber olvidado algo.

J — ¿Y el postre? Una sandía sería refrescante. Si el clima sigue así, ese día va a ser muy caluroso.

V — Quizá tengas razón. Podría traer hielo para la hielera.

J — Hay una máquina de hielo junto a la tienda/almacén.

V — Más vale que me apure y mande las invitaciones. ¿Te importaría revisar mi lista para ver si me faltó alguien?

J — Me parece que está bien. Esta noche voy a ver a Tom y Steve. ¿Quieres que les comente de esto?

V — Sí, por favor.

J — ¿A qué hora quieres que empiece a llegar la gente?

V — A eso de las seis. Y diles que no se pongan nada elegante. Va a ser una reunión informal.

J — ¿Les digo que traigan traje/malla de baño?

V — Por supuesto.

1. **I've been meaning, to mean**, 1) *significar, querer decir*, 2) *tener la intención de*.

2. **Fourth of July** o **Independence day**, fiesta nacional en Estados Unidos, para conmemorar la Declaración de Independencia de 1776.

3. **I was thinking of...**, observe la preposición **of**: *pensar en algo*, **to think of something**.

4. **party**, 1) *reunión de amigos, recepción, velada, fiesta*, 2) *grupo de personas* (sobre todo de turistas).

5. **Sounds like fun, it sounds like fun**, *suena divertido, parece divertido*, compare el uso de **like** con **it looks like rain**, *parece que va a llover*, **do you feel like a drink?**, *¿se le antoja algo de tomar?, ¿quiere beber algo?*

6. **Why not make it a barbecue?**, literalmente *¿por qué no hacer una parrillada?* Recuerde que después de **why** o **why not** el verbo se usa en infinitivo sin **to**.

7. **terrific**, *tremendo* con el sentido de *grandioso, fabuloso*, mientras que **terrible** es *terrible, espantoso, horrible*.

8. **pool**, 1) *piscina, alberca, pileta*, 2) *extensión de agua u otro líquido, charco*.

9. **to help out**, en relación con **to help**, insiste en el deseo de "ser útil".

10. **cole-slaw**, ensalada de col rebanada o picada y mezclada con mayonesa; es una entrada muy común.

11. **a real doll**, forma familiar para *mujer encantadora, muy amable*.

12. **You'd be crazy not to**, se sobrentiende **use them** o **do that**. Compare con **I would like to, I don't want to**, etc.

13. **it's bound to be**, *seguramente va a ser*, idea de inevitabilidad, como en: **he's bound to come**, *de seguro va a venir*, **it's bound to happen**, *seguramente va a ocurrir*.

14. **a scorcher**, forma familiar para referirse a un día muy caluroso, **to scorch**, *asar, quemar*.

15. **I'd better hurry up, I'd better** siempre va seguido de un infinitivo sin **to**.

16. ...**hurry up and get the invitations sent out**, literalmente *apurarme y hacer que las invitaciones sean enviadas*, **to get something done**, *hacer algo, hacer que algo se haga, encargarse de que algo se haga*.

17. **Would you mind checking...**, la expresión **would you mind** siempre va seguida por un verbo en su forma **-ing**.

18. **Looks good**, forma familiar de **it looks good**.

19. **Please do**, literalmente *por favor hazlo*.

20. **to show up** (fam.), *llegar, presentarse* (a una reunión, una cita, etc.).

21. **Six-ish, -ish** de la idea de aproximación, así como **five-ish** significa *alrededor de las cinco*, etc.

22. **fancy** (adj.), 1) *de adorno, de fantasía*, 2) *elegante, lujoso*.

23. **casual** (adj.), 1) *fortuito, accidental*, 2) *informal, sencillo*.

24. **By all means**, 1) *por todos los medios*, 2) *por supuesto, claro que sí*.

4. Inglés estadounidense y británico

■ DIFERENCIAS DE VOCABULARIO

EU	Español	GB
hi!, howdy!	*¡hola!*	hello
you're a real doll	*eres un encanto*	you're an angel
cooler	*hielera*	icebox
grocery store	*tienda, mercado*	grocer's
you'd be crazy not to	*sería una locura no...*	you'd be silly not to

■ DIFERENCIAS DE PRONUNCIACIÓN

ask	EU: [æsk]	GB: [aːsk]
party	EU: [pɐrdiː]	GB: [pɐrti]

5. Entorno: *Barbecue* or *barbeque* or *Bar-B-Q* may denote:

– a metal rack on which meat and fish are roasted.
– a portable fireplace with such a rack and a revolving spit.
– a hog, steer or other large animal roasted or broiled, whole or split, over an open fire or barbecue pit.
– meat or chicken, cooked on a barbecue.
– a social gathering, generally in the open air, at which people eat roasted meat.

• *Barbecue Sauce:* there are numerous recipes [resipis]. You may try this one (for 2 lbs. spareribs):
fry 1/4 cup chopped onions in 1 tablespoon drippings or other fat. Add and simmer for 20 minutes:

1/2 cup water	2 tablespoons brown sugar
2 tablespoons vinegar	1 cup chili sauce
1 tablespoon Worcester sauce	3 tablespoons catsup
1/4 cup lemon juice	1/2 teaspoon salt
	1/4 teaspoon paprika

Note: 1 cup = 1/2 pint = 0.471/2 = 0.235 lt.

• *La palabra* **barbecue** *puede significar:*

– una reja metálica sobre la cual se rostiza carne y pescado.
– un asador portátil con una reja de ese tipo y una varilla giratoria.
– un cerdo, novillo u otro animal grande rostizado o asado, entero o partido, directamente sobre el fuego o en un asador.
– carne o pollo, cocidos en un asador.
– una reunión, generalmente al aire libre, en la cual se come carne asada.

• *Salsa barbecue:* hay numerosas recetas. Puede probar ésta, que es para 2 libras (1 kg) de costillas de cerdo:
Sofreír/rehogar 1/4 taza de cebolla picada en 1 cucharada de grasa. Agregar lo siguiente y cocer 20 minutos:

1/2 taza de agua	2 cucharadas de azúcar morena
2 cucharadas de vinagre	1 taza de salsa picante
1 cucharada de salsa inglesa	3 cucharadas de ketchup
1/4 taza de jugo de limón	1/2 cucharadita de sal
	1/4 cucharadita de pimentón

Nota: 1 taza = alrededor de 1/4 lt. (235 cl).

6. Frases modelo

1. Trae a tus amigos.
2. Ella es Annette, la hermana de John, y ella es Mary, la esposa de Bob.
3. Saluda a Robert de mi parte.
4. ¿Cómo está su esposa?
5. No olviden traer sus trajes/mallas de baño.
6. ¡Dios! ¡Tanto tiempo sin verte!
7. Esperemos que no llueva.
8. Te recojo en el hotel.
9. ¿A qué hora vamos?
10. ¿Te puedo ayudar en algo?
11. ¿Cuánto tiempo llevan en Estados Unidos?
12. Espero que puedan quedarse para el Festival de Música de la semana que viene.
13. Tony se está encargando de las bebidas.
14. ¿Tiene repelente de mosquitos? Me están comiendo vivo.
15. Muchas gracias por esta noche tan agradable.

1. **Bring your friends along.**
2. **This is Annette, John's sister, and this is Mary, Bob's wife.**
3. **Give my best to Robert. (Say "hello" to Robert for me).**
4. **How's your wife?**
5. **Don't forget to bring your bathing suits.**
6. **God, I haven't seen you in such a long time.**
7. **Let's hope it doesn't rain.**
8. **I'll pick you up at the hotel.**
9. **What time should we come?**
10. **Can I do something for you?**
11. **How long have you been in the States?**
12. **I hope you can stay for the Music Festival next week.**
13. **Tony's taking care of the drinks.**
14. **Do you have any mosquito repellent? I'm getting eaten alive.**
15. **Thanks again for a lovely evening.**

party, reunión, fiesta, recepción
fun, diversión
pool, piscina, alberca, pileta
folding chair, silla plegable
to help out, ayudar, ser útil
hot dog, *hot dog*, perro caliente, pancho
hamburger, hamburguesa
toasted roll, bollo caliente
cole slaw, ensalada de col
doll, 1) muñeca, 2) persona muy amable
paper plate, plato de cartón
cup, taza, vaso
plastic knife, cuchillo de plástico
watermelon, sandía
refreshing, refrescante
to keep up, mantenerse, seguir, persistir
it's bound to.., lo más seguro es que...
scorcher, día muy caluroso
block ice, pieza grande de hielo
cooler, hielera
grocery store, tienda, almacén
to show up, llegar, presentarse
to wear, ponerse (ropa)
fancy, 1) de adorno, de fantasía, 2) elegante
casual, 1) fortuito, casual, 2) informal, sencillo
bathing suit, traje de baño
by all means, 1) por todos los medios, 2) por supuesto

to handle, manipular, maniobrar, manejar
fireworks, fuegos artificiales
all set, todo listo
rack, reja, parrilla
meat, fish, carne, pescado
(revolving) spit, varilla giratoria, espetón giratorio, spiedo
hog, cerdo
steer, novillo, ternera
broiled, asado
whole or split, entero o en partes
open fire, fuego directo
pit, fosa, hoyo
gathering, reunión
recipe, receta
spareribs, costillas de puerco
drippings, grasa (que queda al cocinar carne grasosa)
fat, grasa, manteca (vacuna, de cerdo)
tablespoon, cuchara, cucharada (sopera)
vinegar, vinagre
brown sugar, azúcar morena, mascabada
chili sauce, salsa picante
catsup, catsup, ketchup, salsa de tomate
mosquito repellent, repelente de mosquitos
anchovy, anchoa

Vocabulario complementario

avocado, palta, aguacate
banana, banana, plátano
broccoli, brócoli, bróculi
cider, sidra
coconut, coco
cucumber, pepino
leek, puerro, poro

pear, pera
pepper, pimienta
pickles, pepinillos en salmuera
poultry, aves (de corral)
rice, arroz
spinach, espinaca
strawberry, frutilla, fresa

8. Barbecue chicken (*six servings*)

- Allow 1/2 chicken per person.
- Clean, then split down the back three broiling chickens. Brush them with melted butter.
- Place them on a broiling rack, skin-side down.
Broil them about 5 inches from the heat for 15 minutes, brush with melted butter, turn and broil the other side for the same length of time.
- Turn the chickens a second time. Allow 3/4 to 1 hour in all.
- Bathe them frequently during the last period with barbecue sauce.

Pollo asado (para 6 personas)

- Calcule 1/2 pollo por persona.
- Limpie tres pollos para asar y pártalos por la mitad a lo largo. Barnícelos con mantequilla derretida.
- Colóquelos en una rejilla para asar, con la piel hacia abajo. Áselos durante 15 minutos, más o menos a 15 cm de las brasas. Barnícelos con mantequilla, voltéelos y áselos por el otro lado otros 15 minutos.
- Vuelva a voltear los pollos, de modo que, en total, se asen durante 45-60 minutos.
- Durante el último periodo de cocción báñelos frecuentemente con salsa de *barbecue*.'

Algunas unidades de medida en la cocina

1 tsp (teaspoon)	*1 cucharadita (de café)*
1 tbsp (tablespoon)	*1 cucharada (sopera)*
1 cup = 16 tbsp	*1 taza = 1/4 litro*
2 cups = 1 pint	*2 tazas = 1/2 litro*
4 cups = 1 quart	*4 tazas = 9/10 litro*
a pinch	*una pizca*

Para convertir:

– las onzas en gramos: onzas × 28.35
– los gramos en onzas: gramos × 0.035

Herbs and aromatic plants · *Hierbas y plantas aromáticas*

basil, *albahaca*	**cinnamon**, *canela*	**parsley**, *perejil*
chervil, *perifollo*	**cumin**, *comino*	**thyme**, *tomillo*
chives, *cebollitas*	**mint**, *menta*	**tarragon**, *estragón*

1. Diálogo — A: airline ticket agent T: traveler

[cassette] ⊙

Rerouting[1] a plane ticket

A — Hi, what can I do for you?

T — Hi. I'd like to have my ticket rerouted. Is this the right counter[2]?

A — Is it a domestic[3] or a transatlantic flight?

T — Domestic. It's the 14-day[4] "Tour the USA Special".

A — I can handle that for you. What's your problem?

T — Well, I'm scheduled to fly[5] from Washington to New Orleans on April 4th, but I'd like to make a stopover[6] in Miami on the way.

A — There are several daily flights from Washington to Miami. Do you want a morning or an evening one?

T — If they serve dinner[7] on the evening flight[8], I may as well[9] take that one.

A — They do indeed[10]. I'll book you on it[11], then.

T — Fine. I assume you'll cancel my other reservation.

A — No problem. That's taken care of automatically[12].

T — Now, I'll need a reservation from Miami to New Orleans two days later.

A — We've got a morning flight out of Miami[13] at 10:00 a.m. arriving in New Orleans 11:45. Would that be alright?

T — Fine. Now, I can postpone departure[14] from New Orleans for 2 days?

A — Sure, you can do that as long as you stay within the 15-day limit for the entire trip. However, there might be a slight charge, if there's additional mileage[15], but I'll calculate that for you afterwards.

T — I'd just like to tell you that you've been very helpful[16].

A — Well, that's what I'm here for[17]. You're welcome.

agent	[e:idʒənt]	New Orleans	[nu: o:rli:ns]
to reroute	[ri:ra:u:t]	to postpone	[postpou:n]
transatlantic	[transətlæntik]	departure	[dipɐrchər]
tour	[tu:r]	entire	[entaiər]
to schedule	[ske:dʒul]	afterwards	[æftərwərds]
Miami	[maia:mi:]	mileage	[mai:lidʒ]
stopover	[stɐpo:uvər]	calculate	[kalkiuleit]
automatically	[odomædikali]		

218

Cambio de itinerario

E — Hola, ¿en qué le puedo servir?

T — Hola. Quisiera cambiar el itinerario de mi pasaje de avión. ¿Es ésta la ventanilla correcta?

E — ¿Es un vuelo nacional o internacional?

T — Nacional. Es la promoción de "Viaje por Estados Unidos en 15 días."

E — Yo me puedo encargar de eso. ¿Cuál es el problema?

T — Bueno, tengo un pasaje para volar de Washington a Nueva Orleans el 4 de abril, pero quisiera hacer una escala en Miami.

E — Hay varios vuelos diarios de Washington a Miami. ¿Lo quiere en la mañana o en la tarde?

T — Si se sirve de cenar en el de la tarde, tomaré ese.

E — Así es. Entonces le voy a hacer una reserva en ese vuelo.

T — Bien. Supongo que usted cancelará la otra reservación.

E — No se preocupe. Eso se arregla automáticamente.

T — También voy a necesitar una reservación de Miami a Nueva Orleans para dos días después.

E — Tenemos un vuelo matutino que sale de Miami a las 10:00 a.m. y llega a Nueva Orleans a las 11:45. ¿Le parece bien?

T — Sí. ¿Ahora puedo posponer dos días la salida de Nueva Orleans?

E — Claro que sí, mientras se mantenga dentro de los 15 días que tiene de límite para el viaje completo. Sin embargo, puede haber un ligero cargo, si se excede en el kilometraje, pero eso se lo calculo después.

T — Le agradezco que haya sido tan amable.

E — Estoy para servirle.

1. **a route**, *un itinerario*, **to route**, *establecer un itinerario*, **to reroute**, *cambiar de itinerario*.

2. **counter**, *mostrador, ventanilla*.

3. **domestic flight, domestic**, *nacional*, como en **domestic airline**, *compañía aérea nacional*, **domestic trade**, *comercio interno*. **Domestic** se opone a menudo a **foreign**.

4. **It's the 14-day tour, 14-day** está funcionando como adjetivo, de ahí el uso del guión y la ausencia de **s** para **day**.

5. **I'm scheduled to fly, schedule**, *horario, calendario, programa, plan de trabajo*, **to schedule**, *programar, planear, establecer la fecha y/u hora*, como en **the meeting is scheduled on May 2nd**, *la reunión está programada para el 2 de mayo*, **I'm scheduled to...**, *tengo previsto...* **Scheduled flights**, *vuelos regulares* (por oposición a **charter(ed) flights**, *vuelos charter, vuelos fletados*).

6. **a stopover**, 1) *una escala* (en avión), 2) *un pasajero que hace escala*, como en **stopovers first**, *primero los pasajeros que hacen escala*. **To stopover**, *hacer escala*.

7. **If they serve dinner**, literalmente *si sirven la cena*.

8. observe el uso de la preposición **on** con **flight**, como en **on a plane, on a train, on a bus**, *a bordo de...*

9. **I may as well**, literalmente *bien podría*.

10. **They do indeed**, literalmente *en efecto lo hacen, de hecho lo hacen* (**do** se refiere a **to serve dinner**).

11. **I'll book you on it, to book**, *reservar* (una habitación, un boleto, etc.), como en **to book somebody on a flight, to book a seat for somebody on a flight, to book somebody in a hotel, to book a room for somebody at (in) a hotel**, etc.

12. **That's taken care of automatically, to take care of something**, *encargarse, ocuparse de algo*, como en **they take care of it**, *ellos se encargan de eso*. También puede aparecer en voz pasiva, como en el diálogo o en **it's already taken care of**, *ya está resuelto*.

13. **a morning flight out of Miami**, observe este uso idiomático de **out of** con el sentido *que sale de..., que parte de...*

14. **can I postpone departure for two days?, to postpone**, *posponer, atrasar, demorar*. Observe el uso de la preposición **for**.

15. **mileage**, *número de millas recorridas, distancia en millas*, equivalente a *kilometraje*.

16. **helpful**, *de gran ayuda, servicial, útil.*

17. **that's what I am here for**, observe que la preposición debe aparecer al final de la frase (sería incorrecto decir **that's for what I am here**).

---

4. Inglés estadounidense y británico

■ DIFERENCIAS DE USO

Hi: este saludo es ampliamente usado por los jóvenes británicos, pero no en situaciones formales como la del diálogo (a menos que el empleado y el cliente sean jóvenes que se conocen). En estas situaciones formales es más común usar **hello** o, más convencionalmente, **good morning, good afternoon, good evening**.

■ DIFERENCIAS DE PRONUNCIACIÓN

schedule	EU: [ske:dʒul]	GB: [ske:du:l]
to assume	EU: [əsiu:m]	GB: [asiəm]
afterwards	EU: [æftərwords]	GB: [a:ftɔiwəds]
New Orleans	EU: [nu: o:rli:ns]	GB: [niu: o:lins]

■ DIFERENCIAS DE ORTOGRAFÍA

EU	Español	GB
alright, all right	*está bien, de acuerdo*	**all right**

---

5. Entorno

Baggage identification: Airline regulations require the passenger's name to be on the outside of each piece of baggage that is checked. Airlines are not permitted to accept baggage for checking that does not comply with this requirement. For your convenience, baggage identification labels are available free of charge.

Identificación del equipaje: los reglamentos de las aerolíneas exigen que toda pieza de equipaje que se despache tenga el nombre del pasajero a la vista. Las aerolíneas tienen prohibido recibir maletas que no cubran este requisito. Para comodidad del pasajero, hay a su disposición etiquetas de identificación gratuitas.

▭

■ The immensity of the United States makes air travel common-place. The more so as the passenger train network cannot compare with its European counterpart in terms of density and quality standards. On major routes between large centers there are shuttle services —up to 50 flights daily— which make one think of bus more than air transport. All you need is a boarding pass to get a seat on the next plane. You'll pay on board. Fares are comparatively low, and numerous discount air fares are available.

■ *Carry-on baggage:* safety regulations limit the dimensions of carry-on luggage and personal belongings such as briefcases, umbrellas, laptops, cameras, musical instruments, binoculars, packages, etc., so that they may be stowed under a passenger seat or in an overhead locker cabin. Acceptability for storage in the overhead compartment is dependent on the weight of the baggage.

Excess baggage: baggage that does not qualify as free allowance will be charged for at published tariff rates.

■ La inmensidad de Estados Unidos ha vuelto común el transporte aéreo. Además, la red de trenes para pasajeros no se compara, en cantidad y calidad de servicios, con su equivalente europeo. Para las principales rutas entre ciudades grandes hay un servicio regular y frecuente —hasta 50 vuelos diarios— que se parece más al transporte en autobús. Sólo se necesita un pase de abordar para conseguir un asiento en el siguiente avión y se paga a bordo. Las tarifas son relativamente bajas y hay muchos descuentos disponibles.

■ *Equipaje de mano:* los reglamentos de seguridad limitan las dimensiones del equipaje de mano y de los artículos personales, como portafolios, paraguas, computadoras portátiles, cámaras, instrumentos musicales, binoculares, paquetes, etc., que pueden guardarse debajo del asiento o en los compartimientos superiores. La posibilidad de guardar objetos en los compartimientos superiores depende de su peso.

Exceso de equipaje: el equipaje que exceda el límite gratuito se cobrará según tasas establecidas.

6. Frases modelo

1. ¿Es posible extender la vigencia de este pasaje?
2. Este pase no es válido en Canadá.
3. En ciertos vuelos hay un descuento de entre 20 y 25% en la tarifa nocturna, de 9 p.m. a 6 a.m.
4. Quiero un pasaje de primera clase para el vuelo directo a Los Ángeles.
5. No sabía que había que reconfirmar el vuelo.
6. Sus maletas fueron despachadas en otro avión por error. Se las enviaremos a su hotel en cuanto lleguen.
7. Estos pasajes sin reservación son baratos pero riesgosos: sólo te puedes subir si hay lugar.
8. ¿Quiere un pasaje de ida y vuelta?
9. ¿Hay límites para el peso del equipaje?
10. Este paquete es demasiado grande para ser equipaje de mano. No lo puede subir al avión.
11. Este descuento no existe en todas las rutas aéreas.
12. No olvide despachar sus maletas una hora antes de la salida.
13. Su pasaje estará listo hoy en la tarde.

1. Is it possible to extend the validity of this ticket?
2. This pass is not valid in Canada.
3. There is a 20 to 25% reduction on the night rate on certain flights between 9:00 p.m. and 6:00 a.m.
4. I'd like a direct flight to Los Angeles, first class.
5. I didn't know the flight had to be reconfirmed.
6. Your bags were put on another plane by mistake. We'll have them delivered to your hotel as soon as they arrive.
7. These unreserved tickets are inexpensive but risky: you only get on if there's room.
8. Do you want a one-way or a round-trip ticket?
9. Is there any limitation on the baggage weight?
10. This package is too bulky for hand luggage. You cannot carry it on the aircraft.
11. This discount does not exist on all air routes.
12. Don't forget to register your bags an hour before take-off.
13. The ticket should be ready this afternoon.

to reroute, cambiar el itinerario

counter, mostrador, ventanilla

domestic flight, vuelo nacional

to schedule, programar, planear, prever

to cancel, cancelar

to postpone, posponer, retrasar

network, red, sistema (de caminos o vías)

discount air fare, tarifa aérea de descuento

carry-on baggage, equipaje de mano

safety regulations, reglamentos de seguridad

personal belongings, objetos personales

briefcase, portafolios

camera, cámara

binoculars, binoculares

to stow, guardar

storage compartment, compartimiento superior para equipaje de mano

excess baggage, exceso de equipaje

to qualify, cumplir los requisitos

free allowance, límite gratuito (de equipaje)

to deliver, entregar

one-way ticket, billete sencillo, sólo de ida

round-trip ticket, billete redondo, de ida y vuelta

to register, registrar, despachar (equipaje)

fare, tarifa, precio del viaje

baggage check, comprobante (del equipaje)

to honor, aceptar, honrar

Vocabulario complementario

air fares, tarifas aéreas

airline reservations, departamento de reservaciones (de una aerolínea)

cancellation, cancelación

charter(ed) flight, vuelo charter, vuelo fletado o comprado

coach flight, vuelo en segunda clase

to collect one's baggage, recoger el equipaje

free of charge label, etiqueta gratuita

frequent flyer, viajero frecuente, pasajero regular a quien se le regalan kilómetros de viaje

liability, responsabilidad

liable, responsable

low season, temporada baja

minimum stay, duración mínima de una estadía

off-peak, fuera de temporada

to proceed to gate 5, ir hacia la puerta/sala 5

to retrieve one's bags, recoger el equipaje

scheduled flight, vuelo regular, con horario fijo

stand-by, persona sin reservación

supersaver, muy económico (billete, tarifa)

tag, etiqueta

tour operator, organizador de paseos turísticos

travel agent, agente de viajes

vacation package, paquete vacacional

A. Traduzca el siguiente pasaje

The Company's liability for loss or damage to baggage is limited to the amount published in official tariffs.

Reconfirmation of continuing or return reservations may be necessary when your itinerary includes a stopover of more than 72 hours, and the flight following the stopover is to or from an international point on another airline. To reconfirm, call the other airline at least 72 hours prior to the scheduled departure of your flight. Failure to do so may subject your reservations to cancellation.

B. Traduzca las siguientes palabras y expresiones

1. vuelo en conexión
2. pasajeros que hacen escala
3. clase turista, segunda clase
4. vuelo nacional
5. horario
6. pasaje redondo (de ida y vuelta)
7. equipaje de mano
8. viaje sencillo en segunda clase
9. paquete turístico
10. hora programada de salida
11. vuelo regular
12. un ahorro de 20%
13. reglamentos de seguridad
14. pase de abordar, tarjeta de embarque

Modelo de corrección

A. La responsabilidad de la compañía en cuanto a daños o pérdida del equipaje se limita a las cantidades establecidas en las tarifas oficiales.

Puede ser necesario reconfirmar las reservaciones de vuelos de conexión o de regreso cuando el itinerario incluya una escala de más de 72 horas y cuando el vuelo que sigue a la escala venga de o vaya a un destino internacional y sea de otra aerolínea. Para reconfirmar, llame a la otra aerolínea por lo menos 72 horas antes de la hora de salida programada para su vuelo. No hacer esto puede hacer que se cancele su reserva.

B. 1. connecting flight
2. stopovers or connecting passengers
3. economy class
4. domestic flight
5. timetable or schedule
6. round-trip ticket
7. carry-on baggage
8. one-way coach fare
9. packaged tour
10. scheduled departure time
11. scheduled flight
12. a saving of 20%
13. safety regulations
14. boarding pass

1. Diálogo — M: Myra B: Bruce S: stewardess

M — Come on[2], Bruce, they've just announced our flight, It's boarding[3] at gate 23.

B — Take it easy[4]. I've got time to buy a newspaper and a pack[5] of cigarettes. It'll only take a minute.

M — Well, hurry up. I've been looking forward to this trip[6] for so long. It'd be a shame[7] to miss the plane now.

B — O.K. I'm all set. Sorry, I didn't mean[8] to make you nervous. We've still got plenty of time.

M — Never mind[9]. Have you got the boarding passes?

B — What did I do with those damned things? The clerk[10] gave them to me when we checked the luggage[11]. Oh, here they are in my pocket.

S — Hello. May I have your boarding passes please?

B — Here you are.

S — Your seats are in the middle of the plane, row J[12], on the left. Is that what you requested?

B — Yes. That's fine. Myra, would you like the window or the aisle[13] seat?

M — I don't really care. Why don't you sit by the window? I'd just as soon be able[14] to get up and walk around[15].

B — Well, let's just relax and enjoy[16] it now.

M — How about[17] a drink to celebrate?

B — Sure. Excuse me, stewardess! We'd like to order cocktails[18].

S — I can take your order now, but you'll have to wait until the plane takes off[19] to be served.

B — I'll have a scotch on the rocks[20]. What about you, honey[21]?

M — I don't feel like anything alcoholic, but I'm thirsty. I'll have a Perrier with a twist[22] of lemon.

S — O.K. Do you all want headphones for the movie?

B — We sure do. By the way, this is a direct flight, isn't it?

S — No, I'm afraid there's a stopover[23] in Vegas.

gate	[geit]	aisle	[a:il]
cigarettes	[si:gəre:ts]	celebrate	[se:ləbre:it]
nervous	[nərvəs]	stewardess	[stu:warde:s]
passes	[pæsəs]	honey	[hʌni:]
row	[ro:u:]	alcoholic	[ælkəho:lik]

M— Vamos, Bruce, acaban de anunciar nuestro vuelo. Están abordando por la puerta 23.

B — Tranquila, todavía tengo tiempo para comprar el diario y un paquete de cigarrillos. Sólo me tardo un minuto.

M— Bueno, apúrate. He esperado tanto este viaje que sería una pena perder el avión ahora.

B — Estoy listo. Perdón, no quise ponerte nerviosa. Todavía tenemos mucho tiempo.

M— No importa. ¿Tienes los pases de abordar/tarjetas de embarque?

B — ¿Qué hice con esos malditos pases? Me los dio la empleada cuando despachamos el equipaje. Ah, aquí están, en mi bolsillo.

A — Buenos días. ¿Me dan sus pases de abordar/tarjetas de embarque, por favor?

B — Aquí tiene.

A — Sus asientos están en medio del avión, en la fila J, a la izquierda. ¿Es lo que querían?

B — Sí, gracias. Myra, ¿quieres el asiento de la ventanilla o el del pasillo?

M— Me da igual. Siéntate tú junto a la ventanilla, así yo me puedo levantar y estirar las piernas un poco.

B — Bueno, ahora nos podemos relajar y disfrutar el vuelo.

M— ¿Qué tal una bebida para celebrar?

B — Claro. Disculpe, señorita, queremos pedir bebidas.

A — Les puedo tomar la orden ahora, pero tendrán que esperar a que el avión despegue para que se las sirva.

B — Yo quiero un whisky con hielo. ¿Y tú, querida?

M— No quiero nada con alcohol, pero tengo sed. Quiero un agua Perrier con un poco de limón.

A — Muy bien. ¿Y ambos quieren audífonos para la película?

B — Por supuesto. Por cierto, es un vuelo directo, ¿verdad?

A — No, hay una escala en Las Vegas.

1. **On the plane**, la preposición **on** indica que se está *a bordo* de un vehículo, particularmente de un medio de transporte: **on a bus, on a plane, on a train, on a ship**.

2. **Come on**, 1) como aquí, cuando se pide a alguien que se apure: *¡vamos!, ¡apúrate!*, 2) como señal de incredulidad: *¡vamos!, ¿cómo?, ¡no!*

3. **It's boarding**, literalmente *está abordando*, pero **it** se refiere a **flight**, es decir, a los pasajeros del vuelo.

4. **to take it easy**, 1) (como aquí) *tomar las cosas con calma, tener paciencia, no inquietarse*, 2) *hacer algo tranquilamente, sin cansarse*.

5. **pack**, en este contexto es sinónimo de **packet**. También puede significar *envase, embalaje*, como en **six-pack**, *paquete de seis* (cervezas, p. ej.).

6. **I've been looking forward to this trip**, en esta expresión la preposición **to** introduce un sustantivo, **trip**, de modo que si introdujera un verbo, éste tendría que ponerse en su forma **-ing**, como en **I'm looking forward to seeing you again**, *espero volverte a ver*.

7. **It'd be a shame, it would be a shame**, literalmente *sería una vergüenza*. **It'd** se pronuncia [itəd].

8. **I didn't mean to..., to mean**, 1) *significar, querer decir*, 2) (como aquí) *tener la intención de, querer*.

9. **Never mind**, literalmente *no pongas atención*, de **to mind**, *fijarse, poner atención, ocuparse de*. De ahí que el equivalente sea *no importa, olvídalo*.

10. **clerk**, *empleado, cajero, dependiente* (de una tienda), y en Estados Unidos también puede significar *vendedor*.

11. **when we checked in the baggage, to check in**, verificación o trámite de entrada o llegada, como en **to check in(to) a hotel**, *registrarse en un hotel*. Asimismo, **to check out** se refiere al trámite o formalidad de la salida, como en **check-out counters**, *cajas* (del supermercado), **to check out of a hotel**, *dejar un hotel* (después de pagar).

12. cuidado con la pronunciación de **J**: [dʒei], diferente de la de **G**: [dʒi], como en **GM (General Motors)**: [dʒi:em].

13. **aisle**, *pasillo, corredor* entre las filas de asientos (en un cine, teatro, avión, autobús, etc.). Originalmente, **aisle** se refiere a la nave lateral de una iglesia.

14. **I would just as soon be able**, *me gustaría, así podría*.

15. **walk around**, literalmente *caminar por ahí, dar vueltas*. De ahí *estirar las piernas*, que en inglés también se podría decir **to stretch one's legs, to stretch**, *estirar*.

16. **enjoy it, to enjoy**, *disfrutar, apreciar*. En este contexto **it** tiene un sentido muy general y se refiere a toda la situación, al viaje.
17. **How about...?**, *¿qué tal...?, ¿qué te parece...?, ¿qué dirías de...?*
18. **cocktails**, comunes en Estados Unidos como aperitivos.
19. **until the plane takes off**, literalmente *hasta que el avión despegue*.
20. **on the rocks**, *con hielo, "en las rocas"*. **An ice cube**, *un cubito de hielo*.
21. **honey**, literalmente *miel*, aunque también significa *querida, cariño*.
22. **twist**, de **to twist**, *torcer, enrollar*, se refiere a la cáscara de limón cortada como espiral.
23. **a stopover**, *una escala*, **to stopover**, *hacer escala*, **stopovers first**, *primero los pasajeros que hacen escala*.

---

4. Inglés estadounidense y británico

■ DIFERENCIAS DE TÉRMINOS

EU	Español	GB
pack	*paquete, cajetilla*	**packet (cigarettes)**
honey	*querida, cariño*	**dear**
movie	*película*	**film**

■ DIFERENCIAS DE USO

aisle	*pasillo*	**gangway**
scotch	*whisky escocés*	**whisky**
do you all want...	*¿ambos quieren...?*	**do you both want...** (porque sólo son dos personas)
we sure do	*por supuesto*	**we certainly do**

■ DIFERENCIAS DE PRONUNCIACIÓN

boarding	EU: [boːrdiːŋ]	GB: [boːdiːŋ]
newspaper	EU: [nuspeipər]	GB: [niuspeːiːpə]
cigarette	EU: [siːgəreːt]	GB: [siːgəret]
pass	EU: [pæs]	GB: [paːs]
stewardess	EU: [stuːwardeːs]	GB: [stiuːwərdes]
order	EU: [oːrdər]	GB: [oːrdəː]

Since the United States is such an enormous country (the distance between New York and San Francisco is nearly 5 000 kilometers), traveling by plane is the only sensible way to tour the country if you want to visit most of the 50 States. Air travel is inexpensive (about 35% cheaper than in Europe), service is frequent (more than 25 flights a day between New York and San Francisco) and connections speedy. On domestic flights, if you have your ticket and a reservation, all you need to do is be at the airport an hour before flight time. You can even buy your ticket on the plane on the shuttle between Washington and New York or between New York and Boston. There are flights every hour and no reservation is needed.

■ US airlines are divided into several groups:
• *Trunk airlines:* 10 major companies handle cross-country flights.
• *Regional airlines:* 7 companies serving around 600 cities, often providing the only service available.

Transporte aéreo

Estados Unidos es un país tan grande (hay casi 5 000 kilómetros entre Nueva York y San Francisco) que viajar en avión es lo más razonable si se quiere visitar la mayoría de los 50 estados. El transporte aéreo no es caro (alrededor de 35% más barato que en Europa), el servicio es frecuente (hay más de 25 vuelos diarios entre Nueva York y San Francisco) y las conexiones entre vuelos son rápidas. Para los vuelos nacionales, si ya se tiene la reserva y el pase de abordar/tarjeta de embarque, basta con estar en el aeropuerto una hora antes de la salida. En los vuelos cortos de enlace, como los que hay entre Washington y Nueva York o entre Nueva York y Boston, incluso se puede comprar el boleto ya a bordo del avión. En estas rutas hay vuelos cada hora y no es necesario hacer reserva.

■ Las aerolíneas estadounidenses se dividen en varios grupos:
• *Aerolíneas nacionales:* 10 grandes compañías que hacen vuelos a todas partes del país.
• *Aerolíneas regionales:* 7 compañías que cubren alrededor de 600 ciudades del país y que muchas veces constituyen el único servicio aéreo.

EN EL AVIÓN

6. Frases modelo 🔲 ⊙

1. Aseguren sus cinturones de seguridad y apaguen sus cigarrillos.
2. En este momento estamos sobrevolando el Canal de Panamá.
3. Esta maleta no cabe en el compartimiento superior.
4. Estaremos aterrizando en Boston en 20 minutos.
5. Nunca puedo dormir en los aviones.
6. Todavía no nos hemos acostumbrado al cambio de horario.
7. El vuelo 257 tiene una demora de dos horas.
8. ¿Quieren que cambiemos de asiento con ustedes?
9. No había pistas disponibles, de ahí los 15 minutos de demora.
10. Mis audífonos no funcionan.
11. No puedo inclinar mi asiento hacia atrás.
12. ¿Tiene diarios en español?
13. ¿Podría bajar la persiana? Me molesta el sol.
14. Trate de acomodarlo debajo del asiento.
15. Trate de llevarlo con usted como equipaje de mano.
16. Vamos a despegar a tiempo.

1. **Fasten your seatbelts and extinguish your cigarettes.**
2. **We are flying over the Panama Canal at the moment.**
3. **This bag won't fit in the overhead compartment.**
4. **We will be landing in Boston in 20 minutes.**
5. **I can never sleep on an airplane.**
6. **We haven't gotten over the jet lag yet.**
7. **Flight 257 is two hours late.**
8. **Would you like us to change seats with you?**
9. **There were no runways available, hence the 15-minute delay.**
10. **My earphones don't work.**
11. **I can't get my seat to recline.**
12. **Do you have any newspapers in Spanish?**
13. **Could you pull the curtain? The sun is bothering me.**
14. **Try to fit it/slide it under the seat.**
15. **Try to keep it with you as carry-on luggage.**
16. **We are going to take off on schedule.**

flight, vuelo
to board, abordar
gate, puerta, sala
boarding pass, pase de abordar, tarjeta de embarque
clerck, empleado
to check in, registrarse
row, fila
aisle, pasillo
headphones, audífonos
stopover, escala
to tour, visitar, recorrer (como turista)
inexpensive, barato
speedy, rápido, ágil
domestic flight, vuelo nacional
shuttle, servicio regular y frecuente entre dos puntos cercanos, vuelo de enlace

to handle, operar, ofrecer (un servicio), ocuparse de
cross-country flights, vuelos a todo el país
to reconfirm, reconfirmar
return flight, vuelo de regreso
seat belt, cinturón de seguridad
overhead locker, compartimiento superior
to land, aterrizar
jet lag, descompensación por la diferencia de horario
delay, demora, retraso
runway, pista (de despegue y aterrizaje)
earphones, audífonos
carry-on baggage, equipaje de mano
to take off, despegar
on schedule, a tiempo

Vocabulario complementario

aircraft, avión
air-hostess, sobrecargo, azafata, aeromoza
baggage allowance, límite de equipaje gratuito
bumps, bolsas de aire
business class, clase ejecutiva
connecting flight, vuelo al que se transborda
crew, tripulación
to cruise, volar a velocidad de crucero
economy fare, tarifa económica
emergency exit, salida de emergencia

engine, motor
gangway, pasillo
to highjack, secuestrar un avión y hacer que cambie de rumbo
highjacker, secuestrador (de aviones)
highjacking, secuestro de aviones
life vest, chaleco salvavidas
night fare, tarifa nocturna
route, itinerario, recorrido
safety instructions, indicaciones de seguridad
undercarriage, tren de aterrizaje
unlimited mileage, kilometraje ilimitado
wing, ala

La religión siempre ha desempeñado un papel importante en la civilización y la cultura estadounidenses.

Los "padres fundadores" fueron los puritanos, y muchos de los primeros colonos llegaron huyendo de una Europa que perseguía su fe.

La diversidad de religiones practicadas en Estados Unidos corresponde a los variados orígenes de los inmigrantes.

Aunque en esta tierra de pluralidad no hay una religión de estado, las actividades y preocupaciones religiosas tienen un lugar importante en la vida política, económica y cotidiana, algo que a menudo sorprende a gente de otros países.

Los políticos en general y el mismo Presidente —particularmente en su discurso inaugural— hacen frecuentes referencias a Dios, cuyo nombre aparece incluso en las monedas (en la leyenda **In God We Trust**, *confiamos en Dios*).

Las iglesias, que gozan de privilegios fiscales, suelen administrarse como empresas y utilizan todas las estrategias publicitarias para obtener recursos de sus feligreses. Muchos predicadores conducen programas de radio y "**shows**" de televisión.

En Estados Unidos las creencias y conversiones se pregonan más que en otros países, y siguen proliferando las sectas, favorecidas por el protestantismo y encaminadas a una interpretación personal de la Biblia. En años recientes también ha florecido la influencia de religiones orientales.

Con una mayoría creyente —más de 150 millones de fieles—, la población estadounidense se reparte entre todos los cultos existentes. Los grupos más importantes son: alrededor de 80 millones de protestantes (bautistas, metodistas, luteranos, presbiterianos, calvinistas, etc.), alrededor de 50 millones de católicos, sobre todo entre las clases sociales desfavorecidas, más de 4 millones de ortodoxos y más de 4 millones de judíos practicantes, pertenecientes a todas las distintas ramas del judaísmo.

🔲 ⊙

D — O.K. gang[1], everybody out. Here we are in Disneyland.

M— Wait a minute, we'd better[2] not forget where we parked. This is the most enormous parking lot I've ever seen.

D — J-12. Jot that down[3], honey.

A — Mom, can we take one of those little trains? I bet they drive you to the entrance.

M— Oh, good. Let's do that[4]. Did you bring the video camera[5], Jeff?

J — I've got it, Mom.

M— Great. Don't forget your hats. It's bound to be hot[6] as hell[7]. Let's get going[8].

D — What kind of tickets should we get[9]?

M— I was told[10] the ticket books are the best deal[11]. If you pay for each ride[12] individually, it's much more expensive.

D — There's an admission fee[13], too, isn't there[14]?

M— No, that's only if you don't buy the coupons[15].

D — Well, in that case, it's not so expensive. We may as well get four coupon books.

M— This is unreal! It really is a fairyland. I feel just like a little kid, Jeff. Come on, let's try everything.

A — Look at that funny old train at Frontierland[16]. Can we go on it[17]?

D — You mean the steam engine? Sure.

J — That's a good idea, specially since the line doesn't look too bad[18].

D — O.K. Then we'll get off at Space Mountain.

M— That may be a bit scary[19] for Ann. How about if I take her to Fantasyland for "Small World" while you two go scare yourselves to death. Then we could meet in Adventureland.

D — O.K. by me.

M— Let's not forget lunch. I could go for some junk food[20].

entrance	[e:ntrəns]	engine	[e:ndʒin]
video camera	[vidi:o kæməra:]	monorail	[mɛnəre:il]
individually	[indivi:dʒuali:]	especially	[əspe:shə:li:]
admission fee	[ædmi:shən fi:]	Adventureland	[ædventdʒərlænd]
coupon	[kupo:n]	cruise	[kru:z]
frontierland	[frɛnti:ərlænd]	scary	[ske:ri:]

P — Vamos, todos abajo. Ya estamos en Disneylandia.

M— Espera un momento. No hay que olvidar dónde nos estacionamos. Nunca había visto un estacionamiento tan grande.

P — J-12. Anótalo, cariño.

A — Mamá, ¿podemos tomar uno de esos trenecitos? Seguro te llevan hasta la entrada.

M— Sí, eso estaría bien. ¿Trajiste la cámara, Jeff?

J — Yo la tengo, mamá.

M— Muy bien. No olviden sus sombreros. Seguramente va a hacer un calor infernal. Vamos.

P — ¿Qué tipo de billetes debemos comprar?

M— Me dijeron que lo más conveniente son los paquetes de cupones. Es mucho más caro pagar cada juego por separado.

P — También hay una cuota de entrada, ¿no?

M— No, sólo si no se compran los cupones.

P — Bueno, entonces no es tan caro. Compremos cuatro paquetes de cupones.

M— ¡Esto es increíble! Realmente es un lugar encantado. Jeff, me siento como una niña chiquita. ¡Vamos a conocer todo!

A — Miren ese trenecito antiguo en el "Lejano Oeste". ¿Nos podemos subir?

P — ¿Te refieres al tren de vapor? Claro.

J — Es una buena idea. Sobre todo porque la cola no está larga.

P — Muy bien. Luego nos podemos bajar en la "Montaña Espacial".

M— Eso puede asustar a Ann. ¿Qué les parece si yo voy con ella a la "Tierra de la Fantasía" para ver "El mundo de los niños", mientras ustedes se dan el susto de sus vidas? Luego nos podemos ver en la "Tierra de la Aventura".

P — Por mí está bien.

M— No olvidemos el almuerzo. Puedo ir a comprar comida chatarra.

1. **gang**, 1) *grupo de personas*, 2) *equipo de trabajadores*, 3) *banda o pandilla de malhechores o mafiosos*. Aquí es una fórmula familiar para dirigirse a un grupo de amigos o a la familia.

2. **we'd better, we had better** (+ verbo en infinitivo sin **to**), *sería mejor que..., lo mejor sería..., más vale que...*,

3. **Jot that down, to jot down**, *anotar, tomar nota de*.

4. **Let's do that**, *hagamos eso*, donde **that** remite a lo anterior.

5. **video camera** o **camcorder**, *cámara de video*, **movie camera**, *cámara de cine*, **camera**, *cámara fotográfica*.

6. **It's bound to be hot**, *seguramente va a hacer calor*.

7. **hot as hell**, literalmente *caliente como el infierno* (muy familiar).

8. **Let's get going**, 1) *¡vamos!, ¡andando!*, 2) *¡pongámonos a trabajar!*

9. **should we get...?**, literalmente *¿deberíamos tomar...?, ¿deberíamos conseguir...?*

10. **I was told**, *me dijeron* literalmente *me fue dicho*. Recuerde que cuando en español se usa la tercera persona del plural de manera impersonal (como en este caso), en inglés se usa la voz pasiva. Lo mismo pasa cuando en español se usa la voz pasiva con *se*, como en *se dijo que...*, **it was said**...

11. **the best deal**, literalmente *el mejor trato*, **a deal**, *un trato, un acuerdo, una operación, una transacción*.

12. **ride**, *viaje, paseo* (en bicicleta, a caballo, en automóvil, etc.). Observe también la expresión **to take someone for a ride**, *engañar, estafar a alguien* (en alusión a las vueltas que dan los secuestradores con sus víctimas antes de asesinarlas).

13. **admission fee**, *cuota de admisión, derecho de entrada*.

14. **isn't there...?**, *¿no hay...?*, donde **there** remite al sujeto de la frase anterior.

15. **coupons**, *cupón, billete* (que se puede desprender de un conjunto de billetes), *bono*.

16. **Frontierland, "the frontier"**, límite entre el mundo civilizado y los nuevos territorios en la época de la conquista del oeste de Estados Unidos, **frontier, border**, *frontera de un país*.

17. **Can we go on it?, to go on a train, a bus, a coach**, *tomar* (viajar a bordo de) *un tren, un autobús, un carro*.

18. **since the line doesn't look too bad**, se refiere a que no hay mucha gente haciendo fila (*fila, cola* es uno de los sentidos de **line** en Estados Unidos).

19. **scary**, adjetivo derivado de **to scare**, *asustar, aterrorizar*, **a scare**, *un susto*, **to scare oneself to death**, *darse el susto de su vida, pasar mucho miedo*.

20. **junk food**, comida chatarra, alimentos poco nutritivos, de mala calidad, baratos y rápidos, de **junk**, *basura, chatarra, fierro viejo*.

■ DIFERENCIAS DE TÉRMINOS

EU	Español	GB
parking lot	*estacionamiento*	car park
movie camera	*cámara de cine*	cine-camera

■ DIFERENCIAS DE USO

O.K. gang!	*¡vamos todos!*	right everyone!
hot as hell	*calor infernal*	a scorcher
unreal!	*¡increíble!*	fantastic!
O.K. by me	*por mí está bien*	O.K. with me
scary	*que da miedo*	frightening

■ DIFERENCIAS DE ORTOGRAFÍA

Mom	*mamá*	Mum

5. Entorno 📼 ⊙

"Disneyland really began when my two daughters were very young", Walt Disney said. "Saturday was always Daddy's Day, and I would take them to the merry-go-round, and sit on a bench eating peanuts, while they rode. And sitting there, alone, I felt there should be something built, some kind of family park, where parents and children could have fun together..." By the early 1960's, Disneyland was world-renowned. "All the crowned heads of Europe want to see it", the State Department told Disney officials. "We love to entertain Kings and Queens", Walt Disney responded, "but at Disneyland every guest receives the VIP treatment".

"En realidad Disneylandia empezó cuando mis dos hijas eran muy pequeñas", dijo Walt Disney. "El sábado siempre era el "día de papá" y me las llevaba al carrusel/la calesita. Me sentaba en una banca a comer maníes/cacahuates, mientras ellas se paseaban. Y cuando estaba ahí sentado, solo, pensé que debía haber algo construido, algún tipo de parque familiar, donde los padres y los hijos pudieran divertirse juntos..." A principios de los años sesenta Disneylandia ya era reconocida en todo el mundo. "Todos los monarcas de Europa quieren verla", le dijo el Departamento de Estado a los encargados de Disney. "Nos encanta recibir a reyes y reinas", respondió Walt Disney, "pero en Disneylandia todos reciben un trato de primera".

The Magic Kingdom in Walt Disney World clearly extends traditional Disney themes: the wonder worlds of Nature, the classic stories of childhood, and the spirit of America as we prize it —the nostalgia of the past, and the abiding faith and dreams of man's future. There are several basic steps in creating a show for the Magic Kingdom. First, the story line is developed. No Disney attraction ever got off the ground without extensive development of the story.

Once the story is established, a scale model of the attraction is built. It is used first in studying what the audience will see, and second by the engineers and draftsmen. In the third step, all figures, both animated and inanimate, are sculpted full-size in clay. Then, permanent molds are taken from the clay sculptures and skilled technicians fabricate the figures and many other elements of the show. Background sets and proper props are being built, painted and dressed. And finally the stars of the show are programmed to move and sing and talk.

from *The Story of Walt Disney World*

El "Reino Mágico" de Walt Disney World claramente extiende los temas tradicionales de Disney, como los mundos maravillosos de la naturaleza, las historias clásicas de infancia y el espíritu estadounidense tal y como lo apreciamos: la nostalgia del pasado y la constante fe y esperanza en el futuro de la humanidad. Hay varios pasos básicos en la creación de un espectáculo para el Reino Mágico. Primero se desarrolla un guión. Ninguna atracción de Disney ha salido a la luz sin un trabajo cuidadoso sobre la historia.

Cuando la historia queda definida, se construye un modelo a escala de la atracción. Se usa primero para estudiar lo que verá el público, y luego para que los ingenieros y diseñadores hagan su trabajo. En el tercer paso se esculpen en barro y a escala real todas las figuras, tanto animadas como inanimadas. Luego se sacan moldes permanentes de las esculturas de barro y un equipo de artesanos fabrica las figuras y las demás piezas del espectáculo. Mientras tanto, se construyen, pintan y decoran la escenografía y utilería. Finalmente, se programa a las estrellas del espectáculo para que se muevan y canten y hablen.

tomado de *La historia de Walt Disney World*

1. Cuatro paquetes de cupones, para dos adultos y dos niños, por favor.
2. ¿Qué quieren hacer primero?
3. Vamos primero a la "Casa de los Espantos". La fila no es muy larga.
4. No vamos a poder ver todo antes de que cierren.
5. Con un paquete de cupones pueden pasar a 11 atracciones.
6. Los niños quieren tomarse una foto con el ratón Mickey.
7. Si se pierden, nos vemos en la entrada principal.
8. Me gustó mucho el popurrí de música estadounidense.
9. ¿Qué se puede comer ahí?
10. ¡Miren el desfile con todos los personajes de Walt Disney!
11. Hay que esperar 15 minutos, pero realmente vale la pena.
12. No pudimos bajar por el río en un bote de pedales.
13. Es mejor no ir en fin de semana. Realmente se forma un tumulto.
14. Nos divertimos tanto como los niños.
15. Pensé que era muy vieja para esto, pero no me arrepiento de haber venido.
16. Nunca había estado en un parque de diversiones tan grande.

1. **Four booklets for two adults and two children please.**
2. **What do you want to do first?**
3. **Let's go to the "Haunted House" first. The line's not too bad.**
4. **We won't be able to see everything before it closes.**
5. **You get 11 attractions with one booklet.**
6. **The children want to have their picture taken with Mickey Mouse.**
7. **If you get lost, let's meet at the main entrance.**
8. **I really liked the American music medley.**
9. **What can you eat there?**
10. **Look at the parade with all the Walt Disney characters!**
11. **There's a fifteen-minute wait, but it's really worth it.**
12. **We couldn't go down the river in a paddle-wheel boat.**
13. **It's best to avoid the weekends. It's really a mob-scene.**
14. **We enjoyed ourselves as much as the children.**
15. **I thought I was too old for this, but I'm not sorry I came.**
16. **It's the biggest amusement park I've ever been to.**

gang, grupo, equipo, banda
parking lot, estacionamiento
to jot down, anotar, tomar nota
honey, querida, cariño
to bet, apostar
entrance, entrada
movie camera, cámara de cine
it's bound to, seguramente va a...
hell, infierno
to get going, ponerse en marcha
deal, trato, acuerdo, negocio
ride, paseo
admission fee, cuota de admisión, derechos de entrada
coupon, cupón, billete desprendible
fairyland, país de las hadas, país encantado
steam engine, locomotora de vapor
bird's eye, vista panorámica
line, fila, cola
cruise, crucero
scary, que da miedo
junk, basura, chatarra, fierro viejo
merry-go-round, carrusel, calesita
bench, banca (de un parque), banco
peanuts, maníes, cacahuates
fun, diversión
world-renowned, reconocido mundialmente
crowned heads, monarcas, miembros de familias reales
to entertain, recibir, atender (visitas)
guest, invitado, visitante
V.I.P. = Very Important Person, persona muy importante
to extend, extender, prolongar
childhood, infancia
to prize, apreciar, valorar
abiding, constante, permanente
faith, fe, confianza

step, paso, etapa, escalón
story line, guión
to develop, desarrollar, trabajar
to get off the ground, ver la luz, salir, exhibirse
extensive, amplio, profundo, minucioso
to establish, establecer, definir
scale model, modelo a escala, maqueta
audience, público, espectadores
engineer, ingeniero
draftsman, diseñador, dibujante
figure, figura, personaje
animated, animado
inanimate, inanimado
full-size, tamaño natural, tamaño real
clay, barro, arcilla
mold (GB: **mould**), molde
skilled technicians, artesanos o técnicos calificados
background, escenografía
sets, decorados, escenografías
proper, adecuado, conveniente
prop, utilería
dressed, vestido, **to dress**, vestir, decorar
to talk, hablar
booklet, cuadernillo, paquete (de billetes)
Haunted House, Casa de los Espantos, de los Fantasmas
main entrance, entrada principal
medley, popurrí
character, personaje
to be worth, valer, **to be worth it**, valer la pena
paddle-wheel, con pedales
to avoid, evitar
mob scene, multitud, tumulto

- **Walt Disney (1901-1966)**
  The founder of the Walt Disney empire —movies, television, amusement parks (Disneyland in California, Disney World in Florida and Euro Disneyland near Paris)— created his famous cartoon characters, Mickey Mouse and Donald Duck, in a garage studio.
  His animation studios started with shorts and then moved to full-length features (Snow White and the Seven Dwarfs, etc.) and television series.

- **The Disney Channel**
  This pay cable network was launched in 1983. It draws on Disney's huge television and movie library, but also provides original programming from independent sources that meets its standards for family fare. The channel has several million paying subscribers.
  Concentrating on children's programming by day, the 24-hour channel plays to adults after 9 p.m. by offering movies, specials, miniseries and concerts.

- *Walt Disney* (1901-1966)
  El fundador del imperio Walt Disney, que incluye cine, televisión y parques de diversiones (Disneylandia, en California, Disney World, en Florida, y Euro Disneyland, cerca de París), creó sus famosos personajes, el ratón Mickey y el pato Donald, en el estudio que tenía en su garaje.
  Sus estudios de dibujos animados comenzaron con cortos y luego pasaron a hacer largometrajes (Blancanieves y los siete enanos, etc.) y series de televisión.

- *El canal de Disney*
  Este canal de televisión por cable comenzó en 1983. Se apoya en la inmensa colección de programas y películas de Disney, aunque también presenta programas originales de fuentes independientes que se ajustan a los criterios de programación familiar. El canal tiene varios millones de suscriptores.
  El canal de Disney, que transmite las 24 horas, se concentra durante el día en programación infantil, y de noche, después de las 9 p.m., presenta programas para adultos, que incluyen películas, emisiones especiales, miniseries y conciertos.

R — You're all having[1] a good time[2] down here in Dallas?

M— Couldn't be better[3]. It's a great town[4]. But what's all the excitement about?

R — Didn't you know? It's the big weekend[5]. The Texas State Fair. You gotta see[6] it to believe it. There'll be cowboys[7] coming in from all over the State[8].

M— To a rodeo[9]?

R — That's right. The rodeo's part of the fair. It'll all be at the fair grounds[10]. How'd you like to go over there on Saturday?

M— Gee, that's really nice of you to offer.

R — We'll chow down[11] a plate of spareribs[12], and some chili[13], and wash it all down[14] with Lone Star[15] Beer. What do you say[16]?

M— Sounds great[17] to me. I've never been to a real live[18] rodeo.

R — Well, you'll have the time of your life[19]. Bucking broncos[20], Brahma bulls[21], the whole works. And there'll be livestock competitions and some of the finest country'n'western music around[22]. Oh!, and don't forget the pie and watermelon eating contests[23].

M— Count me in[24]. How about spending the whole day there?

R — Sure, there's plenty to see.

M— Listen. I'm traveling with a couple of friends. Would you mind if I bring them along[25]?

R — Of course not. The more the merrier[26]!

Mike	[mai:k]	**live**	[la:i:v]
Dallas	[dæləs]	**broncos**	[brænkou:z]
excitement	[eksaitment]	**Brahma**	[bra:mə]
Texas	[teksəs]	**livestock**	[la:ivstək]
cowboys	[ka:wboi:z]	**pie**	[pa:i:]
rodeo	[ro:udi:o]	**watermelon**	[wadərme:lən]
chow	[cho:u:]	**contests**	[kæntest]
lone	[lo:un]		

242

R — ¿Se están divirtiendo aquí en Dallas?

M — Como nunca. Es una ciudad increíble. Pero, ¿por qué hay tanta agitación?

R — ¿No lo sabían? Es el fin de semana más importante. La Feria Estatal de Texas. Tienes que verlo para creerlo. Vienen vaqueros de todo el estado.

M — ¿A un rodeo?

R — Así es. El rodeo es parte de las actividades. Todo va a estar montado en los terrenos de la feria. ¿Te gustaría ir el sábado?

M — Sí, gracias por la invitación.

R — Nos podemos comer un plato de costillas de cerdo y un poco de carne picante, y bajarlo todo con unas cervezas Lone Star. ¿Qué te parece?

M — Me parece muy bien. Nunca he estado en un rodeo de verdad.

R — Bueno, te vas a divertir como nunca. Hay potros salvajes, toros Brahma, todo lo que debe haber. Y hay competencias de ganado y la mejor música *country* y *western*. ¡Ah!, y no hay que olvidar los concursos de comer tartas y sandía.

M — Cuenta conmigo. ¿Qué tal si pasamos todo el día ahí?

R — Claro, hay mucho que ver.

M — Mira, estoy viajando con un par de amigos. ¿Te importaría que los lleve?

R — Claro que no. Cuantos más seamos, mejor.

1. **You all having...?** (fam.) = **are you all having...?** En el habla familiar del sur de Estados Unidos **y'all** = **you all** significa *ustedes*.

2. **to have a good time,** *divertirse, pasar un buen rato, pasarla bien.*

3. **Couldn't be better** (fam.) = **I couldn't be better.**

4. **a great town, great,** *fabuloso, increíble, maravilloso, gran,* diferente de **a big city, a large town,** *una ciudad grande.*

5. **the big weekend,** literalmente *el gran fin de semana.*

6. **You gotta see,** contracción familiar de **you have got to see.**

7. **cowboys** o **cowpunchers,** *vaqueros,* que aún existen en los inmensos ranchos tejanos (así como en otros estados de Estados Unidos y en Canadá). En este caso se refiere a vaqueros profesionales que se dedican a competir en los rodeos.

8. **coming in from...,** observe el uso idiomático de la preposición **in.**

9. **To a rodeo?, to** es continuación de **coming** (de la frase anterior).

10. **fair grounds, grounds,** *terrenos, áreas destinadas a la feria.*

11. **chow down,** en el oeste, forma familiar para *comer.*

12. **spareribs, ribs,** *costillas* (de persona o animal), **spareribs,** *costillas de cerdo,* son un platillo tradicional de Estados Unidos.

13. **chili,** *pimiento picante, chile, ají.* Palabra de origen mexicano, que en Estados Unidos designa una salsa de carne y pimientos, "**chili con carne**", carne de res condimentada y picante, generalmente servida con porotos (frijoles).

14. **wash it down, to wash,** *lavar,* **to wash down** (fam.), *bajarse, pasarse* (un alimento con un líquido).

15. **Lone Star,** *estrella solitaria,* hace alusión al sobrenombre de Texas: **the Lone Star State,** porque su bandera tiene una sola estrella.

16. **What do you say?,** literalmente *¿qué dices (de eso)?* La frase original es **what do you say to it?,** donde **it** se refiere a lo que se acaba de proponer. Sin embargo, cuando en español se dice *¿qué dices?* con el sentido de *¿qué dijiste?, ¿me lo repites?,* en inglés se diría **what did you say?**

17. **Sounds great** = **it sounds great.**

18. **live,** 1) *vivo, con vida,* 2) *en carne y hueso,* 3) *en vivo y en directo.*

19. **to have the time of one's life,** *divertirse muchísimo, como nunca,* en este contexto **time** significa *diversión, rato agradable,* como en **to have a good time.**

20. **bronco,** *caballo o potro salvaje o semisalvaje,* **to buck,** 1) *encabritarse,* 2) *lanzar el caballo a su jinete.* De hecho, los **bucking broncos** son entrenados para desmontar a sus jinetes.

21. **Brahma bulls**, *toros enormes* importados originalmente de la India para cruzarlos y producir una raza mejor adaptada al clima.
22. **the finest music around**, literalmente *la mejor música de los alrededores*.
23. **eating contests**, concursos donde gana el que come más en menos tiempo.
24. **Count me in**, *cuenten conmigo, inclúyanme*.
25. **if I bring them along**, observe el uso idiomático de **along** (no se trata de llevar un objeto, sino de hacerse acompañar por alguien).
26. **The more the merrier**, observe este ejemplo de doble comparativo, como en **the sooner the better**, *cuanto antes, mejor*.

---

4. Inglés estadounidense y británico

■ Diferencias de uso y términos

En el inglés británico la palabra **State**, *Estado*, se refiere al gobierno federal. Por lo tanto, puede significar lo contrario de lo que significa en Estados Unidos. Así, hablar en Gran Bretaña de un fuerte control del Estado se referiría al poder del gobierno federal, mientras que en Estados Unidos se referiría al poder de cada estado (considerando la organización federal del país y el verdadero poder de los 50 estados, cada uno de los cuales cuenta con un gobierno propio).

EU	Español	GB
you gotta	(fam.) *tienes que*	**you've got to, you must**
great	*fabuloso, increíble*	**splendid, wonderful, marvellous**
to chow down	(fam.) *comer*	**to have something to eat, to eat**

• Este verbo no tiene equivalente directo en el inglés británico, aunque sí se usa el sustantivo **chow** (forma familiar para *comida*), pero con menor frecuencia que **grub**, que significa lo mismo.

■ Diferencias de ortografía

traveling (EU) **travelling** (GB)

In certain respects, the rodeo stands as the American equivalent of the Spanish bullfight. Like the matador, the rodeo cowboy is pitted against an untamed beast and must dominate it.

The professional rodeo cowboys are a diminishing breed. Entry fees are high, prize money scant. In pick-ups and buses they follow the trail from Calgary to Cheyenne, to El Paso, to Pecos and Fort Worth, to struggle through the varied hazards of bull-riding and calf-roping, bronco-riding and steer-wrestling.

In our computerized society they are the last romantics: they preserve the magic of the lariat*, the flash of the spur. Like knights-errant they journey from city to city, arena to arena, tourney to tourney. Avatars of an older, braver time, they display what the rest of us have lost forever.

El rodeo

En cierta manera, el rodeo es el equivalente estadounidense de la corrida de toros española. Al igual que el matador, el vaquero se enfrenta ante un animal salvaje y debe dominarlo.

Los vaqueros profesionales que se dedican a competir en rodeos son una especie en extinción. Las cuotas de inscripción son altas y los premios muy escasos. En camionetas y autobuses recorren la ruta de Calgary a Cheyenne, y de ahí a El Paso, a Pecos y Fort Worth, para realizar las diversas hazañas de montar toros, lazar becerros, montar potros salvajes y domar novillos.

En nuestra sociedad computarizada, ellos son los últimos románticos: conservan la magia del lazo, el brillo de la espuela. Como caballeros andantes, van de una ciudad a otra, de un ruedo a otro, de un torneo a otro. Encarnaciones de una época más antigua y valiente, ostentan lo que los demás ya perdimos para siempre.

* **lariat**, derivado del español **la reata** (el lazo, la cuerda).

1. Los niños quieren subirse al carrusel.
2. ¡Dios mío!, creo que dejé mi libro en la rueda de la fortuna/vuelta al mundo. Vamos a ver si está en el depósito de objetos perdidos.
3. Le interesa más el concurso de belleza que el rodeo.
4. ¿Nos acompañan al baile de esta noche?
5. Encontrar a alguien en esta multitud es como buscar una aguja en un pajar.
6. ¡Hola, amigo! Tex me dice que es la primera vez que estás en un rodeo.
7. Estas botas vaqueras nuevas me están sacando ampollas.
8. En estos días, muchos vaqueros prefieren camionetas en vez de caballos.
9. ¿Cuántas cabezas de ganado tienen?
10. Es muy buen tirador: quedó en tercer lugar en el concurso de tiro al blanco.
11. ¡Miren lo que me gané en la lotería!
12. Los niños quieren ir a la montaña rusa.
13. Te apuesto a que no va a durar más de 20 segundos sobre el caballo.
14. Está por empezar el concurso de lazar becerros.

1. **The kids would like to go on the merry-go-round.**
2. **Good grief! I think I left my pocket-book on the ferris wheel. We'd better go check the lost and found.**
3. **He's more interested in the beauty contest than in the rodeo.**
4. **Y'all gonna join us at the square dance tonight?**
5. **Finding somebody in this crowd is like looking for a needle in a haystack.**
6. **Howdy partner, Tex says this is your first time at a rodeo.**
7. **These new cowboy boots are giving me blisters.**
8. **A lot of cowboys prefer pick-up trucks to horses these days.**
9. **How many head of cattle do they have?**
10. **He is a real marksman: he was third at the shooting contest.**
11. **Look what I won at the lottery!**
12. **The kids want to go to the roller-coaster.**
13. **I bet you he won't stay in the saddle for more than 20 seconds.**
14. **The calf-roping competition is about to start.**

fair, feria
to have a good time, divertirse, pasarla bien
cowpuncher, cowboy, vaquero
grounds, terreno, ubicación (de una feria)
live, 1) vivo, 2) en carne y hueso, 3) en vivo
bronco, caballo salvaje
bull, toro
tu buck, 1) encabritarse, 2) desmontar el caballo al jinete
livestock, ganado
contest, concurso
bullfight, corrida de toros
to pit against, enfrentar
untamed, salvaje, sin domar
breed, raza
trail, sendero, camino, recorrido

to struggle, luchar
steer, novillo
to wrestle, luchar, domar
spur, espuela
to display, ostentar, manifestar
ferris wheel, rueda de la fortuna, vuelta al mundo
lost and found (office), depósito de objetos perdidos
to bake, hornear
haystack, pajar
blister, ampolla
pick-up (van, truck), camioneta
marksman, buen tirador
roller coaster, montaña rusa
saddle, silla de montar
calf, becerro
to rope, lazar

Vocabulario complementario

a square deal, un acuerdo justo
to buckle, abrochar (un cinturón, una hebilla)
to duck, esquivar, agacharse para evitar un golpe
maverick, 1) pieza de ganado sin marcar, 2) persona poco convencional
no holds barred, se permiten todos los golpes
to scare, asustar, dar miedo
showdown, 1) ajuste de cuentas, 2) confrontación de fuerzas
to stagger, tambalearse
stampede, estampida (de animales)
vest, chaleco
warily, con desconfianza
yell, grito, aullido
frontier, se refiere a la frontera del oeste en la época de los pioneros (la frontera entre naciones se llama **border**)
Go west, young man, and hitch your wagon to a star, Joven, parte hacia el oeste y engancha tu carreta a una estrella.

— I got the idea that you are scared to face a man without yore* guns, said Red. Take off yore belt an'* I'll kill yu* with my hands, no holds barred.

— Who'll guarantee that I get my guns back?

— Give 'em* to me, said Bart, an' yu'll have 'em when yu want 'em. What's more, yu git* a square deal, or someone'll get out in the smoke.

Mark handed his belt to the foreman who buckled it above his own in such a position so as to enable him to pull the guns easily. Mark threw aside his vest and removed spurs.

For the first moment or two the men circled warily, watching for an opening. Red was the first to see what he took to be one, and rushing in, he swung a terrific blow at his opponent's head, which, had it landed, might well have finished the battle. But the cowpuncher saw it in time and ducked, his shoulder taking what was meant for his head. Such was the impact that he staggered and almost fell. A chorus of yells greeted this success.

— Two to one on the big 'un*, shouted the foreman.

G. Baxter, *Guns in the West*

* yore = your	an' = and	yu = you
'em = them	git = get	'un = one

Un ajuste de cuentas

— Me parece que tienes miedo de enfrentarte a un hombre sin tus pistolas, dijo Red. Quítate el cinturón y te mato con las manos, sin golpes prohibidos.

— ¿Quién garantiza que me devolverán las pistolas?

— Dámelas a mí, dijo Bart, y las tendrás cuando las quieras. Es más, el trato va a ser justo, o alguien saldrá muerto.

Mark le entregó su cinturón al capataz, quien se lo abrochó encima del suyo, de tal manera que podía sacar las pistolas con facilidad. Mark se quitó el chaleco y las espuelas.

Durante unos instantes, los hombres dieron vueltas mirándose con desconfianza, esperando una oportunidad. Red fue el primero que creyó ver una y lanzó un tremendo golpe hacia la cabeza de su oponente. De haber llegado, hubiera terminado la pelea, pero el vaquero lo vio a tiempo y lo esquivó, de modo que su hombro recibió lo que iba hacia su cabeza. El impacto fue tan fuerte que se tambaleó y casi cayó. Un coro de gritos festejó el logro.

— Dos a uno y va el grande, gritó el capataz.

1. Diálogo — H: he S: she A: agent

(At the rental office)

H — We're interested in renting a motorhome.

S — We've always wanted to travel cross-country[1].

H — You do handle motorhomes[2], don't you?

A — Yes, of course. How large a family do you have[3]?

H — Well, there are the two of us[4] and the three children. Two of them are teenagers[5]. That makes four adults and one child.

A — I see. Usually, we have a wide range[6] of choice but at the moment we've only got two models left[7]: a low-priced[8] van or the fancy model[9].

H — Would either one accommodate[10] my family?

A — I suppose so. The facilities[11] do differ considerably, though. In the deluxe one, the sleeping arrangements are more spacious and comfortable and there's more privacy. Not to mention the air-conditioning. Otherwise, they're both outfitted with cooking and toilet facilities, even linens and pots and pans[12].

S — What about the rates? Is it a weekly or a monthly rental[13]?

A — The prices vary slightly. The longer you keep the van the cheaper the daily rate. The low-priced van runs around $250 a week, including the insurance[14]. The larger model[15] is naturally much more expensive. You'll have to pay a security deposit[16], which will be refunded when you turn the van in[17].

S — Does it take very long to get used to it?

A — No, not really. But I do suggest you read the helpful hints[18] in the instruction booklet[19]. They point out, for example, that you mustn't forget to shift into low[20] going down a steep hill. Otherwise, you might burn out the brakes.

recreational	[ri:kri:e:i:shonəl]	comfortable	[kəmfortəbəl]
vehicle	[vi:əkəl]	privacy	[præivəsi:]
accommodate	[akəməde:it]	vary	[ve:ri:]
facilities	[fasi:lidi:s]	insurance	[inshu:rəns]
deluxe	[di:ləks]	security	[sɛkiu:ri:di:]
spacious	[spe:i:shəs]	deposit	[dipɐzit]

250

(En la agencia de alquiler de autos)

H — Queremos alquilar una casa rodante.

S — Siempre hemos querido recorrer el país.

H — Sí alquilan casas rodantes, ¿verdad?

E — Sí, claro. ¿Cuántos son en su familia?

H — Bueno, somos nosotros dos y los tres niños. Dos de ellos son adolescentes, así que seríamos cuatro adultos y un niño.

E — Entiendo. Generalmente tenemos una gran variedad de donde elegir, pero por ahora sólo nos quedan dos modelos: una camioneta económica o un modelo de lujo.

H — ¿Cualquiera de los dos alcanzaría para mi familia?

E — Supongo que sí, aunque difieren bastante en cuanto a las instalaciones. En el modelo de lujo las camas son más grandes y cómodas y hay más privacidad, y además tiene aire acondicionado. Por lo demás, ambos modelos están equipados con instalaciones para cocinar y baños, incluso tienen ropa de cama y baterías de cocina.

S — ¿Y las tarifas? ¿Se renta por semana o por mes?

E — Los precios varían ligeramente. Cuanto más tiempo se queden con el vehículo, menor es la tarifa diaria. La camioneta económica sale más o menos en 250 dólares a la semana, con el seguro incluido. El modelo más grande es mucho más caro, naturalmente. También tendrán que dejar un depósito, que se les devolverá cuando entreguen el vehículo.

S — ¿Y cuesta mucho acostumbrarse?

E — No, la verdad, no. Pero sí les sugiero que lean los consejos del manual. Señalan, por ejemplo, que no deben olvidar meter primera cuando bajen una cuesta empinada. De lo contrario, podrían quemar los frenos.

1. **to travel cross-country**, 1) *viajar a campo traviesa*, 2) *viajar por el país* (= **to travel across the country, through the country**).

2. **You do handle motorhomes..., to handle**, 1) *manipular, manejar*, 2) *encargarse de, arreglar, resolver* (un problema), 3) *trabajar* (un producto o mercancía).

3. Otros ejemplos de esta construcción serían: **How large a sum do you need?**, *¿qué cantidad necesita?*, **How small a town is it?**, *¿de qué tamaño es la ciudad?*, *¿qué tan pequeña es la ciudad?* (cuando ya se sabe que es pequeña).

4. **the two of us**, debe distinguirse de **both**, *ambos*, que indicaría un consenso entre ambas personas, como en **we both feel that...**, *ambos pensamos/sentimos que...*. En cambio, **the two of us** sólo se refiere al número de personas.

5. **teenagers**, *adolescentes*, se refiere a los que tienen entre 13 y 19 años, edades que en inglés terminan en **-teen: thirteen, fourteen**, etc.

6. **wide range**, *amplia gama, gran variedad*, **range**, *gama, abanico, rango, escala, serie*.

7. **we've only got two models left**, recuerde esta construcción idiomática, que también puede aparecer como **there are only two models left**.

8. **low-priced**, *económico, de buen precio*. Cuidado con **cheap**, pues tiene dos sentidos: 1) *barato, de bajo precio*, 2) *barato, de mala calidad*.

9. **fancy model, fancy** (adj.), 1) *de adorno, de fantasía*, 2) *elegante, lujoso, fino*. **Fancy** (sustantivo), *capricho, imaginación, fantasía*, **to fancy** (GB), 1) *imaginarse, figurarse*, 2) *antojarse, querer, encapricharse por algo*.

10. **to accommodate**, *recibir, tener capacidad para alojar*, como en **the hotel can accommodate 300 guests**, *el hotel tiene capacidad para 300 huéspedes*, **the garage can accommodate 2 cars**, *al garaje le caben 2 automóviles*, **accommodation**, *alojamiento, hecho de alojar...*. Cuidado con la ortografía: es común olvidar una **m**.

11. **facilities**, 1) *facilidades, habilidades, posibilidades*, 2) (siempre en plural) *instalaciones, servicios*, como en **airport facilities, industrial facilities**.

12. **pots and pans**, *ollas, cacerolas, batería de cocina*.

13. **rental**, 1) *alquiler*, 2) *precio o tarifa de un alquiler*.

14. **insurance**, *seguro, garantía, seguridad*. Suele aparecer en palabras compuestas, como **insurance company**, *compañía de seguros*, **insurance policy**, *póliza de seguros*, **insurance premium**, *prima de seguros*. **To insure**, *asegurar(se)*.

15. **The larger model**, se usa un comparativo porque se trata de una comparación entre dos modelos.
16. **to pay a security deposit, to leave, to make, to pay a deposit**, *dejar un depósito, una fianza*, **security**, *seguridad, garantía* (también *valores o acciones* en la Bolsa); la *seguridad personal* se llama **safety**.
17. **when you turn the van in, to turn in**, *entregar, devolver*, en el habla familiar también significa *irse a acostar*.
18. **helpful hints**, *consejos útiles*, **a hint**, *señal, indicación, insinuación*.
19. **instruction booklet**, también **instructions for use, directions for use**, *manual, folleto de instrucciones*.
20. **to shift into low, to shift**, *cambiar* (sobre todo de posición), **gear shift**, *caja o palanca de cambios*, **low = low gear**, *primera (velocidad)*.

---

4. Inglés estadounidense y británico

■ DIFERENCIAS DE TÉRMINOS

EU	Español	GB
to rent	*alquilar*	to hire
fancy	*elegante, lujoso*	luxury
to outfit	*equipar*	to equip, to furnish
to run around	*costar alrededor de*	to be about £... a week
$... a week	$..... *por semana*	
to turn something in	*entregar, devolver algo*	to return something
to shift into low	*meter primera*	to change down
linens	*ropa blanca, ropa de cama*	linen

■ DIFERENCIAS DE USO

EU:	How large a family do you have?
Español:	*¿Cuántos son en su familia?*
GB:	How large a family have you got?

■ DIFERENCIAS DE PRONUNCIACIÓN

privacy   EU: [prɐivəsi:]   GB: [pri:vəsi:]

For nature-lovers and large families, for those who wish to travel through the vast expanses of the West and not tarry in the cities, lastly for those seeking direct contact with Americans, the ideal arrangement is to rent a camping car —also called *motorhome* or *camper*, depending on whether it is a minibus or an R.V. with cooking and sleeping facilities.

A camper is usually the size of a small truck, but has the manœuvrability of an ordinary car. No special driving license is required. It features power steering, and only takes a few hours to get used to. You should go out for a test drive before taking it out on the road. You will be impressed with the comfort and modern equipment provided inside. You may have to return it to the city where you rented it. You will be given a list of trailer parks when you rent the vehicle.

A motorhome is a minibus with beds and a kitchen unit including stove, fridge, sink (hot and cold water), toilet, shower, radio... Some models can accommodate as many as seven.

Para los amantes de la naturaleza y las familias numerosas, para quienes quieren viajar por los amplios parajes del Oeste y no quedarse en las ciudades y, finalmente, para quienes buscan un contacto directo con los estadounidenses, la solución ideal es alquilar una casa rodante, también llamada *motorhome* o *camper*, según se trate de un minibús o de una camioneta con instalaciones para cocinar y dormir.

Un *camper* es por lo general del tamaño de una camioneta, pero se puede maniobrar como un automóvil ordinario. No se requiere una licencia de conducir especial. Cuenta con dirección hidráulica y acostumbrarse a ella sólo toma unas horas. Se recomienda dar unas vueltas de prueba antes de sacarlo a la carretera. Le sorprenderán la comodidad y las modernas instalaciones del interior del *camper*. Quizá tenga que entregarlo en la misma ciudad donde lo alquiló. Cuando alquile el vehículo recibirá una lista de campamentos para casas rodantes.

Un *motorhome* es un minibús con camas y una cocina, y cuenta con estufa, refrigerador, pileta (con agua fría y caliente), baño, ducha, radio... Algunos modelos tienen capacidad hasta para siete personas.

1. Queremos alquilar una casa rodante del primero al 15 de julio.
2. ¿Se necesita una licencia de conducir especial?
3. ¿Con cuánto tiempo de anticipación hay que reservar el vehículo?
4. Es la forma más barata de recorrer Estados Unidos.
5. ¿Qué ruta nos recomienda?
6. Es una carretera montañosa y nos costó mucho trabajo pasar a los camiones.
7. Nos tocó un clima pésimo la mayor parte del viaje.
8. Dame el mapa. Creo que este rodeo nos desviará.
9. Más vale que lo llenen ahora, porque no hay otra estación de servico en los próximos 160 kilómetros.
10. Paremos aquí. La vista es magnífica.
11. Prohibido tirar basura. Se multará con 250 dólares a quien sea sorprendido.
12. Nunca recojo a los que "hacen dedo".
13. Casi nos quedamos sin gasolina/nafta.

1. We'd like to rent a camper from the 1st to the 15th of July (from July 1st to 15th).
2. Do you need a special driving license?
3. How long in advance do you have to reserve the vehicle?
4. It's the cheapest way to tour the USA.
5. What route would you advise?
6. It's a mountain road, and we had a lot of trouble passing the trucks.
7. We had lousy weather for a good deal of the trip.
8. Give me the map. I'm afraid this detour will take us out of our way.
9. You'd better fill it up now because there won't be any gas station for 100 miles.
10. Let's stop here. The view is magnificent.
11. No dumping under penalty of law. Fine: $250.
12. I never pick up hitchhikers.
13. We almost ran out of gas.

to rent, alquilar

to handle, 1) manipular, 2) trabajar (un producto)

teenager, adolescente (de 13 a 19 años)

a wide range, una gran variedad

low-priced, económico, de bajo precio

fancy, de lujo

to accommodate, alojar, tener capacidad para...

privacy, privacidad, intimidad

to outfit, equipar

cooking, cocina (actividad)

linens, ropa blanca, ropa de cama

pots and pans (literalmente, ollas y sartenes), batería de cocina

rate, tasa, precio, tarifa

security deposit, depósito, garantía

to refund, reembolsar

to turn in, entregar, devolver

hint, consejo, "pista"

instruction booklet, manual, folleto de instrucciones

to shift into low, meter primera, cambiar a primera

steep, empinado

display room, sala de exhibición

to tarry, quedarse

truck, camión

power steering, dirección hidráulica

trailer, casa rodante, casa remolque

stove, estufa

fridge, refrigerador, heladera

sink, fregadero, dileta

shower, ducha, regadera

to tour, visitar, recorrer

to advise, aconsejar, recomendar

to pass, pasar, rebasar

detour, rodeo, desviación

trash, basura

fine, multa

hitchhiker, persona que "hace dedo", que solicita a los automovilistas que lo lleven

to run out of..., quedarse sin...

Vocabulario complementario

camping grounds, terrenos para acampar

campsite, terreno o lugar para acampar

canvas, tienda de campaña, carpa

first come, first served, al primero que llega le toca lo mejor

to give a lift, dar aventón

to hitchhike, to hitch a ride, hacer dedo, pedir viaje a un automovilista

to overnight, pasar la noche

peg, estaca

pole, palo (para tienda de campaña)

to put up, instalar, levantar (tienda de campaña)

scenic, turístico, panorámico

sleeping bag, bolsa o saco de dormir

tent, tienda de campaña, carpa

- **Camping outside official campsites is not allowed in the US, but there are about 20 000 camping grounds and trailer parks available to the public.**
  You should check in by 5 to play it safe.
  In the National Parks, you may only stay for a limited time, and choice of accommodation is on a "first come, first serve" basis.

- En Estados Unidos no se permite acampar en cualquier lugar, pero hay alrededor de 20 000 sitios donde el público en general puede acampar e instalar casas rodantes.
  Conviene llegar antes de las 5 de la tarde para asegurar un lugar.
  En los Parques Nacionales el tiempo de estancia está limitado y la regla es que al que llega primero le toca lo mejor.

- **The Grand Canyon**
  The Grand Canyon is the world's finest example of erosion. It is five-million years old, and the oldest human artifacts found within the canyon are animal-shaped figurines and arrowheads dating back 4 000 years, but little is known about the people who made them.
  It covers 1 900 square miles, and the big crack averages 1 mile deep and 10 miles wide, and grows deeper and wider along the years, thanks to the Colorado River which runs along its floor.
  The first person to try crossing the canyon was the Spanish explorer Francisco Vázquez de Coronado in the 16th century, who finally gave up. 300 years later, major John Wesley Powell boated 1 000 miles down the Colorado River.

- El Gran Cañón es el mejor ejemplo de erosión del mundo. Tiene cinco millones de años y los objetos hechos por el hombre más antiguos que se han encontrado ahí son figurillas de animales y puntas de flecha de hace 4 000 años, aunque se conoce muy poco de las personas que las fabricaron.
  El cañón cubre 1 900 millas cuadradas (casi 5 000 km²) y la fisura principal tiene en promedio 1 milla (1.6 km) de profundidad y 10 millas (16 km) de ancho, y se va haciendo más ancha con el tiempo, por el efecto del río Colorado, que lo atraviesa.
  El primero que intentó cruzar el Gran Cañón fue el explorador español Francisco Vázquez de Coronado, en el siglo XVI, pero finalmente se dio por vencido. Trescientos años depués, el mayor John Wesley Powell recorrió en bote 1 000 millas (1 600 km) del río Colorado.

1. Diálogo — H: he S: she A: agent

(In the display room)

H — This place certainly isn't very close to your office.

A — Oh, I know. I'm sorry to drag you so far out[1], but the price of office space downtown has gone sky-high recently. These trailers are so big that it's too expensive to maintain[2] a display room in town.

H — I see what you mean. Well, let's have a look.

S — The smaller one seems adequate but it would be a bit tight[3] for the five of us.

H — I'll have to admit that the larger one is fabulous. I was convinced we should take the cheaper one, but now that we've seen them both, I'm beginning to have second thoughts[4]. By the way, what kind of mileage does it get?

A — Not too bad really, all things considered. Of course you get fewer miles to the gallon than with an ordinary car, but you can't compare the convenience, now can you[5]?

H — You've got a point[6] there.

S — We were planning on going to Yellowstone and Yosemite. Do they allow motorhomes?

A — The parks are full of them[7]. But you absolutely must[8] reserve your campsite well in advance.

H — One last question. What do we do if it breaks down[9]? You do have a toll-free number[10], don't you?

A — Of course we do. You just dial the 800 number[11] and they'll direct you to the nearest affiliated service station.

H — What do you think, honey[12]?

S — It sounds great. But can we really afford it?

H — For once, let's not worry about the money. What's another $500 anyway[13]?

A — Listen, if you take the fancy model, we'll throw in[14] the first tank of gas free.

H — You've talked us into it[15]. Where do I sign?

adequate	[ædekuət]	Yosemite	[iose:miti]
fabulous	[fa:biuləs]	absolutely	[æbsəlutli:]
ordinary	[o:rdinəri:]	affiliate	[afi:lie:it]

(En la sala de exhibición)

H — La verdad, este lugar no está muy cerca de su oficina.

E — Sí, lo sé. Siento haberlos traído tan lejos, pero los costos de los espacios de oficina en el centro de la ciudad están por las nubes, y estas casas rodantes son tan grandes que sería demasiado caro tener una sala de exhibición allá.

H — Sí, entiendo. Bueno, veamos qué hay.

S — La más pequeña parece adecuada, pero tal vez sea un poco chica para los cinco.

H — Debo reconocer que la grande es fabulosa. Estaba convencido de llevar la más barata, pero ahora que vimos ambas, estoy comenzando a dudar. Por cierto, ¿cuánta gasolina/nafta consume?

E — Dentro de todo, no tanta. Claro que rinde menos millas por galón que un automóvil normal, pero no se compara la comodidad, ¿no cree?

H — Sí, tiene razón.

S — Pensábamos ir a Yellowstone y Yosemite. ¿Permiten entrar con casas rodantes?

E — Hay muchísimas en los parques nacionales. Pero es muy importante que reserve su espacio con bastante anticipación.

H — Una última pregunta. ¿Qué debemos hacer si se descompone? Tienen un número telefónico para llamar sin costo, ¿no?

E — Por supuesto. Sólo tiene que marcar el número telefónico con el código 800 y le indicarán dónde está nuestro taller mecánico más cercano.

H — ¿Qué piensas, querida?

S — Parece maravilloso. Pero, ¿realmente nos alcanza?

H — Por esta vez no nos preocupemos por el dinero. Además, ¿qué tanto son otros 500 dólares?

E — Miren, si llevan el modelo más grande, les regalamos el primer tanque de gasolina/nafta.

H — Ya nos convenció. ¿Dónde firmo?

1. **to drag you so far out, to drag,** *arrastrar* y, por extensión, *llevar contra la voluntad.*

2. **to maintain,** 1) *mantener, conservar, guardar,* 2) *mantener* (una casa, una familia).

3. **tight,** 1) *tenso, tirante,* 2) *apretado, justo, ajustado,* 3) *reñido, cerrado* (un partido, una pelea), 4) *hermético, impermeable,* 5) (fam.) *ebrio.*

4. **to have second thoughts,** *preguntarse si uno tiene razón, dudar, reconsiderar una decisión;* **on second thought,** *pensándolo bien...*

5. **now can you?,** uso idiomático de **now** con el sentido de *¿no cree?, francamente,* etc. La interjección **now** equivale a menudo a *¡vamos!, ¡no puede ser!*

6. **point,** suele significar *argumento convincente, razón.*

7. En el inglés británico este tipo de respuesta sería una falta de educación, por lo que se preferiría **of course they do.**

8. **you absolutely must,** el adverbio se coloca antes del verbo para que la expresión sea aún más imperativa.

9. **if it breaks down,** *si se descompone,* **to break down,** *descomponerse* (un automóvil o aparato), **a breakdown,** *avería, falla* (de un automóvil o aparato), también puede significar *crisis, colapso,* como en **nervous breakdown,** *crisis nerviosa.*

10. **a toll free number,** *número telefónico gratuito* (paga la compañía), **toll,** 1) *peaje, cuota* (en una carretera), 2) *derecho, cuota* (por un servicio).

11. **800,** por lo general, si forma parte de un número telefónico, se lee **eight o o,** aunque en este caso **the 800 number** se pronuncia **the eight hundred number.**

12. **honey,** 1) *miel,* 2) *querido/a, cariño.*

13. **another $500,** observe este uso idiomático de **another** antes de un plural (se sobrentiende que es **another sum of 500 dollars**).

14. **to throw in,** *agregar, regalar.*

15. **You've talked us into it,** *ya nos convenció (de hacerlo).* Como en otras expresiones, la preposición **into** indica el resultado de la acción, mientras que el verbo indica la manera en que se actuó. Si se hubiera llegado al resultado contrario se diría: **you've talked us out of it,** *ya nos convenció de no hacerlo, nos convenció de renunciar.*

■ DIFERENCIAS DE TÉRMINOS

EU	Español	GB
convenient to	*cerca de*	near to

• Este sentido derivado no existe en el inglés británico (aunque tanto en EU como en GB **convenient** significa *conveniente, adecuado*).

downtown	*centro de la ciudad*	in the center
trailer	*casa rodante*	caravan

• Tanto en EU como en GB **trailer** significa *remolque de camión*.

toll free number	*número gratuito*	free call service (no es tan común como en EU)
honey	*querida, cariño*	darling
gas	*gasolina/nafta*	petrol

5. Entorno: Finding a pick-up truck 🔲 ⊙

I wrote to the head office of a great corporation which manufactures trucks. I specified my purpose and my needs. I wanted a pickup truck, capable of going anywhere, and on this truck I wanted a little house built like the cabin of a small boat... with double bed, a four-burner stove, a heater, a refrigerator and lights operating on butane, a chemical toilet, closet space, storage space...

John Steinbeck,
Travels with Charley (1962)

Escribí a la oficina central de una gran corporación que fabrica camiones. Les especifiqué mi propósito y mis necesidades. Quería una camioneta capaz de ir a cualquier parte, y sobre esta camioneta quería que construyeran una casita como la cabina de un barco pequeño... con una cama matrimonial, una estufa/cocina de cuatro quemadores, un calentador, un refrigerador y luces que funcionaran con gas butano, un baño químico, espacio para ropa, espacio para guardar cosas...

John Steinbeck,
Travels with Charley [Viajes con Charley], (1962)

Mobility has always been one of the main features of the US culture. Such geographic, sociological and occupational mobility was best illustrated in the winning of the West and is still true today: the US citizen, unlike most Europeans, for example, does not hesitate to change jobs or cities. In the late 20's, during the Great Depression, whole families took to the roads, looking for jobs. Today, recent surveys show a trend towards stabilization —with the exception of recent immigrants— but the pioneer and frontier spirit is still very much alive, and Americans are still moving on in their search for better opportunities.

On the outskirts of big cities, parks are specially equipped to accommodate mobile homes for migrants on the move to find jobs, but also to satisfy a taste for change and novelty which is a basic characteristic of the US social fabric. This wanderlust has been heavily featured in literature and the cinema, and is often pictured as necessary to the fulfillment of an individual's fate or of a people's destiny.

El desplazamiento siempre ha sido uno de los principales rasgos de la cultura estadounidense. Este desplazamiento geográfico, social y ocupacional se manifestó claramente en la conquista del Oeste, pero sigue vigente hoy en día: el ciudadano estadounidense, a diferencia de los europeos, por ejemplo, no vacila en cambiar de trabajo o mudarse de ciudad. A finales de los años veinte, durante la gran depresión económica, familias enteras salían de sus ciudades en busca de trabajo. Encuestas recientes muestran que actualmente se tiende a la estabilidad —con excepción de los recién inmigrados—, pero el espíritu pionero y aventurero sigue vivo, y los estadounidenses siguen avanzando en su búsqueda de mejores oportunidades.

En las afueras de las grandes ciudades hay sitios equipados especialmente para las casas rodantes de inmigrantes que viajan en busca de trabajo, aunque también para satisfacer ese gusto por el cambio y la novedad que es un rasgo esencial del tejido social estadounidense. Esta sed de viajar ha estado muy presente en la literatura y el cine y a menudo se describe como necesaria para la realización de un destino individual o colectivo.

1. Si quiere hacer reservaciones o pedir información, llame a nuestro número gratuito o consulte nuestra página en Internet.
2. No encuentro la caja de herramientas.
3. Este vehículo es lentísimo. Hasta esos camiones de remolque nos pasan.
4. La ventana está trabada; no la puedo bajar.
5. ¿Por qué no tomamos la carretera panorámica?
6. ¿No es riesgoso dejar las cosas en la cabaña?
7. Puede registrar sus objetos de valor en la oficina del guardia.
8. El modelo pequeño es más económico, pero estarán un poco apretados.
9. ¿Qué tipo de póliza de seguros quieren?
10. El seguro por daños a terceros es obligatorio, pero también pueden contratar el seguro por robo.
11. ¿Hace cuánto hicieron su reserva?
12. El camino para subir al cañón es muy empinado.
13. No es mucho más largo, ¡pero sí mucho más pintoresco!
14. El servicio funciona las 24 horas.

1. For reservations and information, use the toll-free number or log on to our web-site.
2. I can't find the tool kit.
3. This vehicle is slow as hell. Those big trailer-trucks keep passing us.
4. The window is stuck: I can't roll it down.
5. Why not take the scenic route?
6. Is it safe to leave our things in the bungalow?
7. You may check your valuables at the warden's office.
8. The smaller model is more economical, but you'll be a bit cramped.
9. What kind of insurance policy would you like to take?
10. Third-party insurance is compulsory, but you can also take out theft insurance.
11. How long ago did you make your reservation?
12. The road up to the pass is very steep.
13. It's not much longer, and so much more picturesque!
14. The service operates round the clock.

to drag, arrastrar, llevar a alguien contra su voluntad

to go sky-high, subir mucho, estar por los cielos

trailer, casa rodante, remolque

to maintain, mantener

display room, sala de exhibición

tight, apretado, ajustado, reducido

cheap, 1) barato, económico, 2) barato, de mala calidad

to have second thoughts, reconsiderar, dudar

mileage, kilometraje

convenience, comodidad, ventajas

to allow, aceptar, permitir

to break down, descomponerse

toll-free 800 number, número telefónico gratuito, sin cargo

affiliated, afiliado, que forma parte de una red u organización

to afford, alcanzar (el dinero) para algo

fancy model, modelo de lujo

the 20's, los años veinte

to take to the road, emprender el camino, salir en busca de

survey, encuesta, estudio, investigación

trend, tendencia

pioneer, pionero

outskirts, afueras (de una ciudad)

fabric, tela, tejido

to feature, aparecer, estar ilustrado

fulfilment, realización, cumplimiento

tool kit, estuche o caja de herramientas

warden, guardia, vigilante

economical, económico, barato

third-party insurance, seguro por daño a terceros

theft, robo

pass, cañón, valle, desfiladero, garganta

round the clock, las 24 horas

tank, tanque (de la gasolina/nafta)

to change jobs, cambiar de trabajo

to be slow as hell (fam.), ser muy lento (literalmente, ser lento como el infierno)

Vocabulario complementario

braking system, sistema de frenos

bumper, defensa, parachoques, paragolpes

consumption, consumo, gasto

dash(board), tablero (en un vehículo)

engine, motor

to enlarge, ampliar, hacer más grande

fuel, combustible (cuidado con el sentido más general: **wood is fuel**)

to pad, acolchar

to phase out, desvanecer

to redesign, rediseñar

steel, acero

steering, dirección (en un automóvil), **steering wheel**, volante

sunvisors, viseras, parasoles

upholstery, tapicería

US gallon = 3.78 liters = 3.78 litros

Imperial gallon (GB) = **4.54 liters** = 4.54 litros

We began by improving the interior. We redesigned the seats, the upholstery, the dash. We added electric windows and sunvisors. Then we enlarged the engine, improving both the performance and the fuel consumption. We adopted a truly innovative power steering system that assists the steering at low speeds while phasing itself out at high speeds. We improved the suspension. We introduced a new braking system. And then, the new model is heavily soundproofed and designed to accept a diesel engine. As a result, when equipped with a conventional gasoline engine, noise and vibration are almost non-existent. Beyond this, we created bumpers capable of absorbing 2 to 3 times the impact of conventional steel bumpers. We made the interior door panels 3 times as thick as they were before. We padded virtually every rigid surface within the passenger compartment.

Mejorar un vehículo recreativo

Primero mejoramos el interior. Rediseñamos los asientos, la tapicería y el tablero. Agregamos ventanas y viseras eléctricas. Luego ampliamos el motor, para mejorar tanto el funcionamiento como el consumo de combustible. Incorporamos un sistema realmente innovador de dirección hidráulica, que ayuda a conducir a baja velocidad y se atenúa a velocidades más altas. Mejoramos la suspensión. Introdujimos un nuevo sistema de frenos. El nuevo modelo está completamente aislado de sonidos y diseñado para aceptar un motor de diesel, de modo que cuando se le instala un motor convencional de gasolina/nafta, casi no vibra ni hace ruido. Además, creamos parachoques capaces de absorber de 2 a 3 veces el impacto de un parachoques convencional de acero. Aumentamos tres veces el grosor de la lámina interior de las puertas y acolchamos prácticamente todas las superficies duras de la cabina.

1. Diálogo — P: Pete S: Sandy A: announcer

P — Hey Sandy, you wanna[1] turn on the radio and see if you can tune in the weather forecast[2]? You should be able to get it now, right after the morning news.

S — All I hear is advertising for the moment. Oh, here it comes.

A — "This is the latest[3] weather forecast for the Bay area..."

P — What's it gonna be like[4] this afternoon? I'd like to hear about those warmish days and coolish[5] nights they promised us.

S — He says it's going to be in the high sixties[6], cloudy and cool.

P — No fog?

S — Yes, there will be some, but it'll disappear by noon[7]!

P — No showers?

S — He didn't mention any.

P — Did he say anything about tonight?

S — Yeah[8], the temperature will probably go down to the fifties[9]. It's gonna be cold[10]. We'd better wear something nice and warm for the ferry ride over to Sausalito.

P — Gee, I'm really looking forward to that[11]. I hear[12] the seafood's out of this world.

S — Hey, that seafood restaurant's outdoors, isn't it? Maybe we'd better go to the Mexican one. It might be too damp and windy outside.

P — You have a point[13] there. I never thought it would be so cold in California.

S — Well, a little cold weather never hurt anybody[14]. As long as there's no earthquake[15], I won't complain!

radio	[reidi:ou]	temperature	[tempərəchur]
moment	[moumənt]	Sausalito	[so:səli:dou]
area	[e:ri:ə]	gee	[dʒi:]
disappear	[disəpi:ər]	California	[kælifo:rni:a]
shower	[sha:wər]	earthquake	[ərθkue:ik]

P — Oye, Sandy, ¿puedes encender la radio y ver si encuentras el pronóstico del clima? Debe estar ahora, después del noticiario matutino.

S — Sólo oigo anuncios. Ah, ahí viene.

R — "Éste es el último pronóstico del clima para la zona de la bahía de San Francisco..."

P — ¿Cómo va a estar el clima esta tarde? Quisiera oír que ya vienen esos días cálidos y noches frescas que nos prometieron.

S — Dice que la temperatura va a estar alrededor de 20 grados, nublado y fresco.

P — ¿Nada de neblina?

S — Sí, un poco, pero se va a levantar a mediodía.

P — ¿Nada de lluvia?

S — No mencionó nada.

P — ¿Dijo algo acerca de esta noche?

S — Sí, la temperatura quizá descienda hasta los 10 grados. Va a hacer frío. Más vale que nos pongamos algo abrigador para el viaje en transbordador a Sausalito.

P — Estoy esperando ansiosamente ese viaje. Me dijeron que los mariscos son increíbles.

S — Oye, ese restaurante de mariscos está al aire libre, ¿no? Tal vez debamos ir al de comida mexicana. Quizá esté muy húmedo y frío afuera.

P — Tienes razón. Nunca pensé que hiciera tanto frío en California.

S — Bueno, un poco de frío no le hace daño a nadie. ¡Mientras no haya terremotos, no me quejo!

1. **you wanna turn on the radio** = you want to turn on the radio, **to turn on the radio**, *encender el radio*, **to turn off the radio**, *apagar el radio*.

2. **to tune in a program**, *sintonizar un programa, una estación*. Otro sentido de **to tune** es *afinar* (un motor o un instrumento musical).

3. **latest**, *el último, el más reciente*.

4. **What's it gonna be like** = what is it going to be like.

5. **warmish, coolish, -ish** indica aproximación, como en **longish**, *un poco largo, más o menos largo*, **coldish**, *un poco frío, fresco*, **fortyish**, *alrededor de 40* (edad, temperatura).

6. **in the high sixties**, *entre 65 y 70°F (entre 18 y 21°C)*, **in the low sixties**, *entre 60 y 65°F (entre 15 y 18°C)*. Cuidado: cuando el rango se refiere a edades se usa **early** o **late**, como en: **he is in his early sixties, she is in her late sixties** (**early sixties**, *entre 60 y 65* años, **late sixties**, *entre 65 y 70 años*).

7. **it'll disappear by noon, by** se usa antes de una fecha o indicación temporal cuando se hace referencia al periodo precedente, como en **he should have finished by now**, *ya debe de haber terminado*.

8. **Yeah**, forma familiar de **yes**.

9. **go down to the fifties,** literalmente, *bajar hasta los cincuenta (grados Fahrenheit)*.

10. **It's gonna be cold** = it is going to be cold.

11. **looking forward to that, to** es una preposición; si en lugar de **that** hubiera un verbo, tendría que aparecer en su forma **-ing**.

12. **I hear the seafood...**, *me han dicho que los mariscos..., he oído decir que los mariscos...* Aquí **I hear...** tiene el mismo sentido, aunque menos concreto, que **I've been told that...**

13. Observe las siguientes expresiones: **to make a point**, *expresar un argumento* (de manera convincente), **to make a point of doing something**, *esmerarse, hacer algo con mucho cuidado*, **to have a point**, *tener razón*, **to be to the point**, *ser pertinente, atinado*, **that's the point**, *ésa es la cuestión, ése es el problema*, **what's the point?**, 1) *¿qué caso tiene?, ¿qué sentido tiene?*, 2) *¿de qué se va a tratar?, ¿cuál es el problema?*

14. **never hurt anybody, hurt** en este caso está en pretérito.

15. **earthquake**, *terremoto*. Alusión a los sismos de mayor o menor intensidad que son frecuentes en California, porque la costa oeste de Estados Unidos está atravesada de norte a sur por la "falla de San Andrés", **St. Andreas Fault**.

■ Las escalas de temperatura

En la radio británica las temperaturas se dan tanto en grados centígrados (Celsius) como Fahrenheit, aunque predominan los primeros. La conversión de una escala a otra se hace con las siguientes fórmulas:

$$° \text{Centígrados} = ° \text{Fahrenheit} - 32 \times \frac{5}{9}$$

$$° \text{Fahrenheit} = ° \text{Centígrados} \times \frac{9}{5} + 32$$

■ DIFERENCIAS DE TÉRMINOS

EU	Español	GB
to tune in(to)	*sintonizar un programa*	to pick up

• En GB **to tune in(to)** significa sobre todo *sintonizar un canal o estación, sintonizar cierta frecuencia o amplitud de onda.*

right after	*justo después*	**just after**
ferry ride	*viaje en transbordador*	**ferry crossing trip**

■ DIFERENCIAS DE PRONUNCIACIÓN

tune	EU: [tu:n]	GB: [ti:un]
forecast	EU: [fo:kæst]	GB: [fo:kast]
news	EU: [nu:z]	GB: [ni:u:z]

▭ ⊙ **A local weather forecast**
It will be cloudy Monday thru Tuesday with scattered afternoon showers. Highs will be in the mid 80's, with a low Monday night in the upper 60's. On the coast, winds will be Southeasternly 10 to 15 knots. Seas will run 2-4 feet. High tide at 1 p.m., low tide at 12:24.

Un boletín meteorológico local
Lunes y martes estará nublado, con lluvias ocasionales por la tarde. La temperatura máxima será de alrededor de 30°C, con un descenso a 20°C la noche del lunes. En la costa los vientos del sudeste serán de entre 10 y 15 nudos, con olas de entre 2 y 4 pies (70 y 120 cm). La marea alta será a las 13:00 horas y la baja a las 0:24.

The US spreads over 25 degrees of latitude (from 25° to 50°), not including Alaska. Given the vastness of the territory involved (3,615,210 square miles), one cannot speak of an American climate. Seattle, in the north-west, is roughly the same latitude as Nantes, while New Orleans is the same as Cairo. No wonder then that the climate in Los Angeles is so different from Detroit. Such a diversity is enhanced by the variety of the terrain: coastal areas, central plains, mountain ranges...

The northeastern seaboard has a humid climate. New England and the New York area are noted for their harsh winters (with lows down to –20°C, snow and blizzards), and hot, muggy summers. The South-east (Florida, Gulf of Mexico, Mississippi Valley) is subtropical, with temperatures rarely falling below 0°C. The central plains have a continental climate with sharp seasonal contrasts: torrid summers, very cold winters (heavy snow). In summer, the variation from day to night temperature is considerable.

(sigue en la pág. 272)

El clima de Estados Unidos

Estados Unidos se extiende a lo largo de 25 grados de latitud (de los 25 a los 50 grados), sin incluir Alaska. Debido a la extensión del territorio (3,615,210 millas cuadradas, 9,364,000 kilómetros cuadrados), no se puede hablar de un clima estadounidense. Seattle, en el noroeste, está más o menos en la misma latitud que Nantes, y Nueva Orleans en la misma que El Cairo. Así, no sorprende que el clima de Los Ángeles sea tan diferente del de Detroit. Esta variedad climática está acentuada por la diversidad geográfica: costas, planicies centrales, cadenas montañosas...

La costa noreste tiene un clima húmedo. Nueva Inglaterra y la zona de Nueva York se caracterizan por sus inviernos duros (con temperaturas mínimas de hasta –20°C, nevadas y tormentas de nieve) y sus veranos bochornosos. El sureste (Florida, el Golfo de México el valle del Mississippi) es subtropical y la temperatura rara vez baja de 0°C. Las planicies centrales tienen clima mediterráneo con marcados contrastes de estación: veranos calientes e inviernos muy fríos (con abundante nieve). En verano hay considerables diferencias de temperatura entre el día y la noche.

(sigue en la pág. 272)

1. La última vez que pronosticaron lluvias ligeras, ¡nos atrapó un aguacero torrencial!
2. Realmente está lloviendo a cántaros.
3. Hará suficiente calor para que se derritan el hielo y la nieve.
4. Cuando en la costa está nublado, es común que uno se queme demasiado.
5. La lluvia se irá convirtiendo en llovizna.
6. Nos tocó una increíble tormenta de granizo.
7. En esta época del año tenemos muchas tormentas.
8. Se espera que para mediodía el hielo de las carreteras se vuelva aguanieve.
9. El departamento meteorológico anunció que habrá vigilancia de tornados.
10. Septiembre es la época de huracanes en las Bahamas y el sur de Florida.
11. Nos vendría bien un poco de lluvia: es la peor sequía en treinta años.
12. Debido a lluvias anormalmente fuertes, hay grandes inundaciones en todo el Mississippi.

1. Last time they forecast light showers, we got caught in a torrential downpour!
2. It's really raining cats and dogs!
3. The weather will be warm enough to melt the ice and snow.
4. When it's hazy at the shore, you're likely to get burned to a crisp.
5. The rain will taper off to a slight drizzle.
6. We had an unbelievable hailstorm.
7. We have a lot of thunderstorms this time of year.
8. Ice on roads is expected to turn to slush by mid-day.
9. The weather bureau has announced a tornado watch.
10. September is the hurricane season for the Bahama Islands and southern Florida.
11. We could sure use some rain: this is the worst drought in 30 years.
12. Due to unusually heavy rainfall, there is severe flooding all along the Mississippi.

weather forecast, pronóstico del clima, boletín meteorológico
to turn on the radio, encender la radio
to tune in(to), sintonizar, encontrar una estación o programa
advertising, anuncios publicitarios
shower, lluvia, aguacero
seafood, mariscos
outdoors, afuera, al aire libre
damp, húmedo
windy, con viento
earthquake, terremoto, sismo
range, cadena montañosa, cordillera
eastern seabord, costa este
harsh, severo, duro (clima)
a low, la temperatura más baja
mild, templado, cálido, moderado (clima)

downpour, aguacero
it's raining cats and dogs, está lloviendo a cántaros
hazy, brumoso, con neblina
to taper off, menguar, bajar, ir disminuyendo
drizzle, llovizna
hailstorm, granizada, tormenta de granizo
thunderstorm, tormenta (con rayos y truenos)
slush, aguanieve (en el suelo)
tornado, tornado
hurricane, huracán
drought, sequía
flooding, inundación
sleet, aguanieve (cuando cae)
hazardous, peligroso
sunny spells, periodos de sol

The US climate (continuación)

In the Northern Pacific (Oregon), the fluctuations are more moderate, with rather mild winters and relatively cool summers. The South-west enjoys the celebrated Californian climate with no winters and dry and warn summers.

En la costa norte del Pacífico (Oregón) las fluctuaciones son más moderadas, con inviernos muy benignos y veranos frescos. El suroeste goza del famoso clima californiano, sin invierno y con veranos secos y cálidos.

Flash floods, which usually occur after heavy thunderstorms, are the greatest weather threat in the United States. Eighty-five percent of all presidential disaster proclamations relate to flooding. And the danger seems to be worsening. The increasing death toll seems to be the result of urbanization, increasing numbers of visitors in flood-prone areas and dam failures. Studies of many of these disasters show a common pattern of behavior: people are slow to react to warnings of natural disaster.

In the big Thompson Canyon flood, a Colorado patrolman sent to warn vacationers had to use flashing lights and his siren to turn back cars headed toward the flood. And when they do flee, many victims do so in the presumed safety of their automobiles, which can be a fatal mistake, as roads often parallel stream beds. In Canyon floods, many victims could have escaped harm by abandoning their automobiles.

Inundaciones

Las inundaciones repentinas, que generalmente ocurren después de fuertes tormentas, son la principal amenaza climática en Estados Unidos. Ochenta y cinco por ciento de las declaraciones de desastres naturales hechas por el presidente se refieren a inundaciones. Y el peligro parece ir empeorando. El número cada vez mayor de muertes parece deberse a la urbanización, a la creciente cantidad de turistas en zonas inundables y a fallas en las presas. Los estudios realizados en muchos de estos desastres muestran un patrón de conducta común: la gente reacciona muy lentamente ante las advertencias de desastres naturales.

Durante la gran inundación del cañón Thompson, un policía encargado de advertir a los turistas tuvo que encender los faros y la sirena para hacer que regresaran los automóviles que iban hacia la zona inundada. Y cuando la gente sí decide huir, suele hacerlo en la supuesta seguridad de sus automóviles, lo cual puede ser un error fatal, porque muchas carreteras corren paralelas a los ríos. En las inundaciones de cañones, muchas víctimas hubieran evitado daños si hubieran abandonado sus autos.

1. Diálogo — L: Lloyd S: Sally R: Ranger

▭ ⊙

L — Why don't we stop in at[1] the Visitor Center? We should be able to get all the information[2] we need there.

S — Good idea. Wow, these giant Sequoia are amazing!

L — It was an awful long drive[3], but I'm glad we came.

S — Hey, there's a Ranger[4] coming out of the Visitor Center. Let's ask him for some advice[5] on where to stay[6].

L — Good idea. I'm sure he can give us some hints[7] on the best hiking trails[8] to take too... Excuse me, could we ask you a few questions about the Park?

R — Sure. What would you like to know?

S — Well, first of all we need a place to stay[9]. We've got our camping gear[10] with us but we'd like to spend at least one night in a hotel.

R — You mean you haven't made reservations? That could be a problem at this time of year. You can probably find a camping site but a hotel room may be tricky[11]. Your best bet would be to check in with[12] the Center at 4:00 o'clock. You see, we don't hold reservations after 4:00 p.m.[13], so there's always a chance someone may cancel or just not show up.

L — We'll do that. I see there's an entrance fee for the Park?

R — Yes, that's right. There's a daily fee.

S — We'd like to go hiking. Which trails do you recommend?

R — The wilderness[14] trail map gives you all the details about time and distance. There's also a brochure that describes the other activities offered by the Park, like nature walks, campfire sings[15], star-gazing, etc.

S — Ranger, you've really been helpful. Thanks for taking the time to give us those tips[16].

R — Not at all. One last thing. Watch out for bears! Don't leave any food around, or you're liable[17] to have an unwanted visitor!

sequoia	[si:kuo:iə]	**ranger**	[re:i:ndʒər]
wilderness	[wai:ldərne:s]		

L — ¿Por qué no pasamos al Centro de Información? Ahí nos podrían informar todo lo que queremos saber.

S — Buena idea. ¡Cielos, estas secuoyas gigantes sí son increíbles!

L — Fue pesado conducir tanto, pero me alegro de que hayamos venido.

S — Mira, ahí va un guardabosques saliendo del Centro de Información. Podemos pedirle que nos recomiende dónde quedarnos.

L — Sí, buena idea. Seguro también nos podrá recomendar algunas rutas de excursión... Disculpe, ¿le podríamos hacer algunas preguntas sobre el parque?

G — Claro, ¿qué quieren saber?

S — Bueno, antes que nada, necesitamos un lugar donde quedarnos. Traemos nuestro equipo para acampar, pero quisiéramos pasar por lo menos una noche en un hotel.

G — ¿Quiere decir que no hicieron reservas? Eso puede ser un problema en esta época del año. Quizá puedan encontrar un sitio para acampar, pero un cuarto de hotel va a ser más difícil. Lo mejor sería que por el Centro a las cuatro de la tarde, porque las reservaciones se cancelan a esa hora, y hay posibilidades de que alguien anule su reservación o simplemente no aparezca.

L — Muy bien. Veo que hay una tarifa de entrada al parque.

G — Así es. Es una tarifa diaria.

S — También queremos ir de excursión. ¿Qué rutas nos recomienda?

G — El mapa de rutas les ofrece todos los detalles sobre tiempo y distancias. También hay un folleto que describe las otras actividades que ofrece el parque, como caminatas por el bosque, reuniones para cantar junto a una fogata, observación de estrellas, etc.

S — Ha sido usted muy amable. Gracias por tomarse el tiempo de darnos esos consejos.

G — De nada. Una última advertencia: ¡cuidado con los osos! No dejen comida afuera, o tendrán una visita indeseada.

1. **Why don't we stop in at...**, más idiomático que simplemente **to stop**, que sólo indica una pausa o alto. **To stop in** indica que uno se detiene para entrar a algún lugar.

2. **information**, colectivo singular, como en español, nunca se pone en plural: **information is available**, *la información está disponible*.

3. **an awful long drive**, más familiar que **an awfully long drive**. La expresión **an awful long drive** no es incorrecta porque en inglés se pueden encadenar varios adjetivos sin usar comas, como en: **a big fat man, a little old lady**, etc.

4. **Ranger**, *guardabosques*. Originalmente el **ranger** era el encargado de los parques reales británicos. **To range**, *recorrer, surcar, atravesar*.

5. **Let's ask him for some advice, advice**, colectivo singular, nunca se pone en plural: **his advice is always reliable**, *sus consejos siempre son confiables*. Observe la construcción **to ask somebody for something**, *pedirle algo a alguien*, diferente de **to ask somebody something**, *preguntarle algo a alguien*.

6. **where to stay**, literalmente *dónde quedarse*, **to stay**, *quedarse, pasar la noche*.

7. **hint** [hint], 1) *recomendación, sugerencia, consejo*, 2) *insinuación, alusión*, **to hint**, *sugerir, insinuar, dar a entender*.

8. **hiking trails, trail**, *sendero, camino, ruta*, **to hike**, *salir de excursión, explorar a pie*.

9. **we need a place to stay** = **a place where to stay, at which to stay**. Esta construcción es frecuente, como en: **a good place to be, a nice place to work**, etc.

10. **gear**, 1) *equipo, material*, 2) (en automóviles) *velocidad* (primera, segunda, etc.), **to change gears**, *cambiar de velocidad*.

11. **tricky**, *difícil, delicado, complicado*, derivado de **trick**, *truco, trampa*.

12. **Your best bet would be**, literalmente *su mejor apuesta sería*. **To check in**, *presentarse para realizar un trámite* (en un mostrador del aeropuerto, en la recepción de un hotel, etc.).

13. **4:00 p.m., p.m.**, *post meridiem*, expresión latina que significa *pasado meridiano, después de mediodía*, compare com **a.m.**, *ante meridiem, antes de mediodía*.

14. **wilderness**, *territorio salvaje, silvestre*. Cuidado con la pronunciación: **wild**, *salvaje, silvestre*, se pronuncia [waːiːld], pero **wilderness** se pronuncia [wiːldərneːs].

15. **campfire sings, a sing**, 1) *acto de cantar*, 2) *reunión para cantar*, diferente de **a song**, *una canción*.

16. **tip**, 1) *consejo, recomendación*, 2) *propina*, **to tip**, 1) *aconsejar, recomendar*, 2) *dar propina*.

17. **you're liable to have an unwanted visitor**, tanto **liable** como **likely** indican probabilidad, pero **likely** se refiere a algo activo y positivo (como en **she's likely to win**, *es muy probable que gane*), mientras que **liable** se refiere a algo pasivo y desagradable (como en **he's liable to be sued**, *probablemente sea demandado*). **Liable** suele significar *responsable* (ante la ley).

---

4. Inglés estadounidense y británico

■ DIFERENCIAS DE TÉRMINOS

EU	Español	GB
Visitor Center	*Centro de Información*	**Information (Centre)**
awful	*horrible(mente)*	**awfully**
ranger	*guardabosques*	**warden**
wilderness trail	*sendero natural*	**nature trail**
your best bet	*lo mejor sería...*	**you'd be best to...**
horseback riding	*equitación*	**horseriding**
sings	*reunión para cantar*	**sing-songs**
trail	*sendero, ruta*	**path**
hiking	*excursión, explorar*	**walking** (también existe **hiking**)
fall	*otoño*	**autumn**

En general, los parques naturales estadounidenses no tienen un equivalente exacto en Gran Bretaña. La inmensidad y variedad del territorio se reflejan en todo el vocabulario relacionado con este tema.

The United States' national parks have been islands in a sea of change, preserving superlative natural areas and historical locations for future generations as well as today's Americans. The first federal reservation was set aside by President Grant in 1872 when he declared Yosemite's 2.2 million acres* a *"park and pleasuring ground for the benefit and enjoyment of all the people"*. This move led to a system of *"Parks for the people"* that today covers more than 81 million acres and over 350 sites. The National Park Service (NPS) includes national parks, national historic sites, national lakeshores and seashores, national urban recreation areas, military parks, battlefields, monuments, memorials, wild and scenic rivers and wilderness areas. Because public demand has been increasing steadily over the years, the traditional method of meeting needs has been to expand lands through both federal acquisitions and matching grant programs with the states.

Los parques nacionales de Estados Unidos han sido islas en un mar de cambio, al conservar enormes áreas naturales y sitios históricos tanto para las generaciones futuras como para los estadounidenses de hoy. La primera reserva federal fue establecida por el presidente Grant en 1872 cuando declaró que las 900,000 hectáreas* de Yosemite eran *"un parque y campo recreativo para el beneficio y esparcimiento de todo el pueblo"*. Esta iniciativa dio lugar al sistema de *"Parques para el pueblo,"* que actualmente cubre 33 millones de hectáreas distribuidas entre 350 sitios. El Servicio de Parques Nacionales incluye parques nacionales, sitios históricos, costas de lagos y mares, áreas recreativas urbanas, parques militares, campos de batalla, monumentos históricos y conmemorativos, ríos naturales y panorámicos y áreas silvestres. Debido a que la demanda pública de áreas naturales ha ido aumentando de manera constante, el método tradicional de satisfacer las necesidades ha consistido tanto en las adquisiciones federales como los programas de comisiones acordados con los estados.

* **1 acre** = *0.40 hectáreas*, *1 hectárea* = **2.47 acres**.

1. ¿Se permite pedir viaje a dedo en este parque?
2. Las fogatas están prohibidas, debido a la posibilidad de causar incendios forestales.
3. Nos llenamos de ampollas y nos quemamos con el sol, pero fue una excursión maravillosa.
4. La cama ya está hecha. No tenemos que sacar las bolsas de dormir.
5. El sendero tiene muchos señalamientos.
6. ¿Es agua potable?
7. No tengo ganas de cocinar. Comeremos carnes frías/fiambres.
8. Se pasó todo el tiempo tomando el sol junto al lago.
9. ¿Se necesita un permiso especial para pescar?
10. Les aconsejo que no intenten escalar en las rocas a menos que sean verdaderos expertos.
11. Desde arriba tendrán una vista fabulosa.
12. El agua del arroyo se ve muy clara.
13. Esas ardillas no tienen nada de miedo.
14. Qué bueno que no olvidamos el repelente de mosquitos.

1. Is hitch-hiking permitted in the park?
2. Campfires are against the law, because of the danger of forest fire.
3. We got blisters and sunburn, but had a marvelous hike.
4. The bed is made up. No need to take out the sleeping bags.
5. The trail is well-marked.
6. Is this drinking water?
7. I don't feel like cooking. We'll have cold cuts.
8. He spent his time sunbathing by the lake.
9. Do you need a special fishing permit?
10. I wouldn't advise rock-climbing unless you're a real expert.
11. From the top, you have a fantastic view.
12. The stream water looks very clear.
13. Those squirrels are not the least bit afraid.
14. It's a good thing we didn't forget the mosquito repellent.

ranger, guardabosques

Visitor Center, Centro de Información

amazing, sorprendente, increíble

to hike, ir de excursión, explorar a pie

trail, sendero, camino, ruta

camping gear, equipo para acampar

camping site, sitio para acampar

tricky, difícil, complicado, delicado

entrance fee, cuota de entrada

wilderness, territorio salvaje, silvestre

campfire, fogata

sings, reuniones para cantar

star-gazing, observación de estrellas

unwanted, indeseado

reservation, reservación

shore, costa, ribera

to set aside, dejar de lado, reservar

battlefield, campo de batalla

wild, salvaje, silvestre

scenic, panorámico

grant, concesión

shift, cambio (de posición), desplazamiento

hitch-hiking, hecho de hacer autoestop o pedir aventón

forest fire, incendio forestal

blisters, ampollas

drinking water, agua potable

cold cuts, carnes frías (literalmente, cortes fríos)

to sunbathe, tomar sol

squirrel, ardilla

mosquito(es), mosquito(s)

repellent, repelente

Vocabulario complementario

beaver, castor

brook, arroyo

canoe [kenu], canoa

deer, ciervo, venado (el plural no lleva s)

game, 1) juego, 2) caza, presas

horse(back) riding, equitación

mountain-climbing, escalada de montañas, alpinismo

angling, pesca con caña

bait, carnada

casting, pesca con caña

fishing rod, caña de pescar

fishing tackle, equipo de pesca

rainbow, arco iris

salmon [səmen], salmón (el plural no lleva s)

stag, ciervo macho adulto

stream, arroyo

trekking, caminata

trout, trucha (el plural no lleva s)

waterfall, cascada

hook, anzuelo

hunting, 1) caza, 2) (GB) montería, caza con perros

rifle, rifle

shooting, caza, tiro

shotgun, escopeta, fusil de caza

Preparing to explore the parks can be almost as important as the trip itself. The largest single reason for disappointing travel experiences is the failure to plan properly. Some people set forth without the foggiest notion of available overnight accommodations. Others are determined to visit a dozen national parks in the course of a week, little realizing the distances between them. If you must travel in summer try to go early or late to avoid the mid-season peak. More national parks are open throughout the year than most people realize. Fall is superb. The leaves turn color, skies are clear, the sun is bright. Campgrounds may be chilly in September and October, but you can easily find space. Even in the northern parks, roads and some overnight lodgings are open until late October. Best of all, the scene is natural. The animals are relatively undisturbed, the way all visitors hope to see them.

Cómo sacar mejor provecho de los parques

Prepararse para explorar los parques naturales es casi tan importante como el viaje en sí. La principal causa de las malas experiencias al viajar es la planificación inadecuada. Alguna gente emprende el viaje sin la menor idea de dónde puede hospedarse. Otros pretenden visitar una docena de parques en una semana, sin tomar en cuenta la distancia que los separan. Si usted debe viajar en verano, trate de hacerlo en sus comienzos o al finalizar, para evitar la saturación de visitas a mitad de temporada. Hay más parques abiertos durante todo el año de lo que la gente cree. En otoño son fabulosos. Las hojas cambian de color, el cielo está despejado, el sol brilla. Los sitios para acampar pueden ser fríos en septiembre y octubre, pero es fácil encontrar lugar. Incluso en los parques del norte los caminos y algunas posadas están abiertos hasta finales de octubre. Lo mejor es que todo el paisaje es natural. Los animales están relativamente tranquilos, tal y como los visitantes esperan verlos.

J — How about going sailing[1] this afternoon? Paul and Mary are taking their boat out.

A — I'd love to[2]. I'm a bit tired of sunbathing and swimming out to the buoy and back[3] all day. And the wind's just right today.

J — D'you think Jack would like to come too?

A — We better ask him[4]. But I've got a feeling[5] he and Henry have already made plans. They never pass up[6] a chance to go surfing[7].

J — What'll you do with the kids? D'you think you could leave them with Jennifer[8]? She can surely be trusted[9] to look after them and we'll bring along our cell phone, so she can call if there is any problem.

A — Great. The kids are very fond of her now. She's so sweet, and quite mature too.

J — That settles it then[10]. Now let me see. High tide is at 5 o'clock today. So if we want to sail for a couple of hours, we'd better leave around 4.

A — That's fine with me. Anything I should bring along[11]?

J — No. Better bring[12] suntan lotion, though, if you don't want to get burned to a crisp[13]. They've forecast a sunburn index[14] of 8...

A — Shall we meet[15] over at your place?

J — If it's all the same to you, I'd rather pick you up at the pier. Say around 3:30[16]. Then we'll drive down to Pine Grove[17], where the boat is moored[18].

index	[i:ndeks]	**lotion**	[lo:ushən]
sunbathing	[sənbeiθiŋ]	**pier**	[pi:ər]
buoy	[bu:i:]	**grove**	[gro:uv]
mature	[matdʒu:r]	**moored**	[mu:rd]

282

J — ¿Qué te parece ir a navegar esta tarde? Paul y Mary van a sacar su velero.

A — Me encantaría. Estoy un poco cansada de tomar sol y nadar hasta la boya y de regreso todo el día. Y el viento es perfecto hoy.

J — ¿Crees que a Jack también le gustaría venir?

A — Habría que preguntarle. Pero tengo la impresión de que él y Henry ya tenían planes. Nunca dejan pasar una oportunidad de practicar el *surf*.

J — ¿Y qué vas a hacer con los niños? ¿Crees que los podrías dejar con Jennifer? Seguramente es confiable, y además llevaremos el teléfono celular por si hay algún problema.

A — Excelente. Los niños ya la quieren mucho. Es muy dulce, y también bastante madura.

J — Entonces ya estamos de acuerdo. Ahora, déjame ver. La marea alta es a las 5 de la tarde, así que si queremos navegar un par de horas, más vale salir como a las 4.

A — Me parece bien. ¿Hay algo que deba llevar?

J — No, aunque estaría bien que llevaras bronceador, si no quieres asarte. Se pronosticó un índice de radiación solar de 8...

A — ¿Nos vemos en tu casa?

J — Si no te importa, preferiría recogerte en el muelle. Digamos a las 3:30. Luego podemos ir en automóvil hasta Pine Grove, donde está anclado el velero.

1. **to sail**, *viajar en velero, manejar un velero*, y también *partir, zarpar*.
2. **I'd love to**, se sobrentiende **go sailing**.
3. **and back, to go there and back**, *ir y regresar, hacer un trayecto de ida y vuelta*.
4. **We better ask him**, forma familiar de **we'd better ask him**, que a su vez es contracción de **we had better ask him**.
5. **I've got a feeling**, observe el uso del artículo indefinido **a**.
6. **to pass up**, *dejar pasar* (una oportunidad, un punto, una observación, etc.).
7. **surfing**, *surf*, también llamado *tabla hawaiana*, deporte que consiste en equilibrarse sobre una tabla especial (**surfboard**) y desplazarse sobre el agua hacia la playa, impulsado por las olas. Es diferente de **windsurfing**, donde la tabla tiene una vela. **Surf**, *oleaje, resaca*.
8. **you could leave them with Jennifer, to leave**, *dejar*, suele tener el sentido de *confiar, encargar algo a alguien*, como en **to leave one's money with a bank**, *depositar dinero en un banco*, **leave it to me**, *déjamelo a mí, confía en mí, yo me encargo*.
9. **She can surely be trusted**, literalmente *seguramente se puede confiar en ella*, observe las formas activa y pasiva de esta construcción: **you can trust her, she can be trusted**.
10. **That settles it, to settle**, 1) *arreglar* (un asunto), *llegar a un acuerdo*, 2) *instalarse, establecerse* (en una casa, en un territorio), sin embargo, no significa *instalar*, que se dice **to install, to set up**.
11. **Anything I should bring along?**, se sobrentiende **is there** (**anything...**).
12. **Better bring**, forma familiar de **you'd better bring**.
13. **burned to a crisp**, el adjetivo **crisp** significa *crujiente, crocante, quebradizo (de tan tostado)*. En GB **a crisp** es *rebanada de papa frita*. La expresión **to a crisp** significa literalmente *(tostarse) hasta volverse quebradizo*, como en **dinner was burned to a crisp**, *la cena se quemó por completo*.
14. **a sunburn index**, literalmente, *índice de quemadura de sol*, es un índice que indica la intensidad de la radiación solar en una escala del 1 al 10.
15. **Shall we meet...?**, en las preguntas **shall** se conserva como auxiliar y en su forma completa, mientras que en las respuestas se suele sustituir por la contracción **'ll** o por el auxiliar **will**.
16. **Say around 3:30**, forma familiar de **let's say around 3:30**.
17. **Pine Grove**, literalmente *Bosque de Pinos, Pinar*.
18. **to moor**, *atar, amarrar, anclar*, **to be moored**, *estar atado, amarrado, anclado*.

■ DIFERENCIAS DE TÉRMINOS

EU	Español	GB
to pass up	*dejar pasar, perderse*	to miss
shall we meet over at your place?	*¿nos vemos en tu casa?*	shall we meet at your place?
to be burned to a crisp	*estar muy quemado*	to have a bad case of sunburn, to get sunburnt

• Sin embargo, en un contexto culinario, existe en el inglés británico la expresión **cooked to a crisp**, *rostizado a punto, perfectamente dorado.*

■ DIFERENCIAS DE PRONUNCIACIÓN

En las siguientes palabras se pronuncia [aː] en inglés británico, mientras que en inglés estadounidense se pronuncia [æ]:

afternoon	**to ask**	**chance**
to forecast	**to pass by**	
buoy	EU: [buːiː]	GB: [boiː]
	(aunque se pronuncia [laifboːi] en **life-buoy**)	

5. Entorno

As may be expected from such a vast territory, the US coastline is extremely varied.
South of New York, the continent slopes slightly to the shore, and the sea bottom continues that gentle slope for many miles, forming what is known as the continental shelf, where most of the sand and mud carried down from the land is deposited.

Como era de esperarse con un territorio tan grande, la costa estadounidense es extremadamente variada.
Al sur de Nueva York la superficie continental desciende ligeramente al acercarse a la costa, y el fondo oceánico continúa esta suave inclinación a lo largo de muchos kilómetros, para formar lo que se conoce como plataforma continental, donde se deposita la mayor parte de la arena y el lodo que se arrastra desde tierra adentro.

A large part of the ocean's life is concentrated on this shallow margin, where the water is relatively warm and the food abundant.

The Pacific shelf is similar, but much narrower. The Atlantic coastal plain is broadest at the South and narrows towards the North, which indicates that the continent is tilting northwards.

From Cape Cod (Massachusetts) to New York, there are numerous islands, and from New York to North Carolina, the coast is extremely ragged.

The Peninsula of Florida is the result of an uplift of the sea bottom. Its tip is hardly above sea level (the Everglades Swamps are less than 20 feet above the sea).

The Mississippi Delta is subject to flooding and the plain has to be protected by artificial levees.

Gran parte de la vida marina se concentra en estas orillas poco profundas, donde el agua es cálida y el alimento abundante.

La plataforma continental del Pacífico es parecida, pero mucho más angosta. La del Atlántico es más ancha al sur y se va estrechando hacia el norte, lo cual indica que el continente se está inclinando hacia el norte.

Desde Cape Cod (Massachusetts) hasta Nueva York hay numerosas islas, y desde Nueva York hasta Carolina del Norte la costa es muy irregular.

La península de Florida se formó por un levantamiento del fondo marino. El extremo de la península apenas supera el nivel del mar (los pantanos Everglades están a menos de 6 metros sobre el nivel del mar).

El delta del Mississippi está sujeto a inundaciones y es necesario proteger la llanura con diques artificiales.

1. Inscribí a mi hijo en un curso de navegación en velero.
2. No se permite hacer esquí acuático a menos de 45 metros de la playa.
3. ¿Cuánto hace que practicas el buceo?
4. Practiqué un poco de canotaje cuando era joven.
5. ¿Dónde puedo conseguir equipo para buceo libre, es decir, aletas, visor y esnórquel?
6. ¿Te trajiste la tabla de *surf* de la playa?
7. Al principio es difícil mantener el equilibrio.
8. Hay una fuerte corriente de fondo y el año pasado se ahogaron varias personas.
9. Toma la orza y el timón y ve a enjarciar el barco.
10. Es la tercera vez que se da la vuelta.
11. No puedo bucear porque tengo problemas en los tímpanos.
12. Cuando hay marea baja se puede caminar en las rocas.
13. Volviste a olvidar los remos.
14. ¿Qué tal un paseo en barco?
15. Ya me metí dos veces hoy.
16. ¿Me prestas tu toalla? La mía está empapada.

1. I signed my son up for sailing lessons.
2. Waterskiing isn't allowed within 50 yards of the beach.
3. How long have you been skin-diving?
4. I did some rowing when I was younger.
5. Where can I get some snorkeling equipment, that is fins, mask, and snorkel?
6. Did you bring the surfboard back from the beach?
7. At first, it is not easy to keep your balance.
8. There's a strong undertow, and last year there were several drownings.
9. Get the center-board and the rudder, and go rig the boat.
10. It's the third time he's capsized.
11. I can't dive because I have trouble with my ear-drums.
12. At low tide you can walk to the rocks.
13. You forgot the oars again.
14. What about a boat ride?
15. I've already gone in twice today.
16. Can you lend me your towel? Mine is soaked.

beach, playa
to sail, navegar en velero
buoy, boya
to pass up, dejar pasar, perderse de algo
surf, resaca, oleaje
to trust, confiar
mature, maduro/a
to settle, arreglar (un asunto), llegar a un acuerdo
tide, marea
(sun)tan, bronceado
to forecast, pronosticar
pier, muelle
grove, bosque, huerto (de árboles)
to moor, amarrar, atar, anclar
coastline, costa
to slope, descender suavemente
sand, arena
mud, lodo, fango
shallow, somero, poco profundo
narrow, angosto, estrecho
broad, grande, amplio
to narrow, estrechar(se)

cell-phone, teléfono celular
to tilt, inclinar
ragged, irregular
swamp, pantano
waterskiing, esquí acuático
skin-diving, buceo sin escafandra
to row, remar
snorkeling, buceo libre, buceo con esnórquel
fin, aleta
windsurfer, persona que practica el *surf* con vela
balance, equilibrio
undertow, corriente de fondo
to drown, ahogar(se)
center board, orza
rudder, timón
to rig, enjarciar, colocar las cuerdas y aparejos a un barco
to capsize, voltearse (una embarcación)
eardrum, tímpano
oar, remo
towel, toalla
to soak, empapar

Vocabulario complementario

anchor, ancla
to bathe, bañarse
bathing suit, traje de baño, malla
to breathe, respirar
compass, brújula, compás
depth, profundidad
knot, nudo
life-jacket, chaleco salvavidas
port, 1) babor, 2) puerto
starboard, estribor
scuba (siglas de **Self Contained Underwater Breathing Apara-**

tus), escafandra autónoma
scuba diver, buzo
scuba diving, buceo (con escafandra autónoma)
swell, oleaje, marejada
underwater, submarino, por abajo del agua
watertight, hermético, a prueba de agua
wet suit, traje de buzo, traje de neopreno

Fishing in Louisiana is a tradition, a business, a faith, a sport, a feast, a fever, a pastime and, sometimes, a frustration. Fish in astonishing variety and number are in abundance throughout the state's waterways, and the Gulf is their food rich kingdom, a paradise for fishermen who troll* the deep.

Boats, too, are an important part of life in the state. People take boating seriously. From piloting super cargo ships, paddle-wheelers, tugs, trawlers, sailboats and swamp buggies to pirogues. To many people in Louisiana, a small boat around the place is equivalent to a second car. To others, sailing and ocean racing are a passion.

Those who don't boat, boatwatch from every lookout, bank, bridge and shore. Boat-watching takes up a big part of many people's time across the state. As does wildlife and bird watching in the state's backyards and waterland preserves.

*to troll, *pescar con anzuelo.*

La pesca

En Luisiana la pesca es una tradición, un negocio, una fe, un deporte, una fiesta, un fervor, un pasatiempo y, a veces, una frustración. Hay una sorprendente variedad y cantidad de peces en todos los ríos y canales del estado, y el Golfo es su paraíso alimenticio, un edén para los pescadores que lanzan sus anzuelos hacia las profundidades.

También los barcos son una parte importante de la vida del estado. La gente toma muy en serio la navegación, ya sea en barcos de carga, botes con pedales, remolcadores, barcos de pesca, veleros, balsas para pantanos o piraguas. Para mucha gente en Luisiana, tener un barco pequeño es como tener un segundo automóvil. Para otros navegar en veleros y correr carreras en el mar son una pasión.

Los que no navegan observan los barcos desde cualquier puesto de vigilancia, ribera, puente o costa. La observación de barcos ocupa gran parte del tiempo de mucha gente de Luisiana, así como la observación de aves y animales silvestres en los patios y reservas naturales del estado.

1. Diálogo — V: Vivian G: George

V — Do you realize it's November already? Before you know it, Thanksgiving'll be here.

G — Gee, you're right. It's about time we decided[2] what we're going to do this year. Do you feel up to[3] inviting the whole family here?

V — Sure. After all, it's our turn. We did go[4] to your brother's[5] last year.

G — Well, if you're willing to have it at our place this year, it's fine with me[6]. How about asking your sister to come too? The kids would love to see their cousins.

V — Oh I know they would. But it's such a long trip. Besides you know how I feel about my brother-in-law.

G — Oh, come on, Vivian. Why don't you two bury the hatchet[7], for your sister's sake[8] at least. If I can put up with my mother-in-law, you ought to be able to stand Jack for 24 hours.

V — I suppose with so many people around, I can...

G — Good. Then that's settled. What about the turkey? Hadn't you better order it[9]?

V — Oh, that's no problem. The supermarket's got a whole aisle[10] full of 20-pound turkeys[11] at this time of year.

G — Look, I'll be glad to help you out with the shopping[12], if you'll just make me a list.

V — Oh, that's easy. I'll need the ingredients for the stuffing and the pumpkin pie, marshmallows[13] for the sweet potatoes[14], and cranberry sauce, of course. Hey, wait a minute. Let's not forget the turkey. Get a nice big one, so we'll have plenty of leftovers[15].

G — This is going to be fun. With Evan coming home from college[16], it'll be a real family reunion[17].

whole	[houːl]	ingredients	[ingriːdʒiːənts]
bury	[beriː]	potatoes	[pəteidəs]
aisle	[aiːl]	sandwich	[sænduiːch]

V — ¿Te das cuenta de que ya es noviembre? Cuando menos lo pensemos, va a ser día de acción de gracias.

G — ¡De veras!, tienes razón. Deberíamos ir decidiendo qué vamos a hacer este año. ¿Estarías dispuesta a invitar a toda la familia aquí?

V — Claro. Después de todo, nos toca a nosotros. Acuérdate que fuimos a casa de tu hermano el año pasado.

G — Bueno, si te parece bien que sea en nuestra casa, yo estoy de acuerdo. ¿Qué tal si invitamos también a tu hermana? A los niños les encantaría ver a sus primos.

V — Sí, lo sé. Pero es un viaje muy largo. Además, ya sabes cómo me llevo con mi cuñado.

G — Oh, vamos, Vivian. ¿Por qué no hacen las paces, aunque sea por tu hermana? Si yo soporto a mi suegra, tú debes de poder soportar a Jack durante 24 horas.

V — Supongo que entre tanta gente, podría intentarlo...

G — Bien, asunto arreglado. ¿Y el pavo?, ¿no sería mejor que lo mandaras pedir?

V — Eso no es problema. En esta época del año el supermercado tiene todo un pasillo de pavos de 10 kilos.

G — Oye, me gustaría ayudarte con las compras, si me haces una lista.

V — Ah, eso es fácil. Necesito los ingredientes para el relleno y para la tarta de calabaza, malvaviscos para las batatas y salsa de arándanos, por supuesto. Ah, espera un momento. No hay que olvidar el pavo. Trae uno grande, para que sobre mucho.

G — Esto va a ser divertido. Como Evan va a estar de regreso de la universidad, vamos a tener una verdadera reunión familiar.

1. **Thanksgiving**, cuarto jueves de noviembre, día de asueto en Estados Unidos, en que se celebra el Día de acción de gracias instaurado por los peregrinos del **Mayflower** en 1621, un año después de su llegada, para agradecer las bondades de la Divina Providencia. Querían que esta celebración utilizara de manera simbólica los productos naturales encontrados en Nueva Inglaterra (pavo, arándanos, maíz, etc.).

2. **It's about time we decided**, literalmente *es más o menos hora de que decidamos*. Observe el pretérito de **decided**, como ocurre en una expresión semejante: **it's high time we decided...**

3. **to be up to**, *ser capaz de, estar dispuesto a*, como en **he's not up to the job**, *no está a la altura del puesto*. De manera similar se puede usar la expresión **to be equal to**, como en **I don't feel equal to it**, *no me siento capaz de eso*.

4. **We did go, to do** está empleado como refuerzo, con el sentido de *realmente, de hecho*. Esta forma de insistir suele equivaler a un *sí* enfático en español y también se usa en presente, como en **I do believe that...**, *sí creo que..., realmente creo que...*

5. **to your brother's**, se sobrentiende **home, house**.

6. **it's fine with me**, indica que se está de acuerdo, que no hay objeción.

7. **Why don't you two bury the hatchet?**, literalmente *¿por qué no entierran el hacha?*, esta expresión alude al instrumento de combate de los pieles rojas. También existe la expresión contraria: **to dig up the hatchet**, literalmente *desenterrar el hacha*, de ahí que signifique *pelearse, iniciar un conflicto*.

8. **for your sister's sake, sake** aparece exclusivamente en las expresiones **for the sake of something, for somebody's sake**, *por algo/alguien, por el bien de algo/alguien, por el amor de algo/alguien*, como en **for God's sake!**, *¡por el amor de Dios!*

9. **Hadn't you better order it?**, literalmente *¿no sería mejor que lo pidieras?*

10. **aisle**, en general, en Estados Unidos significa *pasillo, corredor*. En este caso se refiere a los pasillos que corren entre las estanterías en un supermercado y, por extensión, a las secciones del supermercado.

11. **20-pound turkeys, pound** no lleva marca de plural porque se vuelve invariable al formar parte del adjetivo **20-pound**.

12. **I'll be glad to help you out with...**, en este contexto **out** es puramente idiomático y no aporta sentido a la expresión, a diferencia de frases donde **out** agrega la idea de salir, como **to help somebody out of a problem**, *ayudar a alguien a salir de un problema*.

13. **marshmallow**, *malvavisco*, se llaman así una planta y un dulce preparado originalmente con la sustancia gelatinosa de sus raíces y que ahora se prepara de forma artificial.

14. **sweet potato**, *batata, camote, boniato,* variedad tropical de la papa, de forma alargada y sabor dulzón. Recuerde que la papa es de origen sudamericano y no se introdujo en Europa sino hasta el siglo XVI, y su consumo se generalizó hasta el XVIII.

15. **leftovers, to be left over**, *sobrar, quedar,* de ahí el sustantivo **leftovers**, *sobras, sobrantes, restos.*

16. **college**, en Estados Unidos, primera fase de los estudios universitarios.

17. **reunion** diferente de **meeting**, aunque ambas signifiquen *reunión,* pero la primera insiste en la idea de *reencuentro.*

---

4. Inglés estadounidense y británico

■ DIFERENCIAS DE TÉRMINOS

EU	Español	GB
gee!	*expresión de sorpresa*	**gosh!**

• **aisle**: también existe en el inglés británico, pero sólo para los pasillos de iglesias, cines, teatros, aviones o trenes. En otros casos se usaría **gangway, passageway**. En el caso del supermercado, como en este texto, se usaría **a whole section**.

• **college**, en Estados Unidos suele ser sinónimo de *universidad.* En inglés británico puede significar: a) *instituto de enseñanza superior* sin el rango de universidad, b) *una unidad académica,* con su planta docente, sus estudiantes y sus edificios, *que constituye una subdivisión de las universidades de Oxford, Cambridge o Londres,* c) una **Public School**, como Eton (College). Cuidado con el término **Public School**, que en Gran Bretaña se refiere a las escuelas privadas de prestigio, mientras que en Estados Unidos designa verdaderas *escuelas públicas,* como en español. Cuidado también con el término **High School**, que no se refiere a la escuela superior (universidad), como parecería, sino a la *educación media superior* (preparatoria, final de la secundaria).

A. The following holidays are observed in all states:
New Year's Day: January 1st
Presidents' Day: the third Monday in February
Memorial Day: the last Monday in May
Independence Day: the Fourth of July
Labor Day: the first Monday in September
Columbus Day: the second Monday in October
Veterans Day: November 11th
Thanksgiving: the fourth Thursday in November
Christmas: December 25th
Many states have their own special holidays.

B. The name Pilgrim Fathers was given by posterity to the 102 settlers who founded the first permanent colony in New England in 1620. They included Puritans who had fled Great Britain owing to the religious persecutions. The "Mayflower" left Plymouth on September 16, 1620, and reached Cape Cod on November 21, 1620.

A. *Los siguientes días festivos se celebran en todos los estados:*
Año Nuevo: 1 de enero
Día de los Presidentes (antes Natalicio de George Washington): tercer lunes de febrero
Memorial Day (día en que se recuerda a los soldados muertos en campaña): último lunes de mayo
Día de la Independencia: 4 de julio
Día del Trabajo: primer lunes de septiembre
Día de Cristóbal Colón: segundo lunes de octubre
Día de los Veteranos (se conmemoran los armisticios de 1918 y 1945): 11 de noviembre
Día de acción de gracias: el cuarto jueves de noviembre
Navidad: 25 de diciembre
Muchos estados tienen sus propios días festivos.

B. El nombre "Padres Peregrinos" se usa para designar a los 102 colonos que fundaron la primera colonia permanente en Nueva Inglaterra, en 1620. Entre ellos había puritanos que habían huido de Gran Bretaña debido a las persecuciones religiosas. El "Mayflower", el barco en que llegaron, zarpó de Plymouth el 16 de septiembre de 1620 y llegó a Cape Cod el 21 de noviembre de 1620.

6. Frases modelo 🔲 ⊙

1. ¿Y si invitamos a los Thompson?
2. Hace años que no veo a Helen.
3. Estábamos pensando hacer una fiesta para el cumpleaños de Judy.
4. Los peregrinos llegaron a Estados Unidos en el Mayflower en 1620.
5. En Latinoamérica se celebran la Pascua y el Día de Todos los Santos.
6. ¿Vas a hacer puente el fin de semana que viene?
7. Nuestro hijo ya es muy grande para creer en Papá Noel/Santa Claus.
8. En Latinoamérica el Día del Trabajo es el primero de mayo.
9. Es una fiesta de hombres y beben sin parar.
10. Nos van a visitar en las vacaciones de verano.
11. El Día de la Ascensión es día feriado para los latinoamericanos.
12. Las vacaciones de verano de los niños empiezan la semana que viene.
13. El 11 de noviembre se conmemora el armisticio de la Primera Guerra Mundial.
14. En Francia las campanas traen los huevos de Pascua, en Estados Unidos los trae el Conejo de Pascua.

1. Why don't we invite the Thompsons?
2. I haven't seen Helen in ages.
3. We were planning to have a party for Judy's birthday.
4. The Pilgrims landed in America on the Mayflower in 1620.
5. In Latin America, Easter and All Saints' Day are holidays.
6. Are you going to take a long weekend next week?
7. Our son is too old to believe in Santa Claus.
8. In Latin America, Labor Day is May 1st.
9. It's a stag party with a lot of drinking.
10. They're coming to see us during Summer vacation.
11. Ascension Day is a holiday for Latin Americans.
12. The kids' summer vacation begins next week.
13. November 11th commemorates the First World War Armistice.
14. In France, bells bring Easter eggs; in the US it's the Easter Bunny.

Thanksgiving, Día de acción de gracias

to bury, enterrar

hatchet, hacha (de guerra)

for the sake of, por el bien de, por el amor de

to stand, soportar, aguantar

to settle, arreglar (un asunto), llegar a un acuerdo

you'd better + infinitif, deberías..., más vale que..., estaría bien que..., sería mejor...

turkey, pavo

to order, ordenar, mandar pedir

aisle, pasillo

pumpkin, calabaza, zapallo

marshmallow, malvavisco

cranberry, arándano

leftovers, restos, sobras, sobrantes

to flee, fled, fled, huir

reign, reinado

to sail, 1) navegar, 2) zarpar

storm, tormenta

to land, aterrizar, tocar tierra

to intend, tener la intención de

death, muerte

birth, nacimiento

birthday, cumpleaños

Easter, Pascua

All Saints' Day, Día de Todos los Santos

Whitsun, Whitsunday, Whitsuntide (GB), **Pentecost** (EU), Pentecostés

Santa Claus, Papá Noel, Santa Claus

Xmas, Christmas, Navidad

April Fool's Day, 1º de abril (día en que se hacen bromas a los demás)

vacation, vacaciones

Shrove Tuesday, martes de carnaval

bicentennial, bicentenario

Vocabulario complementario

to celebrate, festejar, celebrar

formally, formalmente, oficialmente

bonfire, fogata, hoguera

fireworks, fuegos artificiales, juegos pirotécnicos

to spread, extender(se)

to originate, originar

plentiful, abundante

harvest, cosecha

crop, cosecha

celebration, celebración, fiesta, festejo

bountiful, abundante, copioso

Algunas expresiones

to take a day off, tomarse un día (del trabajo)

to be on vacation, on holiday, estar de vacaciones

to be on leave, tener permiso (de no trabajar)

to be on sick-leave, tener permiso por enfermedad, tener incapacidad

to have a long weekend, hacer puente, tomar un fin de semana largo

many happy returns, feliz cumpleaños

A. Traduzca al español

Independence Day is celebrated on the Fourth of July to commemorate the adoption of the Declaration of Independence in 1776. The resolution, approved on July 2nd, was in effect cutting the last tie with Britain. It was formally sanctioned by Congress on July 4. The first anniversary was observed in Philadelphia in 1777 by bonfires, fireworks and the ringing of bells. It then spread to other cities and states, to become the greatest national holiday.

B. Traduzca al inglés

El Día de Acción de Gracias, que actualmente es una fiesta nacional celebrada en todo Estados Unidos, se originó en un festejo de acción de gracias que realizaron los colonos de Nueva Inglaterra (los primeros pobladores de la colonia de Nueva Inglaterra) en diciembre de 1621 para agradecer al Señor las abundantes cosechas. Por esto los alimentos asociados con esta celebración son frutas y verduras locales, junto con el tradicional pavo. Desde 1941 el Día de Acción de Gracias se celebra el cuarto jueves de noviembre.

Modelo de corrección

A. El Día de la Independencia se celebra el 4 de julio y conmemora la declaración de independencia de 1776. La resolución, aprobada por el Congreso el 2 de julio, cortaba los últimos vínculos con Gran Bretaña y fue sancionada oficialmente por el Congreso el 4 de julio. El primer aniversario se celebró en 1777, en Filadelfia, con fogatas, fuegos artificiales y campanadas. Luego, este festejo se extendió a otras ciudades y estados, para volverse la fiesta nacional más importante.

B. Thanksgiving Day, which is today a national holiday observed throughout the United States, originated in a Thanksgiving day held in December 1621 by the New England colonists (the pioneers of the colony of New England), to give thanks to the Lord for plentiful harvests and crops. This is why the food associated with the celebration is local vegetables and fruit, to go with the traditional turkey. Since 1941, Thanksgiving Day has been celebrated on the 4th Thursday of November.

1. Diálogo — G: girl B: boy

🔲 ⊙

G — Excuse me, is this seat taken?

B — *(drowsily[2])* What?

G — Excuse me, I was just asking if this seat was taken.

B — Sorry. No it's not. Hold on[3] a second while I move my back-pack out of the way[4]. I'm a bit out of it[5]. I must have just dozed off[6]. Where are we anyway?

G — Milwaukee, Wisconsin.

B — You don't say[7]! I feel like I've been on this bus for days. After a while you lose track of time[8]. Where're you heading for[9]?

G — California.

B — Oh, yeah? You too? Whereabouts?

G — Nowhere in particular. I'm just traveling around the country this summer. Playing it by ear[10]. You meet a lot of interesting people that way.

B — Oh, I bet you do[11], a good-looking girl like you.

G — Oh, come on now. Tell me, where are you from?

B — Well, I grew up in Rochester, where my folks[12] still live. I've just been back there for my yearly visit.

G — How did it go? Do you get along with your parents, or are you like me? Right now we're not even on speaking terms.

B — Oh mine aren't too bad in small doses.

G — What does your father do?

B — He works for Eastman Kodak, like everyone else in Rochester. It's a real company town[13]. But to tell you the truth, I can't wait to get back to California.

G — Gee, I'd love to visit you there. Maybe I could give you a call sometime next week.

B — You do that[14]. Bring your sleeping bag and we'll put you up as long as you like.

G — Thanks a lot. Uh... What did you say your name was[15]?

greyhound	[grei:ha:und]	**Wisconsin**	[wiskonsin]
doze off	[dəz ɐf]	**Rochester**	[rɐchestər]
Milwaukee	[milwoki:]	folks	[fou:ks]

G — Disculpa, ¿está ocupado este asiento?

B — *(adormilado)* ¿Qué?

G — Disculpa, sólo preguntaba si este asiento está ocupado.

B — Ah, perdón. No, está libre. Espera un momento a que quite mi mochila. Estoy un poco confundido. Debo de haberme quedado dormido. ¿Donde estamos?

G — En Milwaukee, Wisconsin.

B — ¿En serio? Siento que llevo días en este autobús. Después de un rato pierdes la noción del tiempo. ¿Hacia dónde vas?

G — A California.

B — ¿Ah, sí, tú también? ¿A qué parte?

G — A ninguna en particular. Sólo estoy viajando por el país este verano, sin una ruta fija. Así se conoce a mucha gente interesante.

B — Apuesto a que sí, sobre todo una muchacha tan bonita como tú.

G — Ah, vamos. Dime, ¿de dónde eres?

B — Bueno, me crié en Rochester, y mis padres todavía viven allá. Vengo de hacer mi visita anual.

G — ¿Y cómo te fue? ¿Te llevas bien con tus padres o eres como yo? En estos momentos ni siquiera nos hablamos.

B — No, los míos son agradables en pequeñas dosis.

G — ¿A qué se dedica tu papá?

B — Trabaja para Eastman Kodak, como todos en Rochester. La ciudad depende de la compañía. Pero la verdad, ya quiero regresar a California.

G — Me encantaría visitarte allá. Quizá te pueda llamar la semana que viene.

B — Es buena idea. Trae tu bolsa de dormir y te podemos hospedar el tiempo que quieras.

G — Gracias. ¡Eh!... ¿Cómo dijiste que te llamas?

1. **bus**, *autobús* que sigue una ruta regular, **coach** se refiere sobre todo a *autobuses para excursiones o para recorridos turísticos en grupo.*

2. **drowsily, drowsy**, *somnoliento, adormilado*, **to feel drowsy**, *tener sueño, estar adormilado.*

3. **Hold on**, según el contexto: 1) *espera*, 2) (por teléfono) *no cuelgues*, 3) *sujeta fuerte*, 4) *alto.*

4. **out of the way**, literalmente *fuera del camino*, **to put something out of the way**, *ordenar, acomodar* (algo que estorba).

5. **I'm a bit out of it**, *estoy un poco desubicado, desorientado*, literalmente *estoy un poco fuera de esto.*

6. **I must have just dozed off**, combinación de **I have just dozed off**, *acabo de dormirme*, y **I must have dozed off**, *debo de haberme quedado dormido*, **to doze**, *dormitar, dormir ligeramente*, **to doze off**, *quedarse dormido un momento.*

7. **You don't say!**, indica sorpresa, como en *¡no puede ser!, ¡no me digas!, ¡no es cierto!*

8. **you lose track of time**, **to lose track of**, *perder la pista de algo, perder algo de vista, perder contacto con algo, perder la noción de algo.*

9. **Where're you heading for = where are you headed for**, **to head for**, *dirigirse hacia, ir a.*

10. **Playing it by ear**, **to play by ear**, *tocar (una pieza musical) de memoria o improvisando*, en oposición a ir leyendo una partitura. Por extensión, *improvisar, hacer algo de manera intuitiva.*

11. **I bet you do**, **to bet**, *apostar*, **I bet you do** es una frase familiar y común en Estados Unidos y se usa para indicar certeza.

12. **my folks, folks**, no se pronuncia la l: [fou:ks], *gente*, **my folks, my old folks, the old folks**, *mis padres, mis papás, mis viejos.*

13. **a company town**, una ciudad que depende de una sola compañía (p. ej., de una fábrica).

14. **You do that**, literalmente *haz eso*, de ahí el sentido de *es una buena idea*. Es una fórmula idiomática muy frecuente.

15. **What did you say your name was?**, literalmente *¿cuál dijiste que era tu nombre?, ¿cómo dijiste que te llamabas?*

---

4. Inglés estadounidense y británico

■ DIFERENCIAS DE TÉRMINOS

EU	Español	GB
backpack	*mochila*	**rucksack**
to be a bit out of it	*estar desubicado, confundido*	**not to be all there**
to head for	*ir a, dirigirse hacia*	**to go to**

• En GB **to head for** tiene un sentido colectivo y se usa para automóviles, etc.

folks	*padres, familia*	**family, relations**

■ DIFERENCIAS DE USO

you don't say!	*¿en serio?*	**really** (más
	¡No me digas!	familiar, **never!**)
right now	*ahora, por el momento*	**at the moment**

■ DIFERENCIAS DE ORTOGRAFÍA

traveling		**travelling**

■ DIFERENCIAS DE PRONUNCIACIÓN

to ask	EU: [æsk]	GB: [aːsk]

En Estados Unidos las palabras que comienzan con las letras **wh** se pronuncian sistemáticamente de manera aspirada, mientras que en el inglés británico sólo se oye el sonido [w]:

why	EU: [huaːi]	GB: [waːiː]
when	EU: [hueːn]	GB: [weːn]
where	EU: [hueːr]	GB: [weːa]

Hints for trip planners

Planning a bus trip? Here are a few shortcuts to help you get started. First, call or visit your local Greyhound ticket agent and get current schedules. Then plan your itinerary, set the dates and re-confirm your schedule. It's really quite simple. And you'll get lots of help from us.

Greyhound makes travel uncomplicated

Stopover anywhere along our routes, whenever you like, as often as you like. Our reasonable fares make it very affordable. If you change plans, it doesn't matter. Take the next bus.

Remember... going Greyhound makes you an independent traveler. Our schedules are so flexible, you can almost go when you want and see what you want. Greyhound travels across America with more than 100 000 miles of routes through all 48 continental states, and Canada too! No other bus, train or airline has such a nationwide network.

Consejos para planear viajes

¿Va a planear un viaje en autobús? Aquí le ofrecemos algunos consejos para empezar bien. Primero, llame o visite la oficina local de Greyhound para conseguir horarios actualizados. Luego, planee su itinerario, fije las fechas y reconfirme su horario. Realmente es muy sencillo. Y nosotros le podemos ayudar mucho.

Con Greyhound viajar es sencillo

Pare en cualquier punto de nuestras rutas, cuando quiera y cuantas veces quiera. Nuestras tarifas razonables lo permiten. Si cambia sus planes, no importa. Puede tomar el siguiente autobús.

Recuerde... viajar con Greyhound permite ser un viajero independiente. Nuestros horarios son tan flexibles que casi puede ir a donde quiera y ver lo que quiera. Greyhound viaja por todo Estados Unidos, y cuenta con más de 160 000 kilómetros de rutas en los 48 estados continentales, ¡y también en Canadá! Ninguna otra línea de autobuses, trenes o aviones cubre una red tan amplia.

1. Tendremos que cambiar de autobús en la estación de Houston.
2. Hay asientos libres en la parte de atrás.
3. En promedio, recorremos como 500 kilómetros diarios.
4. Lo conocí en el autobús cuando regresaba de Denver.
5. Me vendrían bien una afeitada y un baño caliente.
6. Mi maleta se dañó durante el viaje.
7. El autobús estaba repleto y hacía un calor infernal.
8. Es una forma barata de viajar, aunque cansadora en distancias largas.
9. ¿Hay descuentos especiales para grupos?
10. Dormí buena parte del viaje.
11. Cuando llegamos nos dimos cuenta de que faltaba parte del equipaje.
12. El autobús te deja justo en la universidad.
13. Hay un servicio de ida y vuelta dos veces al día.
14. Para el viaje deberías usar ropa más liviana que ésa.
15. Vamos algunas horas atrasados.
16. Puedes reclinar el asiento para dormir.

1. We'll have to change buses at the Houston Terminal.
2. There are seats in the rear.
3. On average, we do 300 miles a day.
4. I met him on the bus coming from Denver.
5. I could use a shave and a hot bath.
6. My suitcase was damaged *en route*.
7. The bus was packed and it was hot as hell.
8. It's a cheap way to travel but exhausting over long distances.
9. Are there any special discounts for groups?
10. I slept for a good part of the trip.
11. When we arrived, we realized some of the baggage was missing.
12. The bus will drop you off right at the University.
13. There's a shuttle service twice a day.
14. You should wear lighter clothes than that for the trip.
15. We're a few hours behind schedule.
16. You can recline the seat for sleeping.

bus, autobús

drowsily, drowsy, con sueño

backpack, mochila

to doze off, dormir un rato, dormitar

to head for, ir a, dirigirse hacia

to play it by ear, improvisar

good-looking, bien parecido/a, guapo/a, bonita

to grow up, crecer, criarse

my folks, mis padres, mi familia

to get along well with, llevarse bien con

to tell the truth, decir la verdad, a decir verdad...

sleeping bag, bolsa o saco de dormir

to put up, alojar, dar hospedaje

shortcut, atajo (también consejo)

itinerary, itinerario

route, ruta

schedule, horario

affordable, que se puede pagar, dentro de las posibilidades económicas

flexible, flexible

nationwide, nacional, a escala nacional

network, red

terminal, estación

on an average, en promedio

to damage, dañar, hacer daño

on route, en route, durante el viaje

exhausting, agotador

to drop off, dejar (a una persona o cosa en un lugar)

discount, descuento

behind schedule, atrasados (respecto de un horario)

to recline, reclinar

Vocabulario complementario

armrest, brazo (de un sillón o asiento)

to board (a bus, a plane, a ship, a train), abordar, subir a

bus fare, tarifa del autobús

connection, transbordo (cuando hay que cambiar de autobús, avión, etc.)

flextime, horarios (de trabajo) ajustables

half fare, medio precio

headrest, orejera, reposacabezas (de un sillón o asiento)

map, mapa, plano

overhead rack, portaequipajes, reja superior para poner equipaje

pass, abono, boleto para varios viajes, pase de abordar

season ticket, abono, billete válido para una temporada

sightseeing, turismo, recorridos de lugares turísticos

tour, recorrido turístico

wash'n'wear (fabric, clothes), (ropa, telas) que no tienen que plancharse

The name of this valley, northeast of San Francisco, comes from an Indian word meaning "plenty".

The tradition of winemaking in Napa Valley goes back to 1841, when a pioneer, Georges C. Yount, produced his first wine from grape brought to California by Franciscan fathers in 1823 and used for sacramental wines.

By 1880, the wine business was booming. The valley's pioneering winemakers from France and Italy had laid the foundations for today's thriving, using grape varieties and skills borrowed from their homeland. Today, Napa's wines are known all over the world.

A new generation of winemakers takes the helm, many of them trained at the School of Enology at the prestigious University of California at Davis.

Some grape varieties of Napa Valley:
- **Chardonnay:** for full-bodied white wines, ranging in taste from rich to delicate, and fruity to oaky. Also used to make sparkling wines.
- **Cabernet Sauvignon:** a transplant from Bordeau, yielding medium to full-bodied wines rich in berry flavor.
- **Zinfandel:** unique to California, a grape producing dark, spicy and fruity red wines.

Vinos del Valle de Napa

El nombre de este valle, ubicado al noreste de San Francisco, proviene de una palabra india que significa "abundante".

La tradición de elaborar vinos en el Valle de Napa se remonta a 1841, cuando un pionero, Georges C. Yount, produjo su primer vino con uvas traídas a California por padres franciscanos en 1823 y usadas para elaborar vinos sacramentales.

Para 1880 la industria del vino estaba en pleno auge. Los primeros vinicultores del valle, provenientes de Francia e Italia, habían sentado las bases para el auge actual al usar variedades y técnicas traídas de su tierra natal. Actualmente los vinos de Napa son conocidos en todo el mundo.

Ahora toma la delantera una nueva generación de vinicultores, muchos de ellos formados en la Escuela de Enología de la prestigiosa Universidad de California en Davis.

Algunas variedades de uvas del Valle de Napa son:
- **Chardonnay:** para vinos blancos con cuerpo, cuyo sabor comprende de fuerte a delicado, de frutado a roble. También se usa para vinos espumantes.
- **Cabernet Sauvignon:** importada de Burdeos, produce vinos con cuerpo de mediano a fuerte y ricos en sabor a bayas.
- **Zinfandel:** cepa exclusivamente californiana, que produce vinos tintos oscuros, fuertes y afrutados.

1. Diálogo — C: Cathy M: Mark

(On the road)

C — If I see one more "no vacancy"[1] sign[2], I think I'm going to scream[3].

M— Don't worry, we're bound[4] to find something sooner or later[5]. Every damned[6] hotel in Nebraska can't be full. Let's go on another 10 miles and if we still can't find[7] anything, I promise to turn around and go back.

C — Hey, there's a motel. Can you make out what the sign says? I can hardly believe it, but it looks like a "vacancy".

M— I think there's a light on in the office. If they have a room, we'll have to take it, no matter what it costs.

C — I guess you're right. After all, beggars can't be choosers[8].

(In the room)

C — My God, this place is enormous. What luxury[9]! But even if it does cost an arm and a leg[10], I'm grateful to be here.

M— Look honey, I'm dead tired[11]. Let's get a good night's sleep[12] and we'll have a look around[13] in the morning.

C — Hey Mark, wake up! It's nearly 10:00 o'clock.

M— Wow, I slept like a log[14]. For once, I really feel rested and raring to go[15].

C — Hold it a second[16]. How about treating ourselves to breakfast[17] in bed for a change[18]?

M— O.K. I'm game[19].

C — Good. Hand me the phone and I'll call room service. The number must be on the dial. Desk, laundry, swimming pool... here it is —room service, 507. What'll you have honey?

M— Let's see. Orange juice, scrambled eggs and sausage. And ask if they have coffee cake or Danish rolls[20].

C — Coffee too, of course.

M— Oh, yeah. You know I can't even think in the morning before I've had my coffee.

vacancy	[ve:i:kensi:]	enormous	[eno:rməs]
damned	[dæmd]	luxury	[lɐkdʒəri:]
Nebraska	[nəbæska]	laundry	[lo:ndri:]

(En el automóvil)

C — Creo que voy a gritar si veo otro cartel de "no hay cuartos disponibles".

M— No te preocupes. Tarde o temprano encontraremos algo. No puede ser que estén llenos todos los malditos hoteles de Nebraska. Sigamos otros 15 kilómetros y si todavía no hemos encontrado nada, te prometo que damos la vuelta y regresamos.

C — Mira, allá hay un motel. ¿Alcanzas a ver qué dice el cartel? No lo puedo creer, parece que dice "habitaciones libres".

M— Creo que hay luz en la recepción. Si tienen algún cuarto, lo vamos a tener que tomar, cueste lo que cueste.

C — Supongo que tienes razón. Finalmente, a caballo regalado no se le miran los dientes.

(En el cuarto)

C — Dios mío, este lugar es enorme. ¡Qué lujoso! Pero aunque nos cueste un ojo de la cara, estoy agradecida de estar aquí.

M— Oye querida, estoy muerto. Descansemos bien y en la mañana echamos un vistazo.

C — ¡Oye Mark, despiértate! Son casi las 10 de la mañana.

M— ¡Cielos, dormí como un tronco! Esta vez sí que descansé, me siento listo para arrancar.

C — Espera un momento. ¿Qué te parece si por esta vez disfrutamos de un desayuno en la cama?

M— Está bien. Es buena idea.

C — Bien. Pásame el teléfono para pedir el servicio a la habitación. El número debe estar en el disco. Recepción, lavandería, piscina... aquí está: servicio a la habitación, 507. ¿Qué vas a querer, cariño?

M— A ver. Jugo de naranja, huevos revueltos y salchichas. Y pregunta si tienen algún pastel/torta o bollos con pasas.

C — Y café, por supuesto.

M— Ah, claro. Ya sabes que en la mañana no puedo ni pensar antes de tomarme un café.

1. **a vacancy**, 1) *un puesto libre, un empleo disponible,* 2) *un lugar desocupado* (mesa, cuarto, etc.). El cartel de **"no vacancy"** en un hotel o motel indica que no tiene cuartos disponibles.

2. **sign**, 1) *cartel, señalamiento,* 2) *indicio, señal.*

3. **to scream**, *gritar,* generalmente por terror o por alteración nerviosa.

4. **we're bound to find**, *encontraremos, lo más seguro es que encontremos,* **to be bound to do something**, *tener altas probabilidades de hacer algo,* **it's bound to happen**, *seguramente ocurrirá, lo más probable es que ocurra.*

5. **sooner or later**, literalmente *más temprano o más tarde.*

6. **damned**, *maldito, condenado,* expresión muy familiar que indica enojo e irritación.

7. **and if we still can't find...**, **still** con un verbo en su forma negativa suele ser equivalente a *seguir sin....* Compare las dos formas siguientes: **he has not arrived yet**, *todavía no llega,* **he has still not arrived**, *sigue sin llegar.*

8. **beggars can't be choosers** (o **beggars can't be choosy**), literalmente *los mendigos no pueden ser melindrosos.*

9. **What luxury!**, no se usa artículo antes de un sustantivo abstracto. Compare las siguientes expresiones: **what a surprise!**, *¡qué sorpresa!*, **what courage!**, *¡qué valiente!*

10. **even if it does cost an arm and a leg**, literalmente *aunque cueste un brazo y una pierna.*

11. **dead tired**, *muerto (de cansancio), muy cansado,* compare con **dead drunk**, *completamente ebrio.* **Dead** suele funcionar como intensificador, como en **dead sure**, *completamente seguro,* **dead slow**, *demasiado lento,* **dead broke** (familiar), *sin nada de dinero, sin un quinto.*

12. **a good night's sleep**, literalmente *una buena noche de sueño,* observe el posesivo en la expresión temporal.

13. **to have a look around**, forma sustantivada y familiar de **to look around**, *mirar alrededor de uno.*

14. **like a log**, literalmente *como un tronco.*

15. **raring to go**, forma dialectal de **rearing to go**, **to rear**, *encabritarse* (como un caballo).

16. **Hold it a second, to hold,** *sostener,* y por extensión, *esperar* (familiar).

17. **How about treating ourselves to breakfast, to treat someone to something,** *convidar, invitar,* **a treat,** *un antojo, un placer, un deleite, un regalo.*

18. **for a change,** literalmente *para cambiar, para variar.*

19. **I'm game, game,** como adjetivo (familiar) puede significar *animoso, dispuesto,* de ahí que **I'm game** exprese acuerdo con una propuesta.

20. **Danish rolls,** literalmente *bollos daneses, rollos daneses.* Observe que, en principio, en inglés los adjetivos de nacionalidad siempre se escriben con mayúscula: **an Italian car, a French cigarette.** Sin embargo, cuando el adjetivo de nacionalidad forma parte de una expresión común, la mayúscula tiende a desaparecer: **french fries,** *papas fritas,* **danish rolls.**

---

4. Inglés estadounidense y británico

■ DIFERENCIAS DE TÉRMINOS

EU	Español	GB
damned	*maldito, condenado*	**bloody**

• **damned** también se usa en GB, pero **bloody** es más común y más fuerte.

EU	Español	GB
to turn around	*darse la vuelta*	**to turn round**
I guess	*supongo, creo*	**I suppose, I imagine**
beggars can't be choosy	*a caballo regalado no se le miran los dientes*	**beggars can't be choosers**
honey	*querida/o, cariño*	**darling**
to cost an arm and a leg	*costar un ojo de la cara*	**to cost a bomb**
to be dead tired	*estar rendido, muerto*	**to be dog-tired**
raring to go, es más común en EU		

■ DIFERENCIAS DE PRONUNCIACIÓN

EU		GB
luxury	EU: [lʌkdʒəriː]	GB y EU: [lʌkchəriː]

Let's take the average person, or couple, who go(es) to a gambling resort for a vacation. The choice is a good one, whether it be Las Vegas, Reno, Lake Tahoe or, for that matter, any legalized gambling center.

Plush hotels, gourmet foods, first-rate entertainment, golf, tennis, swimming, complimentary cocktails and buffets and other lavish treatment all add up to an outstanding value for them —the guests. And they are probably paying one half of what the same accommodation would cost at a non-gambling resort. Merely walking around the casino morning, afternoon and evening will get them all the complimentary cocktails they can drink. They are enjoying all of these luxuries, and having a super time. But soon they find out that they too, are parts of the throngs that are practically throwing their money away at the roulette wheel, or shooting craps. And what they lose at the gambling tables more than offsets the big value they receive as guests.

Las apuestas y los juegos de azar

Pensemos en la persona o pareja promedio que va de vacaciones a una ciudad de casinos. La elección es buena, ya sea que vayan a Las Vegas, Reno, Lake Tahoe o cualquier conjunto de casinos legales. Hoteles lujosos, comidas para gourmets, entretenimiento de primera clase, golf, tenis, piscinas, bebidas y bufetes gratuitos y otros lujos, todo esto resulta muy valioso para ellos: los invitados. Y quizá estén pagando la mitad de lo que les costarían los mismos servicios en un lugar sin casinos. Tan solo recorrer el casino por la mañana, tarde y noche les asegura todas las bebidas gratuitas que puedan tomar. Disfrutan de todos estos lujos y la pasan de maravilla. Pero pronto se dan cuenta de que también ellos forman parte de las multitudes que prácticamente regalan su dinero en la ruleta o en los dados. Y lo que pierden en las mesas de juego compensa, con creces, el buen trato que reciben como invitados.

1. Le estamos dando los precios netos por persona en habitación doble con baño o ducha.
2. ¿Cuánto cobran por la pensión completa, con habitación y alimentos?
3. Se hace un cobro adicional cuando otra persona usa la habitación.
4. Dentro de las instalaciones hay un restaurante que sirve bebidas alcohólicas.
5. No se permite entrar con mascotas.
6. Precios especiales para grupos y convenciones.
7. Los cuartos especiales difieren de los estándar ya sea en su ubicación, su mobiliario o el número de camas.
8. Centro recreativo con piscina techada y golf miniatura.
9. Puede haber un cargo adicional si quieren una cama plegable.
10. La "kitchenette" es una habitación con dos camas matrimoniales y una cocina.
11. Quienes hacen viajes de negocios pueden disfrutar de tarifas preferenciales y otros beneficios.
12. Todos nuestros moteles tienen televisión por cable, teléfono, aire acondicionado y estacionamiento gratuito.

1. **We are quoting net prices per person in double room with bath or shower.**
2. **How much do you charge for full board?**
3. **An additional charge is made when an extra person uses the room.**
4. **There is a licensed restaurant at the premises.**
5. **No pets allowed.**
6. **Special rates for groups and conventions.**
7. **Special rooms are different from standard rooms either because of the location, furnishings or number of beds.**
8. **Recreation center with indoor pool and miniature golf.**
9. **There may be an additional charge for a rollaway bed.**
10. **Kitchenette refers to two double beds with a kitchen unit.**
11. **Business travelers can enjoy preferred rates and other benefits.**
12. **All our motels offer cable TV and phone, air-conditioning and free off-street parking.**

no vacancy, lleno, no hay cuartos disponibles

sign, 1) letrero, señalamiento, 2) indicio, señal

vacancy, hay vacantes, hay cuartos disponibles

to cost an arm and a leg, costar un ojo de la cara

grateful, agradecido/a

dead tired, muerto (de cansancio)

to sleep like a log, dormir como un tronco

to feel rested, sentirse descansado

game (adj.), dispuesto, animoso

dial, disco (del teléfono)

laundry, lavandería

swimming pool, piscina, alberca, pileta

scrambled eggs, huevos revueltos

danish roll, bollo con pasas

to gamble, jugar, apostar

gambling resort, casino, conjunto o ciudad de casinos

plush, lujoso, cómodo

vacation, vacaciones

first-rate, de primera clase

entertainment, diversión, entretenimiento

complimentary, gratuito, de cortesía

lavish, abundante, suntuoso

outstanding, sorprendente

guest, invitado, huésped

throng, multitud

to offset, compensar

stake, envite, lo que está en juego, **at stake**, en juego

buck (fam.), dólar

full board, pensión completa, alojamiento y comida

additional charge, cargo adicional

premises, instalaciones (edificios)

pet, mascota

convention, convención

indoor pool, piscina techada

benefit, beneficio, ventaja

Vocabulario complementario

ashtray, cenicero

caster, castor, ruedas (por ejemplo, de un mueble)

cord, cordón, cuerda

drapes, cortinas

drawer [dro:er], cajón

fabric, tela, género

leatherette, piel sintética

pulley, polea

regulations, reglamento, reglas

rug, alfombra, tapete

to seal, sellar

stationery, papel para escribir cartas

swivel-stand, base giratoria

walnut, nuez de castilla, nogal

N/C, no charge, gratuito, sin cargo

X/P, extra person, persona adicional

At the far end of the bedroom, to one side of the far wall, was the only window and it looked out over the swimming pool. Since the window was sealed, there was an air conditioner installed beneath. On either side hung drapes made of a green-blue synthetic fabric, and they were drawn apart by white vertical cords that passed around milk-colored plastic pulleys. Two black leatherette chairs and an octogon-shaped synthetic-walnut table sat in front of the window and next to the table was a TV set on a swivel stand. Its chromium feet were set in rubber casters which buried themselves in a blue synthetic-fabric rug.

A long synthetic-walnut desk was attached to one wall. In the interior of the drawer of the desk was stationery in a flat wax-paper envelope with the Motel logo. A copy of the swimming pool regulations lay next to a room-service menu...

Norman Mailer,
The Executioner's Song, 1980

El cuarto del motel

La única ventana estaba en el extremo de la habitación, junto a la pared del fondo, y daba a la piscina. Como la ventana estaba sellada, había un aparato de aire acondicionado instalado debajo. A los lados colgaban cortinas de tela sintética azul-verdosa, que se abrían con cuerdas blancas verticales que pasaban a través de poleas de plástico de color blanco lechoso. Frente a la ventana había dos sillas de piel sintética negra y una mesa octagonal de imitación nogal, y junto a la mesa había un televisor sobre una base giratoria. Las patas cromadas estaban unidas a ruedas de hule que se enterraban en una alfombra sintética azul.

Sujeto a una pared había un largo escritorio de imitación nogal. Dentro del cajón del escritorio había papel para escribir cartas, dentro de un sobre plano de papel encerado con el logotipo del motel. Junto al menú del servicio a la habitación había un reglamento de la piscina...

Norman Mailer, *The Executioner's Song*,
[*La canción del verdugo*], 1980

1. Diálogo — M: Maureen C: Carol

M — Hi there, Carol. I'm glad I ran into you[1]. What's up[2]?

C — Well at the moment I'm running around like crazy[3] trying to get all the last minute things done, before we leave on our trip[4] to London.

M — London! That's marvelous. I'm green with envy.

C — Well, we're pretty excited[5] about it ourselves.

M — Guess you'll leave the children with your mother-in-law[6].

C — No, we're taking them with us for once. Now they're at an age where they could get something out of it.

M — But won't it cost you a fortune?

C — Not really. You see, we're doing a house exchange.

M — How did you ever arrange that?

C — Through some mutual friends.

M — Some people have all the luck!

C — You've met our neighbors, the Hansons, haven't you?

M — Sure, I remember them from the barbecue party[7].

C — On their trip to Europe last year, they met this British couple who's been dying to come to the States; but they've never been able to because of the expense of hotels and restaurants. So they asked the Hansons if they couldn't find someone who'd be willing to do the exchange. They thought of us right away, since we've been talking about going to England for years. The only thing that's been holding us back is the money.

M — Aren't you a little nervous about having strangers come in and take over your place[8]?

C — I don't see why I should be[9]. The advantages outweigh[10] the disadvantages by a long shot[11]. With someone actually[12] living in the house, burglars'll think twice before trying to break in. What's more, the family has agreed to take care of the dog and water the lawn. What more can you ask?

M — But suppose something does go wrong[13]? What do they do if the plumbing breaks down, for instance?

C — They'll do whatever we would do[14], call the plumber.

exchange	[ikscheindʒ]	to outweigh	[autwei:]
envy	[e:nvi:]	lawn	[lo:n]
strangers	[streindʒərs]	plumbing	[pləmbi:ŋ]

M— Hola Carol. Qué bueno que te encuentro. ¿Qué has hecho?

C — Bueno, por ahora estoy dando vueltas como loca, tratando de arreglar todos los detalles de última hora, antes de irnos de viaje a Londres.

M— ¡A Londres! Qué maravilla. Estoy verde de envidia.

C — Sí, nosotros también estamos muy emocionados.

M— Supongo que dejarás a los niños con tu suegra.

C — No, esta vez los llevaremos con nosotros. Ya tienen edad para aprovechar el viaje.

M— ¿Y no les va a costar una fortuna?

C — En realidad, no, porque vamos a hacer un intercambio de casas.

M— ¿Y cómo hiciste ese arreglo?

C — Por medio de unos amigos mutuos.

M— ¡Qué suerte tienes!

C — Sí, conoces a nuestros vecinos, los Hanson, ¿no?

M— Claro, los recuerdo de la parrillada.

C — Cuando viajaron a Europa el año pasado conocieron a una pareja de británicos que se mueren por venir a Estados Unidos, pero nunca han podido hacerlo por los gastos de hoteles y restaurantes. Así que les pidieron a los Hanson si podían encontrar a alguien que quisiera hacer el intercambio. Enseguida pensaron en nosotros, porque llevamos años hablando de ir a Inglaterra. Lo único que nos ha detenido es el dinero.

M— ¿No te preocupa un poco que unos extraños se apropien de tu casa?

C — No veo de qué preocuparme. Las ventajas son mucho mayores que las desventajas. Si alguien está viviendo en la casa, los ladrones van a pensarlo dos veces antes de tratar de meterse. Además, esta familia aceptó cuidar al perro y regar el pasto. ¿Qué más puedo pedir?

M— ¿Y si pasa algo? Por ejemplo, ¿qué harán si se rompen los caños?

C — Harán lo mismo que haríamos nosotros: llamar al plomero/fontanero.

1. **I ran into you, to run into somebody, something,** *encontrarse con alguien o algo por casualidad, de manera sorpresiva.*

2. **What's up,** en este contexto expresa curiosidad amistosa; en otros contextos puede expresar preocupación o reprobación. **What's he up to?, to be up to something,** *tramar algo.*

3. **like crazy,** expresión familiar y frecuente, aunque gramaticalmente incorrecta, porque **like** se usa antes de un sustantivo o pronombre, pero no antes de un adjetivo. Sin embargo, el sentido es claro: **like a crazy person, as if I were crazy, crazy,** *loco/a, que ha perdido la razón,* y generalmente indica cierta agitación o actividad desenfrenada. También se usa la expresión **like mad,** aunque **mad** suele significar *enfurecido, enloquecido por la ira* e implica un comportamiento insensato.

4. **we leave on our trip,** observe el uso de la preposición **on,** como en **to be on, to go on a business trip,** *hacer un viaje de negocios.*

5. **pretty excited, pretty,** *bonito/a,* suele funcionar como intensificador: **pretty hard,** *bastante difícil,* **pretty heavy,** *bastante pesado.*

6. **with your mother-in-law,** se entiende *en casa de...,* como en **to be staying with friends,** *alojarse con unos amigos.*

7. **I remember them from the barbecue party,** observe la fuerza de la preposición **from,** que basta para introducir el lugar y el momento del encuentro.

8. **take over your place, to take over,** *apoderarse de, tomar el control de, ponerse al frente de* (por ejemplo, cuando una persona sustituye a otra al frente de una empresa o proyecto). **Place,** suele significar *casa, apartamento,* como en **come over to our place,** *vengan a nuestra casa.*

9. **why I should be,** se sobrentiende **nervous,** pero al usar el auxiliar se evita la repetición. Si la pregunta hubiera sido **don't you feel a little nervous...?,** hubiera bastado con responder **I don't see why I should.**

10. **to outweigh**, *pesar más que, superar en peso*, de ahí el sentido de *ser mayor que*.

11. **by a long shot = by far**, *por mucho*. **A shot**, *un disparo, un tiro* (con arma de fuego; originalmente, con arco), **to shoot**, *tirar, disparar*.

12. **actually**, *en realidad, de hecho*. A pesar del parecido, no significa *actualmente*, que en inglés se dice **presently, currently, now, at the moment** (cuidado: en inglés británico **presently** significa *pronto, poco después*).

13. **something does go wrong, to do** tiene aquí una función enfática. **To go wrong**, en este contexto, *descomponerse*, aunque también puede significar *salir mal, tomar mal camino, equivocarse*, como en **that's where I went wrong**, *ahí fue donde me equivoqué, en eso me equivoqué*.

14. **whatever we would do**, literalmente *cualquier cosa que nosotros haríamos* (en un caso semejante).

---

4. Inglés estadounidense y británico

■ DIFERENCIAS DE TÉRMINOS

EU	Español	GB
hi there	*hola*	hello there
like crazy	*como loco/a*	madly
pretty	*bastante*	rather

• En el inglés británico **pretty** también puede significar *bastante, muy*, pero no es tan frecuente como en el inglés estadounidense.

| by a long shot | *por mucho* | by a long chalk |

■ DIFERENCIAS DE ORTOGRAFÍA

marvelous	*maravilloso/a*	**marvellous**
neighbor	*vecino*	**neighbour**

■ DIFERENCIAS DE PRONUNCIACIÓN

last	EU: [læst]	GB: [lɑːst]
ask	EU: [æsk]	GB: [ɑːsk]
advantage	EU: [advæntədʒ]	GB: [advɑːntədʒ]

One cannot say there is any uniform type of housing in American apartments or private homes. But one striking feature to any foreign visitor is the spaciousness. Rooms are usually large, except, of course, in some urban areas where property values are very high. As many houses were built very recently, those built in the early 19th century, in New England, for example, are considered to be museum pieces. Furniture and household appliances tend to be recent and functional. The ordinary household with several full-sized bathrooms, a variety of sophisticated appliances, two-car garage, and air-conditioning would appear luxurious compared to its counterpart in other countries. Dishwashers and clothes dryers are taken for granted as basic household equipment. Several TV's, and computers, and 3 or 4 telephones is not considered extravagant in an average American house. In certain areas, swimming pools are fairly common and do not necessarily represent the status symbol they would in other parts of the world.

La vivienda en Estados Unidos

No puede decirse que exista un tipo estándar de vivienda en las casas y departamentos de Estados Unidos. Sin embargo, un rasgo que llama la atención de los visitantes extranjeros es la espaciosidad. Las habitaciones suelen ser grandes, excepto, por supuesto, en algunas zonas urbanas donde el costo de las propiedades es muy elevado. Como muchas casas son de construcción muy reciente, los edificios construidos a principios del siglo XIX, como los de Nueva Inglaterra, se consideran monumentos históricos. Los muebles y aparatos electrodomésticos tienden a ser modernos y funcionales. La casa promedio, con varios baños completos, gran variedad de aparatos electrodomésticos especializados, garaje para dos automóviles y aire acondicionado, resultaría lujosa en comparación con su equivalente en otros países. Los lavavajillas y las secadoras de ropa se consideran equipo doméstico básico. En una casa estadounidense promedio no se considera extravagante tener varios televisores, computadoras y 3 ó 4 teléfonos. En algunas zonas es común tener piscina y no constituye un símbolo de posición social, como en otras partes del mundo.

6. Frases modelo 🔲 ⊙

1. No sé usar el lavavajillas.
2. Para encenderlo, gira la perilla hacia la derecha.
3. La aspiradora está en el clóset/placard del pasillo.
4. La puedes enchufar en uno de estos tomacorrientes de la pared.
5. Las toallas están en el cajón de arriba.
6. Está alfombrado de pared a pared.
7. Hay un perchero en el recibidor.
8. El foco/la lamparita debe estar quemado(a)
9. No han limpiado este cuarto en mucho tiempo...
10. Hay que cambiar la lámpara.
11. La podadora de pasto está en el cobertizo, en la parte de atrás del jardín.
12. ¿Saben cómo usar su contestador automático?
13. El conducto de la basura está tapado.
14. Nos acaban de instalar un fregadero/una pileta nuevo(a).
15. En la biblioteca hay algunos libros en español.
16. Los niños estropearon el papel tapiz.

1. I don't know how to use the dishwasher.
2. To turn it on, turn the knob to the right.
3. The vacuum-cleaner is in the hall closet.
4. You can plug it into one of these wall outlets.
5. The towels are in the top drawer.
6. There is wall-to-wall carpeting.
7. There's a coat rack in the foyer.
8. The bulb must be dead.
9. This room hasn't been cleaned up in a long time...
10. The light bulb needs to be changed.
11. The mower is in the shed, in the back of the garden.
12. Do you know how to use their answering machine?
13. The garbage chute is stopped up.
14. We just had a new sink put in.
15. There are some books in Spanish in the bookcase.
16. The children messed up the wallpaper.

to hold back, retener
stranger, extraño
nervous, nervioso/a, preocupado/a
to take over, apoderarse de, tomar el control
to outweigh, pesar más que, importar más que, ser mayor que
by a long shot, por mucho
burglar, ladrón
to break in, meterse a una casa
to water, regar
plumbing, plomería, fontanería
to break down, descomponerse
plumber, plomero, fontanero
housing, vivienda
land-cost, costo del terreno, de la propiedad
furniture, muebles, mobiliario
household, hogar, familia
dishwasher, lavavajillas
clothes dryer, secadora de ropa
status symbol, símbolo de posición social

vacuum-cleaner, aspiradora
closet, clóset, ropero, placard
to plug in, enchufar
outlet, tomacorriente, enchufe
towel, toalla
wall-to-wall carpeting, alfombra de pared a pared, totalmente alfombrado
coat-rack, perchero
wire, alambre, cable eléctrico
bulb, bombilla, foco, bombita, lámpara
lawnmower, podadora de pasto
shed, bodega, cobertizo para guardar cosas, galpón
garbage chute, conducto para arrojar basura
sink, fregadero
wallpaper, papel tapiz
suburbs, suburbios
stool, banco pequeño, taburete
socket, tomacorriente, portalámpara

Vocabulario complementario

flat, departamento
to heat, calentar
single, soltero; departamento para solteros
to let, alquilar, rentar, dar en alquiler
let, alquiler, contrato de arrendamiento
to rent, alquilar, rentar, tomar en alquiler
per week, a la semana, semanalmente

fuel, combustible (en general)
central heating, calefacción central
sited, ubicado
doorman, janitor, portero, conserje
maintenance, mantenimiento
to furnish, amueblar
caretaker, encargado, vigilante
garbage disposal unit, depósito de basura (generalmente incorporado al fregadero de la cocina)

1. **LUXURY APTS.** Gardens and heated pool. Singles or families. Long/short lets from US$... per week.

2. **MODERN 4 BEDROOM.** Bungalow with dining, lounge, solid teak kitchen with breakfast bar, bathroom, garage. Solid fuel central heating, sited on 1/2 acre. Scenic views in all directions. Telephone for details.

3. **RESIDENTIAL.** 54th AVENUE entrance, lower 80th. 24-hour doorman, luxury apartment, 2 bedrooms, 2 full bathrooms, dining, living, entrance hall, kitchen, 9th floor, low maintenance. For quick sale: $840 000, may rent, no agents.

4. **BUSINESS FLAT.** Fully furnished, 1 bedroom, 1 drawing room/office, fully equipped bathroom and kitchen, with gas central heating, resident caretaker. Close to multistory parking lot. Ideal business flat. Offers over $... Viewing by arrangement. Reply Box...

Bienes Raíces

1. **DEPARTAMENTOS DE LUJO.** Jardines y piscina con calefacción. Para personas solas o familias. Contratos largos o cortos, desde $... a la semana.

2. **CASA MODERNA 4 RECÁMARAS/DORMITORIOS.** Con comedor, sala de estar, cocina de madera de teca con barra, baño, garaje. Calefacción central a base de combustible sólido. Ubicada en terreno de 2 000 m². Vista panorámica en todas las direcciones. Llame para saber más detalles.

3. **RESIDENCIAL.** Entrada por la avenida 54, a principios de la calle 80. Vigilancia las 24 horas, departamento de lujo, 2 recámaras/dormitorios, 2 baños completos, comedor, sala, recibidor, cocina, noveno piso, baja cuota de mantenimiento. Venta inmediata: $840 000, se acepta alquilar, trato directo.

4. **DEPARTAMENTO PARA OFICINA.** Completamente amueblado, 1 recámara, 1 sala de estar/oficina, baño y cocina completamente equipados, con calefacción central de gas, vigilancia permanente. Cerca de un estacionamiento de varios pisos. Ideal para oficinas. A partir de $... Se muestra previa cita. Escriba al apartado postal...

1. Diálogo — E: Elizabeth H: Helen L: Laurie S: Steve

E — Hi Laurie. I've been in such a tizzy[1] these last few days[2] getting ready for the Lloyds' going away party, I don't know whether I'm coming or going.

L — Why, are you expecting a lot of people?

E — We've got 34 on the list so far, but I'm sure it'll be up in the forties[3] before we're finished[4].

L — Well in that case a sit-down dinner is out of the question. It'll have to be a buffet.

E — I'm afraid so[5]. It's better anyway. People like to be free to get up and walk around. That way you can't get stuck[6] next to some bore[7] for the whole evening.

L — Who've you invited?

E — Ken's closest friends at the company, and their wives of course. Helen's buddies[8] from her adult education class and their spouses or dates[9]. And then, I couldn't leave out their golf cronies[10] or their neighbors.

L — It sounds like a nice congenial crowd[11].
(At the party)

H — I don't know how to thank you for such a lovely farewell party. You've gone to so much trouble.

E — Don't be silly. You know we really hate to see you guys[12] go. I'm gonna miss[13] you, Helen.

H — Me too. It's funny though, in the beginning we were so upset about being transferred here. But now that it's time to go back, we're leaving with mixed emotions.

E — What's that commotion out back? It sounds like singing. *(In the background: "For he's a jolly good fellow[14], for he's a jolly good fellow... that nobody can deny.")*

S — This calls for a toast, folks[15]. I'm sure I'm speaking for everyone here when I say how much we're going to miss you both. And as a token of our friendship we'd like to present you with a little something to remember us by[16]. Helen, would you do the honors and serve the champagne?

buffet	[bufe:i]	congenial	[kondʒi:ni:əl]
adult	[ædəlt]	upset	[əpse:t]
cronies	[kro:uniz]	commotion	[kəmoushən]

E — Hola Laurie. He estado tan acelerada estos últimos días, con los preparativos para la fiesta de despedida de los Lloyd, que ya no sé dónde estoy.

L — ¿Por qué, son muchos invitados?

E — Hasta ahora tenemos 34 en la lista, pero estoy segura de que antes de que acabemos van a ser más de cuarenta.

L — Entonces ni pensar en una cena en la que todos estén sentados. Tendrá que ser un bufet.

E — Me temo que sí. De todos modos es mejor. A la gente le gusta sentirse libre de pararse y caminar. Así también evitas tener que estar toda la noche junto a algún aburrido.

L — ¿A quién has invitado?

E — A los amigos más cercanos de Ken de la compañía y a sus esposas, por supuesto. A los compañeros de Helen de su clase de educación para adultos y a sus parejas. Y no podía dejar fuera a sus amigos del golf y sus vecinos.

L — Parece que va a ser un grupo muy agradable.

(En la fiesta)

H — No sé cómo agradecerles esta fiesta de despedida tan fabulosa. Se han esforzado tanto.

E — No seas tonta. Ya sabes que realmente nos entristece que se vayan. Te voy a extrañar, Helen.

H — Yo también. Es gracioso que al principio estábamos tan molestos porque nos habían transferido aquí, pero ahora que es momento de regresar, nos vamos con sentimientos encontrados.

E — ¿Qué es ese escándalo allá atrás? Parece que están cantando. *(En el fondo: "Porque él es un buen muchacho, porque él es un buen muchacho... y nadie lo puede negar.")*

S — Esto merece un brindis, amigos. Estoy seguro de que hablo en nombre de todos los aquí presentes cuando digo cuánto los vamos a extrañar a ambos. Y como muestra de amistad queremos regalarles algo para que nos recuerden. Helen, ¿nos harías el honor de servir la champaña?

1. **in such a tizzy, to be in a tizzy**, *estar agitado, emocionado, apurado, acelerado* (generalmente por algo trivial).

2. **these last few days**, observe la presencia necesaria de **few** en esta expresión idiomática, al igual que en **these past few months, weeks**, etc.

3. **forties**, observe la ortografía: aunque **four, fourteen** se escriben con **ou**, **forty** sólo lleva **o**.

4. **before we're finished**, el auxiliar **to be** puede aparecer junto con **to finish** porque el sentido no es *completar una acción*, sino *haber terminado una actividad*. Observe el uso del presente de indicativo después de **before**.

5. **I'm afraid so**, compare esta construcción con **I think so, I guess so, I hope so, I believe so**, etc., donde **so** retoma lo que se acaba de decir.

6. **you can't get stuck, to stick**, *pegar* (con goma), de ahí que **to be stuck, to get stuck**, signifique *quedar atrapado, no poder salir, no poderse liberar*, como en **to be stuck in a traffic jam**, *quedar atrapado en un embotellamiento de tráfico*.

7. **bore** puede referirse a una persona aburrida o una situación aburrida, como en **what a bore!**, *¡qué aburrido!*, *¡qué pelmazo!*, **to bore**, *aburrir*, **to be bored**, *estar aburrido*, **boring**, *aburrido*.

8. **buddy** (familiar), *amigo, compañero*, se suele usar como saludo familiar: **hi buddy!, hi, buddies!**

9. **dates, a date**, *una cita amorosa*, aunque también se refiere a la persona con la que se sale: **she's my date**, *vine con ella, estoy saliendo con ella*, **to make a date**, *hacer una cita, quedar de acuerdo en verse*, **to date**, *salir con alguien*, **blind dating, blind date**, *cita ciega, cita a ciegas* (cuando no se conoce a la otra persona; suele ser una cita arreglada por otra pareja).

10. **cronies, crony**, *compañero, amigo*, generalmente indica una larga convivencia y actividades en común.

11. **congenial crowd, crowd**, *multitud*, suele significar *personas reunidas, grupo*, (de gente) y es muy familiar. **Congenial** suele corresponder a *agradable, divertido, simpático* (cuidado: a pesar del parecido, *simpático* no es equivalente a **sympathetic**, que significa *comprensivo, empático, que establece un lazo afectivo*).

12. **to see you guys, guy**, *tipo* (familiar). En plural, como en este caso, puede referirse a ambos sexos.

13. **I'm gonna miss you = I am going to miss you.**

14. **he's a jolly good fellow** es una canción que se canta en los cumpleaños después de **Happy Birthday to you**, y también en cualquier fiesta en honor a alguien. **Jolly**, *alegre*, en el inglés británico funciona como intensificador en la expresión **jolly good**, *muy bueno, muy rico*.

15. **folks**, *gente*, de manera familiar puede significar *amigos*.

16. **a little something to remember us by**, la preposición pasa al final de la oración. La construcción original, que no se utiliza, sería: **a little something by which to remember us**.

---

4. Inglés estadounidense y británico

■ DIFERENCIAS DE USO

• **a sit-down dinner** no tiene equivalente en el inglés británico, pues en GB se da por hecho que uno se sienta para cenar.

• **buddy**, *compañero, amigo*, también existe en el inglés británico, pero es menos frecuente y se considera más familiar. Se prefiere usar **friend**.

• **date**, *novio/a, pareja, persona con la que se sale*, también existe en el inglés británico, pero es más común usar **boyfriend** o **girlfriend**.

• **guys**, en el inglés estadounidense este plural puede referirse a personas de ambos sexos, mientras que en el inglés británico es una palabra más vulgar y sólo se refiere a hombres.

EU: **We really hate to see you guys go.**
GB: **We are really sorry to have to let you go.**
Español: *Realmente nos entristece que se vayan.*

■ DIFERENCIAS DE TÉRMINOS Y EXPRESIONES

EU	Español	GB
out back	*atrás, allá atrás*	**back there, out there**

■ DIFERENCIAS DE ORTOGRAFÍA

neighbor	*vecino*	**neighbour**
honor	*honor*	**honour**

1. Lengua cotidiana

How are you?	¿Cómo está?
How're you doing?	¿Cómo le va?
Don't call me, I'll call you.	No me llame, yo me comunico con usted.
Give me a call.	Llámeme.
How about getting together sometime?	¿Qué le parece si nos reunimos algún día?
Give my regards to the family.	Déle mis saludos a su familia.
Drop in when you have a chance.	Pase a visitarnos cuando pueda.
Send me a line.	Escríbame.
Drop me a card.	Mándeme una tarjeta postal.
See you tomorrow.	Hasta mañana.
Have a good weekend.	Que pase un buen fin de semana.
Have a nice day.	Que tenga buen día.
Have a good trip.	Que tenga buen viaje.
Looking forward to seeing you again.	Espero volver a verlo.
We had a terrific time!	La pasamos de maravilla.
We had a terrible time!	La pasamos muy mal.
I must be going.	Debo irme.
We'll be back.	Volvemos después.

2. Lengua familiar

How's the job?	¿Qué tal el trabajo?
How're things going?	¿Cómo va todo?
How's life treating you?	¿Qué tal te trata la vida?
Call ya.	Te llamo.
I'll get a hold of you.	Yo me comunico contigo.
Keep in touch.	Manténte en contacto.
See you around.	Nos vemos por acá.
Be seeing you.	Nos vemos.
So long!	Hasta pronto.
See you later.	Hasta luego.
Long time no see.	Cuánto tiempo sin verte.
Drop by, sometime.	Pasa a vernos algún día.
Take care!	Hasta luego, cuídate.

1. Señoras y señores, quiero brindar por los invitados de honor.
2. No tienen idea de cuánto los vamos a extrañar.
3. No sé cómo agradecerles el regalo.
4. Podríamos servir el pastel/la torta ahora. Helen, ¿nos haces el honor?
5. Si van a Venezuela, por favor pasen a visitarnos. Los podemos alojar sin ningún problema.
6. A la salud de nuestros anfitriones.
7. En todo caso, estaremos en contacto.
8. Mi esposo regresa a trabajar a principios de la semana que viene.
9. El inglés de John ha mejorado muchísimo.
10. Nunca pensé que podríamos hacer tantas cosas en dos semanas.
11. Los niños me dijeron que hubieran querido quedarse otro mes.

---

1. **Ladies and gentlemen, I'd like to make a toast to the guests of honor.**
2. **You have no idea how much we are going to miss you both.**
3. **I don't know how to thank you for your gift.**
4. **We could serve the cake now. Helen, would you do the honors?**
5. **If you come to Venezuela, please do come see us. We can easily put you up.**
6. **Here's to the health of our host and hostess.**
7. **In any case, we'll keep in touch.**
8. **My husband goes back to work at the beginning of next week.**
9. **John's English has improved tremendously.**
10. **I never would have thought we could have done so many things in two weeks.**
11. **The children told me that they would have liked to stay another month.**

to be in a tizzy, estar agitado/a, acelerado/a

to get stuck, quedar atrapado

bore, persona aburrida, pelmazo, **it's a bore**, está muy aburrido

buddy, amigo, compañero

spouse, cónyuge, pareja

date, novio/a, persona con la que se sale

to leave out, excluir, dejar afuera

crony, compañero, amigo

congenial, agradable, simpático/a

farewell, adiós, despedida

to go to a lot of trouble, hacer un gran esfuerzo, molestarse en hacer algo

to upset, 1) volcar, voltear (un objeto), 2) molestar, hacer enojar

to uproot, arrancar de raíz

commotion, alboroto, escándalo, agitación

jolly, 1) alegre, 2) muy, mucho

token, 1) muestra, señal, 2) ficha, boleto/billete

small talk, charla, conversación trivial, frases hechas

regards, saludos

to make a toast, hacer un brindis, brindar

to put up, alojar

host(ess), anfitrión(ona)

degree, título universitario

to graduate, graduarse, recibirse

vacation, vacaciones

Vocabulario complementario

to be on the move, mudarse constantemente

to enjoy oneself, divertirse

to go places, visitar lugares, hacer turismo

jet-lag, descompensación por la diferencia de horario

time change, cambio de horario

posh, lujoso (originalmente era una leyenda escrita en los boletos de quienes viajaban de Gran Bretaña a la India y de regreso en barco, y son las siglas de **Port Out, Starboard Home**, *a babor de ida, a estribor de regreso*, porque los pasajeros trataban de conseguir los camarotes mejor ubicados).

Queridos Tom y Lilian,

Nuestro viaje de regreso a casa fue bastante bueno y ahora ya recuperamos el sueño perdido y nos ajustamos al cambio de horario. Les agradecemos nuevamente su hospitalidad y lo bien que la pasamos.

Esperamos que para Tom no haya sido muy difícil regresar al trabajo. Los niños vuelven a la escuela mañana y pronto se darán cuenta de cuánto ha mejorado su inglés.

¿Podrían dar nuevamente las gracias a Mark y Jenny por su maravilloso regalo?

Nos encantaría ver otra vez a Martha a finales de octubre, pero lamentamos que sólo pueda quedarse una semana.

Uno se acostumbra rápido a lo grande que es todo en Estados Unidos, así que el departamento nos está resultando un poco chico. Sin embargo, cuando vengan de vacaciones el año entrante no tendrán problemas, porque sólo serán ustedes dos.

Andrés, los niños y yo, les agradecemos muchísimo todo lo que hicieron por nosotros.

Con cariño, Alice

A thank-you letter

Dear Tom and Lilian,

Our trip home went quite well and, by now, we have caught up on our lost sleep and readjusted to the time change. Thanks again for your hospitality and for the marvelous time you gave us.

We hope that going back to work wasn't too hard for Tom. The kids go back to school next week, and they'll soon find out how much their English has improved.

Would you thank Mark and Jenny again for their wonderful gift?

We'll be delighted to see Martha again at the end of October. We only regret that she can just stay a week.

One can easily get used to the size of things in America, so we are finding our apartment a bit tight for the moment. It should suit you fine, though, for your vacation next year, because there'll only be the two of you.

Andrés and I, along with the children, thank you ever so much for all you did for us.

Fondly, Alice

abiding, *constante, duradero*

abstainer, *abstemio*

accommodate (to), 1) *alojar, hospedar*, 2) *tener lugar para*

accommodation, *hospedaje, alojamiento*

ache (to), *doler*

actually, *en realidad, de hecho*

add (to), *sumar, agregar*

additional charge, *cargo adicional*

adjust (to), *ajustar(se)*

admission fee, *cuota de entrada, derecho de admisión*

advent, *llegada, aparición*

advertise (to), *anunciar, hacer publicidad*

advertiser, *anunciante, patrocinador, publicista*

advertising, *publicidad*

advice, *consejo, sugerencia*

advise (to), *aconsejar, sugerir*

affiliated, *afiliado*

afford (to), *permitirse, tener medios para pagar algo*

affordable, *que puede pagarse, dentro de las condiciones económicas*

after sales service, *servicio, mantenimiento* (a un producto adquirido)

ailment, *padecimiento*

air fare, *tarifa aérea*

air-conditioning, *aire acondicionado*

air-hostess, *azafata, aeromoza, sobrecargo*

air-time, *tiempo al aire* (en radio o televisión)

aircraft, *avión, aviones*

airline terminal, *terminal aérea*

airline reservations, *servicio de reservas de una aerolínea*

airmail (to), *enviar por correo aéreo*

aisle, *pasillo, corredor*

alarm, *alarma*

alcohol, *alcohol* (puro)

All Saints' Day, *Día de Todos los Santos*

all set, *¡todo listo!*

allergy, *alergia*

alley, *callejón*

allow (to), *permitir, aceptar, tolerar*

amazing, *sorprendente*

anchor, *ancla*

anchorman, *conductor de televisión que dirige un equipo de reporteros*

anchovy, *anchoa*

angling, *pesca con caña*

animated, *animado, con vida, con movimiento*

animated cartoon, *dibujos animados*

ankle, *tobillo*

answer (to), *contestar, responder*

answering service, *servicio de mensajes telefónicos*

answering system, answer phone, *contestador automático de teléfono, máquina contestadora*

antenna, *antena*

apartment (EU), *apartamento, departamento*

appeal (to), *agradar, gustar*

apply (to) for a loan, *pedir un préstamo*

appointment, 1) *cita*, 2) *nombramiento, designación*

April Fool's Day, *1 de abril* (día en que se gastan bromas)

area code, *código de larga distancia*

armrest, *brazo* (de un sillón o asiento)

art theater, *cine de arte o de autor*

ashtray, *cenicero*

attached application, *solicitud adjunta*

attachment, *accesorio, aditamento*

attend (to), *atender, asistir (a un sitio), encargarse de*

attendant, *empleado, encargado* (p. ej. en una gasolinera)

attraction, *atracción, espectáculo*

audience, *espectadores, público*

automatic cash machine, *cajero automático*

automatic shift, *transmisión automática*

automatic withdrawal, *retiro automático*

available, *desocupado, disponible*

average, *promedio*

average (on an), *en promedio*

avocado, *aguacate, palta*

avoid (to), *evitar*

baby bottle, *biberón, mamadera*

back seat, *asiento trasero*

back window, *ventana trasera*

back-up lights (EU), *luces traseras*

background, 1) *fondo, segundo plano,* 2) *antecedentes, historia*

backhand (sports), *revés* (dep.)

backpack, *mochila*

bad check, *cheque sin fondos*

bad luck, *mala suerte*

băg (EU), 1) *maleta,* 2) *bolsa, bolso*

bagel, *rosquilla salada*

baggage, *equipaje*

baggage allowance, *límite de peso en que no se cobra por el equipaje*

baggage check, *comprobante* (del equipaje)

baggage claim exit, *entrega de equipaje*

bait, *carnada*

bake (to), *hornear*

balance, 1) *equilibrio,* 2) *estado de cuenta*

ball-point pen, *birome, bolígrafo*

ball park, *campo de béisbol, estadio*

banana, *banana, plátano*

banknote (GB), *billete*

bar, 1) *compás,* 2) *bar*

bargain, *oferta, ganga, oportunidad*

bargain basement, *sótano de ofertas*

Bart, *metro de San Francisco* (Bay Area Rapid Transport)

bartender, *cantinero*

basement, *sótano*

basin (GB), *azucarero*

bat, 1) *bate* (de béisbol), 2) *murciélago*

bathe (to), *bañar(se)*

bathing suit, *malla, traje de baño*

batsman (sports), *bateador* (béisbol)

battery powered, *que funciona con pilas*

battlefield, campo de batalla

beach, *playa*

beat, *ritmo* (mús.)

beaver, *castor*

beep (to), *emitir un sonido breve y agudo*

behind schedule, *atrasado* (respecto de un horario)

bell-captain, *portero* (de un hotel)

bench, *banca, banco* (para sentarse)

benefit, *beneficio, ganancia*

bet, *apuesta*

better off (to be), *convenir, estar mejor*

beverage, *bebida(s)*

bicentennial, *bicentenario*

bill, 1) (EU) *billete,* 2) *cuenta*

billion, *mil millones*

binoculars, *binoculares*

bird's eye, *vista desde el aire, vista panorámica*

birth, *nacimiento*

birthdate, *fecha de nacimiento*

birthday, *cumpleaños*

biscuit, *bísquet, bollo*

black coffee, *café negro*

bleed (to), *sangrar*

blinker, *luces intermitentes*

blister, *ampolla*

block, *cuadra, manzana*

block ice, *cubo grande de hielo*

block letter, *letra de molde*

block off (to), *cerrar* (una calle), *impedir el paso*, *obstaculizar*

blockbuster, *éxito*

blood pressure, *presión sanguínea, tensión arterial*

blow (to), 1) *soplar*, 2) *irse, largarse* (fam.)

blow-out (EU), *pinchazo* (de una llanta/un neumático)

blow up, *ampliación* (en fotografía)

blueberry, *arándano* (azul)

board (to) (a bus, a plane, a ship, a train), *abordar, subirse a* (un autobús, un avión, un barco, un tren)

boarding pass, *pase de abordar, tarjeta de embarque*

bolster, *travesaño*

bonfire, *fogata*

bonnet (GB), *capota o cubierta* (del motor de un automóvil)

boo (to), *abuchear*

booked up (to be), *estar lleno* (un hotel)

booklet, *cuadernillo* (de billetes), *talonario*

booming, *floreciente, próspero*

booster, *amplificador*

boot (GB), *baúl, cajuela, portaequipajes*

booth, *caseta, cabina*

bore, *pelmazo, persona aburrida*

boring, *aburrido/a* (que aburre)

borough, *barrio, circunscripción, distrito*

bother (to), *molestar*

bottoms up!, *¡hasta el fondo!*

bounce (to), *rebotar* (un cheque sin fondos)

bountiful, *abundante*

bourbon, *whisky estadounidense hecho a base de maíz*

brace, 1) *soporte*, 2) *frenos* (en ortodoncia)

brain, *cerebro*

braking system, *sistema de frenos*

bran, *salvado*

branch, *filial, sucursal*

branch office, *sucursal*

brand, *marca* (comercial)

brass (the), *los metales* (instrumentos musicales)

break a record (to), *romper o superar un récord o marca*

break down (to), *descomponerse*

break one's opponent's serve (to), *obtener el saque, romper el saque*

break in (to), *meterse* (un ladrón a una casa)

breath (to be out of), *estar sin aliento*

breathe (to), *respirar*

breed, *raza, especie*

bribe (to), *sobornar*

briefcase, *portafolios*

broad, *amplio*

broccoli, *brócoli*

broiled, *asado*

bronco, *caballo salvaje, no domado*

brook, *arroyo*

brown sugar, *azúcar morena, no refinada*

bruise, *cardenal, hematoma, moretón*

brunch (breakfast + lunch), *desayuno a media mañana*

buck, 1) *venado macho adulto*, 2) *dólar* (fam.)

buck (to), *encabritarse*

buckle (to), *abrochar*

buddy (fam.), *amigo, compañero*

built-in, *incorporado*

bulb, *bombita, bombilla, foco, lámpara*

bulk, *grueso, mayor parte*

bull, *toro*

bullfight, *corrida de toros*

bump, *tope*

bumper, *defensa, parachoques, paragolpes*

bun, *bollo, panecillo*

buoy, *boya*

burglar, *ladrón*

burglar alarm, *alarma antirrobos*

burn, *quemadura*

bury (to), *enterrar*

bus, *autobús*

bus fare, *tarifa de autobús*

business (on), *de negocios*

business class, *clase ejecutiva*

busy signal (EU), **busy tone** (GB), *tono de ocupado*

butt in line (to), *ganar el lugar de otro en una fila*

buy (to), *comprar*

buy on credit (to), *comprar a crédito*

buzz (to), *zumbar*

cabbage, *col, repollo*

cabbie (fam.), *taxista*

cable, 1) *cable*, 2) *telegrama*

cable car, *tranvía*

calf, calves, *pantorrilla(s)*

call (to be on), *estar de guardia* (un médico)

call (to place a), *hacer una llamada*

call (to), *llamar por teléfono*

call collect (to), *llamar a cobro revertido, por cobrar*

caller, *persona que llama*

calm down (to), *calmarse, tranquilizarse*

camera, *cámara fotográfica*

cameraman, *camarógrafo*

campfire, *fogata*

camping gear, *equipo para acampar*

camping grounds, *lugar para acampar*

camping site, campsite, *lugar para acampar*

cancel (to), *cancelar, anular*

cancellation, *cancelación*

candy, *caramelo, dulce*

canoe, *canoa*

canvas, *lona, tela gruesa*

capsize (to), *darse vuelta* (una embarcación)

capsule, *cápsula*

car, 1) *auto(móvil)*, 2) *vagón, coche*

car park (GB), *estacionamiento*

car plate (GB), *chapa, matrícula, patente, placa* (de un automóvil)

car rental, *alquiler de automóviles*

car-wash, *lavado de automóviles*

caravan (GB), *casa rodante*

card, *tarjeta* (p. ej. de crédito), *credencial, tarjeta de identificación*

card-holder, *titular de una tarjeta*

carelessness, *descuido, negligencia*

caretaker (GB), *conserje, guardia, vigilante*

carpet, *alfombra, tapete*

carry (to), 1) *cargar*, 2) *trabajar, tener en existencia* (un producto)

carry out (to), *llevar a cabo*

carry-on baggage, *equipaje de mano*

cart, *carro, carrito*

cartoon, *dibujos animados*

cartoon show, *programa de dibujos animados*

carve up, *cortar* (un pollo o pavo), *trinchar*

cash, *dinero en efectivo*

cash (out of), *sin efectivo*

cash a check (to), *cobrar un cheque*

cashier, *cajero/a*

cassette deck, *tocacintas, casetera*

cast, *reparto* (en una película)

caster, *rueda* (de un mueble)

casting, 1) *distribución, reparto* (de papeles en una película), 2) *lanzamiento* (de la línea al pescar con caña)

casual, 1) *informal*, 2) *casual, fortuito*

catch a cold (to), *resfriarse*

catching disease, *enfermedad contagiosa*

catchy, *fácil de recordar, pegadiza* (una melodía)

catsup, *catsup, ketchup, salsa de tomate*

cater, *abastecer, proveer*

cauliflower, *coliflor*

cavity, *caries*

CCTV (Closed Circuit Television), *televisión de circuito cerrado*

celebrate, *celebrar, festejar*

celebration, *celebración, festejo*

center board, *orza*

central heating, *calefacción central*

central terminal, *terminal central* (en una red de computadoras)

centrally located, *ubicado en el centro de la ciudad*

century, *siglo*

challenger, *candidato a un título, retador*

championship, *campeonato*

change, *cambio* (dinero)

change job (to), *cambiar de empleo*

change of oil, *cambio de aceite*

channel, *canal*

character, *personaje*

charge, 1) *cargo, suma por pagar*, 2) *acusación, cargo*

charge (to), 1) *cobrar*, 2) *cargar* (una cantidad a una cuenta)

charge slip, *comprobante de un pago con tarjeta de crédito*

charge with (to), *acusar de*

charter(ed) flight, *vuelo alquilado, vuelo charter*

cheap, 1) *barato, económico*, 2) *barato, de mala calidad*

check, 1) *cuenta*, 2) (EU) *cheque*

check (to), *revisar, verificar*

check in (to), *registrarse* (en un hotel)

check out (to), *dejar un hotel*

check-out counter, *caja de salida*

checker cab (EU), *taxi a cuadros*

checking account (EU), *cuenta de cheques*

cheer (to), *aclamar, dar ánimos*

cheers!, *¡salud!*

childhood, *infancia*

chili sauce, *salsa picante*

chip, *chip, microprocesador*

choir, *coro*

choosy, *exigente, melindroso/a*

chopped steak, *carne picada*

chord, *acorde*

chore, *tarea doméstica*

chorus, *estribillo*

cider, *sidra*

circulation, *tiraje* (de material impreso)

civil service, *puesto público, servicio público*

claims department, *departamento de quejas*

clam chowder, *crema de almejas*

clay, *barro, arcilla*

clerk, *dependiente, empleado* (en una tienda)

client, *cliente*

close-up, *primer plano*

closet (EU), *clóset, placard, ropero*

closing time, *hora de cerrar*

clothes dryer, *secadora de ropa*

clue, *pista, indicio*

co-star (to), *coprotagonizar, compartir el papel principal*

coach, 1) *vagón, coche*, 2) *entrenador*

coach air fare, *tarifa aérea de segunda clase*

coach flight, *vuelo en segunda clase*

coastline, *costa*

coat-rack, *perchero*

cocktail lounge, *bar, salón de un hotel*

coconut, *coco*

coffee with cream, *café cortado, café con leche*

coffee cake, *pastel/torta con nueces*

coin-op(erated), *que funciona con monedas*

cold cuts, *carnes frías* (literalmente, *cortes fríos*)

335

cole slaw, *ensalada de repollo*

collapse (to), *desplomarse*

collect (to), *recaudar, recoger, recolectar*

collect one's luggage (to), *recoger el equipaje*

collision damage insurance, *seguro contra daños por accidente*

comb, *peine*

come round (to), *volver en sí*

commercial, *anuncio publicitario*

commotion, *agitación, alboroto, escándalo*

commuter train, *tren que va y viene entre dos puntos*

compass, *compás, brújula*

complaint, *queja*

complete (to), *acabar, terminar*

complimentary, *de cortesía, gratuito*

comply with requirements (to), *cumplir con los requisitos*

composer, *compositor*

computer, *computadora*

computerized, *computarizado*

concern, *preocupación, interés*

condominium, condo (EU), *condominio*

conductor, 1) *conductor* (de un vehículo), 2) *director* (de orquesta)

congenial, *agradable, simpático*

congested, *congestionado*

connect (to), *conectar, unir*

connecting flight, *vuelo al que hay que transbordar*

connection, *transporte al que hay que transbordar*

consumer electronics, *equipo electrónico para consumo general*

consumption, *consumo*

contact lenses, *lentes de contacto*

contents, *contenido*

contest, *competencia, concurso*

contestant, *competidor, concursante*

contractor, *contratista, empresario*

contribute (to), *contribuir*

convenience, *comodidad, ventaja*

convenient, 1) *cómodo*, 2) *conveniente*

convention, *convención*

convertible, *convertible*

convict (to), *condenar, dictar sentencia*

cookie, *galleta dulce*

cooking, *cocina* (actividad)

cooking-range, *cocina, estufa*

cooler, *hielera*

cooling-off period, *periodo de enfriamiento*

copy(-ies), *ejemplar(es)*

cord, *cordón, cuerda*

cornflakes, *copos, hojuelas de maíz*

cosmetics, *cosméticos*

cost an arm and a leg (to), *costar un ojo de la cara, una fortuna*

cottage cheese, *requesón*

cotton, *algodón*

cough, *tos*

cough (to), *toser*

counter, *módulo, mostrador, ventanilla*

counterpart, *contraparte, equivalente*

couple of (a), *un par de*

coupon, *billete desprendible de un cuadernillo, cupón*

course, *cada plato de una comida*

cover a beat (to), *hacer una ronda*

cracker, *galleta seca y salada*

cranberry, *arándano* (rojo)

crash (to), *chocar*

crawl (to), *gatear*

craze, *locura, frenesí*

cream cheese, *queso crema*

credit (titles), *créditos* (en una película)

credit (to), *atribuir* (un mérito o responsabilidad)

credits (cast), *créditos* (en una película)

crew, *equipo*

crony(-ies) (fam.), *amigo, compañero*

crop, *cosecha*

cross-country flight, *vuelo de lado a lado del país*

crossing (GB), *cruce, crucero*

crossroad (GB), *entronque, intersección*

crosswalk (EU), *cruce de peatones*

crowd, *gentío, multitud*

crowned heads, *monarcas, miembros de familias reales*

cruise, *crucero*

cruise (to), 1) *tomar un crucero*, 2) *volar a altitud de crucero*

cruller, *buñuelo*

cucumber, *pepino*

cup, *taza*

cupboard (GB), *clóset, ropero, placard*

cure (to), *curar, sanar*

currency, *divisa, moneda*

current account, *cuenta corriente*

curtains (GB), *cortinas*

custard, *flan*

customer, *cliente*

customs slip, *papeleta de aduana*

cut, *cortada, corte*

cut down (to), *disminuir, reducir*

cut off (to), *cortar, suspender*

cut up (to), *cortar en trozos, destazar*

damage (to), *dañar, estropear*

damages, *daños y perjuicios*

damp, *húmedo*

dark corners, *rincones o esquinas oscuras*

dash, *pizca*

dash(board), *tablero* (en un automóvil)

date, 1) *fecha*, 2) *novio/a, persona con la que se sale*

day off (to take a), *tomarse un día libre*

dead tired, *muerto de cansancio*

deadend, *calle cerrada, sin salida*

deal, *asunto, negocio, trato, transacción*

death, *muerte*

debit (to), *cargar a una cuenta*

decaffeinated, *descafeinado*

decrease (to), *disminuir*

deer (singular colectivo), *ciervos*

degree, *certificado, título universitario, grado*

delay, *demora, retraso*

delay (to), *demorar(se)*

deliver (to), 1) *entregar*, 2) *liberar*

deliver the mail (to), *entregar el correo*

delivery, *entrega, distribución*

demand (to), *exigir*

denomination, *denominación* (de los billetes), *valor*

dental surgeon, *dentista*

department store, *gran almacén, tienda departamental*

deposit money (to), *depositar dinero* (en una cuenta)

deprive of (to), *privar de*

depth, *profundidad*

derive from (to), *derivarse de, provenir*

deserve (to), *merecer*

design (to), *diseñar*

destroy (to), *destruir*

detour (EU), *desviación*

develop (to), *desarrollar*

device, *aparato, dispositivo*

devise (to), *idear, planear*

diagnosis, *diagnóstico*

dial, *disco* (del teléfono)

dial (to), *discar, marcar* (un número telefónico)

dial direct (to), *discar, marcar directo*

dial tone (EU), **dialling tone** (GB), *tono de discar/marcar*

diamond, *diamante*

diarrhea, *diarrea*

diet, *dieta*

dig (to), 1) *cavar*, 2) (fam.) *entender*

dilapidated, *arruinado, deteriorado*

dining-car, *coche comedor*

dip, 1) *baño rápido*, 2) *hondonada*

director, *director* (de una película)

directory, 1) *directorio, guía telefónica,* 2) *guía, plano de una tienda*

discount, *descuento, rebaja*

discount air fare, *tarifa aérea con descuento*

dish-washer, *lavavajillas*

display (on), *en el aparador, en exhibición*

display (to), 1) *exhibir,* 2) *demostrar, desplegar*

display room, *sala de exhibición*

distribute (to), *distribuir*

district (GB), *barrio, circunscripción, distrito*

diversion (GB), *desviación*

divided highway (EU), *autopista de dos carriles*

dizziness, *mareo*

do a room over (to), *remodelar un cuarto*

do wonders (to), *hacer maravillas, milagros*

documentary, *documental*

doggie bag, *bolsa para llevar restos de comida*

doll, *muñeca*

domestic, *nacional*

domestic flight, *vuelo nacional*

donut, *dona, rosquilla*

door to door selling, *ventas a domicilio, ventas de casa en casa*

doorman, *portero*

double (a), *habitación doble, para dos personas*

double parking, *estacionarse en doble fila*

doughnut, *dona, rosquilla*

downpour, *aguacero*

downtown, *centro* (de la ciudad)

doze off (to), *dormitar, quedarse dormido*

draft (on), *de barril* (cerveza)

draftsman, *dibujante, diseñador*

drag (to), *arrastrar*

drapes, *cortinas*

draw (sports), *empate* (deportes)

draw up (to), *detenerse un automóvil a la orilla del camino*

drawer, *cajón*

drawing, *dibujo, diseño*

drawing-room (GB), *sala de estar, recibidor*

dressed, *vestido/a*

dressing, 1) *aderezo,* 2) *curación*

dried, *seco*

drink, *bebida*

drinking water, *agua potable*

drippings, *grasa* (que queda al cocinar carnes grasosas)

drive-in, *autocinema, cine al aire libre*

driver's license, driving license, *licencia de conducir, permiso de conducir*

drizzle, *llovizna*

drop (to), *dejar caer*

drop by (to), *visitar de improviso*

drop off (to), *dejar* (a alguien o algo en un lugar)

drought, *sequía*

drown (to), *ahogarse*

drowsily (adv.), *con sueño*

drowsy, *adormilado, somnoliento*

druggist, *farmacéutico, empleado de una farmacia*

drums (the), *tambores, batería* (música)

dry, *seco*

dry-cleaning, *tintorería, lavado en seco*

dual carriageway (GB), *autopista de dos carriles*

dub (to), *doblar* (una película)

duck, *pato*

duck (to), *agacharse, esquivar un golpe*

dud check, *cheque sin fondos*

due, *vencido* (un plazo)

duplex (house) (EU), *casa dúplex*

duties, *deberes, funciones*

eardrum, *tímpano*

earphones, *audífonos*

earthquake, *sismo, terremoto*

eastbound, *con dirección hacia el este*

Easter, *Pascua*

eastern seabord, *costa este*

economical, *barato, económico*

economy fare, *tarifa de segunda clase, tarifa económica*

editing, *edición, montaje* (de una película)

effect repairs (to), *reparar*

efficiency, 1) *eficiencia*, 2) *habitación con cocineta*

elevator (EU), *ascensor, elevador*

eligibility, *elegibilidad, poder ser elegido*

emergency, *emergencia, urgencia*

emergency exit, *salida de emergencia*

emergency lane, *carril de emergencia, carril accesorio*

emphasis, *énfasis*

empty (EU), *desocupado, vacío*

engine, *motor*

engineer, *ingeniero*

enjoy (to), *disfrutar*

enjoy oneself (to), *divertirse*

enlarge (to), *ampliar*

entertain (to), *atender, recibir* (invitados)

entertainment, *diversión, entretenimiento*

entitle (to), *autorizar, dar derecho*

entrance, *entrada*

entrance fee, *cuota de entrada, derecho de admisión*

escalator, *escalera mecánica*

establish (to), *establecer*

established, *establecido*

estate car (GB), *camioneta*

even the score (to), *empatar*

event, *acontecimiento*

eventually, *finalmente, tarde o temprano*

evidence, *evidencia, prueba*

evildoer, *maleante, malhechor*

excess baggage, *exceso de equipaje*

exhausted (to be), *estar agotado, estar exhausto*

exhausting, *agotador*

expect (to), *esperar* (tener esperanza)

experience (to), *experimentar*

expiration date, *fecha de vencimiento*

expressway, *autopista*

extend (to), *extender, prolongar*

extension, 1) *extensión*, 2) *extensión telefónica*

extensive, *amplio, extenso*

extra, *adicional*

extra charge, *cargo adicional*

fabric, *tela*

fabricate (to), *fabricar*

facilities, *instalaciones*

faint (to), *desmayarse*

fair, *feria*

fairyland, *reino de las hadas*

faith, *fe*

fall, 1) *otoño* (EU), 2) *caída*

fancy, 1) *de fantasía*, 2) *elegante, de lujo*

fancy model, *modelo de lujo*

fare, 1) *tarifa* (de un transporte), 2) (fam.) *pasajeros de un taxi*

farewell, *despedida, adiós*

farther out, *más lejos*

fat, 1) *grasa*, 2) *gordo/a*

faucet (EU), *canilla, grifo, llave*

feature, 1) *rasgo*, 2) *película principal*

feature (to), *incluir, ofrecer*

fed up (to be), *estar harto*

Federal law, *ley federal*

fee, *cuota, honorarios, tarifa*

feed (to), *alimentar*

feel like (to), *tener ganas de*

feel rested (to), *sentirse descansado*

feel run down (to), *sentirse agotado*

fellow (fam.), *tipo*

ferris wheel, *rueda de la fortuna*

field, *campo, terreno*

field a player (to) (sport), *meter a un jugador a un partido* (deportes)

fielder, *jardinero* (en béisbol)

fight (to), *pelear*

figure, 1) *figura, silueta*, 2) *cifra, número*

fill in/out an income tax return (to), *llenar una declaración de impuestos*

fill in for (to), *cubrir* (a alguien), *sustituir*

fill out (to), *llenar* (un formulario)

fill up (to), *llenar*

filling, 1) *relleno*, 2) *amalgama, empaste* (dental)

filling station (EU), *estación de servicio, gasolinera*

film (GB), *película*

film library, *filmoteca*

fin, *aleta*

finance, *finanzas*

find out (to), *averiguar*

fine, *multa*

fine (to), *multar*

fingerprint file, *archivo de huellas digitales*

finish line, *línea de llegada, meta*

finished (to have) (GB), *haber terminado*

fire (to), *despedir* (a alguien de un empleo)

fire hydrant, *boca de incendio, hidrante*

fireworks, *fuegos artificiales, juegos pirotécnicos*

first floor, *primer piso* (GB), *planta baja* (EU)

first run, *estreno*

first-rate, *de primera clase*

fish (singular colectivo), *pez, peces*

fishing rod, *caña de pescar*

fishing tackle, *equipo de pesca*

fit (to), *quedar bien* (una talla)

fitting-room, *probador*

five-seater, *automóvil para cinco personas*

fix (to), *reparar*

fix a drink (to), *preparar una bebida*

fix up (to) (EU), *acomodar, arreglar, ordenar*

flag a taxi (to), *parar un taxi*

flapjack, *panqueque*

flash (to), *brillar, encenderse un momento*

flashy, *llamativo*

flat (GB), *apartamento, departamento*

flat (EU), *goma pinchada, llanta pinchada, neumático pinchado*

flat rate, *tarifa establecida*

flee (to), *huir*

flexible, *flexible*

flextime, *horarios flexibles*

flight, *vuelo*

flood(ing), *inundación*

flour, *harina*

flu, *gripe*

fly-over (GB), *paso elevado*

fogged up, *empañado*

folding chair, *silla plegable*

folks (fam.), 1) *gente*, 2) *familia, padres, parientes*

food poisoning, *intoxicación por alimentos*

footwear, *calzado*

forbid (to), *prohibir*

forecast (to), *pronosticar*

foreman, *encargado* (de una obra o un equipo de trabajadores)

forest fire, *incendio forestal*

forgery, *falsificación*

formally, *formalmente, oficialmente*

forward (sports), *delantero* (deportes)

forward (to), *enviar, remitir* (una carta)

forwarding station, *estación de partida*

found (to), *fundar*

free allowance, *límite gratuito*

free kick (sports), *tiro libre* (deportes)

free of charge label, *etiqueta gratuita*

freedom, *libertad*

freeway, *autopista libre, gratuita*
freeze frame, *imagen fija*
freight-train, *tren de carga*
french-fries, *papas fritas*
french toast, *torrejas*
fridge, *refrigerador, heladera*
fried eggs, *huevos fritos, huevos estrellados*
front seat, *asiento delantero*
fuel, *combustible*
fulfilment, *cumplimiento, realización*
full board, *pensión completa* (habitación y alimentos)
full collision insurance, *seguro a todo riesgo, seguro por pérdida total*
full-size, *de tamaño natural*
full-time, *de tiempo completo*
fun, *diversión*
furnish (to), *amueblar*
furniture, *mobiliario, muebles*
fuzzy, *borroso*
gamble (to), *apostar en juegos de azar*
gambling resort, *ciudad o conjunto de casinos*
game, 1) *juego*, 2) (fam.) *animoso, dispuesto*, 3) *caza (presas)*
gang, *banda, grupo, pandilla*
gangway (GB), *corredor, pasillo*
garb, *traje típico, uniforme*
garbage, *basura*
garbage chute, *conducto para arrojar basura*
garbage disposal unit, *basurero*
gargle (to), *hacer gárgaras*
garlic, *ajo*
gas, *gasolina, nafta*
gate, 1) *puerta de un patio*, 2) *sala* (de abordar)
gathering, *reunión*
gaudy, *llamativo, colorido*
gear lever (GB), *palanca de cambios*
gear shift (EU), *palanca de cambios*
General Delivery, *lista de correos*
general practitioner, *médico general*
gents (the), *baño de hombres*

get a point (to), *tener razón*
get along well with (to), *llevarse bien con*
get going (to), *ponerse en camino*
get into town (to), *entrar a la ciudad*
get off (to), *bajarse* (de un transporte)
get something wrong (to), *equivocarse, entender mal*
get stuck (to), *quedar atrapado*
gift-wrap (to), *envolver para regalo*
gilt, *brillo, oropel*
give a lift (to), *dar viaje solicitado a dedo*
give way (to) (GB), *ceder el paso*
glove compartment, *guantera*
glue (to), *pegar* (con goma)
go places (to), *visitar lugares, hacer recorridos turísticos*
go sky-high (to), *aumentar mucho, estar por los cielos*
go through (to), *lograr algo, pasar a través, tener éxito*
go to a lot of trouble (to), *molestarse* (en hacer algo), *esforzarse*
go wrong (to), *equivocarse, ir por mal camino*
good time (to have a), *divertirse, pasar un buen rato*
good-looking, *bien parecido/a, guapo/a*
goods, *mercancía*
gorgeous, *hermoso, magnífico*
grab (to), *agarrar, arrebatar*
grade, *inclinación, pendiente*
grade crossing (EU), *paso a nivel*
graduate (to), *graduarse, titularse*
grant, *concesión*
grapes, *uvas*
grateful, *agradecido/a*
gravy, *salsa cremosa*
great!, *¡maravilloso!, ¡perfecto!*
grocery store, *almacén, tienda*
ground beef, *carne picada*
ground-floor (GB), *planta baja*
grounds, *espacios, terrenos* (para cierto uso)

grove, *arboleda, huerto*

grow up (to), *crecer, criarse*

guess (to), 1) *adivinar*, 2) (EU) *creer, pensar, suponer*

guest, *huésped, invitado*

gums, *encías*

gun down (to), *matar a tiros*

gutter, *alcantarilla, coladera*

hack (fam.), *taxista*

hacker, *pirata informático*

hail a cab (to), *parar un taxi*

hailstorm, *granizada, tormenta de granizo*

half (sports), *medio tiempo* (deportes)

half fare, *medio precio*

hamburger, *hamburguesa*

handle (to), 1) *manipular*, 2) *ofrecer, prestar* (un servicio), 3) *ocuparse de, solucionar* (un problema)

handy, *cómodo, práctico*

hang up (to), *colgar* (el teléfono)

hang on!, *¡no cuelgue!*

harsh, *crudo, inclemente, severo* (clima)

harvest, *cosecha*

hash brown, *papas ralladas y fritas*

hassle, 1) *disputa*, 2) *agitación, confusión*, 3) *dificultad, problema*

hatchet, *hacha pequeña* (arma)

Haunted House, *casa embrujada*

have a day off (to), *tener un día libre*

have a good time (to), *divertirse, pasar un buen rato*

have a point (to), *tener razón*

have a sore throat (to), *tener la garganta irritada*

have second thoughts (to), *dudar, reconsiderar*

hay-fever, *fiebre del heno*

haystack, *pajar*

hazardous, *peligroso*

hazy, *brumoso, con neblina*

head cold, *resfrío, resfriado*

head for (to), *dirigirse hacia, ir a*

headache, *dolor de cabeza*

header (sports), *cabezazo* (deportes)

headlights, *faros delanteros*

headphones, *audífonos*

headrest, *orejera, reposacabezas*

heads or tails, *cara o cruz*

health insurance, *seguro médico*

heart, *corazón*

heart attack, *ataque al corazón*

heat (to), *calentar*

heating, *calefacción*

heaven, *cielo, paraíso*

heavy, *pesado*

heel, *talón*

hell, *infierno*

helmet, *casco*

help out (to), *ayudar*

helpful, *amable, servicial*

hi-test, *de alto octanaje* (índice de octano)

hi-fi set, *equipo de sonido de alta fidelidad*

highjack (to), *secuestrar un avión*

highjacker, *pirata del aire, secuestrador de aviones*

highjacking, *secuestro de aviones*

highway (EU), *autopista con peaje*

hike (to), *hacer excursiones a pie*

hint, *consejo, pista, sugerencia*

hit, *éxito*

hit (to), *golpear*

hit and run driver, *conductor que provoca un accidente y huye*

hitch-hiking, *hecho de hacer autoestop, pedir aventón*

hitch-hiker, *autoestopista, persona que pide aventón, que viaja a dedo*

hitch-hike (to), *hacer autoestop, pedir aventón, viajar a dedo*

hog, *cerdo, puerco*

hold the line (to), *no colgar*

hold back (to), *retener*

hold on!, *¡no cuelgue!*

holder, *titular de una tarjeta de crédito*

home terminal, *computadora personal, terminal doméstica*

honey, 1) *miel,* 2) *cariño, querida/o*

honk (to), *tocar la bocina, el claxon*

honor (to), *honrar*

hood, 1) *capucha,* 2) (EU) *capota, cubierta* (del motor de un auto)

hook, *anzuelo*

hop on (to) (fam.), *abordar, subirse a un transporte*

horse(back) riding, *equitación*

horseradish, *rábano blanco*

host(ess), *jefe(a) de meseros*

hot roll, *panecillo caliente*

hot-dog, *pancho, perro caliente*

house (to), *albergar, alojar, ser sede de*

house call, *consulta a domicilio*

household, *familia, hogar*

housewares, *artículos para el hogar*

housing, *vivienda*

humming noise, *zumbido*

hunting, 1) *cacería, caza,* 2) (GB) *montería*

hurricane, *huracán*

hurt (to), *doler*

ignition, *encendido*

ignition key, *llave de encendido*

ill, *enfermo*

illness, *enfermedad*

impressive, *impresionante*

inanimate, *inanimado*

indict (to), *acusar*

indoor pool, *pileta cubierta, piscina techada*

inexpensive, *barato, económico*

information, *información*

information desk (EU), *centro, oficina de información*

injection, *inyección*

injure (to), *herir*

injury, *herida*

inn, *albergue, posada*

inquire (to), *averiguar, pedir informes, preguntar*

inquiries (GB), *módulo de información*

installation fee, *cuota de instalación*

instant coffee, *café soluble, instantáneo*

instruction booklet, *instructivo*

instructions, *manual de instrucciones*

insure (to), *asegurar*

intend (to), *tener la intención de*

intermingle (to), *mezclarse*

intersection (EU), *entronque, intersección*

interstate, *autopista interestatal*

invaders, *invasores*

invalidate (to), *invalidar*

investigate (to), *investigar*

iron (to), *planchar*

issue, 1) *número* (de una publicación periódica), 2) *cuestión, problema*

issue (to), *emitir*

itemized bill, *cuenta desglosada, cuenta detallada*

itinerary, *itinerario, plan de un recorrido*

jacket, *chaqueta, saco*

jail, *cárcel*

jalopy (fam.), *automóvil viejo y destartalado, cacharro*

janitor (EU), *conserje, portero*

jelly, *jalea*

jerk (to), *dar un tirón, sacudir*

jet lag, *descompensación por el cambio de horario*

jog (to), *correr, trotar*

jolly, 1) *alegre,* 2) *buen, muy* (antes de un adjetivo)

jot down (to), *anotar*

jump on the bandwagon (to), *adherirse al partido o grupo triunfante*

junction (GB), *entronque, intersección*

junk, *basura, desperdicio*

jurisdiction, *jurisdicción*

keep up (to), *continuar, persistir, tener el mismo nivel que...*

key, 1) *llave,* 2) *tono*

keyboard, *teclado*

kid (to), *bromear*

kidding (to be), *bromear, estar bromeando*

kidney, *riñón*

king, *rey*

knee, *rodilla*

knock someone out (to), *dejar inconsciente a alguien*

knot, *nudo*

labor, *trabajo, mano de obra*

lace (to), *atar los cordones*

ladies' (the), *baño de mujeres*

laid up (to be), *estar en cama, guardar reposo*

land (to), *aterrizar, tocar tierra*

land-cost, *precio de la propiedad*

lap, *vuelta* (en una pista o circuito)

last name (EU), *apellido*

late show, *función de medianoche* (en la televisión)

laundry, *lavandería*

lavatory, *baño, retrete*

lavish, *abundante, suntuoso*

law enforcement, *aplicación de la ley*

lawn-mower, *podadora de césped*

lawyer, *abogado*

lay-by (GB), *bahía de emergencia* (en una autopista)

lead-free, *libre de plomo*

leading part, *papel principal*

leatherette, *piel sintética*

leave (to be on), *estar de permiso* (en el trabajo)

leave out (to), *olvidar*

leek, *poro, puerro*

left luggage office, *consigna de equipaje*

leftovers, *restos, sobras*

legal action, *juicio legal*

leisure, *diversión, tiempo libre*

lens, *lente*

let (to), *alquilar, dar en alquiler*

let down (to), *decepcionar, defraudar*

let off (to), *dejar ir*

level crossing (GB), *paso a nivel*

liability, *responsabilidad*

liable, 1) *responsable*, 2) *probable*

license plate (EU), *chapa, matrícula, patente, placa*

license plate number, *número de chapa, matrícula, patente, placa*

life vest, *chaleco salvavidas*

life-jacket, *chaleco salvavidas*

lift (GB), *ascensor, elevador*

limb, *miembro, extremidad*

limp (to), *cojear, renguear*

line, *cola, fila*

line (to be on the), *estar en la línea*

linen, *ropa blanca, ropa de cama*

link (to), *unir, vincular*

liquor, *licor, bebida alcohólica*

live, 1) *en vivo, en carne y hueso*, 2) *en directo, en transmisión directa*

livestock, *ganado*

loan, *préstamo*

loan (to), *prestar*

lobby, *vestíbulo de un hotel*

lobster, *langosta*

local code, *código de ciudad, identificador de región*

location, *ubicación*

location (on), *en exteriores* (filmar)

locker room, *vestidores*

long distance call, *llamada de larga distancia*

look forward to (to), *esperar algo ansiosamente*

look good (to), *parecer sabroso o rico algo*

look for (to), *buscar*

look up a number (to), *buscar un número telefónico en el directorio*

loosen (to), *aflojar, soltar*

lorry (GB), *camión*

lose one's temper (to), *enojarse, perder la paciencia*

losing streak, *racha de derrotas*

lost and found (office), *depósito de objetos perdidos*

lounge (to), *descansar cómodamente*

low (a), *descenso, medida baja* (temperatura, índices, etc.)

low (to shift into), *meter primera* (velocidad)

low(er) gear, *primera* (velocidad)

low-priced, *barato, económico*

low-season, *temporada baja*

lozenge, *pastilla*

luggage, *equipaje*

mail (to), *enviar por correo*

mail order, *compras por correo*

mail train, *tren postal*

mailbag, *bolsa del correo*

mailman, *cartero*

main branch, *casa matriz, sucursal principal*

main entrance, *entrada principal*

main office, *oficina central*

maintain (to), *mantener*

maintenance, *mantenimiento*

make (to), *hacer*

make a collect call (to) (EU), *hacer una llamada a cobro revertido, por cobrar*

make a decision (to), *decidir, tomar una decisión*

make a toast (to), *brindar, hacer un brindis*

make fun of (to), *burlarse de*

make it (to), *lograr algo, llegar a una meta*

make reservations (to), *hacer reservas o reservaciones*

make up for (to), *compensar*

malpractice suit, *juicio por mala práctica*

manager, *gerente*

map, *mapa*

maple syrup, *miel de maple*

marksman, *buen tirador*

marshmallow, *malvavisco*

match (to), *combinar, hacer juego*

mature, *maduro/a*

maverick, 1) *ganado sin marca de propietario*, 2) *persona poco ortodoxa*

maze, *laberinto*

means (by all), 1) *por supuesto*, 2) *por todos los medios*

means of payment, *forma de pago*

measles, *sarampión*

meat, *carne*

meat cut, *corte* (de carne)

mechanic, *mecánico*

medicine, *medicamento, medicina*

medium-rare, *término medio* (la carne)

medley, *popurrí*

meeting place, *lugar de encuentro, punto de reunión*

merge, *incorporación* (a autopista)

merry-go-round, *calesita, carrusel*

mess, *desorden*

meter, 1) *taxímetro*, 2) *contador*

metered, *medido* (con el taxímetro)

micro-wave oven, *microondas*

migrate (to), *desplazarse, migrar*

mike, *micrófono*

mild, *benigno* (clima)

mileage, *kilometraje*

minimum stay, *duración mínima de una estadía*

mint, *menta*

missing, *desaparecido, faltante*

mistake, *error*

mob scene, *gentío, tumulto*

mobbed up (to be), *estar abarrotado, estar atestado de gente*

mold (GB: **mould**), *molde*

money order, *giro bancario, giro postal*

moneywise, *económicamente, en cuanto al dinero*

monthly installment, *mensualidad*

moor (to), *amarrar, anclar*

moped (**mo**tor + **ped**al), *motocicleta pequeña*

mosquito repellent, *repelente de mosquitos*

mosquito(es), *mosquito(s)*

mound, *montículo*

mountain-climbing, *alpinismo*

move (to be on the), *desplazarse*

move in (to), *mudarse a un lugar*

movie, *película*

movie camera, *cámara de cine*

mud, *lodo*

muffin, *panecillo*

muffler (EU), *silenciador del escape*

mugged (to be), *ser asaltado*

mumps, *paperas*

music box, *cajita de música*

mussels, *mejillones*

N/C = no charge, *gratuito, sin cargo adicional*

name, *nombre*

narrow, *estrecho, angosto*

narrow (to), *estrecharse*

nationwide, *a escala nacional*

nausea, *náuseas*

neighborhood (EU), *barrio, vecindario*

neon sign, *anuncio de neón, cartel luminoso*

nervous, *nervioso/a*

network, *red*

network listings, *programación (de una red de televisión)*

news, *noticias*

newscaster, *presentador de un noticiario*

newsstand, *puesto de periódicos/diarios*

night fare, *tarifa nocturna*

nil (sports), *cero (en el marcador de un partido)*

no through way, no thru way, *calle cerrada, calle sin salida, no hay paso*

noodles, *fideos*

northbound, *con dirección hacia el norte*

notice (without), *sin previo aviso*

notify (to), *avisar, notificar*

novel, *novela*

number, *pieza* (musical)

number plate (GB), *chapa, matrícula, patente, placa*

numbered, *numerado/a*

oatmeal, *copos, hojuelas de avena*

off-peak, *fuera de temporada*

off-side (sports), *fuera de juego, posición adelantada* (dep.)

offender, *agresor, delincuente*

offhand, *de improviso*

offset (to), *compensar*

ointment, *pomada, ungüento*

one-way street, *calle de un solo sentido*

one-way ticket, *billete sencillo, billete de ida*

open an account (to), *abrir una cuenta*

open fire, *fuego directo*

operate (to), *manejar, operar*

operation, *operación*

operator, *operadora*

order, *orden*

order (to), *mandar, ordenar, pedir*

organ, *órgano*

originate (to), *originarse*

out of this world, *extraordinario, increíble*

outdated, *anticuado, sin vigencia*

outdoors, *afuera, al aire libre*

outfit, 1) *equipo* (para cierta actividad), 2) *traje, conjunto*

outfit (to), *equipar*

outgoing call, *llamada hacia el exterior*

outgoing mail, *correo para despachar*

outlet, 1) *salida*, 2) (EU) *enchufe, tomacorriente*

outlying, *alejado*

outskirts, *afueras, alrededores*

outstanding, *asombroso*

outweigh (to), *pesar más que, ser mayor que*

over (to be), *acabarse*

overdo (to), *exagerar*

overdue, *vencido* (un plazo)

overhead, *gastos generales*

overhead rack, *portaequipajes elevado*

overnight (to), *pasar la noche*

overpass (EU), *paso elevado* (de una autopista sobre otra)

owe (to), *deber*

owner-occupied flat (GB), *condominio*

pacemaker, *marcapasos*

package, *paquete*

package deal, *oferta, paquete de promoción*

packed, *abarrotado, atestado*

packed (to be), *estar abarrotado, estar atestado*

pad (to), *acolchar*

paddle-wheel (boat), *bote de pedales*

page somebody (to), *mandar llamar a alguien* (en un hotel)

pain, *dolor*

paint, *pintura*

paneling, *revestimiento*

pang, *remordimiento de conciencia*

pants, *pantalón*

paper plate, *plato de papel*

paperback, *libro de bolsillo, libro de tapas blandas*

parking lot (EU), *estacionamiento*

parking ticket, *multa por estacionarse mal*

parkway, *autopista panorámica*

parlor (EU), *recibidor, sala de estar*

parlor car (EU), *coche salón*

parsley, *perejil*

part, *papel* (en una obra o película)

party, 1) *fiesta, reunión*, 2) *persona a la que se llama*

pass, 1) *cañón, desfiladero*, 2) *abono de transporte*

pass (to), *pasar, rebasar* (un automóvil a otro)

pass out (to), *desmayarse, desvanecerse*

pass up (to), *dejar pasar una falta*

passenger, *pasajero*

passenger coach, *vagón de pasajeros*

path, *ruta, sendero*

patrol, *ronda de vigilancia*

patrolman, *policía, patrullero*

patronize (to), *ser cliente regular*

pay by installments (to) (GB), *pagar a plazos*

pay by the month (to), *pagar en mensualidades*

pay duty on (to), *pagar derechos de aduana*

pay on the installment plan (to) (EU), *pagar a plazos*

pay per view TV, *pago por evento* (televisión)

pay phone (EU), **public telephone** (GB), *teléfono público*

pay-cable TV, *televisión por cable*

pea, *arveja, chícharo*

peach, *durazno, melocotón*

peanut, *cacahuate, maní*

peanut butter, *crema de cacahuate, mantequilla de maní*

pear, *pera*

pedestrian, *peatón*

pedestrian crossing, *cruce peatonal*

peg, *estaca*

penalty, *pena, sanción*

Pentecost (EU), *Pentecostés*

pepper, *pimienta*

performance, 1) *desempeño, rendimiento*, 2) *ejecución, presentación*

perjury, *perjurio, falso testimonio*

person to person call, *llamada directa, llamada de persona a persona*

personal accident insurance, *seguro individual contra accidentes*

personal belongings, *efectos personales*

personal coverage, *seguro individual*

pet, *mascota*

petrol station (GB), *estación de servicio, gasolinera*

pharmacist, *empleado de la farmacia, farmacéutico*

phase out (to), *desvanecerse*

phone booth, *caseta o cabina telefónica*

physician, *médico cirujano*

pick someone up (to), *recoger a alguien*

pick up (to), 1) *recoger*, 2) *captar* (una señal), 3) *comprar*

pick-up, 1) *recolección del correo*, 2) *lector* (en equipo de sonido)

pick-up (van), *camioneta* (con la parte de atrás descubierta)

pickle, *pepinillo en salmuera*

pidgin, *pidgin* (nueva lengua, muy simplificada, que se forma a partir de dos o más, generalmente para comerciar)

pier, *muelle*

pill, *píldora*

pineapple, *ananá, piña*

pioneer, *pionero*

pit, *fosa, zanja*

pit (to), *enfrentar*

pitcher, *lanzador* (en béisbol)

place (to), 1) *colocar*, 2) *llegar en uno de los primeros lugares* (en una carrera)

plastic knife, *cuchillo de plástico*

plastic surgery, *cirugía plástica*

play, *obra de teatro*

play (to), *tocar* (un instrumento)

play a record (to), *tocar un disco*

play it by ear (to), *tocar de oído*

please forward, *por favor remita al destinatario*

plentiful, *abundante*

plot, *guión, trama*

plug in (to), *enchufar*

plum, *ciruela*

plumber, *fontanero, plomero*

plumbing, *fontanería, plomería*

plush, *de lujo*

ply (to), *hacer servicio regular entre dos puntos* (un transporte)

pocket calculator, *calculadora de bolsillo*

poke around (to), *curiosear*

pole, *palo*

poll, *encuesta, sondeo*

pool, 1) *alberca, pileta, piscina*, 2) *charco*

popcorn, *palomitas de maíz, pop, rosetas de maíz*

porridge, *avena preparada con leche*

port, 1) *puerto*, 2) *babor*

porter (GB), *conserje, portero, vigilante*

porterhouse steak, *bistec*

posh, *de lujo, elegante*

post free (GB), *porte pagado*

post office box, *apartado postal*

post paid (EU), *porte pagado*

postpone (to), *posponer*

pot holes, *baches*

pots and pans, *batería de cocina, cacerolas*

poultry, *aves de corral*

pound (to), *golpear repetidamente, martillar*

power steering, *dirección hidráulica*

precinct, *comisaría*

premises, *establecimiento, instalaciones*

prescription, *receta médica, prescripción*

preview, *cortos, avance* (de una película)

preview trailer, *avance publicitario, sinopsis* (de una película)

price range, *rango de precios*

price-tag, *etiqueta de precio*

pride (to), *enorgullecerse*

prime rib, *costilla de res*

print firmly (to), *escribir con letra de imprenta*

printed matter, *material impreso*

privacy, *intimidad, vida privada*

private eye, *detective privado*

prize (to), *apreciar*

proceed to gate... (to), *ir hacia la sala...*

process (to), *elaborar, procesar*
program (to), *programar*
proper, *conveniente*
properly, *adecuadamente*
props, *utilería*
provide (to), *proveer*
public conveniences, *retrete, sanitario*
public phone box, *teléfono público*
pull a tooth (to), *extraer una muela*
pull over (to), **pull up (to)**, *detenerse un automóvil junto a un camino*
pulley, *polea*
pumpernickel, *pan integral de centeno*
pumpkin, *calabaza, zapallo*
puncture (GB), *pinchazo* (de un neumático/una llanta), *llanta pinchada, neumático pinchado*
purchase, *compra*
purse (EU), *bolso de mano*
pursue (to), *perseguir*
put a call through (to), *hacer una llamada*
put up (to), *hospedar, alojar*
qualify (to) (for), *cumplir con los requisitos, ser apto*
quarter, 1) *cuarta parte, cuarto*, 2) *moneda de 25 centavos*
Queen, *reina*
queen-size bed, *cama para dos personas, más ancha que la matrimonial*
quick-motion, *cámara rápida*
quiz show, *programa de preguntas*
race-walking, *caminata* (deportes)
racing car, *automóvil de carreras*
rack, 1) *reja, rejilla*, 2) *portaequipajes*
racket, *escándalo*
ragged, 1) *deshilachado*, 2) *irregular*
railroad buffs, *fanáticos de los trenes*
railroads, *ferrocarriles, vías de ferrocarril*
rainbow, *arco iris*
raise, *aumento de sueldo*

range, 1) *gama, rango*, 2) *extensión*, 3) *cadena montañosa*
range (to), *extenderse*
ranger, *guardabosques*
ranking (sports), *clasificación, valoración* (de los jugadores)
rare, *casi crudo, jugoso, poco asado*
rate, 1) *precio, tarifa*, 2) *tasa*
rate (to), *cotizar, evaluar*
rate of exchange, *tasa de cambio, tipo de cambio*
rating, *nivel de audiencia* (de un programa)
rating system, *sistema de sondeo*
rave over (to), *entusiasmarse con algo*
read a meter (to), *leer un taxímetro*
realize (to), *darse cuenta*
rear-view mirror, *espejo retrovisor*
rec-room, *cuarto de juegos*
receive (to), *recibir*
reception, *recepción*
recipe, *receta*
recline (to), *reclinar*
reconfirm (to), *reconfirmar*
record, *disco*
record (to), *grabar*
record of charges, *registro de gastos*
recordable CD, *disco compacto para grabar*
recordable CD drive, *aparato para grabar discos compactos*
recovery, *recuperación*
recruited, *reclutado/a*
red-currant jelly, *jalea de grosella*
redemption or refund, *reembolso*
redesign (to), *rediseñar*
redirect (to), *reexpedir, remitir*
reeds, *alientos*
reel, *bobina, carrete*
referee (sports), *árbitro, réferi* (deportes)
refreshing, *refrescante*
refund, *reembolso*
refund (to), *reembolsar*
regards, *saludos*

register, *libro de cuentas, registro*

register (to), *inscribir(se), registrar*

registered letter, *carta certificada*

registration papers, *documentos de un automóvil*

registration plate, *chapa, matrícula, patente, placa*

regular, 1) *gasolina o nafta regular,* 2) *común, normal, ordinario*

regulations, *reglamento, reglas*

rehearsal, *ensayo (música, teatro)*

rehearse (to), *ensayar*

reign, *reino*

relief, *alivio*

relieve (to), *aliviar*

relish, *salsa condimentada*

remote control, *control remoto*

rent (to), *alquilar*

repair shop, *taller mecánico*

repellent, *repelente*

replace (to), *reponer*

report (to), *informar, notificar*

requirement, *requisito, condición*

reroute (to), *cambiar de itinerario*

reservation, *reserva*

respond (to), *responder*

rest area (EU), *zona de descanso*

restroom, *aseos, sanitario*

retake, *repetición de una toma (cinematografía)*

retirement payment, *pensión por jubilación*

retrieve one's bags (to), *recoger el equipaje*

return flight, *vuelo de regreso*

reverse the charges (to), **make a reverse charge call (to)** (GB), *llamar a cobro revertido, por cobrar*

reverse charge call (GB), *llamada a cobro revertido, por cobrar*

reversing lights (GB), *luces de retroceder, de reversa*

reward, *recompensa*

rewritable CD, *disco compacto que puede volverse a grabar*

rhythm section, *sección rítmica (música)*

rib, *costilla*

rib roast, *costilla de res*

rib steak, *entrecot, costilla con una parte de bistec*

rice, *arroz*

ride, 1) *paseo,* 2) *viaje (en tren, metro, autobús, taxi o automóvil)*

ride (to), *montar a caballo*

rifle, *escopeta, rifle*

rig (to), *enjarciar (un barco), poner los aparejos (a un barco)*

right of way, *prioridad de paso*

rip-off, *estafa, robo*

road out, *camino intransitable*

robbery, *robo*

rocket, *cohete, nave espacial*

roll down (to), *bajar (la ventana de un automóvil)*

rollaway bed, *cama plegable*

roller coaster, *montaña rusa*

roller-skates, *patines de ruedas*

roller-skating, *patinaje sobre ruedas*

rope (to), *lazar*

round-the-clock, *las 24 horas*

round-trip ticket, *billete de viaje redondo, de ida y vuelta*

roundabout (GB), *glorieta, rotonda*

route, *itinerario, ruta*

route (on/en), *durante el viaje*

row, *fila, hilera*

row (in a), *alineados, en fila*

row (to), *remar*

rubber, *caucho, goma, hule*

rudder, *timón*

rug, *alfombra, tapete*

rumpsteak, *cuartos traseros (de una res)*

run (to), 1) *funcionar, andar,* 2) *administrar*

run north (to), *extenderse hacia el norte*

run out of (to), *quedarse sin*

runny nose, *flujo nasal*

runway, *pista de aterrizaje*
rush hour, *hora de mucho tráfico, hora pico*
rye, *whisky estadounidense de centeno*
rye bread, *pan de centeno*
saddle, *silla de montar*
safe deposit box, *caja de seguridad*
safety instructions, safety regulations, *instrucciones de seguridad*
sail (to), *navegar*
sake of (for the), *por el amor de, por el bien de*
sale (on), *con rebaja, de oferta*
sales, *ofertas*
salespeople, *vendedores/as*
salesperson, *vendedor/a*
saleswoman, *vendedora*
salmon (colectivo singular), *salmón, salmones*
saloon car (GB), *coche bar*
sand, *arena*
Santa Claus, *Papá Noel, Santa Claus*
satellite, *satélite*
sauerkraut, *col agria*
sausage, *chorizo, salchicha*
sausage links, *ristras de chorizos*
savings, *ahorros*
savings account, *cuenta de ahorro*
scale model, *modelo a escala*
scan (to), *analizar, explorar*
scanning screen, *pantalla*
scare (to), *asustar*
scarlet fever, *escarlatina*
scary, *terrorífico, que produce miedo*
scenic, *panorámico, turístico*
schedule, *horario*
schedule (on), *a tiempo*
schedule (to), *planear, programar*
scheduled flight, *vuelo regular con horario determinado*
scheduled operations, *transacciones regulares programadas*
scholar, *estudioso, erudito*
scorcher, *día muy caluroso*
score (to), *anotar* (puntos, goles, etc.)

scrambled eggs, *huevos revueltos*
scratch, *rasguño, rayadura*
screen, *monitor, pantalla*
screenplay, *guión*
screenwriter, *guionista*
scuba (**Self Contained Underwater Breathing Apparatus**), *escafandra autónoma*
scuba-diver, *buzo*
scuba-diving, *buceo con escafandra*
seafood, *mariscos*
seal (to), *sellar*
season ticket, *abono por temporada*
seat (to), *llevar a alguien a su asiento*
seat belt, *cinturón de seguridad*
second floor, *primer piso* (EU), *segundo piso* (GB)
security deposit, *caja de seguridad*
sedan (EU), *sedán*
seeded (sports), *clasificado* (deporte)
self-addressed stamped envelope, *sobre rotulado y con timbres/estampillas*
sell on credit (to), *vender a crédito*
semi-detached house (GB), *casa dúplex*
serve (sports), *saque, servicio* (deportes)
serve (to), *servir*
services, *servicios*
set, *escenografía*
set aside (to), *reservar*
set the tone (to), *marcar la moda, marcar el tono*
set up (to), *definir, instituir, establecer*
settle (to), 1) *establecerse, instalarse*, 2) *resolver, solucionar*
shallow, *somero*
shampoo, *champú*
sharp, 1) *agudo, filoso*, 2) *sostenido* (nota musical)
sharpshooter, *muy buen tirador*
shed, *bodega, cobertizo, galpón*
shift, *cambio de posición, desplazamiento*

351

shin, *canilla, espinilla*

shiver (to), *temblar*

shoe-laces, *agujetas, cordones*

shoot (to), *disparar, tirar*

shooting, *cacería*

shop, 1) *tienda*, 2) *taller*

shopping, *de compras*

shopping district, *distrito comercial, zona comercial*

shore, *costa, ribera*

short cut, *atajo*

short film, *cortometraje*

shotgun, *escopeta*

show, 1) *función*, 2) *espectáculo*

show around (to), *acompañar en un recorrido, mostrar un lugar*

show up (to), *lograr llegar*

showdown, *ajuste de cuentas*

shower, 1) *ducha*, 2) *aguacero, lluvia*

shower (to), *ducharse*

showplace, *atractivo turístico, lugar turístico*

shrink (to), *encoger(se)*

Shrove Tuesday, *Martes de Carnaval*

shutter, 1) *persiana*, 2) *obturador* (de una cámara)

shuttle, *transporte que va y viene entre dos puntos cercanos*

shuttle bus, *autobús de servicio regular y frecuente entre dos puntos cercanos*

shuttle flight, *enlace aéreo*

shuttle service, *servicio regular y frecuente entre dos puntos cercanos*

sick, *enfermo*

sick-leave (to be on), *permiso por enfermedad*

sickness, *enfermedad*

side (on the), *acompañamiento, guarnición* (de un platillo)

side dish, *guarnición*

sidewalk, *acera, banqueta, vereda*

sight, *vista*

sightseeing, *turismo, visitas a lugares turísticos*

sign, 1) *anuncio, cartel*, 2) *indicio, señal*

sign up (to), *inscribir(se)*

signal (to), *hacer señas*

silencer (GB), *silenciador del escape*

silent movie, *película muda*

single, 1) *soltero*, 2) *apartamento para una persona*

single room, *habitación sencilla, para una persona*

sink, *fregadero*

sirloin, *lomo, solomillo*

sited, *ubicado*

skilled technician, *técnico calificado*

skin-diving, *buceo sin escafandra*

skip (to), *omitir, saltar*

slam (to), *dar un portazo, golpear*

slave, *esclavo*

sleep like a log (to), *dormir como un tronco*

sleeping bag, *bolsa de dormir, saco de dormir*

sleet, *aguanieve* (cuando cae)

slide, *diapositiva, transparencia*

slip, *formulario, papeleta*

slippery when wet, *camino resbaloso*

slope (to), *descender*

slot, *ranura*

slow-motion, *cámara lenta*

slush, *aguanieve* (en el suelo)

small talk, *conversación ligera, charla*

smell, *olor*

sneakers, *calzado deportivo, tenis, zapatillas*

snorkeling, *buceo libre*

soak (to), 1) *empapar*, 2) *remojar*

socket, 1) *receptáculo donde se colocan las bombillas o focos*, 2) (GB) *enchufe, tomacorrientes*

soft-boiled eggs, *huevos pasados por agua, huevos tibios*

soft shoulders, *laderas inestables*

soft-touch controls, *controles sensibles*

sold out, *agotado* (un producto)
sole, *suela* (de los zapatos), *planta* (de los pies)
solvency, *solvencia*
sophisticated, 1) *elegante, refinado*, 2) *complejo, elaborado*
sore throat, *garganta irritada*
sound, *sonido*
sound track, *banda sonora* (de una película)
sourdough bread, *pan de levadura*
southbound, *con dirección hacia el sur*
soybean, *semilla de soja/soya*
space shuttle, *nave espacial*
spare room, *cuarto de huéspedes*
spare time, *tiempo libre*
sparerib, *costilla de cerdo*
spark plug (EU), *bujía*
sparking plug (GB), *bujía*
speak (to), *hablar*
special delivery letter, *carta de entrega inmediata, correo expreso, urgente*
special effects, *efectos especiales*
specify (to), *especificar*
speech, 1) *habla*, 2) *discurso*
speed (to), 1) *acelerar*, 2) *exceder el límite de velocidad*
speed limit, *límite de velocidad*
speeding, *exceso de velocidad*
speedy, *rápido*
spices, *especias*
spicy, *condimentado, picante*
spill (to), *derramar*
spinach, *espinaca*
spine, *espina dorsal, columna vertebral*
spit (revolving), *asador giratorio, espetón giratorio, espiedo*
split, *fisura, rompimiento*
split (to), 1) *dividir, partir*, 2) (fam.) *irse, largarse*
split level flat, *apartamento de dos pisos*

sponsor, *patrocinador*
sponsor (to), *patrocinar*
spool, *carrete*
sportswear, *ropa deportiva*
spot (to), *detectar, ver*
spot-remover, *quitamanchas*
spouse, *cónyuge*
sprain, *esguince, torcedura*
spread (to), *extender(se)*
sprig, *ramita*
spur, *espuela*
squabble (to), *alegar, discutir*
square deal, *trato justo*
squeak, *rechinido*
squirrel, *ardilla*
staff, *personal* (empleados)
stag, *venado macho adulto*
stagger (to), *tambalearse*
staircase (GB), *escaleras*
stairway (EU), *escaleras*
stake, *envite, lo que está en juego, puesta*
stall, *puesto, quiosco*
stampede, *estampida*
stand (to), *soportar, tolerar*
stand in (sports), *reserva*, (deportes)
stand-by, *pasajero sin reserva/reservación*
standard shift, *transmisión estándar*
standards, *criterios, estándares*
stands, *gradas, tribunas*
star (to), *protagonizar*
star-gazing, *observación de estrellas*
starboard, *estribor*
state (to), *afirmar, declarar*
statement, *afirmación, declaración*
statesman, *estadista*
static, *estática, interferencia* (en radio o televisión)
station, *estación*
station wagon (EU), *camioneta*
stationery, *papel para escribir cartas*
status symbol, *símbolo de posición social*

stay (to) (at), *quedarse, pasar la noche*

stay overnight (to), *pasar la noche*

stay up (to), *quedarse despierto*

STD (Subscriber Trunk Dialling) (GB), *llamada de larga distancia*

steam engine, *locomotora de vapor*

steam-powered, *de vapor*

steel, *acero*

steep, *empinado*

steep gradient, *cuesta empinada*

steering, *dirección* (de un automóvil)

step, 1) *paso*, 2) *medida*

stick around (to) (fam.), *quedarse*

stick (to), *pegar(se)*

still (EU), 1) *foto fija*, 2) *quieto, tranquilo*, 3) *aún, todavía*

stir (to), *revolver*

Stock Market, *Bolsa de Valores*

stomachache, stomachpain, *dolor de estómago*

stool, *banquito, taburete*

stopover, *escala*

storage compartment, *espacio para almacenamiento*

storm, *tormenta*

story line, *guión*

stove, *estufa*

stow (to), *guardar*

straight ahead, *derecho* (adv.)

strain (to), *colar*

strange, *extraño* (adj.)

stranger, *extraño* (sust.)

strawberry, *fresa, frutilla*

stream, *arroyo*

stress, 1) *estrés, tensión*, 2) *énfasis*

stretch, *distancia*

stretch (to), *estirar(se), extender(se)*

stretcher, *camilla*

stretches (to do), *ejercicios de elongación, de estiramiento*

strip, *bandita, franja, tira, tirita*

struggle (to), *luchar*

stuck to (to be), *estar pegado a*

stuffy nose (to have a), *tener congestión nasal*

stuntman, *suplente de un actor* (para escenas peligrosas)

subscribe (to), *suscribirse*

subscriber, *abonado, suscriptor*

subscription, *suscripción*

subsidiary(-ies), *filial(es), sucursal(es)*

subsist (to), *subsistir*

subtitles, *subtítulos*

suburbs, *suburbios*

subway (EU), *metro(politano), subte(rráneo)*

sugar bowl (EU), *azucarero*

suit, *traje, traje sastre*

suitcase, *maleta, valija*

suite, *apartamento en un hotel*

sun-roof, *techo corredizo* (de un automóvil)

sun-tan lotion, *loción bronceadora*

sunbathe (to), *asolearse, tomar el sol*

sunny spells, *periodos de sol*

sunny-side-up eggs, *huevos estrellados, huevos fritos*

sunvisor, *parasol, visera*

supersaver, *billete muy económico, tarifa muy económica*

supplier, *proveedor*

supporting role, *papel secundario*

suppose (to), *suponer*

supposed (to be), *suponerse, supuesto*

surf, 1) *oleaje, resaca*, 2) *surf*

surface mail, *correo terrestre, por vía de superficie*

surgeon, *cirujano*

surgery, *cirujía*

surname (GB), *apellido*

survey, *estudio, encuesta*

swamp, *pantano*

sweat (to), *sudar, transpirar*

swell, *ola, oleaje*

swimming pool, *alberca, pileta, piscina*

switch on (to), *encender*

switchboard, *cuadro de conmutadores, tablero de controles*

swivel-stand, *base giratoria*

syrup, *jarabe, miel*
T-bone steak, *bistec con hueso en forma de T*
tab, *cuenta*
tablespoon, *cucharada*
tablet, *pastilla, tableta*
tag, *etiqueta*
take a short cut (to), *tomar un atajo*
take over (to), *apoderarse de, tomar el control*
take to the road (to), *salir en busca de algo, partir*
take back (to), 1) *devolver*, 2) *retractarse*
take care (to), *cuidar(se), ocuparse*
take-off, *despegue*
take off (to), *despegar*
talk (to), *hablar*
tank, *tanque*
tap (GB), *canilla, grifo, llave*
tap (to), *interceptar un teléfono*
tape, *cinta*
tape (to), *grabar*
taper off (to), *menguar*
tarragon, *estragón*
tarry (to), *tardar(se)*
tax-free, *libre de impuestos*
taxi stand, *parada de taxis*
team, *equipo*
teaspoon, *cucharadita*
teenager, *adolescente* (de 13 a 19 años)
teetotaler, *abstemio*
tell the truth (to), *decir la verdad*
teller, *cajero*
teller counter, *ventanilla de un banco*
temperature (to run a), *tener fiebre*
tennis shoes, *zapatos deportivos, zapatos tenis*
tent, *carpa, casa de campaña, tienda de campaña*
term, *cláusula, condición* (de un contrato)
terminal, *estación, terminal*
testify in court (to), *ser testigo ante un tribunal*

Thanksgiving, *Día de Acción de Gracias*
theft, *robo*
thigh, *muslo*
think over (to), *pensar con cuidado, reflexionar*
third-party insurance, *seguro por daños a terceros*
thirst, *sed*
throng, *gentío, multitud*
through (to be) (EU), *terminar*
throughfare, *vía rápida, eje vial*
throng, *multitud*
through/thru train, *tren directo*
thumb-print, *huella digital*
thunderstorm, *tormenta*
thruway, *autopista de cuota*
tick (to), *hacer tic-tac*
ticket, *boleto, billete*
tide, *marea*
tie (sports), *empate* (deportes)
tight, *ajustado, apretado*
tilt (to), *inclinar*
time change, *cambio de horario*
tiny, *diminuto*
tip, 1) (fam.) *consejo, pista, sugerencia*, 2) *propina*, 3) *punta*
tip (to), *dar propina*
tire (EU), **tyre** (GB), *llanta, neumático*
tizzy (to be in a), *estar agitado/a, estar apurado/a*
toasted roll, *panecillo tostado*
toe, *dedo del pie*
token, 1) *muestra, prueba*, 2) *billete*, 3) *ficha*
toll, *peaje*
toll-free number (EU), *número telefónico gratuito*
tool kit, *estuche de herramientas*
toothbrush, *cepillo de dientes*
toothpaste, *dentífrico, pasta de dientes*
top (EU), 1) *parte alta, cima*, 2) *capota, cubierta*

355

top quality, *de primera calidad*
tornado, *tornado*
tot, *niño pequeño*
tough course, *carrera difícil, recorrido difícil*
tour, *recorrido turístico*
tour (to), *recorrer lugares turísticos*
tour operator, *organizador de recorridos turísticos*
tournament, *torneo*
tow (to), *remolcar*
tow away (to), *llevarse (una grúa) un automóvil al depósito, remolcar*
tow truck, *grúa*
towel, *toalla*
toy, *juguete*
track, *camino, huellas, pista, rastro*
traffic, *circulación de automóviles, tránsito*
traffic circle (EU), *glorieta, rotonda*
traffic jam, *embotellamiento de tráfico*
traffic lights, *semáforo*
trail, *sendero*
trailer (EU), *casa rodante*
trailing (to be) (sports), *ir perdiendo (dep.)*
train (to), *entrenar*
training, *1) formación, preparación, 2) entrenamiento*
transmit (to), *transmitir*
transportation, *transporte*
trash, *basura*
travel agent, *agente de viajes*
traveler's check, *cheque de viajero*
treble, *(tonos) agudos*
trekking, *caminata difícil, fatigosa*
trend, *tendencia*
trial, *juicio*
tricky, *delicado, difícil (un asunto)*
trip, *viaje*
trombone, *trombón*
trouble, *dificultad, problema*
troublesome *difícil, problemático*
trout (singular colectivo), *trucha(s)*
truck (EU), *camión*

truckstop, *restaurante junto a una autopista, instalaciones sanitarias junto a una autopista*
trunk (EU), *baúl, cajuela, maletero, portaequipajes*
trunk call (GB), *llamada de larga distancia*
trust (to), *confiar*
trustworthy, *digno/a de confianza, confiable*
try on (to), *probarse*
tuba, *tuba*
tube (fam.), *televisor*
tune, *melodía*
tune (in), *afinado*
tune in (to), *encender, sintonizar (radio o televisor)*
turkey, *pavo*
turn on the radio (to), *encender el radio*
turn in (to), *entregar*
turn off (to), *apagar*
turn on (to), *encender*
turnpike, *autopista con peaje*
turnstile, *molinete, torniquete*
turntable, *tocadiscos, tornamesa*
TV set, *televisor*
TV signal, *señal de televisión*
twenty-four-hour news, *noticiario de 24 horas*
two-way television, *televisión interactiva*
U-turn, *vuelta en U*
umpire, *árbitro*
undercarriage, *tren de aterrizaje*
undergo (to), *experimentar, pasar por, ser sometido a*
undergo an operation (to), *ser sometido a una operación*
underground (GB), *metro(politano), subte(rráneo)*
underpass, *paso a desnivel*
understudy, *actor suplente*
undertow, *corriente de fondo*
underwater, *bajo el agua, submarino*

unlimited mileage, *kilometraje ilimitado*

untamed, *indomado*

unwanted, *indeseado*

up (to be) (sports), *tocarle a alguien batear* (deportes)

upholstery, *tapicería*

uproot (to), *arrancar de raíz*

upset, *molesto, irritado*

upset (to), 1) *volcar*, 2) *irritar, molestar*

upset victory (sports), *victoria inesperada* (deportes)

upstairs (the), *piso de arriba*

usher(ette), *acomodador/a*

vacancy, *habitaciones disponibles*

vacancy (no), *no hay habitaciones disponibles, no hay vacantes*

vacant (GB), *desocupado, libre*

vacation, *vacaciones*

vacation holiday (to be on), *estar de vacaciones*

vacation package, *oferta vacacional, paquete vacacional*

vacuum-cleaner, *aspiradora*

valid, *válido, vigente*

valuables, *objetos de valor*

variety show, *programa de variedades*

VCR (Video Cassette Recorder), *videocasetera*

verse, *verso*

vest, *chaleco*

VHS (Video Home System), *videocasetera de sistema VHS*

video-cassette, *videocasete*

video-tape (to), *grabar en video*

videodisc, *disco de video, videodisco*

viewer, *espectador, telespectador, televidente*

vinegar, *vinagre*

violation, *infracción, violación*

VIP (Very Important Person), *persona muy importante*

virus, *virus*

Visitor Center, *Centro de Visitas*

vitamin, *vitamina*

vote (to), *votar*

waffle, *wafle*

wait on/in line (to), *hacer cola, hacer fila*

waiter, waitress, *mesero/a*

walk downwards/downhill (to), *descender a pie*

walk-on, *papel menor* (teatro o cine)

wall-to-wall carpeting, *alfombrado de pared a pared, totalmente alfombrado*

wallet, *billetera*

wallpaper, *papel tapiz*

walnut, *nogal, nuez de castilla*

warden, *guardia, vigilante*

wares, *artículos, mercancías*

warily, *cautelosamente*

warm-up exercises, *ejercicios de calentamiento, de precalentamiento*

warrant, *orden de aprehensión*

wash'n'wear fabric/clothes, *tela o ropa que no se tiene que planchar*

washing machine, *lavadora de ropa*

waste (to), *desperdiciar*

watch, *reloj de pulsera*

watch (to), *mirar, ver*

water (to), *regar*

waterfall, *cascada*

watermelon, *sandía*

waterskiing, *esquí acuático*

watertight, *a prueba de agua, hermético*

wave (to), *hacer señas con las manos, saludar con la mano*

way, *manera, medio*

weapon, *arma*

wear (to), 1) *ponerse, usar* (una prenda), 2) *desgastarse*

wear off (to), *pasar* (un efecto)

weather forecast, *pronóstico del clima*

week (per), *a la semana, por semana*

weekend (to have a long weekend), *hacer fin de semana largo*

weekly pass, *abono semanal*
weigh (to), *pesar*
weight, *peso*
well-known, *conocido, de renombre*
westbound, *con dirección al oeste*
wet suit, *traje de buzo, traje de neopreno*
white coffee, *café cortado, café con leche*
Whitsun, Whitsunday, Whitsuntide (GB), *Pentecostés*
whole, *entero*
whole or split, *entero o en piezas*
wild, *salvaje, silvestre*
wilderness, *naturaleza, terreno silvestre*
window, 1) *ventana*, 2) *ventanilla*, 3) *aparador, vitrina*
windsurfer, *persona que practica el surf con vela*
windy, *ventoso*
wine list, *carta de vinos*
wing, *ala*
wipe (to), *limpiar, pasar un trapo*
wire, *alambre, cable eléctrico*
wise, *conocedor, prudente, sabio*
withdraw (to), *retirar*
withdrawal, *retiro*
women('s room), *baño de mujeres*

wonder, *maravilla*
wonder (to), *preguntarse*
workshop, *taller*
world-renowned, *mundialmente conocido*
worry (to), *inquietarse, preocuparse*
worth (to be), *valer*
wrap (to), *envolver*
wrestle (to), *luchar* (cuerpo a cuerpo)
X-ray, *rayos X*
X/P, extra person, *persona adicional*
Xing, crossing (EU), *cruce, crucero*
Xmas, Christmas, *Navidad*
yell, *aullido, grito*
yellow cab, *taxi amarillo*
yield (to), *ceder el paso*
yield interest (to), *producir intereses*
yield right (to) (EU), *ceder el paso al que tiene la prioridad*
yield right of way (to), *ceder el paso al que tiene la prioridad*
yummy, *delicioso, rico*
zebra crossing (GB), *cruce peatonal*
Zip code, *código postal*
zucchini, *calabacín, calabacita, zapallito largo*

abarrotado, *packed, mobbed*
abastecer, *cater*
abogado, *lawyer*
abonado, *subscriber*
abono de transporte, *pass*
abono por una temporada, *season ticket*
abono semanal, *weekly pass*
abordar (un transporte), *to board, to hop on* (fam:)
abrir una cuenta, *to open an account*
abuchear, *to boo*
abrochar, *to buckle* (a belt)
abstemio, *abstainer, teetotaler*
abundante, *bountiful, plentiful*
aburrido (que aburre), *boring*
acabar, *to complete, to finish*
acabarse, *to be over*
accesorio, *attachment*
acelerar, *to speed (up)*
aceptar, *to allow, to accept*
acera, *sidewalk*
acero, *steel*
aclamar, *to cheer*
acolchar, *to pad*
acomodador/a, *usher(ette)*
acomodar, *to fix up, to place*
acompañamiento (de un platillo), *on the side*
acompañar en un recorrido, *to show around*
aconsejar, *to advise*
acontecimiento, *event*
acorde (mús.), *chord*
actor suplente, *undestudy*
acusación, *charge*
acusar, *to indict*
acusar de, *to charge with*
adecuadamente, *properly*
adecuado, *proper*
aderezo, *dressing*
adherirse al partido o equipo triunfante, *to jump in the bandwagon*
adicional, *extra*
adiós, *farewell, good bye*

aditamento, *attachment*
adivinar, *to guess*
administrar, *to run*
adolescente, *teenager*
adormilado, *drowsy*
aeromoza, *air-hostess, stewardess*
afiliado, *affiliated*
afinado, *in tune*
afirmación, *statement*
afirmar, *to state*
aflojar, *to loosen*
afuera, *outdoors*
afueras, *outskirts*
agacharse, *to duck*
agarrar, *to grab*
agente de viajes, *travel agent*
agitación, *commotion, hassle*
agitado (estar), *to be in a tizzy*
agotado (estar), 1) (una persona) *to be exhausted*, 2) (un producto) *to be sold out*
agotador, *exhausting*
agradable, *congenial*
agradar, *to appeal, to please*
agradecido/a, *grateful*
agregar, *to add*
agresor, *offender*
aguacate, *avocado*
aguacero, *downpour, shower*
aguanieve, 1) (cuando cae) *sleet*, 2) (en el suelo) *slush*
agua potable, *drinking water*
agudo, *sharp*
agudos (tonos), *treble*
agujetas, *shoe-laces*
ahogarse, *to drown*
ahorros, *savings*
aire acondicionado, *air conditioning*
aire libre (al), *outdoors*
ajo, *garlic*
ajustado, *tight*
ajustar(se), *to adjust*
ajuste de cuentas, *showdown*
ala, *wing*
alambre, *wire*

alarma, *alarm*
alarma antirrobos, *burglar alarm*
alberca, *pool, swimming pool*
albergar, *to house*
albergue, *inn*
alboroto, *commotion*
alcantarilla, *gutter*
alcohol (puro), *alcohol*
alegar, *to squabble*
alegre, *jolly*
alejado, *outlying*
alergia, *allergy*
aleta, *fin*
alfombra, *carpet, rug*
alfombrado de pared a pared, *wall-to-wall carpeting*
algodón, *cotton*
aliento (estar sin), *to be out of breath*
alientos (mús.), *the reeds*
alimentar, *feed (to)*
alineados, *in a row*
aliviar, *to relieve*
alivio, *relief*
alojamiento, *accommodation*
alojar, *to accommodate, to house, to put up*
alpinismo, *mountain-climbing*
alquilar, *to let, to rent*
alquiler (dar en), *to let*
alquiler de autos, *car rental*
alrededores, *outskirts*
alto octanaje (de), *hi-test*
amable, *helpful*
amalgama (dental), *filling*
amarrar (un barco), *to moor*
amigo, *buddy* (fam.), *crony* (fam.)
amor de (por el), *for the sake of*
ampliación (en fotografía), *blow-up*
ampliar, *to enlarge*
amplificador, *booster*
amplio, *broad, extensive*
ampolla, *blister*
amueblar, *to furnish*
analizar, *to scan*
ananá, *pineapple*
anchoa, *anchovy*
ancla, *anchor*
anclar, *to moor*
andar (un mecanismo), *to run*

angosto, *narrow*
animado, *animated*
ánimos (dar), *to cheer (up)*
animoso, *game* (fam.)
anotar, 1) *to jot down*, 2) (deporte) *to score*
antecedentes, *background*
antena, *antenna*
anticuado, *outdated*
anular, *to cancel*
anunciante, *advertiser*
anunciar, *to advertise*
anuncio, *sign*
anuncio de neón, *neon sign*
anuncio publicitario, *commercial*
anzuelo, *hook*
apagar, *to turn off*
aparador, *(display) window*
aparador (en el), *on display*
aparato, *device*
aparato para grabar discos compactos, *recordable CD drive*
aparición, *advent*
apartado postal, *post office box*
apartamento, *apartment* (EU), *flat* (GB)
apartamento de dos pisos, *split-level flat*
apartamento en un hotel, *suite*
apartamento para una persona, *single*
apellido, *last name* (EU), *surname* (GB)
aplicación de la ley, *law enforcement*
apoderarse de, *to take over*
apostar en juegos de azar, *to gamble*
apreciar, *to prize, to appreciate*
apretado, *tight*
apto (ser), *to qualify*
apuesta, *bet*
apurado (estar), *to be in a tizzy*
arándano, 1) (azul) *blueberry*, 2) (rojo) *cranberry*
árbitro (deporte), *referee, umpire*
arboleda, *grove*
archivo de huellas digitales, *fingerprint file*
arcilla, *clay*
arco iris, *rainbow*

ardilla, *squirrel*

arena, *sand*

arma, *weapon*

arrancar de raíz, *to uproot*

arrastrar, *to drag*

arrebatar, *to grab*

arroyo, *brook, stream*

arroz, *rice*

arruinado, *dilapidated*

artículos, *wares*

artículos para el hogar, *housewares*

arveja, *pea*

asado, *broiled*

asador giratorio, *revolving spit*

ascensor, *elevator* (EU) *lift* (GB)

asegurar, *to ensure*

asiento delantero, *front seat*

asiento trasero, *back seat*

asolearse, *to sunbathe*

asombroso, *outstanding*

aspiradora, *vacuum-cleaner*

asunto, *issue*

asustar, *to scare*

atajo, *short cut*

ataque al corazón, *heart attack*

atar (los cordones), *to lace*

atender, 1) *to attend*, 2) (invitados) *to entertain*

aterrizar, *to land*

atestado de gente, *mobbed up, packed*

atracción, *atraction*

atractivo turístico, *showplace*

atrasado (respecto de un horario), *behind schedule*

atribuir, *to credit*

audífonos, *earphones, headphones*

aullido, *yell*

aumentar mucho, *to go sky high*

aumento de sueldo, *raise*

aún, *still*

autobús, *bus*

autobús que va y viene con frecuencia entre dos puntos cercanos, *shuttle bus*

auto(móvil), *car*

automóvil de carreras, *racing car*

automóvil para cinco personas, *five-seater*

automóvil viejo y destartalado, *jalopy* (fam.)

autoestop (hacer), *to hitch-hike*

autoestopista, *hitch-hiker*

autopista de cuota, *expressway, highway, parkway, thruway, turnpike*

autopista de dos sentidos, *divided highway* (EU) *dual carriegeway* (GB)

autopista interestatal, *interstate highway*

autopista libre, gratuita, *freeway*

autopista panorámica, *parkway*

autorizar, *to entitle*

avance de una película, *preview*

avance publicitario de una película, *preview trailer*

avanzar muy lentamente, *to crawl*

avena preparada con leche, *porridge*

aventón (dar un), *to give a lift*

aventón (pedir), *to hitch-hike*

averiguar, *to find out, to inquire*

aves de corral, *poultry*

avión, aviones, *aircraft* (singular colectivo)

avisar, *to notify*

aviso (sin previo), *without notice*

ayudar, *to help out*

azafata, *air-hostess*

azotar (una puerta), *to slam*

azucarero, *basin* (GB), *sugar bowl* (EU)

azúcar morena, no refinada, *brown sugar*

babor, *port*

baches, *potholes*

bahía de emergencia, *lay-by* (GB), *rest area* (EU)

bajar (la ventana de un automóvil), *to roll down*

bajarse (de un transporte), *to get off*

bajo el agua, *underwater*

banana, *banana*

banco, banca (para sentarse), *bench*

banda, *gang*

banda sonora (de una película), *sound track*

banqueta, sidewalk

banquito, *stool*
bañar(se), *to bathe*
baño, *lavatory, restroom*
baño de hombres, *the gents* (GB), *men('s room)*
baño de mujeres, *the ladies', women('s room)*
baño rápido, *dip*
bar, *bar, cocktail lounge*
barato, *cheap, economical, inexpensive, low-priced*
barril (de), *on draft*
barrio, *borough, district* (GB), *neighborhood* (EU)
barro, *clay*
base giratoria, *swivel stand*
basura, *garbage, junk, trash*
basurero, *garbage disposal unit*
bate (de béisbol), *bat*
bateador (béisbol), *batsman*
batería (música), *the drums*
batería de cocina, *pots and pans*
bebida, *beverage, drink*
bebida alcohólica, *liquor*
beneficio, *benefit*
benigno (clima), *mild*
biberón, *baby bottle*
bicentenario, *bicentennial*
bien de (por el), *for the sake of*
bien parecido/a, *good-looking*
billete, *bill* (EU), *banknote* (GB)
billetera, *wallet*
binoculares, *binoculars*
bísquet, *biscuit*
bistec, *porterhouse steak*
bistec con hueso en forma de T, *T-bone steak*
bobina, *reel, spool*
boca de incendio, *fire hydrant*
bodega, *shed, warehouse*
boleto, *ticket, token*
boleto de ida, *one-way ticket*
boleto desprendible (de un cuadernillo), *coupon*
boleto muy económico, *supersaver*
boleto redondo, *round-trip ticket*
boleto sencillo, *one-way ticket*
bolígrafo, *ball-point pen*
bollo, *biscuit, bun*

bolsa, *bag*
bolsa de dormir, *sleeping bag*
Bolsa de Valores, *Stock Market*
bolsa para llevar restos de comida, *doggie bag*
bolso, *bag*
bolso de correo, *mail bag*
bolso de mano, *purse*
bombilla, *bulb*
borroso, *fuzzy*
bote de pedales, *paddle-wheel (boat)*
boya, *buoy*
brazo (de un sillón o asiento), *armrest*
brillar, *to flash*
brillo, *gilt*
brindar, *to make a toast*
brócoli, *broccoli*
bromear, *to kid, to be kidding*
brújula, *compass*
brumoso, *hazy*
buceo con escafandra, *scuba-diving*
buceo libre, *snorkeling*
buceo sin escafandra, *skin-diving*
buen, *jolly, good*
bujía, *sparking plug* (GB), *spark plug* (EU)
buñuelo, *cruler*
burlarse de, *to make fun of*
buscar, *to look for*
buscar un número telefónico en el directorio, *to look up a number*
buzo, *scuba-diver*
caballo salvaje, no domado, *bronco*
cabezazo (deporte), *header*
cabina, *booth*
cabina telefónica, *phone booth*
cable, *cable*
cable eléctrico, *wire*
cacahuate, *peanut*
cacería, *hunting, shooting*
cacerolas, *pots and pans*
cacharro, *jalopy* (fam.)
cadena montañosa, *range*
café con leche, *coffee with cream, white coffee*
café cortado, *coffee with cream, white coffee*
café negro, *black coffee*

café soluble, *instant coffee*
caída, *fall*
caja de salida, *check-out counter*
caja de seguridad, *safe deposit box, security deposit*
cajero/a, *cashier, teller*
cajero automático, *automatic cash machine*
cajita de música, *music box*
cajón, *drawer*
cajuela, *boot* (GB), *trunk* (EU)
calabacín, calabacita, *zucchini*
calabaza, *pumpkin*
calculadora (de bolsillo), *pocket calculator*
calefacción, *heating*
calefacción central, *central heating*
calentar, *to heat*
calesita, *merry-go-round*
calle cerrada, *dead end, no through/ thruway*
calle de un solo sentido, *one-way street*
calle sin salida, *dead end, no through/ thruway*
callejón, *alley*
calmarse, *to calm down*
calzado, *footwear*
calzado deportivo, *sneakers*
cama (estar en), *to be laid up*
cama mayor que la matrimonial, *queen-size bed*
cama plegable, *rollaway bed*
cámara de cine, *movie camera*
cámara fotográfica, *camera*
cámara lenta, *slow-motion*
cámara rápida, *quick-motion*
camarógrafo, *cameraman*
cambiar de empleo, *to change jobs*
cambiar de itinerario, *to reroute*
cambio (dinero), *change*
cambio de aceite, *change of oil*
cambio de horario, *time change*
cambio de posición, *shift*
camilla, *stretcher*
caminata, 1) (deporte) *race-walking*, 2) (difícil, fatigosa) *trekking*
camino, *road, track*
camino resbaloso, *slippery when wet*

camino intransitable, *road out*
camión, *lorry* (GB), *truck* (EU)
camioneta, 1) (con la parte de atrás descubierta) *pick-up (van)*, 2) (con puerta trasera) *station wagon* (EU), *estate car* (GB)
campeonato, *championship*
campo, *field*
campo de batalla, *battlefield*
campo de béisbol, *ball-park*
canal, *channel*
cancelación, *cancellation*
cancelar, *to cancel*
candidato a un título, *challenger*
canilla, 1) *faucet* (EU), *tap* (GB), 2) *shin*
canoa, *canoe*
cantinero, *bartender*
caña de pescar, *fishing rod*
cañón, *pass, canyon*
capota (del motor de un automóvil), *bonnet* (GB), *hood* (EU), *top*
cápsula, *capsule*
captar (una señal), *to pick up*
capucha, *hood*
cara o cruz, *heads or tails*
caramelo, *candy*
cárcel, *jail*
cardenal, *bruise*
cargar, 1) *to carry*, 2) *to charge*
cargar a una cuenta, *to debit, to charge*
cargo, *charge*
cargo adicional, *extra charge*
caries, *cavity*
cariño, *honey*
carnada, *bait*
carne, *meat*
carne y hueso (en), *live*
carne picada, *chopped steak, ground beef*
carnes frías, *cold cuts*
carpa, *tent*
carrera difícil (dep.), *tough course*
carrete, *spool, reel*
carril accesorio, *emergency lane*
carril de emergencia, *emergency lane*
carro, carrito, *cart*
carrusel, *merry-go-round*

carta certificada, *registered letter*
carta de entrega inmediata, *special-delivery letter*
carta de vinos, *wine list*
cartel, *sign*
cartero, *mailman*
casa de campaña, *tent*
casa dúplex, *duplex house* (EU), *semi-detached house* (GB)
casa embrujada, *haunted house*
casa matriz, *main branch*
casa rodante, *caravan* (GB), *trailer* (EU)
cascada, *waterfall*
casco, *helmet*
caseta, *booth*
caseta telefónica, *phone booth*
casetera, *cassette deck*
castor, *beaver*
casual, *casual*
catsup, *catsup*
caucho, *rubber*
cautelosamente, *warily*
cavar, *to dig*
caza, 1) *game*, 2) *hunting*
ceder el paso, *to give way* (GB), *to yield* (EU)
ceder el paso al que tiene la prioridad, *to yield right, to yield right of way*
celebración, *celebration*
celebrar, *to celebrate*
cenicero, *ashtray*
centro de la ciudad, *downtown*
Centro de Visitas, *Visitor Center*
cepillo de dientes, *toothbrush*
cerdo, *hog*
cerebro, *brain*
cero (en el marcador de un partido), *nil*
cerrar (una calle), *to block off*
certificado, *degree, certificate*
chaleco, *vest*
chaleco salvavidas, *life vest, life-jacket*
champú, *shampoo*
chapa, *car plate* (GB), *number plate* (GB), *license plate* (EU), *registration plate* (EU)

chaqueta, *jacket*
charco, *pool*
charla, *small talk*
cheque, *check*
cheque de viajero, *traveler's check*
cheque sin fondos, *bad check, dud check*
chícharo, *pea*
chip, *chip*
chocar, *to crash*
chorizo, *sausage*
cielo, *heaven*
cielos (estar por los), *to go sky-high*
ciervo(s), *deer* (singular colectivo)
cifra, *figure*
cima, *top*
cine al aire libre, *drive-in*
cine de arte, cine de autor, *art theater*
cinta, *tape*
cinturón de seguridad, *seat belt*
circulación (de automóviles), *traffic*
circunscripción, *borough* (EU), *district* (GB)
ciruela, *plum*
cirujano, *surgeon*
cirujano dentista, *dental surgeon*
cirujía, *surgery*
cirujía plástica, *plastic surgery*
cita, *appointment*
ciudad de casinos, *gambling resort*
clase ejecutiva, *business class*
clasificación (deporte), *ranking*
clasificado (deporte), *seeded*
cliente, *client, customer*
cliente regular (ser), *to patronize*
clóset, *closet* (EU), *cupboard* (GB)
cobertizo, *shed*
cobrar, *to charge*
cobrar un cheque, *to cash a check*
coche, *coach, car*
coche comedor, *dining car*
coche salón, *saloon car* (GB), *parlor car* (EU)
cocina (actividad), *cooking*
coco, *coconut*
código de ciudad, *local code*
código de larga distancia, *area code*
código postal, *Zip code*

cohete, *rocket*
cojear, *to limp*
col, *cabbage*
col agria, *sauerkraut*
cola, *line*
cola (hacer), *to wait on/in line*
coladera, *gutter*
colar, *to strain*
colgar (el teléfono), *to hang up*
colgar (no), *to hold the line*
coliflor, *cauliflower*
colocar, *to place*
colorido, *gaudy*
columna vertebral, *spine*
combinar, *to match*
combustible, *fuel*
comisaría, *precinct*
comodidad, *convenience*
cómodo, *convenient, handy*
compañero, *buddy, crony*
compartir el papel principal, *to co-star*
compás, 1) *bar,* 2) *compass*
compensar, *to make up for, to offset*
competencia, *contest*
competidor, *contestant*
complejo, *sophisticated*
compositor, *composer*
compra, *purchase*
comprar, *to buy, to pick up*
comprar a crédito, *to buy on credit*
compras (de), *shopping*
compras por correo, *mail order*
comprobante, 1) (del equipaje), *baggage check,* 2) (de un pago con tarjeta de crédito), *charge slip*
computadora, *computer*
computadora personal, *home terminal*
computarizado, *computerized*
común, *regular*
concesión, *grant*
concursante, *contestant*
concurso, *contest*
condenar, *to convict*
condición, 1) *requirement,* 2) (en un contrato) *term*
condimentado, *spicy*
condominio, *condo, condominium,* (EU), *owner-occupied flat* (GB)

conducto para arrojar basura, *garbage chute*
conductor de televisión que dirige un equipo de reporteros, *anchorman*
conductor de un vehículo, *conductor, driver*
conductor que provoca un accidente y huye, *hit-and-run driver*
conectar, *to connect*
confiable, *trustworthy*
confiar, *to trust*
confusión, *hassle*
congestión nasal (tener), *to have a stuffy nose*
congestionado, *congested*
conjunto (de ropa o uniforme), *outfit*
conocedor, *wise*
conocido, *well-known*
consejo, *advice, hint, tip* (fam.)
conserje, *caretaker* (GB), *janitor* (EU), *porter* (GB)
consigna de equipajes, *left luggage office*
constante, *abiding*
consulta a domicilio, *house call*
consumo, *consumption*
contador, *meter*
contenido, *contents*
contestadora telefónica, *answering system, answer phone*
contestar, *to answer*
continuar, *to keep up*
contraparte, *counterpart*
contratista, *contractor*
contribuir, *to contribute*
control (tomar el), *to take over*
control remoto, *remote control*
controles sensibles, *soft-touch controls*
convención, *convention*
conveniente, *convenient*
convenir, *to be better off*
conversación ligera, *small talk*
convertible, *convertible*
cónyuge, *spouse*
coprotagonizar, *to co-star*
corazón, *heart*

cordón, *cord*
cordones, *shoe-laces*
coro, *choir*
corredor, *aisle* (EU), *gangway* (GB)
correo para despachar, *outgoing mail*
correo terrestre, *surface mail*
correo urgente, *special-delivery letter*
correr, *to jog*
corrida de toros, *bullfight*
corriente de fondo, *undertow*
cortada, *cut*
cortar *to carve up* (un pollo o pavo), *to cut off, to cut up* (en trozos)
corte, *cut*
corte de carne, *meat cut*
cortesía (de), *complimentary*
cortinas, *curtains* (GB), *drapes* (EU)
corto (de una película), *preview*
cortometraje, *short film*
cosecha, *crop, harvest*
cosméticos, *cosmetics*
costa, *coast, shore*
costa este, *eastern seabord*
costar un ojo de la cara, costar una fortuna, *to cost an arm and a leg*
costilla, *rib*
costilla con una parte de bistec, *rib steak*
costilla de cerdo, *sparerib*
costilla de res, *rib roast, prime rib*
cotizar, *to rate*
crecer, *to grow up*
credencial, *card (I. D.)*
créditos (en una película), *credits, credit titles*
creer, *to guess* (EU)
crema de almejas, *clam chowder*
crema de cacahuate, *peanut butter*
criarse, *to grow up*
criterios, *standards*
cruce, *crossing* (GB), *Xing,* (EU) *crossing* (EU)
cruce de peatones, *crosswalk* (EU), *pedestrian crossing, zebra crossing* (GB)
crucero, 1) *cruise*, 2) *crossing* (GB), *Xing,* (EU) *crossing* (EU)
crudo (clima), *harsh*

crudo (casi), *rare*
cuadra, *block*
cuadro de conmutadores, *switchboard*
cuadernillo de boletos, *booklet*
cuarto, cuarta parte, *quarter*
cuarto de invitados, *spare room*
cuarto de juegos, *rec-room*
cuartos traseros, *rump steak*
cubierta (del motor de un automóvil), *bonnet* (GB), *hood* (EU), *top*
cubo grande de hielo, *block ice*
cubrir (a alguien), *to fill in for*
cucharada, *tablespoon*
cucharadita, *teaspoon*
cuchillo de plástico, *plastic knife*
cuenta, *bill, check, tab*
cuenta corriente, *current account*
cuenta de ahorro, *savings account*
cuenta de cheques, *checking account*
cuenta desglosada, *itemized bill*
cuenta detallada, *itemized bill*
cuerda, *cord*
cuesta empinada, *steep gradient*
cuestión, *issue*
cuidar(se), *to take care*
cumpleaños, *birthday*
cumplimiento, *fulfilment*
cumplir (con los requisitos), *comply with requirements, to qualify*
cuota, *fee*
cuota de entrada, *admission fee, entrance fee*
cuota de instalación, *installation fee*
cupón, *coupon*
curación, *dressing*
curar, *to cure*
curiosear, *to poke around*
dañar, *to damage*
daños y perjuicios, *damages*
dar ánimos, *to cheer (on)*
dar derecho, *to entitle*
dar en alquiler, *to let*
dar propina, *to tip*
dar un portazo, *to slam*
dar un tirón, *to jerk*
darse cuenta, *to realize*
deber, *to owe*
deberes, *duties*

decepcionar, *to let down*
decidir, *to make a decision*
decir la verdad, *to tell the truth*
declaración, *statement*
declarar, *to state*
dedo del pie, *toe*
defensa, *bumper* (car)
definir, *to set up*
defraudar, *to let down*
dejar (a alguien o algo en un lugar), *to drop off*
dejar caer, *to drop*
dejar inconsciente a alguien, *to knock someone out*
dejar ir, *to let off*
dejar pasar una falta, *to pass up*
dejar un hotel, *to check out*
delantero (dep.), *forward*
delicado (un asunto), *tricky*
delicioso, *yummy*
delincuente, *offender*
demora, *delay*
demorarse, *to delay*
demostrar, *to display*
denominación (de los billetes), *denomination*
dentífrico, *toothpaste*
dentista, *dental surgeon*
departamento, *apartment* (EU), *flat* (GB)
departamento de quejas, *claims department*
dependiente (de una tienda), *clerk*
depositar dinero (en una cuenta), *to deposit money*
depósito de objetos perdidos, *lost and found office*
derecho (adv.), *straight ahead*
derecho (dar), *to entitle*
derecho de admisión, *admission fee, entrance fee*
derivarse de, *to derive from*
derramar, *to spill*
desaparecido, *missing*
desarrollar, *to develop*
desayuno a media mañana, *brunch* (breakfast + lunch)
descafeinado, *decaffeinated*
descansar cómodamente, *to lounge*

descender (una pendiente), *to slope*
descender a pie, *to walk downwards, to walk downhill*
descenso (temperatura, índices, etc.), *a low*
descompensación (por cambio de horario), *jet lag*
descomponerse, *to break down*
descuento, *discount*
descuido, *carelessness*
desempeño, *performance*
desfiladero, *pass*
desgastarse, *to wear*
deshilachado, *ragged*
designación, *appointment*
desmayarse, *to faint, to pass out*
desocupado, *available, empty* (EU), *vacant* (GB)
desorden, *mess*
despedida, *farewell*
despedir a alguien de un empleo, *to fire*
despegar (un avión), *to take off*
despegue, *take-off*
desperdiciar, *to waste*
desperdicio, *junk*
desplazamiento, *shift*
desplazarse, *to be on the move, to migrate*
desplegar, *to display*
desplomarse, *to collapse*
destazar, *to cut up*
destruir, *to destroy*
desvanecerse, 1) *to pass out*, 2) *to phase out*
desviación, *detour* (EU), *diversion* (GB)
detectar, *to spot*
detective privado, *private eye*
detenerse (un automóvil a la orilla del camino), *to draw up, to pull up, to pull over*
deteriorado, *dilapidated*
devolver, *to take back*
Día de acción de gracias, *Thanksgiving*
Día de Todos los Santos, *All Saints' Day*
día libre (tener un), *to have a day off*

día libre (tomar un), *to take a day off*

día muy caluroso, *scorcher*

diagnóstico, *diagnosis*

diamante, *diamond*

diapositiva, *slide*

diarrea, *diarrhea*

dibujante, *draftsman*

dibujo, *drawing*

dibujos animados, *cartoons, animated cartoons*

dictar sentencia, *to convict*

dieta, *diet*

difícil, *troublesome, tricky*

dificultad, *hassle, trouble*

digno de confianza, *trustworthy*

diminuto, *tiny*

dinero (en cuanto al), *moneywise*

dinero en efectivo, *cash*

dirección (de un automóvil), *steering*

dirección hacia el este (con), *eastbound*

dirección hacia el norte (con), *northbound*

dirección hacia el oeste (con), *westbound*

dirección hacia el sur (con), *southbound*

dirección hidráulica, *power steering*

directo (en), *live*

director, 1) (de orquesta) *conductor*, 2) (de película) *director*

directorio, *directory*

directorio de departamentos (en una tienda), *directory*

dirigirse hacia, *to head for*

disco, 1) (mús.) *record*, 2) (del teléfono) *dial*

disco compacto para grabar, *recordable CD*

disco compacto que se puede volver a grabar, *rewritable CD*

disco de video, *videodisc*

discurso, *speech*

discutir, *to squabble*

diseñador, *draftsman*

diseñar, *to design*

diseño, *drawing*

disfrutar, *to enjoy*

disminuir, *to decrease, to cut down*

disparar, *to shoot*

disponible, *available*

dispositivo, *device*

dispuesto, *game* (fam.)

disputa, *hassle*

distancia, *stretch*

distribución, 1) (de papeles en una película), *casting*, 2) *delivery*

distribuir, *to distribute*

distrito, *borough* (EU), *district* (GB)

distrito comercial, *shopping district*

diversión, *entertainment, fun, leisure*

divertirse, *to enjoy oneself, to have a good time*

dividir, *to split*

divisa, *currency*

doblar (una película), *to dub*

documental, *documentary*

documentos de un automóvil, *registration papers*

dólar, *dollar, buck* (fam.)

doler, *to ache, to hurt*

dolor, *ache, pain*

dolor de cabeza, *headache*

dolor de estómago, *stomachache, stomachpain*

dona, *doughnut, donut*

dormir como un tronco, *to sleep like a log*

dormitar, *to doze off*

ducha, *shower*

ducharse, *to shower*

dudar, *to have second thoughts*

dulce, *candy*

duración mínima de una estancia, *minimum stay*

duradero, *abiding*

durante el viaje, *on/en route*

durazno, *peach*

económicamente, *moneywise*

económico, *cheap, economical, inexpensive, low-priced*

edición (de una película), *editing*

efectivo (sin), *out of cash*

efectos especiales, *special effects*

efectos personales, *personal belongings*

eficiencia, *efficiency*

eje vial, *throughfare*
ejecución, *performance*
ejemplar(es), *copy(-ies)*
ejercicios de calentamiento, de precalentamiento, *warm-up exercises*
ejercicios de estiramiento, de elongación, *stretches*
elaborado, *sophisticated*
elaborar, *to process*
elegante, *fancy, posh, sophisticated*
elegibilidad, *eligibility*
elevador, *elevator* (EU), *lift* (GB)
embotellamiento (de tráfico), *traffic jam*
emitir, *to issue*
emitir un sonido breve y agudo, *to beep*
emergencia, *emergency*
empapar, *to soak*
empañado, *fogged up*
empaste, *filling*
empatar (dep.), *to even the score*
empate (dep.), *draw, tie*
empinado, *steep*
empleado, 1) (de una estación de servicio), *attendant*, 2) (de una tienda) *clerk*, 3) (de una farmacia) *pharmacist, druggist*
empresario, *contractor*
encabritarse, *to buck*
encargado, 1) (de una gasolinera) *attendant*, 2) (de una obra o equipo de trabajadores) *foreman*
encargarse de, *to attend*
encender, *to switch on, to turn on, to tune in* (radio, televisión)
encender el radio, *to turn on the radio*
encenderse un momento, *to flash*
encendido, *ignition*
enchufar, *to plug in*
enchufe, *outlet* (EU), *socket* (GB)
encías, *gums*
encoger(se), *to shrink*
encuesta, *poll, survey*
énfasis, *emphasis, stress*
enfermedad, *illness, sickness*
enfermedad contagiosa, *catching disease*

enfermo, *ill, sick*
enfrentar, *to pit against*
enjarciar (un barco), *to rig*
enlace aéreo, *shuttle flight*
enojarse, *to lose one's temper*
enorgullecerse, *to pride*
ensalada de repollo/col, *coleslaw*
ensayar, *to rehearse*
ensayo, *rehearsal*
entender, *to dig* (fam.)
entender mal, *to get something wrong*
entero, *whole*
entero o en piezas, *whole or split*
enterrar, *to bury*
entrada, *entrance*
entrada principal, *main entrance*
entrar a la ciudad, *to get into town*
entrecot, *rib steak*
entrega, *delivery*
entrega de equipaje, *baggage claim exit*
entregar, *to deliver, to turn in*
entregar el correo, *to deliver the mail*
entrenador, *coach*
entrenamiento, *training*
entrenar, *to train*
entretenimiento, *entertainment*
entronque, *crossroad* (GB), *junction* (GB), *intersection* (EU)
entusiasmarse con algo, *to rave over*
enviar, *to forward*
enviar por correo, *to mail*
enviar por correo aéreo, *to airmail*
envite, *stake*
envolver, *to wrap*
envolver para regalo, *to gift-wrap*
equilibrio, *balance*
equipaje, *baggage, luggage*
equipaje de mano, *carry-on baggage*
equipar, *to outfit*
equipo, 1) (de personas) *crew, team* 2) (material) *outfit*
equipo de pesca, *fishing tackle*
equipo de sonido de alta fidelidad, *hi-fi set*
equipo electrónico para consumo general, *consumer electronics*

equipo para acampar, *camping gear*

equitación, *horse(back) riding*

equivalente, *counterpart*

equivocarse, *to get something wrong, to go wrong*

error, *mistake*

erudito, *scholar*

escafandra autónoma, *scuba (Self Contained Underwater Breathing Equipment)*

escala (en un vuelo), *stopover*

escala nacional (a), *nationwide*

escalera mecánica, *escalator*

escaleras, *stairway (EU), staircase (GB)*

escándalo, *commotion, racket*

escarlatina, *scarlet fever*

escenografía, *set*

esclavo, *slave*

escopeta, *rifle, shotgun*

escribir con letra de imprenta, *to print firmly*

esforzarse, *to go to a lot of trouble*

esguince, *sprain*

espacio para almacenamiento, *storage compartment*

espacios (para cierto uso), *grounds*

especias, *spices*

especie, *breed*

especificar, *to specify*

espectáculo, *attraction, show*

espectador, *viewer*

espectadores, *audience*

espejo retrovisor, *rear-view mirror*

esperar, *to expect*

esperar algo ansiosamente, *to look forward to*

espetón giratorio, *revolving spit*

espina dorsal, *spine*

espinaca, *spinach*

espinilla, *shin*

espuela, *spur*

esquí acuático, *water-skiing*

esquinas oscuras, *dark corners*

esquivar un golpe, *to duck*

establecer, *to establish, to set up*

establecerse, *to settle*

establecimiento, *premises*

establecido, *established*

estaca, *peg*

estación, *station, terminal*

estación de partida, *forwarding station*

estación de servicio, *filling station (EU), petrol station (GB)*

estacionamiento, *carpark (GB), parking lot (EU)*

estacionarse en doble fila, *double parking*

estadio, *ballpark*

estadista, *statesman*

estado de cuenta, *balance*

estafa, *rip-off*

estampida, *stampede*

estanquillo, *stall*

estar abarrotado, *to be mobbed up, to be packed*

estar agitado, *to be in a tizzy*

estar agotado, 1) (una persona) *to be exhausted*, 2) (un producto) *to be sold out*

estar apurado, *to be in a tizzy*

estar atestado, *to be mobbed up, to be packed*

estar bromeando, *to be kidding*

estar de guardia (un médico), *to be on call*

estar de permiso, *to be on leave*

estar de vacaciones, *to be on vacation, holiday*

estar en cama, *to be laid up*

estar en la línea, *to be on the line*

estar exhausto, *to be exhausted*

estar pegado a, *to be stuck to*

estar harto, *to be fed up*

estar lleno (un hotel), *to be booked up*

estar mejor, *to be better off*

estar por los cielos, *to go sky-high*

estar sin aliento, *to be out of breath*

estirar(se), *to stretch*

estragón, *tarragon*

estrecharse, *to narrow*

estrecho, *narrow*

estreno, *first-run*

estrés, *stress*

estribillo, *chorus*

estribor, *starboard*

estropear, *to damage*

estuche de herramientas, *tool kit*
estudio, *survey*
estudioso, *scholar*
estufa, *cooking range, stove*
etiqueta, *tag*
etiqueta de precio, *price tag*
etiqueta gratuita, *free-of-charge label*
evaluar, *to rate*
evidencia, *evidence*
evitar, *to avoid*
exagerar, *to overdo*
exceder el límite de velocidad, *to speed (up)*
exceso de equipaje, *excess baggage*
exceso de velocidad, *speeding*
excursiones a pie (hacer), *to hike*
exhausto (estar), *to be exhausted*
exhibición (en), *on display*
exhibir, *to display*
exigente, *choosy*
exigir, *to demand*
existencia (tener en), *to carry*
éxito, *blockbuster, hit*
éxito (tener), *to go through*
experimentar, *to experience, to undergo*
explorar, *to scan*
extender, *to extend*
extenderse, 1) *to range, to stretch* 2) *to spread*
extenderse hacia el norte, *to run north*
extensión, *extension, range*
extensión (telefónica), *extension*
extenso, *extensive*
exteriores (filmar en), *to shoot on location*
extraer una muela, *to pull a tooth*
extraño (adj.), *strange*
extraño (sust.), *stranger*
extraordinario, *out of this world*
extremidad, *limb*
fabricar, *to fabricate*
fácil de recordar (una melodía), *catchy*
fantasía (de), *fancy*
fe, *faith*
fecha, *date*
fecha de nacimiento, *birthdate*

fecha de vencimiento, *expiration date*
falsificación, *forgery*
falso testimonio, *perjury*
faltante, *missing*
familia, *folks* (fam.), *household*
fanático de los trenes, *railroad buff*
farmacéutico, *druggist, pharmacist*
faros delanteros, *headlights*
feria, *fair*
ferrocarriles, *railroads*
festejar, *to celebrate*
festejo, *celebration*
fideos, *noodles*
fiebre (tener), *to run a temperature*
fiebre del heno, *hay fever*
fiesta, *party*
figura, *figure*
fila, 1) *line*, 2) *row*
fila (en), *in a row*
fila (hacer), *to wait on/in line*
filial, *subsidiary, branch*
filmoteca, *film library*
filoso, *sharp*
finalmente, *eventually*
finanzas, *finance*
fisura, *split*
flan, *custard*
flexible, *flexible*
floreciente, *booming*
flujo nasal, *runny nose*
foco, *bulb*
fogata, *bonfire, campfire*
fondo, *background*
fontanería, *plumbing*
fontanero, *plumber*
forma de pago, *means of payment*
formación, *training*
formalmente, *formally*
formulario, *slip*
fortuito, *casual*
fosa, *pit*
foto fija, *still*
fregadero, *sink*
frenesí, *craze*
frenos (en ortodoncia), *braces*
fresa, *strawberry*
frutilla, *strawberry*
fuego directo, *open fire*

fuegos artificiales, *fireworks*
fuera de juego (deporte), *offside*
fuera de temporada, *off-peak*
función, *show*
función de medianoche, *late show*
funcionar, *to run*
funciones, *duties*
fundar, *to found*
galleta dulce, *cookie*
galleta seca y salada, *cracker*
gama, *range*
ganado, *livestock*
ganado sin marca de propietario, *maverick*
ganancia, *benefit*
ganar el lugar de otro en una fila, *to butt in line*
ganas de (tener), *to feel like*
ganga, *bargain*
garganta irritada, *sore throat*
gárgaras (hacer), *to gargle*
gasolina, *gas*
gasolina regular, *regular*
gasolinera, *filling station* (EU), *petrol station* (GB)
gastos generales, *overhead*
gatear, *to crawl*
gente, *folks* (fam.)
gentío, *crowd, mob scene, throng*
gerente, *manager*
giro bancario, giro postal, *money order*
glorieta, *roundabout* (GB), *traffic circle* (EU)
golpear, *to hit*
golpear repetidamente, *to pound*
goma, *rubber*
gordo/a, *fat*
grabar, *to record, to tape*
grabar en video, *to videotape*
gradas, *stands*
graduarse, *to graduate*
granizada, *hailstorm*
grasa, 1) (que queda al cocinar carnes grasosas) *drippings*, 2) (en general) *fat*
gratuito, *complimentary, N/C* (no charge)
grifo, *faucet* (EU), *tap* (GB)

gripe, *flu*
grito, *yell*
grúa, *tow truck*
grueso, *bulk*
grupo, *gang*
guantera, *glove compartment*
guapo/a, *good-looking*
guardabosques, *ranger*
guardar, *to stow*
guardar reposo, *to be laid up*
guardia, *caretaker* (GB), *warden*
guardia (estar de) (un médico), *to be on call*
guarnición, *side dish*
guarnición (de), *on the side*
guía telefónica, *directory*
guión, *screenplay, plot, storyline*
guionista, *screenwriter*
gustar, *to appeal*
habitación con cocineta, *efficiency*
habitación doble, *a double*
habitación para dos personas, *a double*
habitación para una persona, *single room*
habitaciones disponibles, *vacancy*
habla, *speech*
hablar, *to talk, to speak*
hacer, *to make*
hacha pequeña (arma), *hatchet*
hamburguesa, *hamburger*
harina, *flour*
harto (estar), *to be fed up*
¡hasta el fondo!, *bottoms up!*
hecho (de), *actually*
hematoma, *bruise*
herida, *injury*
herir, *to injure*
hermético, *watertight*
hermoso, *gorgeous*
hidrante, *fire hydrant*
hielera, *cooler*
hilera, *row*
historia, *background*
hogar, *household*
hojuelas de avena, *oatmeal*
hojuelas de maíz, *corn flakes*
hondonada, *dip*
honorarios, *fees*

honrar, *to honor*

hora de cerrar, *closing time*

hora de mucho tráfico, *rush hour*

hora pico, *rush hour*

horario, *schedule*

horarios flexibles, *flextime*

hornear, *to bake*

hospedaje, *accommodation*

hospedar, *to accommodate, to put up*

hot dog, *hot-dog*

huella digital, *thumbprint, fingerprint*

huerto, *grove*

huésped, *guest*

huevos fritos, estrellados, *fried eggs, sunny-side-up eggs*

huevos pasados por agua, *soft-boiled eggs*

huevos revueltos, *scrambled eggs*

huevos tibios, *soft-boiled eggs*

huir, *to flee*

hule, *rubber*

húmedo, *damp*

huracán, *hurricane*

idear, *to devise*

identificador de región, *local code*

imagen fija, *freeze frame*

impedir el paso, *to block off*

impresionante, *impressive*

improvisar, *to play it by ear*

improviso (de), *offhand*

inanimado, *inanimated*

incendio forestal, *forest fire*

inclinación, *grade*

inclinar, *to tilt*

incluir, *to feature*

incorporación (a una autopista), *merge*

incorporado, *built-in*

increíble, *out of this world*

indeseado, *unwanted*

indicio, *clue, sign*

indomado, *untamed*

infancia, *childhood*

infierno, *hell*

información, *information*

informal, *casual*

informar, *to report*

infracción, *violation*

ingeniero, *engineer*

inquietarse, *to worry*

inscribir(se), *to register, to sign up*

instalaciones, *facilities, premises*

instalaciones sanitarias junto a una autopista, *truckstop*

instalarse, *to settle*

instituir, *to set up*

instrucciones, *instructions*

instrucciones de seguridad, *safety instructions, safety regulations*

instructivo, *instructions, instruction booklet*

intención de (tener la), *to intend*

interceptar un teléfono, *to tap*

interés, *concern*

interferencia (en radio o televisión), *static*

intersección, *crossroad (GB), junction (GB), intersection (EU)*

intimidad, *privacy*

intoxicación por alimentos, *food poisoning*

inundación, *flood(ing)*

invalidar, *to invalidate*

invasores, *invaders*

investigar, *to investigate*

invitado, *guest*

inyección, *injection*

ir a, *to head for*

ir hacia la sala..., *proceed to gate...*

ir perdiendo (deporte), *to be trailing*

ir por mal camino, *to go wrong*

irregular, *ragged*

irritado, *upset*

irritar, *to upset*

irse, *to blow (fam.), to split (fam.)*

itinerario, *itinerary, route*

jalea, *jelly*

jalea de grosellas, *red-currant jelly*

jarabe, *syrup*

jardinero (en béisbol), *fielder*

jefe/a de meseros, *host(ess)*

juego, *game*

juego (hacer), *to match*

juego (lo que está en), *stake*

juegos pirotécnicos, *fireworks*

juguete, *toy*

juicio, *trial*

juicio legal, *legal action*

juicio por negligencia, *malpractice suit*

jurisdicción, *jurisdiction*

ketchup, *catsup*

kilometraje, *mileage*

kilometraje ilimitado, *unlimited mileage*

laberinto, *maze*

laderas inestables, *soft shoulders*

ladrón, *burglar*

langosta, *lobster*

lanzador (en béisbol), *pitcher*

lanzamiento (de la línea al pescar con caña), *casting*

largarse, *to blow* (fam.), *to split* (fam.)

las 24 horas, *round-the-clock*

lavado de automóviles, *car-wash*

lavado en seco, *dry-cleaning*

lavadora de ropa, *washing machine*

lavandería, *laundry*

lavavajillas, *dishwasher*

lazar, *to rope*

lector óptico (el equipo de sonido), *pick-up*

leer un taxímetro, *to read a meter*

lejos (más), *farther out*

lente, *lens*

lentes de contacto, *contact lenses*

letra de molde, *block letter*

ley federal, *federal law*

liberar, *to deliver*

libertad, *freedom*

libre, 1) *free,* 2) *vacant*

libre de impuestos, *tax-free*

libre de plomo, *lead-free*

libro de bolsillo, *paperback*

libro de cuentas, *register*

libro de pasta blanda, *paperback*

licencia de conducir, *driver's license*

licor, *liquor*

límite de peso (en que no se cobra por el equipaje), *baggage allowance*

límite de velocidad, *speed limit*

límite gratuito, *free allowance*

limpiar, *to wipe*

línea (estar en la), *to be on the line*

línea de llegada, *finish line*

lista de correos, *General Delivery*

llamada (hacer una), *to place a call, to put a call through*

llamada de larga distancia, *long distance call* (EU), *S.T.D.* (*subscriber trunk dialling*) (GB), *trunk call* (GB)

llamada de persona a pesona, *person to person call*

llamada directa, *person to person call*

llamada hacia el exterior, *outgoing call*

llamada a cobro revertido, por cobrar, *collect call* (EU), *reverse charge call* (GB)

llamar a cobro revertido, por cobrar, *to call collect'* (EU), *to reverse the charges* (GB), *to make a reverse charge call* (GB)

llamar por teléfono, *to call*

llamativo, *flashy, gaudy*

llanta, *tire* (EU), *tyre* (GB)

llanta pinchada, *flat* (EU), *puncture* (GB)

llave, *key*

llave (del agua), *faucet* (EU), *tap* (GB)

llave de encendido, *ignition key*

llegada, *advent*

llegar, *to show up*

llegar a una meta, *to make it*

llegar en uno de los primeros lugares, *to place*

llenar, *to fill up*

llenar un formulario, *to fill out a form*

llenar una declaración de impuestos, *to fill in/out an income tax return*

lleno (estar) (un hotel), *to be booked up*

llevar a alguien a su asiento, *to seat*

llevar a cabo, *to carry out*

llevarse bien con, *to get along well with*

llevarse (una grúa) un automóvil al depósito, *to tow away*

llovizna, *drizzle*

lluvia, *shower, rain*

loción bronceadora, *sun-tan lotion*

locomotora de vapor, *steam engine*

locura, *craze*

lodo, *mud*

lograr algo, *to go through, to make it*

lograr llegar, *to show up*

lona, *canvas*

luces de reversa, *reverse lights*

luces intermitentes, *blinkers*

luces traseras, *back-up lights*

luchar, 1) *to struggle*, 2) (cuerpo a cuerpo) *to wrestle*

lugar de encuentro, *meeting place*

lugar para (tener), *to accommodate*

lugar para acampar, *camping site, campsite, camping grounds*

lugar turístico, *showplace*

lujo (de), *fancy, plush, posh*

maduro/a, *mature*

magnífico, *gorgeous*

mala calidad (de), *cheap*

mala suerte, *bad luck*

maleante, *evildoer*

maleta, *bag, suitcase*

malhechor, *evildoer*

malla, *bathing suit*

malvavisco, *marshmallow*

mamadera, *baby bottle*

mandar llamar a alguien (en un hotel), *to page somebody*

mandar pedir, *to order*

manejar, *to operate*

manera, *way*

maní, *peanut*

manipular, *to handle*

mano de obra, *labor*

mantener, *to maintain*

mantenimiento, 1) *maintenance*, 2) (a un producto adquirido) *after sales service*

mantequilla de maní, *peanut butter*

manzana, *block*

mapa, *map*

máquina contestadora, *answering system, answer phone*

maravilla, *wonder*

¡maravilloso!, *great!*

marca (comercial), *brand*

marcapasos, *pacemaker*

marcar (un número telefónico), *to dial*

marcar directo, *to dial direct*

marcar la moda, *to set the tone*

marcar el tono, *to set the tone*

marea, *tide*

mareo, *dizziness*

mariscos, *seafood*

Martes de Carnaval, *Shrove Tuesday*

martillar, *to pound*

mascota, *pet*

matar a tiros, *to gun down*

material impreso, *printed matter*

matrícula, *car plate* (GB), *number plate* (GB), *license plate* (EU), *registration plate* (EU)

mayor parte, *bulk*

mecánico, *mechanic*

medicamento, *medicine*

medicina, *medicine*

médico cirujano, *physician, surgeon*

médico general, *general practitioner*

medida, *step*

medida baja (temperatura, índices, etc.), *a low*

medido (con taxímetro), *metered*

medio, *way*

medio precio, *half fare*

medio tiempo (deporte), *half*

medios (por todos los), *by all means*

medios para pagar algo (tener), *to afford*

mejillones, *mussels*

mejor (estar), *to be better off*

melindroso/a, *choosy*

melocotón, *peach*

melodía, *tune*

menguar, *to taper off*

mensualidad, *monthly installment*

menta, *mint*

mercancías, *goods, wares*

merecer, *to deserve*

mesero/a, *waiter/waitress*

meta, *finish line*

metales (los) (música), *the brass*

meter a un jugador a un partido (dep.), *to field a player*

meter primera (velocidad), *to shift into low*

meterse (un ladrón a una casa), *to break in*

metro(politano), *subway* (EU), *underground* (GB)

metro de San Francisco, *Bart* (Bay Area Rapid Transport)

mezclarse, *to intermingle*

micrófono, *mike, microphone*

micro-ondas, *micro-wave*

microprocesador, *chip*

miedo (que produce), *scary*

miel, *honey, syrup*

miel de maple, *maple syrup*

miembro, *limb*

miembros de familias reales, *crowned heads*

migrar, *to migrate*

mil millones, *billion*

milagros (hacer), *to do wonders*

mirar, *to watch*

mobiliario, *furniture*

modelo a escala, *scale model*

modelo de lujo, *fancy model*

módulo, *counter*

módulo de información, *inquiries* (GB), *information desk* (EU)

molde, *mold* (EU), *mould* (GB)

molestar, *to bother, to upset*

molestarse (en hacer algo), *to go to a lot of trouble*

molesto, *upset*

molinete, *turnstile*

monarcas, *crowned heads*

moneda, *currency*

modena de 25 centavos, *quarter*

monedas (que funciona con), *coin-op(erated)*

monitor, *screen*

montaje (de una película), *editing*

montaña rusa, *roller coaster*

montar a caballo, *to ride*

montería, *hunting* (GB)

montículo, *mound*

moretón, *bruise*

mosquito(s), *mosquito(es)*

mostrador, *counter*

mostrar un lugar, *to show around*

motocicleta pequeña, *moped* (motor + pedal)

motor, *engine*

movimiento (con), *animated*

mudarse a un lugar, *to move in*

muebles, *furniture*

muelle, *pier*

muerte, *death*

muerto de cansancio, *dead tired*

muestra, *token*

multa, *fine*

multa por estacionarse mal, *parking ticket*

multar, *to fine*

multitud, *crowd, throng*

mundialmente conocido, *world-renowed*

muñeca, *doll*

murciélago, *bat*

muslo, *thigh*

muy (antes de un adjetivo), *jolly, very*

nacimiento, *birth*

nacional, *domestic*

naturaleza, *wilderness*

náuseas, *nausea*

nave espacial, *rocket, space shuttle*

navegar, *to sail*

Navidad, *Xmas, Christmas*

neblina (con), *hazy*

negligencia, *carelessness*

negocio, *deal*

negocios (de), *on business*

nervioso/a, *nervous*

neumático, *tire* (EU), *tyre* (GB)

niño pequeño, *tot*

nivel de audiencia, *rating*

no colgar, *to hold the line*

¡no cuelgue!, *hang on!, hold on!*

no hay habitaciones disponibles, *no vacancy*

no hay paso, *no throughway, no thru-way*

no hay vacantes, *no vacancy*

nogal, *walnut*

nombramiento, *appointment*

nombre, *name*

noticiario de 24 horas, *24-hour news*

noticias, *news*

notificar, *to report, to notify*

novela, *novel*

novio/a, *date*

nudo, *knot*

nuez de castilla, *walnut*
numerado/a, *numbered*
número (de una publicación periódica), *issue*
número de placa/matrícula, *license plate number*
número telefónico gratuito, *toll-free number*
objetos de valor, *valuables*
obra de teatro, *play*
observación de estrellas, *star-gazing*
obstaculizar, *to block off*
obtener el saque (deporte), *to break one's opponent's serve*
obturador, *shutter*
ocuparse de, *to handle*
oferta, *bargain, sale, package deal*
oferta (de), *on sale*
oferta vacacional, *vacation package*
oficialmente, *formally*
oficina central, *main office*
ofrecer, 1) (como parte de un programa o paquete) *to feature*, 2) (un servicio) *to handle*
ola, *swell, wave*
oleaje, *surf, swell*
olor, *smell*
olvidar, *to leave out, to forget*
omitir, *to skip*
operación, *operation*
operación (ser sometido a una), *to undergo an operation*
operadora, *operator*
operar, *to operate*
oportunidad, *bargain*
orden, *order*
orden de aprehensión, *warrant*
ordenar, 1) *to fix up*, 2) *to order*
ordinario, *regular*
orejera (de un asiento), *headrest*
organizador de recorridos turísticos, *tour operator*
órgano, *organ*
originarse, *to originate*
oropel, *gilt*
orza, *centerboard*
otoño, *fall* (EU), *autumn* (GB)
padecimiento, *ailment*
padres, *folks* (fam.)

pagar (que se puede), *affordable*
pagar a plazos, *to pay on the installment plan* (EU), *to pay by installments* (GB)
pagar derechos de aduana, *to pay duty on*
pagar en mensualidades, *to pay by the month*
pago por evento (televisión), *pay per view TV*
pajar, *haystack*
palanca de cambios, *gear lever* (GB), *gear shift* (EU)
palo, *pole*
palomitas de maíz, *popcorn*
palta, *avocado*
pan de centeno, *rye bread*
pan de levadura, *sourdough bread*
pan integral de centeno, *pumpernickel*
pan tostado, *toasted roll*
pancho, *hot-dog*
pandilla, *gang*
panecillo, *bun, muffin*
panecillo caliente, *hot roll*
panorámico, *scenic*
panqueque, *flapjack*
pantalla, *screen*
pantalla de registro, *scanning screen*
pantalón, *pants*
pantano, *swamp*
pantorrillas(s), *calf, calves*
Papá Noel, *Santa Claus*
papas fritas, *french fries*
papas ralladas y fritas, *hash browns*
papel (en una obra o película), *part*
papel menor, *walk-on*
papel para escribir cartas, *stationery*
papel principal, *leading part*
papel secundario, *supporting role*
papel tapiz, *wallpaper*
papeleta, *slip*
papeleta de aduana, *customs slip*
paperas, *mumps*
paquete, *package*
paquete de promoción, *package deal*
paquete vacacional, *vacation package*

par de (un), *a couple of*
parachoques, *bumper* (car)
paragolpes, *bumper* (car)
parar un taxi, *to flag a taxi, to hail a cab*
parasol, *sun-visor*
parientes, *folks* (fam.)
parte alta, *top*
partir, 1) *to split*, 2) *to split* (fam.), *to take to the road*
pasajero, *passenger*
pasajeros de un taxi, *fare* (fam.)
pasajeros sin reservación, *stand-by*
pasar (un efecto), *to wear off*
pasar la noche, *to overnight, to stay, to stay overnight*
pasar por, *to undergo*
pasar un buen rato, *to have a good time*
pasar un trapo, *to wipe*
Pascua, *Easter*
pase de abordar, *boarding pass*
paseo, *ride*
pasillo, *aisle* (EU), *gangway* (GB)
paso, *step*
paso a desnivel, *underpass*
paso a nivel, *grade crossing* (EU), *level crossing* (GB)
paso elevado, *fly-over* (GB), *overpass* (EU)
pasta de dientes, *toothpaste*
pastel con nueces, *coffee cake*
pastilla, *lozenge, tablet*
patinaje sobre ruedas, *roller-skating*
patines de ruedas, *roller skates*
pato, *duck*
patrocinador, *advertiser, sponsor*
patrocinar, *to sponsor*
patrullero, *patrolman*
pavo, *turkey*
peaje, *toll*
peatón, *pedestrian*
peces, *fish* (singular colectivo)
pedir aventón, *hitch-hike*
pedir informes, *to inquire*
pedir un préstamo, *to apply for a loan*
pegadiza (una melodía), *catchy*
pegado a (estar), *to be stuck to*
pegar(se), *to stick*
pegar (con goma), *to glue*

peine, *comb*
pelear, *to fight*
película, *movie* (EU), *film* (GB)
película muda, *silent movie*
película principal, *feature*
peligroso, *hazardous*
pelmazo, *bore*
pena, *penalty*
pendiente, *grade*
pensar, *to guess* (EU)
pensar con cuidado, *to think over*
pensión completa, *full board*
pensión por jubilación, *retirement payment*
Pentecostés, *Pentecost* (EU), *Whitsun, Whitsunday, Whitsuntide* (GB)
pepinillo en salmuera, *pickle*
pepino, *cucumber*
pera, *pear*
perchero, *coat rack*
perder la paciencia, *to lose one's temper*
perejil, *parsley*
¡perfecto!, *great!*
periodo de enfriamiento, *cooling-off period*
periodos de sol, *sunny spells*
perjurio, *perjury*
permiso (estar de), *to be on leave*
permiso de conducir, *driver's license*
permiso por enfermedad, *sick leave*
permitir, *to allow*
permitirse (pagar algo), *to afford*
perro caliente, *hot-dog*
perseguir, *to pursue*
persiana, *shutter*
persistir, *to keep up*
persona a la que se llama, *party*
persona aburrida, *bore*
persona adicional, *X/P, extra person*
persona muy importante, *VIP (Very Important Person)*
persona poco ortodoxa, *maverick*
persona que llama, *caller*
persona que pide aventón, *hitchhiker*
persona que practica el surf con vela, *windsurfer*

personaje, *character*
personal (empleados), *staff*
pesado, *heavy*
pesar, *to weigh*
pesar más que, *to overweigh*
pesca con caña, *angling*
peso, *weight*
pez, *fish*
picante, *spicy*
pidgin, *pidgin*
piel sintética, *leatherette*
pieza (musical), *number*
pilas (que funciona con), *battery-powered*
píldora, *pill*
pileta, *pool, swimming pool, sink*
pimienta, *pepper*
pinchazo (de una llanta), *blow-out* (EU), *puncture* (GB)
pintura, *paint*
piña, *pineapple*
pionero, *pioneer*
pirata del aire, *highjacker*
pirata informático, *hacker*
piscina, *pool, swimming pool*
piscina techada, *indoor pool*
piso de arriba, *the upstairs*
pista, 1) *track*, 2) *clue, hint, tip* (fam.)
pista de aterrizaje, *runway*
pizca, *dash*
placa (de un automóvil), *car plate* (GB), *number plate* (GB), *license plate* (EU), *registration plate* (EU)
plan de un recorrido, *itinerary*
planchar, *to iron*
planear, *to schedule, to devise*
planta (de los pies), *sole*
planta baja, *ground floor* (GB), *first floor* (EU)
plátano, *banana*
plato de papel, *paper plate*
plato de una comida (cada uno), *course*
playa, *beach*
plomería, *plumbing*
plomero, *plumber*
poco asado, *rare*
podadora de pasto, *lawn-mower*
poder ser elegido, *eligibility*

polea, *pulley*
policía, *patrolman*
pomada, *ointment*
poner los aparejos (a un barco), *to rig*
ponerse (ropa), *to wear*
ponerse en camino, *to get going*
popurrí, *medley*
por favor remita al destinatario, *please forward*
poro, *leek*
por supuesto, *by all means*
portaequipajes, 1) *rack, overhead rack*, 2) *trunk* (EU), *boot* (GB)
portafolios, *briefcase*
porte pagado, *post free* (GB), *post paid* (EU)
portero *bell-captain* (de un hotel), *doorman, janitor* (EU), *porter* (GB)
posición adelantada (deporte), *offside*
posponer, *to postpone*
práctico, *handy*
precio, *rate*
precio de la propiedad, *land cost*
preguntar, *to inquire*
preguntarse, *to wonder*
preocupación, *concern*
preocuparse, *to worry*
preparación, *training*
preparar una bebida, *to fix a drink*
prescripción, *prescription*
presentación, *performance*
presentador de un noticiario, *newscaster*
presión sanguínea, *blood pressure*
préstamo, *loan*
prestar (dinero), *to loan*
prestar (un servicio), *to handle*
previo aviso (sin), *without notice*
primer piso, *first floor* (GB), *second floor* (EU)
primer plano, *close-up*
primera calidad (de), *top-quality*
primera clase (de), *first-rate*
primera (velocidad), *low(er) gear*
prioridad de paso, *right of way*
privar de, *to deprive of*
probable, *liable*

probador, *fitting room*

probarse, *to try on*

problema, 1) *hassle, trouble* 2) *issue* 3) *problem*

problemático, *troublesome*

procesar, *to process*

producir intereses, *to yield interest*

profundidad, *depth*

programa de dibujos animados, *cartoon show*

programa de preguntas, *quiz show*

programa de variedad, *variety show*

programación (de una red de televisión), *network listings*

programar, *to schedule, to program*

prohibir, *to forbid*

prolongar, *to extend*

promedio, *average*

promedio (en), *on an average*

pronosticar, *to forecast*

pronóstico del clima, *weather forecast*

propina, *tip*

propina (dar), *to tip*

proveer, *to cater, to provide*

próspero, *booming*

protagonizar, *to star*

proveedor, *supplier*

provenir de, *to derive from*

prudente, *wise*

prueba, *token*

prueba de agua (a), *watertight*

pruebas, *evidence*

publicidad, *advertising*

publicidad (hacer), *to advertise*

publicista, *advertiser*

público, *audience*

puente (hacer), *to have a long weekend*

puerco, *hog*

puerro, *leek*

puerta de un patio, *gate*

puerto, *port*

puesto, *stall*

puesto de periódicos, *newsstand*

puesto público, *civil service*

punta, *tip*

punto de reunión, *meeting place*

quedar atrapado, *to get stuck*

quedar bien (una talla), *to fit*

quedarse, *to stay, to stick around* (fam.)

quedarse despierto, *to stay up*

quedarse dormido, *to doze off*

quedarse sin, *to run out of*

queja, *complaint*

quemadura, *burn*

querida/o, *honey*

queso crema, *cream cheese*

quieto, *still*

quitamanchas, *spot remover*

rábano blanco, *horseradish*

racha de derrotas, *losing streak*

ramita, *sprig*

rango, *range*

rango de precios, *price range*

ranura, *slot*

rápido, *speedy*

rasgo, *feature*

rasguño, *scratch*

rayadura, *scratch*

rayos X, *X-ray*

raza, *breed*

razón (tener), *to have a point*

realidad (en), *actually*

realización, *fulfilment*

rebaja, *discount*

rebaja (con), *on sale*

rebasar, *to pass*

rebotar (un cheque sin fondos), *to bounce*

recaudar, *to collect*

recepción, *reception*

receptáculo donde se colocan las bombillas o focos, *socket*

receta, *recipe*

receta médica, *prescription*

rechinido, *squeak*

recibidor, *parlor* (EU), *drawing room* (GB)

recibir, 1) *to receive*, 2) (invitados) *to entertain*

reclinar, *to recline*

reclutado, *recruited*

recoger, *to collect, to pick up*

recoger a alguien, *to pick someone up*

recoger el equipaje, *to collect one's luggage, to retrieve one's bags*

recolección del correo, *pick-up*

recolectar, *to collect*

recompensa, *reward*

reconfirmar, *to reconfirm*
reconsiderar, *to have second thoughts*
recorrer lugares turísticos, *to tour*
recorrido difícil, *tough course*
recorrido turístico (tour)
recorrido turístico (hacer), *to tour*
recuperación, *recovery*
red, *network*
rediseñar, *to redesign*
reducir, *to cut down*
reembolsar, *to refund*
reembolso, *refund, redemption or refund*
reexpedir, *to redirect*
refinado, *sophisticated*
reflexionar, *to think over*
refrescante, *refreshing*
refrigerador, *fridge* (fam.)
regar, *to water*
registrar, *to register*
registrarse en un hotel, *to check in*
registro, *register*
registro de gastos, *record of charges*
reglamento, *regulations*
reglas, *regulations*
reina, *queen*
reino, *reign*
reino de las hadas, *fairyland*
reja, *rack*
rejilla, *rack*
relleno, *filling*
reloj de pulsera, *watch*
remar, *to row*
remitir (una carta), *to forward, to redirect*
remodelar un cuarto, *to do a room over*
remojar, *to soak*
remolcar, *to tow away, to tow*
remordimientos de conciencia, *pangs*
rendimiento, *performance*
renguear, *to limp*
reparar, *to effect repairs, to fix*
reparto, 1) (asignación de papeles), *casting*, 2) (conjunto de actores), *cast*
repelente, *repellent*

repelente de mosquitos, *mosquito repellent*
repetición de una toma, *retake*
repollo, *cabbage*
reponer, *to replace*
reposacabezas (de un asiento), *headrest*
requesón, *cottage cheese*
requisito, *requirement*
resaca, *surf*
reserva, 1) (de indios) *reservation*, 2) (deporte) *stand-in*
reservaciones (hacer), *to make reservations*
reservar, *to set aside*
resfriarse, *to catch a cold*
resfriado, *head cold*
resolver, *to settle*
respirar, *to breathe*
responder, *to answer, to respond*
responsabilidad, *liability*
responsable, *liable*
restaurante junto a una autopista, *truckstop*
restos, *left-overs*
retador, *challenger*
retener, *to hold back*
retirar, *to withdraw*
retiro, *withdrawal*
retiro automático, *automatic withdrawal*
retractarse, *to take back*
retraso, *delay*
retrete, *lavatory, public conveniences, restroom*
reunión, *gathering, party*
revés (dep.), *backhand*
revestimiento, *paneling*
revisar, *to check*
revolver, *to stir*
rey, *king*
ribera, *shore*
rico, *yummy*
rifle, *rifle*
rincones oscuros, *dark corners*
riñón, *kidney*
ristras de chorizos, *sausage links*
ritmo (mús.), *beat*
robo, *rip-off, robbery, theft*

rodilla, *knee*

romper un récord/una marca, *to break a record*

rompimiento, *split*

ronda (hacer una), *to cover a beat*

ronda de vigilancia, *patrol*

ropa blanca, *linen*

ropa de cama, *linen*

ropa deportiva, *sportswear*

ropa que no se tiene que planchar, *wash'n'wear clothes*

ropero, *closet* (EU), *cupboard* (GB)

rosetas de maíz, *popcorn*

rosquilla, *bagel, doughnut, donut*

rueda (de un mueble), *caster*

rueda de la fortuna, *ferris wheel*

ruta, *route, path*

sabio (adj.), *wise*

saco de dormir, *sleeping bag*

sacudir, *to jerk*

sala de abordar, *gate*

sala de estar, *drawing room* (GB), *parlor* (EU)

sala de exhibición, *display room*

salchicha, *sausage*

salida, *outlet*

salida de emergencia, *emergency exit*

salir en busca de algo, *to take to the road*

salmón, salmones, *salmon* (singular colectivo)

salón de un hotel, *cocktail lounge*

salsa condimentada, *relish*

salsa cremosa, *gravy*

salsa de tomate, *catsup*

salsa picante, *chili sauce*

saltar, *to skip*

¡salud!, *cheers!*

saludar con la mano, *to wave*

saludos, *regards*

salvado, *bran*

salvaje, *wild*

sanar, *to cure*

sanción, *penalty*

sandía, *watermelon*

sangrar, *to bleed*

sanitario, *restroom, public conveniences*

saque (deporte), *serve*

sarampión, *measles*

satélite, *satellite*

secadora de ropa, *clothes dryer*

sección rítmica (mús.), *rhythm section*

seco/a, *dried, dry*

secuestrador de aviones, *highjacker*

secuestrar un avión, *to highjack*

secuestro de aviones, *highjacking*

sed, *thirst*

sedán, *sedan*

sede (ser), *to house*

segundo piso, *second floor* (GB), *third floor* (EU)

segundo plano, *background*

seguro a todo riesgo o por pérdida total, *full collision insurance*

seguro contra daños por accidente, *collision damage insurance*

seguro individual, *personal accident insurance, personal coverage*

seguro médico, *health insurance*

seguro por daños a terceros, *third-party insurance*

sellar, *to seal*

semáforo, *traffic lights*

semana (por/a la), *per week*

semilla de soja/soya, *soy bean*

sendero, *path, trail*

sentirse agotado, *to feel run-down*

sentirse descansado, *to feel rested*

señal, *sign*

señal de televisión, *TV signal*

señas (hacer), *to signal*

señas con las manos (hacer), *to wave*

sequía, *drought*

ser asaltado, *to be mugged*

ser sometido a, *to undergo*

ser sometido a una operación, *to undergo an operation*

ser testigo ante un tribunal, *to testify in court*

servicial, *helpful*

servicio, 1) *service*, 2) (a un producto adquirido) *after sales service*, 3) (deporte) *serve*

servicio de mensajes telefónicos, *answering service*

servicio de reservaciones (de una aerolínea), *airline reservations*

servicio público, *civil service*

servicio regular entre dos puntos cercanos, *shuttle service*

servir, *to serve*

severo (clima), *harsh*

sidra, *cider*

siglo, *century*

silenciador del escape, *muffler* (EU), *silencer* (GB)

silla de montar, *saddle*

silla plegable, *folding chair*

silueta, *figure*

silvestre, *wild*

símbolo de posición social, *status symbol*

simpático, *congenial*

sinopsis (de una película), *preview trailer*

sintonizar, *to tune in*

sismo, *earthquake*

sistema de frenos, *braking system*

sistema de sondeo, *rating system*

sitio de taxis, *taxi stand*

sobornar, *to bribe*

sobras, *left-overs*

sobre rotulado y con timbres, *self-addressed stamped envelope*

sol (tomar), *to sunbathe*

solicitud adjunta, *attached application*

solomillo, *sirloin*

soltar, *to loosen*

soltero, *single*

solucionar, *to handle, to settle*

solvencia, *solvency*

somero, *shallow*

somnoliento, *drowsy*

sondeo, *poll*

sonido, *sound*

soñoliento, *drowsily*

soplar, *to blow*

soportar, *to stand*

soporte, *brace*

sorprendente, *amazing*

sostenido (mús.), *sharp*

sótano, *basement*

sótano de ofertas, *bargain basement*

subirse a (un transporte), *to board, to hop on* (fam.)

submarino (adj.), *underwater*

subsistir, *to subsist*

subte(rráneo), *subway* (EU), *underground* (GB)

subtítulos, *subtitles*

suburbios, *suburbs*

sucursal, *branch, branch office, subsidiary*

sudar, *to sweat*

suela (de los zapatos), *sole*

sugerencia, *advice, hint, tip* (fam.)

sugerir, *to advise, to suggest*

suma por pagar, *charge*

sumar, *to add*

suntuoso, *lavish*

superar, *to outweigh*

superar un récord/una marca, *to break a record*

supermercado pequeño, *grocery store*

suplente de un actor (para escenas peligrosas), *stuntman*

suponer, 1) *to suppose*, 2) (EU) *to guess*

supuesto, *to be supposed*

surf, *surf*

suscribirse, *to subscribe*

suscripción, *subscription*

suscriptor, *subscriber*

suspender, *to cut off*

sustituir (a alguien), *to fill in for*

tablero (en un automóvil), *dash (board)*

tablero de controles, *switchboard*

tableta, *tablet*

taburete, *stool*

taller, *shop, workshop*

taller mecánico, *repair shop*

talón, *heel*

tamaño natural (a), *full-size*

tambalearse, *to stagger*

tanque, *tank*

tapete, *carpet, rug*

tapicería, *upholstery*

tardar(se), *to tarry*

tarifa, *rate, fee*

tarifa aérea, *air fare*

tarifa aérea de segunda clase, *coach air fare*

tarifa aérea con descuento, *discount air fare*

tarifa de autobús, *bus fare*

tarifa de segunda clase, *economy fare*

tarifa de un transporte, *fare*

tarifa económica, *economy fare*

tarifa establecida, *flat rate*

tarifa muy económica, *supersaver*

tarifa nocturna, *night fare*

tarjeta (p. ej. de crédito), *card*

tarjetahabiente, *card-holder, holder*

tasa, *rate*

tasa de cambio, *rate of exchange*

taxi a cuadros, *checker cab*

taxi amarillo, *yellow cab*

taxímetro, *meter*

taxista, *cabbie* (fam.), *hack* (fam.)

taza, *cup*

techo corredizo, *sun-roof*

teclado, *keyboard*

técnico calificado, *skilled technician*

tela, *fabric*

tela gruesa, *canvas*

tela que no se tiene que planchar, *wash'n'wear fabric*

teléfono público, *public phone box, pay phone* (EU), *public telephone* (GB)

telegrama, *cable*

telespectador, televidente, *viewer*

televisión, *tube* (fam.)

televisión de circuito cerrado, *CCTV (Closed Circuit Television)*

televisión interactiva, *two-way television*

televisión por cable, *pay cable TV*

televisor, *TV set, tube* (fam.)

temblar, *to shiver*

temporada baja, *low-season*

tendencia, *trend*

tenis (calzado deportivo), *sneakers*

tensión, *stress*

tensión arterial, *blood pressure*

terminal, *terminal*

terminal aérea, *airline terminal*

terminal central (en una red de computadoras), *central terminal*

terminal doméstica, *home terminal*

terminado (haber), *to have finished*

terminar, *to complete, to be through* (EU)

término (en un contrato), *term*

término medio, *medium rare* (meat)

terremoto, *earthquake*

terreno, *field, grounds*

terreno silvestre, *wilderness*

terrorífico, *scary*

testigo ante un tribunal (ser), *to testify in court*

tic-tac (hacer), *to tick*

tienda departamental, *department store*

tiempo (a), *on schedule*

tiempo al aire (en radio o televisión), *air-time*

tiempo completo (de), *full-time*

tiempo libre, *leisure, spare time*

tienda, *shop*

tienda de campaña, *tent*

timón, *rudder*

tímpano, *eardrum*

tintorería, *dry-cleaning*

tipo, *fellow* (fam.)

tipo de cambio, *rate of exchange*

tira, tirita, *strip*

tirador (muy buen), *sharpshooter, marksman*

tiraje (de material impreso), *circulation*

tirar, *to shoot*

tiro libre (deporte), *free kick*

tirón (dar un), *to jerk*

titular de una tarjeta, *card-holder, holder*

titularse, *to graduate*

título universitario, *degree*

toalla, *towel*

tobillo, *ankle*

tocacintas, *cassette deck*

tocadiscos, *turntable*

tocar, 1) (el piano, la trompeta) *to play (the piano, the trumpet),* 2) (un disco) *to play a record*

tocar la bocina/el claxon, *to honk*

tocar tierra, *to land*

tocarle a alguien batear (dep.), *to be up*

todavía, *still*

¡todo listo!, *all set!*

tolerar, *to stand, to allow*

tomacorriente, *outlet* (EU), *socket* (GB)

tomar el control, *to take over*

tomar sol, *to sunbathe*

tomar un atajo, *to take a short cut*

tomar un crucero, *to cruise*

tomar una decisión, *to make a decision*

tomarse un día libre, *to take a day off*

tono (mús.), *key*

tono de marcar, *dial tone* (EU), *dialling tone* (GB)

tono de ocupado, *busy signal* (EU), *busy tone* (GB)

tonos agudos, *treble*

tope, *bump*

torcedura, *sprain*

tormenta, *storm, thunderstorm*

tormenta de granizo, *hailstorm*

tornado, *tornado*

tornamesa, *turntable*

torneo, *tournament*

torniquete, *turnstile*

toro, *bull*

torrejas, *french toast*

tos, *cough*

toser, *to cough*

totalmente alfombrado, *wall-to-wall carpeting*

trabajar (un producto), *to carry*

trabajo, *labor*

tráfico, *traffic*

traje, *outfit, suit*

traje de baño, *bathing suit*

traje de buzo, traje de neopreno, *wetsuit*

traje sastre, *suit*

traje típico, *garb*

trama, *plot*

tranquilizarse, *to calm down*

tranquilo, *still*

transacción, *deal*

transacciones regulares, *scheduled operations*

tránsito, *traffic*

transmisión automática, *automatic shift*

transmisión directa (en), *live*

transmisión estándar, *standard shift*

transmitir, *to transmit*

transparencia, *slide*

transpirar, *to sweat*

transporte, *transportation*

transporte al que hay que transbordar, *connection*

transporte que va y viene con frecuencia entre dos puntos cercanos, *shuttle*

tranvía, *cable car*

trato, *deal*

trato justo, *square deal*

travesaño, *bolster*

tren de aterrizaje, *undercarriage*

tren de carga, *freight train*

tren directo, *through/thru train*

tren postal, *mail train*

tren que va y viene entre dos puntos cercanos, *commuter train, shuttle train*

tribunas, *stands*

trombón, *trombone*

trotar, *to jog*

trucha(s), *trout* (singular colectivo)

tuba, *tuba*

tumulto, *mob scene*

turismo, *sightseeing*

turístico, *scenic*

ubicación, *location*

ubicado, *sited*

ubicado en el centro de la ciudad, *centrally-located*

ungüento, *ointment*

uniforme, *garb*

unir, *to connect, to link*

urgencia, *emergency*

usar (ropa), *to wear*

utilería, *props*

uvas, *grapes*

vacaciones, *vacation*

vacaciones (estar de), *to be on vacation holiday*

vacío, *empty*

vagón, *coach, car*

vagón de pasajeros, *passenger coach*

385

valer, *to be worth*
válido, *valid*
valija, *suitcase*
valor (de un billete), *denomination*
valoración (deporte), *ranking*
vapor (de), *steam-powered*
venado macho adulto, *buck, stag*
vencido (un plazo), *due, overdue*
vendedor/a, *salesperson*
vendedora, *saleswoman*
vendedores/as, *salespeople*
vender a crédito, *to sell on credit*
ventaja, *convenience*
ventana, *window*
ventana trasera, *back window*
ventanilla, *counter, window*
ventanilla de un banco, *teller counter*
ventas a domicilio, *door to door selling*
ventas de casa en casa, *door to door selling*
ventoso, *windy*
ver, *to watch, to spot*
verdad (decir la), *to tell the truth*
vereda, *sidewalk*
verificar, *to check*
verse sabroso, *to look good*
verso, *verse*
vestíbulo (de un hotel), *lobby*
vestido/a, *dressed*
vestidor, *locker room*
vía rápida, *throughfare*
vía de ferrocarril, *railroad*
viajar a dedo, *hitch-hike*
viaje, *trip, ride*
victoria inesperada, *upset victory*
vida (con), *animated*
vida privada, *privacy*
videocasete, *video-cassette*
videocasetera, *VCR (video cassette recorder)*
videocasetera de sistema VHS, *VHS (Video Home System)*
videodisco, *videodisc*
vigencia (sin), *outdated*
vigente, *valid*
vigilante, *caretaker* (GB), *porter* (GB), *warden*

vinagre, *vinegar*
vincular, *to link*
violación, *violation*
virus, *virus*
visera, *sun-visor*
visitar de improviso, *to drop by*
visitar lugares, *to go places*
visitas a lugares turísticos, *sightseeing*
vista, *sight*
vista desde el aire, *bird's-eye view*
vista panorámica, *bird's-eye view*
vitamina, *vitamin*
vitrina, *window*
vivienda, *housing*
vivo (en), *live*
volar a altitud de crucero, *to cruise*
volcar, *to upset*
voltearse (un barco), *to capsize*
volver en sí, *to come round*
votar, *to vote*
vuelo, *flight*
vuelo al que hay que transbordar, *connecting flight*
vuelo alquilado, *charter(ed) flight*
vuelo charter, *charter(ed) flight*
vuelo de regreso, *return flight*
vuelo en segunda clase, *coach flight*
vuelo de lado a lado del país, *cross-country flight*
vuelo nacional, *domestic flight*
vuelo regular, *scheduled flight*
vuelta (en una pista), *lap*
vuelta en U, *U-turn*
wafle, *waffle*
whisky estadounidense de centeno, *rye*
whisky estadounidense de maíz, *bourbon*
zanja, *pit*
zapallito, *zucchini*
zapallo, *pumpkin*
zapatillas, *sneakers*
zona comercial, *shopping district*
zumbar, *to buzz*
zumbido, *humming noise*

GLOSARIO

A continuación aparece una selección de cien palabras y expresiones para que conozca más sobre el pasado y presente de Estados Unidos. Los asteriscos (*) remiten a otras entradas.

AFFIRMATIVE ACTION [afeːrmadiv ækshən]
Discriminación positiva en favor de las minorías, que consiste en establecer límites mínimos para el ingreso a universidades y cargos públicos.

AFL-CIO [ei: ef el - si: ai ouː]
(**American Federation of Labor - Congress of Industrial Organization**)
Surgió de la unión de dos organizaciones en 1995 y es el principal central sindical de Estados Unidos, al cual está afiliada la mayoría de los sindicatos del país. Generalmente apoya al partido demócrata.

AIR FORCE ONE [er fors waːn]
Nombre del avión oficial del Presidente de Estados Unidos.

ALPHABET CITY [alfabeːt siti]
Se le dice así a un distrito ubicado al sureste de **Manhattan***, en Nueva York, donde se encuentran las avenidas **A, B, C, D**, entre la calle 14 oriente y **Houston Street**.

ANTITRUST LAWS [antiːtrəst loːz]
Conjunto de leyes (la primera de las cuales es de 1890) que permiten al gobierno federal de Estados Unidos prohibir que una gran asociación imponga su monopolio (ver **AT&T**).

A.P. [ai pi:], (**ASSOCIATED PRESS**)
Creada en 1848, es la principal agencia de noticias de Estados Unidos (ver **UPI**).

AT&T [ei: ti: an ti:], (**American Telephone and Telegraph**)
Creada en 1885, después de que **Alexander Graham Bell** inventó el teléfono, esta gigantesca sociedad fue privada en 1982 de su

monopolio, por medio de las leyes en contra de los consorcios (ver **Antitrust Laws**).

AWACS [ei:wa:ks], (**Airborne Warning and Control System**)
Se llama así un sistema de control por radares instalado en los aviones militares estadounidenses, capaz de vigilar el planeta entero las 24 horas del día.

AWOL [ei:wo:l], (= **absent without leave**, *ausente sin permiso*)
Siglas empleadas para referirse a un militar desertor o un preso en fuga.

BEVERLY HILLS [be:vərli: hi:ls]
Barrio residencial de Los Ángeles, donde viven muchos artistas de cine y televisión, y donde se encuentran varios estudios de producción. Aquí se encuentra también un **Museum of Television and Radio**, que cubre toda la historia de estos dos medios de comunicación.

BIG EASY [big i:zi:]
Sobrenombre (**nickname**) de Nueva Orleans. Hace alusión a la supuesta vida fácil (**easy**) de sus habitantes (ver **New Orleans**).

BLACK POWER [blæk pa:wər], *poder negro*
Nombre de un conjunto de movimientos de reivindicación de la cultura negra caracterizados por acciones más violentas, a diferencia de las propuestas del pastor **Martin Luther King***, por ejemplo: **Black Muslims**, *Musulmanes Negros*, **Black Panthers**, *Panteras Negras*.

BLACK TUESDAY [blæk tiu:sde:i], *martes negro*
Fue el 29 de octubre de 1929, el día más "negro" de la gran crisis bursátil de 1929 que produjo la depresión de los años treinta.

BOURBON [bərbən], ver **Whiskey**.

BROADWAY [bro:dwei]
Es la única avenida de Nueva York que no corre recta, sino que cruza la isla de **Manhattan*** de noroeste a sureste. Fue construi-

da por holandeses sobre una antigua ruta india y es famosa por su gran número de cines, teatros y anuncios luminosos. En relación con esto, a los teatros no convencionales se les conoce como **off-Broadway** y **off-off-Broadway**.

BRONX [brɛnks]

Es uno de los cinco **boroughs** (*distritos*) de la ciudad de Nueva York y el único que se extiende sobre tierra firme al norte de **Manhattan***, del cual está separado por el **Harlem River**.
El distrito obtuvo su nombre del de un propietario danés, **Johannes Broncks**, y está habitado por distintas minorías étnicas (afroamericanos, asiáticos, latinoamericanos).
Aunque se consideró durante mucho tiempo como un territorio de guerras de pandillas, policías corruptos, edificios derruidos y cubiertos de *grafiti*, ahora el **Bronx** se está volviendo un distrito normal, a partir de la campaña **zero tolerance** (*tolerancia cero*) de la alcaldía de Nueva York (ver **New York**).

BUCK [bak]

Término del argot para referirse al dólar. Seguramente se originó en el intercambio de pieles de venado (**buck**) por mercancías.

BROOKLYN [bru:klən]

Fundado, al igual que **Manhattan***, por holandeses y llamado antiguamente Brenckelen (**Broken Land**, *tierra rota*), es uno de los cinco **borroughs** (*distritos*) incorporados a la ciudad de Nueva York en 1898. **Brooklyn** está conectado con **Manhattan** por un túnel y tres puentes, entre ellos el famoso **Brooklyn Bridge**, que pasa por encima del **East River** y fue inaugurado en 1883.

CAJUN [keidʒən]

Nombre que reciben los estadounidenses francófonos del estado de Luisiana, descendientes de canadienses franceses expulsados de Acadia en 1775 porque se negaban a someterse a Gran Bretaña.

CAMP DAVID [kæmp dei:vəd]

Ubicado en el estado de **Maryland**, es una de las casas de campo y sitio de negociaciones de los presidentes de Estados Unidos.

CAPITOL HILL [kæpidəl hi:l], *La colina del capitolio*
Colina que se eleva sobre **Washington D.C.***, la capital de Estados Unidos, y que constituye la sede del Congreso (**Congress**). Las palabras **Capitol Hill** o **The Hill** se usan también para referirse a la Cámara de Representantes (**House of Representatives**) y al Senado (**the Senate**) [si:neit]).

CENTRAL PARK [sentrəl pɜrk]
Este parque está ubicado en el centro de **Manhattan***, entre las avenidas Quinta y Octava (800 metros de ancho) y entre las calles 59 y 110 (4 km de largo). Se empezó a construir en 1858 y se inauguró en 1876. Cuenta con más de 75 000 árboles, una gran variedad de aves, dos zoológicos, un lago, numerosos campos de juego y, junto a la Quinta Avenida, el **Metropolitan Museum of Art**.

CIA [si: ai: ei:] (**Central Intelligence Agency**, *Agencia Central de Inteligencia*)
Es el servicio de espionaje y contraespionaje del gobierno estadounidense. Está ubicada el **Langley**, en el estado de Virginia, y fue creada en 1947.

DA [di: ei:], **district attorney**
Fiscal de un distrito judicial.

DC [di: si:]
Iniciales de **District of Columbia**, territorio federal donde está ubicada la capital de Estados Unidos, **Washington D.C.*** Este distrito fue creado en 1790 y es independiente de los demás estados.

DEATH VALLEY [de:θ væli:], *El valle de la muerte*
Zona desértica del sureste de California, ubicada bajo el nivel del mar. Es el lugar más caluroso de Estados Unidos: el 10 de julio de 1913 la temperatura alcanzó los 134° Fahrenheit (57° centígrados) y provocó que las aves murieran en pleno vuelo.
No obstante, este lugar atrae más de un millón de visitantes al año y alberga más de 600 especies de plantas y una gran variedad de mamíferos, insectos y reptiles.

GLOSARIO

DEEP SOUTH [di:p sau:θ]

Nombre que recibe un conjunto de los estados del sur de Estados Unidos, en particular **Alabama, Georgia, Louisiana y Mississippi**, que antiguamente fueron esclavistas y ahora tienen tendencias conservadoras.

DELICATESSEN [deli:kate:sən]

Se suele abreviar **deli**. Se trata de restaurantes y servicios de comida a domicilio que preparan comida judía de Europa Central y son muy numerosos en Nueva York.

DOGGY BAG [dɐgi: bæg], literalmente *bolsa para perro*

Bolsa de papel que se regala en los restaurantes para llevarse los restos de la comida.

DOLLAR [dələr]

- Esta palabra viene del alemán **thaler**, moneda creada bajo Carlos V (1500-1558) y llamada así porque se fabricaba en un valle (que en alemán se dice **thal**).
- El dólar se representa por los símbolos $ o US$ y se divide en 100 centavos (Cc o ¢).
- Las **coins** (*monedas*) que se usan son:

  1 cent: copper coin, *moneda de cobre*, o **penny**

  5 cents: nickel [ni:kəl]

  10 cents: dime [daim]

  25 cents: quarter [kuərdər]

  50 cents: half-dollar

  $1: silver coin, *moneda de plata*
- Los **bills** (*billetes*) que se usan son de $1, $2, $5, $10, $20, $50, $100, $500 y $1000. Este último también se suele llamar **grand** (ver **greenback, buck**).

DOW JONES [dau dʒo:uns]

Se trata de un índice, creado en 1884 por **Charles Dow** y **Edward Jones**, que representa el valor promedio (**average**) de las acciones de las 30 principales sociedades cotizadas en la Bolsa de Nueva York, **The New York Stock Exchange**.

GLOSARIO

ELLIS ISLAND [elis **ai**:land]
Esta pequeña isla, ubicada muy cerca de la Estatua de la Libertad (**Statue of Liberty***), en la bahía de Nueva York, sirvió como centro de examinación y selección de los inmigrantes entre finales del siglo XIX y mediados del XX. A partir de 1990 es sede del Museo de la Inmigración.

E.O.E. [i: ou: i:] (**Equal Opportunity Employer**)
Persona que, como exige la ley, contrata a sus empleados sin distinción de raza, religión, sexo, etc. (**regardless of race, religion, sex, etc.**).

FBI [ef bi: ai:] (**Federal Bureau of Investigations**)
Se trata de una agencia federal encargada de la seguridad interna de Estados Unidos. Fue creada en 1908 e instalada en Washington, y se volvió famosa, primero por su lucha contra los mafiosos traficantes de alcohol durante la época de la prohibición (1919-1933) y luego, contra los comunistas durante la guerra fría (**Cold War**).

FIRST LADY [fərst **lei**:di:]
Título honorífico que recibe la esposa de cada Presidente de Estados Unidos.

FOOTBALL (American Football)
- Este deporte se originó en el rugby y en el fútbol europeo y se juega en una cancha de unos 500 × 50 metros. Los puntos se anotan en los extremos del campo, en un tramo de alrededor de 10 metros y en unos postes parecidos a los del rugby.
- Cada equipo (**team**) está formado por once jugadores (**players**) protegidos con cascos (**helmets**) y un recubrimiento (**padding**) para el cuerpo. Los partidos se dividen en cuatro partes (**quarters**) de quince minutos cada una y los equipos cambian de campo entre cada **quarter**. El equipo que tiene el balón (que es de forma ovalada) intenta avanzar hacia la meta (**end-zone**) del equipo contrario (**opposing team**). Esto lo puede lograr si un jugador corre hacia la meta o si se arroja la pelota y otro jugador la atrapa. Los atacantes (**the "offense"**) conservan el balón hasta que el equipo adversario (**opponent**) logre quitárselo de las manos o intercep-

tar un pase (**pass**). Además, si después de cuatro intentos (**down**) no han logrado avanzar más de diez **yards** (alrededor de diez metros), el balón pasa al equipo contrario. Si un jugador entra corriendo con el balón a la zona de meta del equipo contrario o lo atrapa en esta zona y lo lanza al suelo, anota un **touch-down**, que vale 6 puntos. El intento puede fracasar si ocurre un **scrimmage** (melé o enfrentamiento de jugadores) en la línea de tres **yards** o si el balón rebota en uno de los postes.

Este deporte se divide en **professional football** y **college** o **intercollegiate football**, donde juegan los equipos universitarios.

FRENCH QUARTER [french **kuo:**rter], *barrio francés*
Parte histórica de **New Orleans***, que data del siglo XVIII y se ha convertido en una zona turística.

G.I. [dʒiː aiː]
Estas iniciales se refieren a los soldados estadounidenses y provienen de **Government issue**, *equipo proporcionado por el gobierno* y que permitía vestir a los soldados.

GOLDEN GATE BRIDGE [gouldn geiːt brədʒ]
Fue inaugurado en 1937 y es uno de los puentes suspendidos (**suspended bridge**) más largos del mundo. Mide dos kilómetros y está pintado de anaranjado para ser más visible en la neblina. Pasa por encima del **Golden Gate**, un brazo de agua que conecta la bahía de San Francisco con el océano Pacífico.

GREAT LAKES [greiːt leiːks], *Los grandes lagos*
Se llama así el conjunto de cinco lagos conectados que se encuentra en la frontera entre Estados Unidos y Canadá:
- **Lake Superior** (82 000 km²), es el más amplio y forma la frontera entre Estados Unidos y Canadá.
- **Lake Michigan** (58 000 km²).
- **Lake Erie** (26 000 km²), desemboca en **Lake Ontario** a través de las Cataratas del Niágara (**Niagara Falls**).
- **Lake Huron** (60 000 km²).

Este conjunto de lagos constituye la mayor reserva de agua dulce del mundo y está conectado al océano Atlántico por medio del río San Lorenzo (**Saint Lawrence River**).

GLOSARIO

GREENBACK [griːn bæk]
Es el nombre familiar que recibe el **dólar***, debido al color verde de los billetes.

GREEN CARD [griːn kɐrd]
Documento oficial emitido por el departamento de inmigración y que autoriza a su titular a trabajar en Estados Unidos.

GUGGENHEIM MUSEUM [gugənhaiːm miːuziːəm]
Museo de arte moderno construido en **New York*** entre 1956 y 1959 por el arquitecto **Frank Lloyd Wright** (1867-1959) para recibir las pinturas y esculturas modernas de la fundación del mecenas **Solomon R. Guggenheim**.
Ubicado sobre la Quinta Avenida junto al **Central Park***, es famoso por su forma de cono invertido con una inmensa escalera helicoidal.

HACKER [hækər]
Fanático de las computadoras que se las ingenia para meterse a los sistemas informáticos más complejos y mejor protegidos.

HARLEM [harləm]
Ubicado al noroeste de **Manhattan*** (entre las calles 96 y 168), este barrio era originalmente un pueblo indio que los holandeses colonizaron en 1658 y bautizaron con el nombre de **Nieuw Haarlem**.
De ser un barrio tranquilo e incluso residencial y luego, en los años veinte, un animado centro de vida nocturna (**Cotton Club**), **Harlem** se volvió una zona de crimen y degradación urbana (**urban decay**), cuya principal víctima fue la población, en su mayoría negra y puertorriqueña. Actualmente está en marcha un movimiento de restauración urbana.

HILLBILLY [hilbiliː]
Palabra familiar para referirse a los habitantes de la montaña y el campo.
Una famosa serie de televisión de Estados Unidos, **The Beverly Hillbillies**, describe las aventuras de una familia de **hillbillies** que se instala en el medio esnob de **Beverly Hills***.

Impeachment [impi:chme:nt]
Procedimiento que permite juzgar e incluso destituir a un miembro del poder ejecutivo estadounidense.
Quien decide si se emprende es la Cámara de Representantes (**The House of Representatives**) y quien lleva a cabo el proceso es el Senado (**The Senate**).

International Herald Tribune [intənæshonəl he:rəld tri:biu:n]
Diario publicado en Francia (Neuilly), pero que pertenece al **New York Times*** y al **Washington Post***, de los que extrae sus editoriales.

John Doe [dʒən du:]
Nombre que se refiere a un hombre cualquiera, como cuando se dice Fulano de Tal o Juan Pérez.

JPL [dʒei: pi: e:l] (**Jet Propulsion Laboratory**)
Centro de investigación avanzada ubicado cerca de Pasadena (estado de California), especializado en el trabajo con imágenes computarizadas provenientes del espacio.

Lincoln Center [linkən sentər]
Centro cultural ubicado en **Manhattan***, al oeste de **Central Park***. Cuenta con salas de concierto, teatros y foros de danza.

Madison Avenue [mædisən æveniu]
Avenida de **Manhattan*** (la Sexta) donde están ubicadas las principales agencias de publicidad de Estados Unidos y cuyo nombre se usa para referirse al mundo de la publicidad.

Madison Square Garden [mædisən skue:r gɐrdən]
Gran estadio techado, ubicado en **Manhattan***, hacia arriba de la enorme estación **Pennsylvania Station** (Séptima avenida y calle 33).

Main Street [mei:n stri:t]
Nombre que recibe la calle principal en la mayoría de las pequeñas ciudades de Estados Unidos y que representa a la clase media.

GLOSARIO

MALL [mɐl]
Nombre de la enorme avenida de **Washington*** que va desde el **Capitol** hasta el río **Potomac**. Sobre esta avenida se encuentran nueve museos de la **Smithsonian Institution***.

MANHATTAN [manhætən]
Los holandeses que compraron esta isla a los indios **Algonquins** en 1626 por 60 florines conservaron el nombre indio, aunque también la bautizaron New Amsterdam.
La isla mide 25 km de largo por 5 km de ancho y tiene una superficie de 57 km. Está rodeada por tres ríos: el **Hudson River** al oeste, el **East River** al este y el **Harlem River** al norte.
Manhattan es el más pequeño, el más antiguo y el más famoso de los cinco **boroughs** (*distritos*) que forman la ciudad de Nueva York.

MARTIN LUTHER KING [martən luθər ki:ŋ]
Pastor negro nacido en 1921 y asesinado en 1968. Defensor de la integración de los negros en la sociedad estadounidense y partidario de obtener los derechos civiles sin usar la violencia, obtuvo el Premio Nobel de la Paz en 1964 después de haber organizado en 1963 un histórico mitin de 200 000 personas en **Washington**. El 15 de enero, su día de nacimiento, se ha convertido en un feriado nacional en Estados Unidos.

M.I.T. [em ai: ti:] (**Massachussets Institute of Technology**)
Institución multidisciplinaria (ciencia, tecnología, economía) de docencia e investigación de muy alto nivel, ubicada en **Cambridge**, en las afueras de **Boston**, al igual que la Universidad de **Harvard**.

MODEL T [mədəl ti:]
Primer automóvil que se fabricó en serie (entre 1909 y 1927), en las fábricas de Henry Ford. Este automóvil era negro y Henry Ford siempre repetía: *You can have any color you like, as long as it's black*, *Puede elegir el color que quiera, mientras sea negro*.

MOMA [moma:]
Abreviación del **Museum of Modern Art**, ubicado en el centro de **Manhattan*** (en la calle 53).

GLOSARIO

MORMONS [moːrmənz]
Seguidores (cerca de diez millones) de una iglesia fundada en 1830. Los mormones se instalaron en el estado de Utah y crearon en **Salt Lake City** un centro de documentación que reúne y conserva en micropelícula los datos de miles de millones de hombres y mujeres para lograr el bienestar de sus almas.

MOUNT RUSHMORE MEMORIAL [maunt rəshmor memoːriel]
Conjunto de esculturas gigantescas de los rostros de cuatro presidentes de Estados Unidos: **Georges Washington, Thomas Jefferson, Abraham Lincoln** y **Theodore Roosevelt**. Los rostros fueron esculpidos por el escultor **G. Borgum** entre 1927 y 1941 en el granito de las **Black Hills**, región montañosa del estado de **Dakota**, y aparecieron como escenografía en la película **North by North West** (1959), *Con la muerte en los talones*, de **Alfred Hitchcock** (ver **Presidents of the United States**).

NAACP [en eiː eiː siː piː] (**National Association for the Advancement of Colored People**)
Asociación creada en 1909 para defender los derechos de los negros en Estados Unidos.

NASA [næsə] (**National Aeronautics and Space Administration**)
Agencia federal creada en 1958 para dirigir la conquista del espacio. Los lanzamientos de naves espaciales se realizan en **Cape Kennedy** (antes llamado **Cape Cañaveral**) y el centro de operaciones está en Houston (Texas).

NASHVILLE [næshvəl]
Ciudad del estado de **Tennessee** y templo de la **country music**, música popular estadounidense. En Nashville hay numerosos estudios de grabación, así como una de las principales salas de música de Estados Unidos, el **Grand Ole Opry**.

NATO [neitouː] (**North Atlantic Treaty Organization**, *OTAN, Organización del Tratado del Atlántico Norte*)
Tratado de alianza militar firmado en **Washington** en 1949, entre Estados Unidos, Canadá, Turquía y varios países europeos.

GLOSARIO

NEW DEAL [niu: di:əl], literalmente *nuevo trato*
Programa gubernamental de ayuda económica lanzado en 1933 por el presidente **Frank Delano Roosevelt** para combatir el desempleo y la miseria producidos por la crisis económica de 1929 (ver **Black Tuesday**).

NEW FRONTIER [niu: frənti:ər], literalmente *nueva frontera*
Inspirada en el programa **New Deal***, fue la fórmula empleada por **John F. Kennedy**, candidato a la presidencia, para definir sus principales objetivos: combate a la pobreza, conquista del espacio.

NEW ORLEANS [niu: orli:ns]
Fundada en 1718 y llamada así en honor del duque de Orleans, **New Orleans** perteneció a Francia de 1718 a 1762 y de 1800 a 1803. Luego Napoleón I se la vendió a Estados Unidos, junto con Louisiana, por 15 millones de dólares.

NEW YORK CITY [niu: io:rk si:di:]
La ciudad de Nueva York, que tiene una población de 7.5 millones de habitantes, agrupa cinco grandes distritos llamados **boroughs** [bo:rəs]: **Manhattan***, **Brooklyn***, el **Bronx***, **Queens*** y **Staten Island***.

NEW YORK TIMES [niu: iork ta:ims]
Fundado en 1851, es uno de los diarios estadounidenses más antiguos, y es copropietario del **International Herald Tribune***.

OVAL OFFICE [ɐvəl ɐfəs]
Despacho del Presidente de Estados Unidos en la Casa Blanca (**the White House**).

P.C. [pi: si:] (**politically correct**)
Nombre que recibe un movimiento que condena la discriminación de los negros y las mujeres, y que exige la igualdad de derechos en la educación y el empleo. Sus declaraciones han llegado a ser dogmáticas y excesivas, sobre todo en ciertas universidades.

GLOSARIO

PENTAGON [peːntagən]
Nombre que recibe la Secretaría de la Defensa de Estados Unidos (**US Department of Defense**) porque su sede en **Arlington**, Virginia, es un edificio pentagonal. Reúne cerca de 25 000 empleados.

PRESIDENTS OF THE UNITED STATES
Siglos XVIII-XIX

1789	Georges Washington		Siglo XX
1797	John Adams	1905	Theodore Roosevelt°
1801	Thomas Jefferson	1909	William Taft°
1809	James Madison	1913	Woodrow Wilson*
1817	James Monroe	1921	Warren Harding°
1825	John Quincy Adams*	1923	Calvin Coolidge°
1829	Andrew Jackson*	1929	Herbert Hoover°
1837	Martin Van Buren*	1933	Franklin D. Roosevelt*
1841	William Harrison*	1945	Harry Truman*
	John Tyler	1953	Dwight Eisenhower°
1845	James Polk*	1961	John F. Kennedy*
1849	Zachary Taylor*	1965	Lyndon Johnson*
1850	Millard Fillmore	1969	Richard Nixon°
1853	Franklin Pierce*	1974	Gerald Ford°
1857	James Buchanan*	1977	Jimmy Carter*
1861	Abraham Lincoln°	1981	Ronald Reagan°
1865	Andrew Johnson°	1989	George Bush°
1869	Ulysses Grant°	1993	Bill Clinton*
1877	Rutherford Hayes°		
1881	James Garfield°		
1885	Grover Cleveland*		
1889	Benjamin Harrison°		
1893	Grover Cleveland*		° **Republican Party**
1897	William McKinley°		* **Democratic Party**

PULITZER PRIZE [pulitzər praiːz]
Este galardón, instituido por el periodista **Joseph Pulitzer** (1847-1911) y otorgado desde 1917 por la Universidad de **Columbia**, premia la obra de periodistas, escritores o fotógrafos.

GLOSARIO

QUEENS [kui:ns]

Es el más grande de los cinco **boroughs** (*distritos*) de la ciudad de **New York*** (cubre 1/3 de su superficie). Fue bautizado con este nombre por los ingleses del siglo XVII en honor de *Catalina de Bragance*, esposa del rey de Inglaterra **Charles II** (1630-1685). En este distrito se encuentran los dos grandes aeropuertos de Nueva York: **La Guardia** y **John F. Kennedy (JFK)**.

RESERVATION [rəsərveishən], *reserva (de indios)*

En Estados Unidos viven alrededor de dos millones de indios, quienes tienen la nacionalidad estadounidense desde 1928. Una tercera parte de ellos vive en reservas distribuidas en 35 estados. Cada reserva posee su propio gobierno, tribunal y policía, pero está sujeta a las leyes federales.

ROCKEFELLER [rɐkəfe:lər]

- A partir de 1863, **John Davidson Rockefeller** (1839-1937) estableció una serie de refinerías de petróleo, cuya fusión en 1870 dio lugar a la compañía **ESSO** [iso], siglas provenientes de la pronunciación de las primeras letras de **Standard Oil of Ohio**. Financió la Universidad de Chicago y creó la **Rockefeller Foundation** y el **Rockefeller Institute of Medical Research**.

- **John D. Rockefeller II** construyó el **Rockefeller Center**, en las avenidas Quinta y Sexta de Nueva York, y donó el terreno donde se construyó el edificio de la Organización de las Naciones Unidas (**United Nations Building**).

- **David Rockefeller** fue presidente del **Chase Manhattan Bank** y **Nelson A. Rockefeller** fue alcalde de Nueva York y vicepresidente de Estados Unidos.

SILICON VALLEY [sili:kən væli:], literalmente *valle del silicio*

Valle de California ubicado entre **San Francisco** y **San José**, cercano a **Palo Alto**, conocido por su gran concentración de laboratorios de investigación y centros de alta tecnología (varios miles, entre ellos los de **Apple, Hewlett-Packard, Oracle, Netscape**). Su nombre proviene del silicio que se usa para los **chips** (microprocesadores de las computadoras) que se fabrican ahí mismo.

GLOSARIO

SMITHSONIAN INSTITUTION [smiθsouːniən instiːtiuːshən]
Institución creada en 1846 para administrar el legado del inglés **James Smithson** en Estados Unidos, donde contribuyó a fomentar la difusión de la ciencia. La institución, formada por 15 museos (trece de los cuales están sobre la **Mall*** de **Washington***), es administrada por un Consejo de "regentes", **board of regents**, al cual pertenecen el vicepresidente de Estados Unidos y el jefe de la Suprema Corte.

SOHO [soːhoː]
Este antiguo barrio de tiendas y almacenes, ubicado al sur de **Manhattan***, se volvió a partir de los años sesenta un barrio de artistas y galerías de arte. La **H** mayúscula de **SoHo** recuerda que el barrio se ubica **South of Houston Street**.

STATEN ISLAND [stɐtən aiːlənd]
Esta isla es uno de los cinco **borroughs** (*distritos*) de la ciudad de **New York***. Se llega en transbordador desde **Manhattan*** o cruzando los puentes que la conectan con **Brooklyn*** y **Long Island**.

STAR-SPANGLED BANNER [starspæŋəld bænər], literalmente *"La bandera adornada de estrellas"*
Esta canción fue escrita en 1841 por **Francis Scott Key** (1779-1843) durante un bombardeo de los ingleses a **Baltimore** y, en 1916, el presidente **Wilson** la declaró himno nacional.

STATUE OF LIBERTY [statiuː əf liːbərtiː]
Regalo que en 1886 le hizo Francia a Estados Unidos para celebrar la amistad entre los dos países. La estatua, de 33 metros de alto, se eleva sobre una pequeña isla de la bahía de Nueva York y es la figura de una mujer que enarbola una antorcha. Fue obra del escultor Auguste Bartoldi (1834-1904) y la armazón que la sostiene fue construido por Gustave Eiffel.

SUNSET BOULEVARD [sənset buːləvərd]
Ubicada en **Los Angeles**, esta avenida de varios kilómetros de largo es una de las más famosas de **Hollywood**. En ella están instalados los estudios de cine de la **20th Century Fox**. Le dio nombre a un clásico del cine de los años cincuenta, "**Sunset**

Boulevard" (1950), de **Billy Wilder**, con **Gloria Swanson** y **William Holden**.

SUPERBOWL [supərbo:u:l]
Nombre que recibe la final de la temporada de fútbol americano que se juega en enero de cada año.

TEAMSTERS UNION [ti:mstərs iuni:ən], literalmente *Sindicato de Camioneros*
También llamado **International Brotherhood of Teamsters**, *Hermandad Internacional de los Camioneros*, es el sindicato más grande de Estados Unidos. Fue creado en 1903 y tiene varios millones de afiliados.

TIMES SQUARE [taim skue:r]
Glorieta ubicada en el centro de **Manhattan*** (entre **Broadway*** y la Séptima avenida) que se ha vuelto famosa por sus cabarets, cines, teatros y anuncios luminosos. El nombre proviene de la proximidad del edificio del **New York Times***.

TOEFL [toi:fəl] (**Test of English as a Foreign Language**)
Examen de lengua que deben presentar los estudiantes que no hablan inglés y que quieren entrar a una universidad estadounidense.

UPI [iu: pi: ai:] (**United Press International**)
Es la segunda agencia de noticias más importante de Estados Unidos (ver **A.P.**).

VICE PRESIDENT [vais pre:sidənt]
Se le conoce familiarmente como **The Veep**. Es elegido junto con el presidente, dentro del mismo **ticket** (*planilla*), y lo puede sustituir en caso de enfermedad, muerte, dimisión o destitución.

WALL STREET [wo:l stri:t]
Pequeña calle del sureste de **Manhattan*** cuyo nombre se deriva de un muro (**wall**) construido en 1653 por el gobernador holandés **Peter Stuyvesant** entre el **Hudson River** y el **East River**. En 1699 los ingleses derribaron el muro y lo sustituyeron por una

calle, **Wall Street**, donde se instaló la primera casa de bolsa de Estados Unidos, la **New York Stock Exchange**.
De ahí que las palabras **Wall Street** se usen actualmente para referirse al mundo financiero.

WASHINGTON D.C. [washiŋtən di: si:]
Es la capital federal de Estados Unidos y fue diseñada en 1791 por un arquitecto francés inmigrado, Pierre Charles l'Enfant, a partir de un mapa cuadriculado.

• Las calles que corren de oriente a poniente llevan por nombre las letras A, B, C, D, etc. (con excepción de las letras J, X, Y y Z).

• Las calles que corren de norte a sur se numeran a partir del **Capitol***: **2nd Street NW** (en dirección noroeste), **2nd Street NE** (en dirección noreste), etc.

WASHINGTON POST [washiŋtən pouːst]
1) Uno de los principales diarios de Estados Unidos. Se volvió famoso por su investigación del caso **Watergate (1)**, que llevó a la dimisión del presidente **Richard Nixon** para evitar el **impeachment***. Este diario es propietario del semanario **Newsweek** y copropietario del diario **International Herald Tribune***.
2) Hotel donde el cuartel general del partido demócrata fue espiado con un equipo teledirigido por los allegados de **Richard Nixon**.

WASP [wæsp] (**White Anglo-Saxon Protestant**, *protestantes anglosajones y blancos*)
Nombre que reciben los estadounidenses blancos de religión protestante, de origen británico o a veces alemán, a menudo conservadores, que se consideran superiores a los estadounidenses de origen católico (italianos, hispanos, irlandeses), judío (de Europa central) y asiático. Actualmente ya no constituyen la mayoría de la población.

WEST POINT [west poiːnt]
Academia militar federal fundada en 1802 y encargada de formar a los **cadets** (*cadetes*), hombres y mujeres que reciben un **stipend** (*salario*) para cubrir sus gastos.

GLOSARIO

WHISKEY [wi:ski:]
Forma de escribir en Estados Unidos (e Irlanda) la palabra **whisky** (que a su vez tiene origen celta/gaélico: **uisce beatha**, *agua de vida*). En Estados Unidos se distinguen cuatro tipos:
- **Straight whiskey**, que se produce a partir de un solo cereal, ya sea centeno (**rye**), maíz (**corn**) o malta (cebada germinada, **malt**).
- **Rye whiskey**, elaborado exclusivamente con centeno.
- **Bourbon (whiskey)**, elaborado con por lo menos 51% de maíz (**corn**) y añejado en barriles de roble cuyo interior se quema previamente. Para merecer su nombre, debe provenir del condado de **Bourbon**, en el estado de **Kentucky**.
- **Blended whiskey**, combinación de dos o más **straight whiskeys**.

YANKEE [i:ænki:]
Sobrenombre de los estados del norte y de los soldados de esos estados durante la guerra de Secesión (1861-1865). Para los extranjeros la palabra **Yankee** o **Yank** se aplica a todos los estadounidenses.

YELLOWSTONE NATIONAL PARK [ielou:stoun]
En 1872 el Presidente de Estados Unidos **Ulysses Grant** firmó una ley que dio lugar al primer parque nacional de Estados Unidos, el **Yellowstone National Park**. Está ubicado al noroeste del estado de **Wyoming** y cuenta con cerca de 3 000 fuentes termales de origen volcánico.

WWW [dəbliu dəbliu dəbliu] (**World Wide Web**, literalmente *telaraña mundial*)
Sistema informático que permite tener acceso a los documentos multimedia (textos, imágenes, sonido) de la **Internet**.

SITIOS EN INTERNET

En las siguientes páginas usted encontrará direcciones de sitios estadounidenses reconocidos.
Para profundizar en su búsqueda de páginas en la Red puede utilizar la guía temática de **Yahoo!** (http://www.yahoo.com) o el buscador **Alta Vista** (http://www.altavista.com).

DIARIOS

Time	http://cgi.pathfinder.com/time/
Newsweek	http://www.newsweek.com/
New York Times	http://www.nytimes.com/
Washington Post	http://www.washingtonpost.com/

TELEVISIÓN

ABC	http://www.abcnews.com/
CBS	http://www.cbs.com/
CNN	http://www.cnn.com/
FOX	http://www.foxnews.com
MSNBC (Microsoft/NBC)	http://www.msnbc.com
Museum of Television and Radio (New York, Los Angeles)	
	http://www.mtr.org/
Public Broadcasting Service	http://www.pbs.org/

CINE

Películas estadounidenses actuales en CNN
http://www.cnn.com/SHOWBIZ/Movies/
Disney's blasts online
http://www.disneyblast.com/Preview/index.html
Hollywood on line
http://www.hollywood.com/
Hollywood Reporter
http://www.hollywoodreporter.com/

SITIOS EN INTERNET

Internet Movie Database
(banco de información sobre cine, sobre todo estadounidense)
http://us.imdb.com/

Library of Congress (Washington)

http://rs6.loc.gov/papr/mckhome.html

MGM

http://www.mgm.com/

AGENCIAS DE NOTICIAS

Associated Press	http://www.ap.org/
United Press International	http://www.upi.com/

UNIVERSIDADES

CALTECH (California Institute of Technology)
http://www.caltech.edu/
UCLA (University of California in Los Angeles)
http://www.ucla.edu/
University of Berkeley http://www.berkeley.edu/
University of Harvard http://www.harvard.edu/
University of Princeton http://www.princeton.edu/
USC (University of South California)
http://www.usc.edu/

MUSEOS

J. Paul Getty Museum	http://www.ahip.getty.edu/
MOMA	http://www.moma.org/
Museum of Fine Arts, Boston	
	http://www.mfa.org/home.html
Solomon R. Guggenheim Museum	
	http://www.guggenheim.org/

SITIOS EN INTERNET

The Metropolitan Museum of Art
http://www.metmuseum.org/
The National Gallery of Art   http://www.nga.gov/
Warhol Museum   http://www.clpgh.org/warhol/

MAPAS

Yahoo maps   http://maps.yahoo.com/py/maps.py

CIUDADES

Los Angeles   http://www.nwsla.noaa.gov/
New York   http://www.panynj.gov/
http://www.sara.nysed.gov/
San Francisco   http://www.nps.gov/safr/
http://quake.wr.usgs.gov/more/1906/

INVESTIGACIÓN Y TECNOLOGÍA

Bell Labs   http://www.bell-labs.com/

Jet Propulsion Laboratory   http://www.jpl.nasa.gov/

Massachussetts Institute of Technology
http://web.mit.edu/

Medialab (antena multimedia del MIT)
http://www.media.mit.edu

NASA   http://www.nasa.gov/

SITIOS DEL GOBIERNO

White House
http://www.whitehouse.gov/WH/Welcome.html

Council of Economic Advisers
http://www.whitehouse.gov/WH/EOP/CEA/html/CEA.html

SITIOS EN INTERNET

National Security Council (NSC)
http://www.whitehouse.gov/WH/EOP/NCS/html/
nschome.html

Office of Management and Budget (OMB)
http://www.whitehouse.gov/WH/EOP/omb

Office of Science and Technology Policy
http://www.whitehouse.gov/WH/EOP/OSTP/html/OSTP_

United States Trade Representative
http://www.ustr.gov/

ÍNDICE

ÍNDICE

ÍNDICE

ESTADOS UNIDOS DE NORTEAMÉRICA

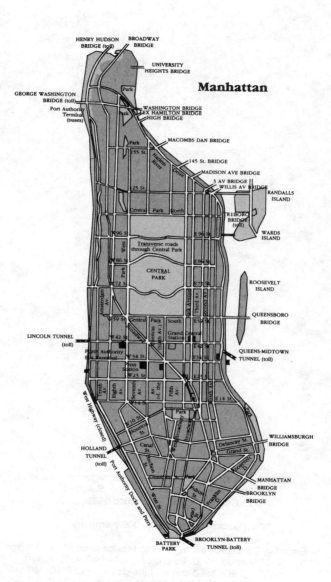

Manhattan

HENRY HUDSON BRIDGE (toll)
BROADWAY BRIDGE
UNIVERSITY HEIGHTS BRIDGE
GEORGE WASHINGTON BRIDGE (toll)
Port Authority Terminal (buses)
WASHINGTON BRIDGE
ALEX HAMILTON BRIDGE
HIGH BRIDGE
MACOMBS DAN BRIDGE
Park
155 St.
Harlem River Drive
145 St. BRIDGE
MADISON AVE BRIDGE
3 AV BRIDGE
WILLIS AV BRIDGE
125 St.
RANDALLS ISLAND
Central Park North
TRIBORO BRIDGE (toll)
WARDS ISLAND
W 96 St
E 96 St
Transverse roads through Central Park
W 86 St
E 86 St
CENTRAL PARK
W 72 St
E 72 St
ROOSEVELT ISLAND
Amsterdam Av.
Park Avenue
Third Av.
Second Av.
W 59 St
Central Park South
QUEENSBORO BRIDGE
LINCOLN TUNNEL (toll)
Broadway
Americas (Sixth Av.)
Grand Central Station
E 57 St
E 42 St
W 42 St
Port Authority Bus Terminal
E 34 St
QUEENS-MIDTOWN TUNNEL (toll)
W 34 St
Penn Station
E 23 St
W 23 St
Tenth Av.
Eighth Av.
Seventh Av.
Av. of the Americas
Fifth Av.
First Av.
E 14 St
W 14 St
Park
E 10 St.
Houston
Broadway
WILLIAMSBURGH BRIDGE
HOLLAND TUNNEL (toll)
Canal St.
Hudson St.
Bowery
Delancey St.
Grand St.
Roosevelt
West St.
MANHATTAN BRIDGE
BROOKLYN BRIDGE
Chambers St.
Fulton St.
Pearl St.
Franklin
Port Authority Docks and Piers
BATTERY PARK
BROOKLYN-BATTERY TUNNEL (toll)

Esta obra se terminó de imprimir y encuadernar en julio
de 2001 en Programas Educativos, S.A. de C.V.
Calz. Chabacano No. 65 México 06850, D.F.

La edición consta de 10 000 ejemplares

Empresa Certificada por el Instituto Mexicano de Normalización
y Certificación A. C. Bajo las Normas ISO-9002:1994/
NMX-CC-004:1995 con el Núm. de Registro RSC-048
e ISO-14001:1996/NMX-SAA-001:1998 IMNC/
con el Núm. de Registro RSAA–003